陈经纶中学阅读课程群建设项目成果

百年经纶再扬帆丛书

丛书主编 李晓东 张德庆

聚焦
语文核心素养的
阅读策略

JUJIAO YUWEN HEXIN SUYANG DE
YUEDU CELUE

李良益 主编

中国出版集团 现代出版社

图书在版编目（CIP）数据

聚焦语文核心素养的阅读策略 / 李良益主编. —北京：现代出版社，2019.3

ISBN 978-7-5143-7694-4

Ⅰ. ①聚… Ⅱ. ①李… Ⅲ. ①阅读课—教学研究—中学 Ⅳ. ①G633.332

中国版本图书馆CIP数据核字（2019）第047232号

聚焦语文核心素养的阅读策略

作　　者	李良益
责任编辑	袁　涛
出版发行	现代出版社
地　　址	北京市安定门外安华里504号
邮政编码	100011
电　　话	010-64267325　64245264（传真）
网　　址	www.1980xd.com
电子邮箱	xiandai@cnpitc.com.cn
印　　刷	北京彩眸彩色印刷有限公司
开　　本	787mm×1092mm　16开
印　　张	20.75
字　　数	364千字
版　　次	2019年4月第1版，2019年4月第1次印刷
书　　号	ISBN 978-7-5143-7694-4
定　　价	72.00元

本书编写分工

主　编　　李良益

副主编　　陈　耀　张宏平

编　者　　刘雪梅　宋航蔚　张　岚　张　丽

　　　　　　　崔伟平　赵　晶　王丽娟　王岩岩

　　　　　　　王灵联　吕培培　熊　妍　王　雪

序 言

宋亚云

  中国社会发展到今天，比以往任何一个时代都更重视教育。国家的强大、民族的复兴、科学文化的发展，都离不开人才，都要求教育发展，培育更多的优秀人才。但教育又有其自身的规律，它是一个长期的、系统的工程，人才的培养无法一蹴而就，尤其强调打基础，要有厚实的底子。因此国家重视基础教育，强调人才的核心素养培养。2017年教育部颁布的《普通高中课程标准》明确"普通高中的培养目标是进一步提升学生综合素质，着力发展核心素养"，以课程改革引领教育改革，提出"立德树人"，强调课程是国家意志的直接体现，同时课程也要关注学生的个性化、多样化的学习和发展需要。

  随着生活水平的提高，人们对优质教育资源的需求不断提升。教育的发展需要涌现更多的优质学校、特色学校、名校。一个学校要提高办学水平，必须有办学特色，需要有特色课程，用特色课程来实现人才培养模式的转变，培养多元化人才，促进学生全面发展，个性成长。在基础教育领域，开发建设有特色的校本课程是名校建设的一条重要路径，通观国内一批名校，都是很早就推进课程开发，形成了具有个性特色的校本课程体系，支撑了学校的高质量发展。

  张志公先生说"语文是百科之母"，"阅读不仅仅是学习和继承前人或他人知识，它还将影响到人类社会现实的和未来的生产、生活和科学技术的发展"。阅读是学习之母，语文之根，阅读能力是一种可持续发展的学习能力。陈经纶中学的"语文阅读课程群"建设，抓住了语文学科的基础、根本，是以语言素养培养为前提，落实思维、审美、文化素养的培养。

  如果套用一下当下流行的课程构架模式，我看陈经纶中学的"二维四类阅读课程群"是否可以这样理解，单篇阅读是基础课程，专题阅读、拓展阅读是拓展课程，整本书（名著）阅读是创新发展课程。这个课程群在学习时间上兼顾了课内外，在阅读层级上体现出重基础、提素养、夯能力、扬特长的特点。如果能充实经典阅读材料，认真落实，是能够做到以阅读为抓手，全面有效地培育语文核心素养的。最近，关于整本书（名著）阅读，语文学界讨论较多，无论是关于整本书阅读的重要意义，还是整本书阅读的方法，都还可以进一步讨论。就拿《史记》的阅读来说，尤其要贯穿读整本书的理念。朱自清在《〈史记菁华录〉指导大概》中说："《史记》中'本纪''世家''列传'三类，都是叙述人物和他们的事迹的，那些篇章并不是独立的单位，一个人物的性行，一件事情的原委，往往散见在若干篇中。读者要参看了若干篇才可以得其全貌；这由于作者认为一百三十篇是整部的书，他期望读者读的时候，不仅抽读一篇两篇，而能整部地读。"朱先生特别介绍了《史记》在叙事中所运用的一种非常重要的"互见"方法，这种方法的主要目的在于避免重复，又常用来寄托作者对于历史人物的褒贬。例如关于信陵君的描写，朱先生认为《魏公子列传》对信陵君的褒奖有点过度，只有读完《范雎列传》，与平原君对比，才可以看出平原君看重交情、坚决勇敢的个性特点；而信陵君在决定是否接见被秦国通缉的魏齐和陪同魏齐前来投奔自己的赵相虞卿时，表现得顾忌犹豫，可见"仁而下士"只是信陵君个性的一面，其个性中不太高明的一面，在本传中看不出来，需要与他传合读，才能把握得更为全面。

当下的基础教育界，在2017年版《普通高中课程标准》颁布以后，关于语文学习、核心素养的培养，名家辈出，理念繁多。在这种背景下，我们一线的语文教师要有清醒的认识，树立牢固的意识，语文教学要聚焦"语文核心素养"，不丢掉"语文味"，课程、教法、学法、评价都要以之为核心。《聚焦语文核心素养的阅读策略》以单篇阅读、专题阅读、拓展阅读和整本书（名著）阅读为经，以阅读策略为纬，以培养语文核心素养为目标，辅之以一个个真实而典型的阅读教学案例，既揭示了各类阅读的重要意义，也系统梳理了深入阅读各类文本的方法和策略；既有丰富的课内外教学材料，也有一定的理论深度。作者在这方面所作的努力和探索，无疑将极大推动中学语文阅读教学，进而提高语文教学的质量。从本书的阅读案例来看，陈经纶中学的阅读教学是做到这一点的。他们提出的阅读策略与教学策略是一体两面，这种说法是否科学，我们暂且不作评价争论，但书中呈现的一个个阅读案例，能给读者一种质朴的语文气息。老师引导学生用各种方式方法促进阅读，说的是"语文话"，干的是"语文活"。如用阅读、改编、排演的策略来推动《呐喊》这样的短篇小说集的阅读，按某一线索重构集子里的小说内容，是一种阅读理解，更是一种阅读创新；再如以《报任安书》和《史记》的人物传记组成专题阅读，以文解文，互证阅读，深化了学生对司马迁的认识和

《史记》中传记人物的理解；又如以从主旨感情、思路结构、表达技巧等角度去阅读文章，是阅读理解的基础，也是阅读理解的根本方法。书中案例呈现的很多尝试，种种做法，都可圈可点，相信对读者会有启发，对老师教学有借鉴作用，对想提高阅读水平的人有方法指导作用。

是为序。

2019年1月29日于北京大学中文系

目 录

板块二　专题阅读

板块三 拓展阅读

板块四 名著阅读

导　言

一

陈经纶中学即将建校百年，学校以"为孩子们办学"和"办朝阳人民最满意学校"为办学目标，倡导"建设个性化学校，成就个性化教师，培养个性化学生"的办学理念，不断推进教育教学改革，学校明确了"用新的课程观践行素质教育"，学校将教改的重心转移到课程建设上，着力打造六大课程群：语文阅读课程群、数学计算课程群、英语听力课程群、理科实验课程群、文科哲学思考课程群、科体艺课程群，用陈经纶中学特色课程来支撑三个"个性化"的办学理念。

母语教学是学科教学的基础，是学生全面成长的核心。阅读是母语教学的关键，是牵一发动全身的关键所在。语文学科四个核心素养中"语言建构与运用"是基础，而阅读是语言建构的关键，它既是方法手段，又是过程目的。语言是重要的交际工具，也是重要的思维工具，语言和发展与思维的发展相互依存相辅相成。语言文字是文化的载体，又是文化的重要组成部分，学习语言文字的过程也是传承文化的过程，语言文学作品是人重要的审美对象，阅读学习的过程也是人审美能力和审美品质发展的重要途径。因此，语文学科以阅读课程建设为突破口，来培养和提升学生的语文核心素养，支撑学生"个性化"的语文学习需求。

经过研讨，我们提出了自己的阅读课程框架，我们把它叫作"二维四类阅读课程群"。"二维"是课内阅读与课外阅读，"四类"指的是课内单篇阅读、课内专题阅读、课外拓展阅读、课外名著阅读。

二

二维四类阅读课程既指向语文阅读内容，又指向语文阅读方法。阅读课程建设首先要解决"读什么"的问题，从阅读内容的呈现形式看，在语文教学的范畴里，无非是读单篇、读群文、读整本书。还要考虑"为什么读的问题"，从阅读所需的方法与能力来看，我们提炼为三个层级，即理解阅读、比较阅读、综合阅读。

单篇阅读，读的是教材中的文章，即我们常说的"课文"。它是我们阅读课程的基础，通过对一篇篇"课文"阅读学习，学生要掌握阅读的基本方法和基本能力，要从文章的内容主旨、作者的感情态度、文本的结构思路、作品的遣词造句、文章的表达技巧等各个方面，理解分析文章，全面把握文章。我们称单篇阅读为"全析型"阅读，这种阅读更多地发生在课堂，在教师的安排和引导下，有计划、有序列、有梯度、有步骤地进行阅读实践，形成自己的阅读经验，获得阅读能力。单篇阅读是学生获得和提升语文核心素养的关键与基础。缺少有规划、有指导的单篇阅读实践，学生很难有效地完成后三类阅读。

专题阅读，读的是群文，是立足于学生问题解决而集中一组文章，在教师的计划与引导下而进行的阅读。对某一个问题或现象、对某一个作家或一种创作风格，高中学生应该有更深入的理解和认识，这既是学生心理思想成长的必然，也是学习本身的规律。在课堂上，针对一个问题或主题，学生用几堂课或更长的时间，来阅读学习一组文章，用单篇阅读而得的方法与能力，通过梳理整合、理解分析、辨别比较、思考领悟，形成对阅读对象的深度认识。专题阅读是学生提升语言建构能力、促进思维发展的重要途径。

拓展阅读，是以课内学习为起点，向课外拓展，阅读行为发生在课外。课内阅读，不管是单篇还是群文，依然阅读量有限，对于学有余力的学生怎么办呢？或者因为课时有限，对于某一问题或主题的学习依然有许多内容需要丰富，怎么办呢？我们的做法是，由老师推荐，提供阅读书目和阅读方向，学生在课外阅读，拓展补充，既有阅读面的拓展，又有阅读量的补充。这种阅读不用课时，没有硬性的指标要求，阅读多少、理解深浅由学生自己掌握，充分体现个性自主。

名著阅读，即"整本书阅读"。从2015年起，北京高考语文考查范围增加了12部名著。2017年颁布的《普通高中语文课程标准》安排了"整本书阅读与研讨"课程。名著阅读或者说整本书阅读是课内外结合的一种阅读，阅读行为大部分发生在课外，当然课内也可以阅读，但因为课内时间有限、语文课排课分散，在课内更多是对名著的课外阅读结果进行梳理讨论，深化阅读理解，提升阅读认识。名著阅读，阅读量大、阅读时间长，需要综合运用各种阅读方法与能力。有效到位的名著阅读能综合培养和提升学生的语文核心素养，对学生语言知识与语文能力获得、思维方法与思维品质提升、情感、态度与价值观的养成都有积极的作用。

　　四类阅读的目标与功能，简单而言，单篇阅读指向方法能力、专题阅读指向思维深度、拓展阅读指向认识广度、名著阅读追求素养高度，其关系如下图所示。

·素养高度	名著 阅读	拓展 阅读	·认识广度
·思维深度	专题 阅读	单篇 阅读	·方法能力

　　阅读，是学生语文核心素养的正源，单篇阅读是语文阅读的基础，名著（整本书）阅读是语文阅读的高级目标，从单篇阅读中习得的方法，有助于以后更好地阅读，因为大学学习以及将来的工作中，需要大量的整本书阅读。而专题阅读和拓展阅读是创新，是教师个性化的展示。教师以自己的学识和修养设计专题、推荐阅读材料，是帮助学生有效阅读的一种创造。四类阅读互为支撑，共同作用，形成特色阅读课程，用以提升学生语文核心素养。

三

　　怎么建设"二维四类阅读课程"呢？

　　我们的做法是对国家课程即北京版教材大胆做减法，高一高二语文教材里的108篇课文减去58篇，保留50篇。这50篇文章在课堂上，教师带领学生细读精读，学生学会阅读方法。

　　腾出来的教学时间，留给专题阅读。整合三个年级教材内容，以经典作品为核心添加相应篇目，开发成如鲁迅作品专题、史传文学专题、写景散文专题等十个专题。专题阅读既锻炼了教师把握整合教材的能力，充分展现教师的个性化，又能促进了学生在某一个问题上做纵向探究，进行较为深入的学习，促进思维发展与提升。

　　拓展阅读，有两种方式，一是自编语文读本，一是推荐阅读书目。北京版教材没有课外读本，无法对课内学习内容进行拓展补充。我们结合教材重点内容，自行选文编写语文读本，每个学期一册，配合课内内容，或补充或阐发，扩大学生的阅读量，达成拓展阅读广度的目的。我们还根据学情，推荐阅读书目，要求学生进行拓展阅读。如学到《许三观卖血记》时，就会推荐学生读余华的长篇小说《活着》。

名著阅读是语文教学的重要内容。学生人文底蕴、语文素养的丰厚与否，和学生的课外阅读量相关。12部名著进入高考，名著阅读就是国家课程的一部分，结合学校阅读课程群建设的要求，我们把国家规定的名著阅读书目和具有自己特色的阅读书目共22部，设计了一个名著阅读序列。如图所示：

初三暑假	《平凡的世界》《文化苦旅》	高一暑假	《科学与艺术》《红楼梦》	高二暑假	《红岩》《围城》
高一上	《四世同堂》《边城》	高二上	《论语》《雷雨》	高三上	《老人与海》《甘地传》
高一寒假	《三国演义》《伦理学是什么》	高二寒假	《巴黎圣母院》《美学是什么》	高三寒假	《周国平哲理》《散文精选》
高一下	《呐喊》《活着》	高二下	《欧也妮·葛朗台》《史记选读》		

四

有效的阅读需要有效的阅读策略。学生的阅读策略来自教师的阅读教学策略。

策略是指可以实现目标的方法、方案集合。阅读策略是指学生在阅读过程中，根据阅读任务、目标及阅读材料的特点等因素所选用的促进有效阅读的规则、方法和技巧。

阅读教学策略是指在阅读教学中，根据阅读教学的任务、目标及文章体裁特点等因素所采用的教学方案、方法、技巧。

学生的阅读能力不是老师讲出来的，而是在学习阅读和阅读学习的言语实践中形成的。学生的阅读策略也是在阅读教学中学来的，在自己的阅读实践的总结得来的。因此，阅读策略和阅读教学策略是从两个角度定义同一行为的不同说法。对于课堂阅读而言，教师指导引领学生阅读，使用的方法技巧就是教学策略；学生在跟着教师的安排，用老师教授的方法技巧去阅读，这些方法技巧就是他们的阅读策略。

阅读策略作为一个整体概念来说，不可分类。但在具体的阅读活动中，阅读策略又可体现为一些操作性很强的方式方法，比如，要较全面准确地阅读一部名著，读出自己的感悟心得，借助单篇阅读精读细读方法，重点阅读名著的关键章节，就是一种阅读策略。因此结合阅读的相差要素，我们可以做一些相关的分类。

就阅读速度来看，可以采用速读、跳读、略读、泛读、精读等策略；

阅读的辅助策略有摘抄、批注、写内容提要、做思维导图、做笔记、图文转换等；

阅读的推进策略有定计划、列任务表、先读最感兴趣最有价值部分再读其余、跨界（影视、戏剧）阅读等；

就阅读理解而言，常用的策略有梳理文本结构、分析主旨情感、鉴赏表达技巧、品味语言等方法；

快速掌握信息的策略有预测、自我提问、标注关键词句、理解监控、回顾复述等；

就深度理解文章而言，可以联系相关背景、结合作者生平、联结其他文章、联系自身经验；或同类文章比较、依据文本内容联想推论，用这些策略加深理解。

总之，阅读是运用语言文字来获取信息，认识世界，发展思维，并获得审美体验的活动，是一种理解、领悟、吸收、鉴赏、评价和探究文章的思维过程，凡是能帮助有效阅读的方式方法或这些方式方法的集合都可以称之为阅读策略。

聚焦语文核心素养的阅读策略，指的是我们采用的阅读策略有明确的指向性，应该有助于学生积累整合语言材料和言语活动经验，帮助学生掌握语言规律、更好地运用语言；要有利于学生思考领悟，养成独立思考、质疑探究的习惯。我们选用阅读策略，要能帮助学生更好地感受文章的艺术魅力，发展学生的想象力和审美力；要更有利于学生记忆理解优秀的传统文化。

聚焦语文核心素养的阅读策略，也指我们采用的阅读策略应该是正确的、积极的、有效的。学生的学业负担很重、学习压力大，而语文核心素养的培养和获得又非一日之功，需要长期地积累积淀，因此阅读策略必须正确、积极、有效，才能让阅读更好地作用于语文素养的提升。

板块一
单篇阅读

单篇阅读，即传统的语文教学中的文章阅读，我们教材中一篇篇的课文的阅读。对于在校学生而言，单篇阅读是语文学习的常态，从入学以来，语文学习就是在跟着老师学一篇篇的课文，阅读一篇篇文章。对于语文教师而言，指导学生读懂一篇文章，是阅读教学的常态，大部分的教师的课堂语文教学，都是在引导孩子们去阅读一篇篇文章。单篇阅读对于一个人的人生阅读状态而言，也是最基本的阅读形式，不管是工作还是生活，是学习还是娱乐，我们日常阅读最多的还是单篇，读书信、读通知、读总结、读计划、读报告……这些阅读都是单篇阅读。

单篇阅读在我们的阅读课程体系里，是"双基工程"，单篇阅读的功能当然可以培养学生的语文各项核心素养，但对于我们的"二维四类"阅读课程而言，单篇阅读的功能更多地指向基本阅读方法和基本阅读能力的养成。

任何方法和能力的习得和养成，都要遵循一个规律，那就是由易到难、由低到高、由单一到复杂。阅读方法的掌握、阅读能力的养成也无法绕开这一规律，甚至语文知识的积累、语文素养的积淀，大部分也是在学习一篇篇语文课文的过程中逐渐得来。

一篇课文或者说文章，有固有的组成要素，包括主题、材料、结构、语言和表达。会读文章，或者说读懂了文章，应该是对这五个方面的要素都有清楚的认识，对某些要素还有自己的理解。可以说，学生从小学到高中，在整个基础教育而言，在语文阅读学习中，学生都是在理解把握文章的思想内容和作者情感、分析整合文本材料、梳理分析文章结构思路、理解赏析文章语言、体味鉴赏文章的表现手法。在这个对文章要素的认知、理解、分析和评价的过程中，学生的语文核心素养逐渐养成。

学生通过阅读积累语言，在阅读实践活动中建构自己的语言，掌握语言文字的运用规律；学生在阅读中想象，在阅读中思考，通过想象和联想使阅读对象与现实生活产生联系，通过对阅读材料和语言现象的辨识理解、分析比较和归纳概括增强逻辑思维能力，提升思维品质；在理解和把握文章的语言、形象、情感中，获得阅读的美感体验；在阅读理解中传承和发扬中华文化。语文核心素养的习得和养成，都不是一朝一夕之功，它首先来自学习过程中一个个的单篇阅读，由此掌握了阅读的基本方法、形成了基本能力，进而开展更广泛、更深入的语文学习。

怎样才算读懂了一篇文章，简单而言，就是能回答三个问题：写了什么、为什么写和怎么写的。其中"写了什么"是指向文章内容材料的理解与概括，这是阅读的前提与基础。在高中的阅读课程建设中，对单篇阅读的理解和把握，我们定位在"为什么写"和"怎么写"两个方面，更多地指向了四个方面：理解文章主题情感、梳理文章结构思路、分析文章表达技巧、品味文章语言文字，对于高中阶段的学生而言，这是更重要的阅读能力，是和学生生理和心理发展相一致的能力。这些问题的解决，是语言实践活动，更是指向"思维的发展与提升"和"审美鉴赏与创造"两个核心素养。

策略一　理解主旨情感　提升审美素养

一、文章的主旨情感再认识

"文章主旨情感"，准确地说，应该是文章的主旨和作者在文中表达的思想情感。文章的主旨是作者在说明问题、发表主张或反映生活现象时，通过文章全部内容所表现出来的基本观点或中心思想。文章都应该有一个主旨，因为任何人写文章都有目的性，都要通过所使用的材料或宣传某个主张，或阐明某个问题，或抒发某种感情。而这些都是作者在文章中所表现的主题。主旨在不同的场合有不同的称谓：在文学作品中称"主题"或"主题思想"，在记叙文中，常称"中心意思"或"中心思想"；在论说文中，常称"中心论点"或"基本观点"。在记叙文类中，主旨与主题是相同的概念；在议论等类文章中，写作意图一般称主旨，不称主题。

文章的思想感情，是作者写文章时对描述对象抒发的自己的感受，是作者通过语言文字来表达自己的情感态度。好的文章，作者的思想感情总是贯穿渗透于文章的字里行间的。

文章主旨是整篇文章的中心的思想感情，是作者写作的目的。贯穿渗透在文章字里行间的思想感情的总和就是文章的主旨。

阅读文章的首要任务或者说根本任务是理解文章的主旨。理解了文章主旨就是理解了文章要表达的思想、观点和感情，就明白了作者的写作目的。我们的单篇阅读教学，有一个重要的任务，就是引导学生利用各种方法、从各个角度去理解把握文章的主旨感情，全面深入地读懂文章。

二、理解文章主旨情感，提升审美素养

读者阅读文学作品，首先是为了获得精神上的愉悦和满足，这种愉悦与满足的过程，包括情绪上、感觉上的快感与休养，就是文学的审美作用和娱乐作用。

理解把握文章主旨感情，是培养学生审美素养的最有效途径。任何人的审美素养获得，都应该是先有情感的投入，审美情感是审美素养的基础。没有情感的投入，没有审美情感的人，就不会判断真善美。没有审美情感，就无法达到欣赏的境界。在阅读时，带着积极心态去理解把握文章的主旨感情，进而与文中的感情产生共鸣，让自己获得身临其境、感同身受的艺术体验，这就是培养审美情感的开始。

三、理解文章主旨情感方法

理解文章主旨感情有很多方法，可以从文章的体裁入手，通过文学体裁的特点去把握；也可以从文章的表达方式切入，关注各种表达方式表情达意的重点去把握；还可以根据关键段落、重点语句的分析去把握。其实，一篇文章里的各个要素，大到内容材料、小到标点符号，都是为表达文章的主旨感情而服务的，我们阅读，可以从文章知识和写作表达各个角度入手，去理解把握文章的主旨情感。比如下文中的《琵琶行》阅读教学案例，就是从文中的经典名句入手去把握长篇叙事抒情诗的主旨情感的。《琵琶行》中的一些语句，已经成了汉语中的成语警句，即使没有读过《琵琶行》的人，也能在生活实际中运用诸如"同是天涯沦落人，相逢何必曾相识""千呼万唤始出来，犹抱琵琶半遮面"这样的句子。由这些现在常用的名句切入，仔细体会这些句子具体的语境，在语境中理解把握诗歌的主旨感情，是一种快速便捷的方法。还有如课外散文《一方阳光》的阅读，案例介绍了一种由解读文章标题"一方阳光"着手，提纲挈领式的理解把握文章主

旨感情的方法。

四、"理解主旨情感，提升审美素养"阅读案例

案例1

琵琶行

李良益

课文整体分析

《琵琶行》是千古名篇，也是中学语文教材里的一篇传统篇目，其艺术魅力历千年而不衰，其根本原因在于诗人白居易与他笔下的人物琵琶女之间在音乐艺术、人生境遇、内心感悟上产生了三重共鸣，诗文艺术地表达了这三重共鸣。

第一重共鸣，是诗人与琵琶女在音乐上的共鸣。我们来看这首诗的名句"千呼万唤始出来，犹抱琵琶半遮面"，一方执着邀请，一方是犹豫迟疑，是音乐拉近了这两位素昧平生之人的情感距离。诗人"浔阳江头夜送客""举酒欲饮无管弦"，离愁别绪无法借酒排遣，在这样一个特定的情境下，忽然江面上传来带有京都音的琵琶声；而琵琶女，因江寒月明之夜，独守空船，忽梦少年事，梦啼泪干，不能排遣心中的幽愁暗恨，自弹琵琶宣泄愁怨。在这地僻荒远之所，借音乐弹奏来倾诉自己的幽怨，居然有人能听懂能欣赏，不失为知音之遇。然而自己的身世，自己的"天涯沦落之恨"却不便明说，也不愿见人。但那些愁怨还是要抒发排遣的，想找一个人述说，何况对方真诚的邀请，也打动了她的心，产生了共鸣，因而最终出来演奏。

接下来，故事的发展就是两人一直在倾听倾诉，在倾听倾诉中产生共鸣。琵琶女两次在倾诉自己的身世，一次是用琴声，一次是用语言。此时的诗人都是在倾听。如果说琵琶女弹奏的乐曲拨动了诗人的心弦，让诗人的失意惆怅得到了慰藉排遣，接着诗人抑制不住主动地由倾听转向倾诉，把一个贬谪之人的不甘与失落、寂寞与凄凉、压抑与无奈全部捣腾出来，内心翻江倒海，无比的感慨与悲伤，在心中产生了巨大的共鸣，道出了这一千古名句——"同是天涯沦落人，相逢何必曾相识"。

在互诉身世际遇后，第三次诗人和琵琶女在"凄凄不似向前声"琴声，内心感悟达到了高度的一致，琵琶女以别样的琴声抒发内心情感，而诗人用泪湿青衫表达自己的情绪。

互知身世、词曲互和、同病相怜、心意相通，却依然是琵琶女和客人关系，全文自始至终不知琵琶女的真实名字。好一句"同是天涯沦落人，相逢何必曾相识"，道出诗人对琵琶女处境的理解和怜惜，也抒发了对自己现状的感慨与无奈。"同是"为情感需求相同，要宣泄要排遣的愿望相同，需要有人倾听，只要自己能倾诉，只需倾听理解，不必相识相知。

我们都有这样的体验，在失意惆怅的时候最想找自己的好朋友说说，把这种情绪发泄出来，多数是不需要对方有什么表示，只要能静静听就行了。此时诗中的诗人和琵琶女也处在这样的境况之下。在这样一个秋天的夜晚，枫叶荻花，月明江寒，诗人与歌女相逢，他们相互讲述彼此感动。在一个诗意的氛围里，千年后的读者其实和东船西舫的听众一样，也在倾听。如果你阅读时恰巧也有失意不顺，也有遇知音之感。更进一步说，不管读者此时是否失意，他的人生必将有过或是会有失意，所以读到此句定会有戚戚于心之感。

阅读方法指津

语文是"百科之母"。审美鉴赏与创造不仅是语文学科的核心素养之一，也是一个有品位的人诗意生活必备的能力之一。审美鉴赏能力对一个人来说是非常重要的。语文学习教会学生懂得美、发现美、评价美、创造美。

鲁迅在《汉文学史纲要》中说，汉语"具三美：意美以感心，一也；音美以感耳，二也；形美以感目，三也"。语言教育要通过富有文化内涵、文化品位的言语作品来积淀知识、历练能力、涵养言语智慧，提升审美品位。

《琵琶行》是白居易新乐府诗的代表作。这首诗以第一人称进行叙述。在叙事与写景中融入了强烈的感情，展现出一幅幅凄冷萧瑟的画面；在双线交织的结构中刻画出一对落魄、受损害的人物形象；抒发出"同是天涯沦落人，相逢何必曾相识"的悲情；构建出错落有致而又貌合神离的结构美，产生出摄人心魄的艺术美感。

在课堂上，可以在对比中体会形象美，引导学生在诵读感知的基础上品味景物描写和人物情感，鉴赏诗歌意境。教师要善于指导学生发现文章中美与丑的强烈对比，不断在揣摩理解中感受到美的形象，着力引导学生对人物之间的外表与内心、客观与主观、形象与本质进行相互比较，让他们在对比中认识美、体验美和评判美。

在想象中拓展意境美。在教学中要鼓励学生展开大胆合理的想象，引导学生再创造琵琶女形象和诗人形象。教给他们掌握想象的方法，在想象中不断体味文章所表达的美的意境，充分抓住文章内容本身的特点，凭借熟悉的有关情景让学生展开想象，根据事物的发展让学生进行推理想象，联系生活实际让学生合理想象，培养学生的审美意识与审美能力。

在推敲中欣赏语言美。推敲传神的词语、欣赏优美的句子、琢磨富有个性的对话。

引导学生感受音乐的形象美。形象性是美的基本特征，美的事物和现象总是形象的、具体的，欣赏者总是凭借事物具体可感的形象进入审美体验中来。

品味语言的音韵美。音韵美是诗歌的基本特征，它是诗歌音韵上体现出来的抑扬顿挫的节奏。

教学设计

共鸣——在倾诉与倾听中

教学目标

1. 分析诗人与琵琶女的相互倾听倾诉，感受诗歌穿越古今的艺术魅力。

2. 学会有感情地朗诵诗歌，体味诗歌的感情美，品味领悟形象美。

教学重难点

1. 分析琵琶女和诗人的互相倾诉倾听，达到情感共鸣过程，理解本诗主题。

2. 学生用自己的语言完成一段鉴赏文字。

教学时间：一课时

教学过程

（一）导入

由《钱塘湖春行》导入。

（二）熟悉诗歌内容

1. 同学朗读诗歌（或听朗读录音），请同学们整体感知诗歌的内容。

2. 学生复述故事。

（三）分析鉴赏

1. 以名句为纲，感悟品味诗歌中的情感。

2. "千呼万唤始出来，犹抱琵琶半遮面。"

分析诗句背后两个主人翁的感情。

明确：直接的原因是"浔阳江头夜送客""举酒欲饮无管弦"，离愁别绪无法借酒排遣，根本原因是作者被贬于此，心情郁愤。

琵琶女，年老色衰，委身商人，独守空船，忽梦少年事，自弹琵琶宣泄愁怨。

3. 这两个失意人，他们都在自觉或不自觉地在进行着倾诉和倾听。请大家研读讨论，诗中谁在倾诉谁在倾听，哪些诗句表现了在倾听时产生了共鸣。

①琵琶女　倾诉
- 琴声——别有幽愁暗恨生，此时无声胜有声。
- 东船西舫悄无言，唯见江心秋月白。　倾听　诗人
- 满座重闻皆掩泣；江州司马青衫湿。
- 语言——我闻琵琶已叹息，又闻此语重唧唧。　共鸣
- 同是天涯沦落人，相逢何以曾相识。

②诗人　倾诉　语言——感我此言良久立，却坐促弦弦转急　倾听　琵琶女
（在分析解读过程中学生朗读相应段落文字）

4. 大家看看，诗人与琵琶女在故事中的角色有没有变化？琵琶女的倾诉与诗人的倾诉有何不同？

明确：诗人由倾听者变为了倾诉者，主动把自己的身世也全盘托出，产生了身世的共鸣。

5. 这些在倾诉倾听中达到的共鸣，有没有区别，有没有层次？

明确：对音乐的认同——对身世境遇的感慨——内心感受的相同

6. 课堂鉴赏"同是天涯沦落人，相逢何必曾相识"一句，不少于100个字。学生写作、展示、点评。

强调：天涯沦落之同体现在何处：都来自京都、都才能超众、都落魄失意。

（四）鉴赏分析诗中的音乐描写

明确——借助各种比喻来写音乐。

大家挑选其中的一两句，写一段鉴赏文字。作为家庭作业。明天上交。

（五）教师总结

重点难点突破

（一）《琵琶行》课堂实录

片段1　赏析"千呼万唤始出来，犹抱琵琶半遮面"

师：诗人为什么要说千万次，"千呼万唤"？

生：因为他听到的音乐很动听，诗人在内心急切地想见到这个人。

师：那么下半句"琵琶女始出来，犹抱琵琶半遮面"写出了琵琶女的一种怎样的心态？

生：我觉得"犹抱琵琶半遮面"写出琵琶女比较羞涩的神情，然而才抱着琵琶出来。

师：一个特别急切，一个迟疑、犹豫，欲说还休。读到这个地方，我们自然

会产生疑问，我就会想诗人为什么这么急切想再听琵琶女为他弹奏？而琵琶女又为什么经过别人"千呼万唤始出来，犹抱琵琶半遮面"，出来弹奏？

生：我觉得在第四段，有一句话就是"浔阳地僻无音乐，终岁不闻丝竹声"。这句话告诉我们，这种音乐，诗人在当时那个时代已经听不到那么优美的音乐了。

生：在序言里有"铮铮然有京都声"一句，作者听到了来自京都的音乐声，他特别想再听。

生：因为他是从京都被贬谪到这个地方来的，所以他会特别心动。

师：还有一点大家不要忘了，此时此刻，诗人正在干什么？

生：（齐）送客！

师：送客，是一种什么心情？我们一起来读一下送客时的那些诗句。"浔阳江头"……

生：我知道了，诗人这个时候的心情是"醉不成欢惨将别"，很愁，恰恰在这个时候，听见了自己非常熟悉的京都声，而且弹奏得这么好，所以诗人急切地想听，所以"千呼万唤"。

师：对呀，诗人一是有离别之愁，二是有被贬之愤，想借音乐来排遣。那么歌女呢？歌女在什么情况下弹奏的？

生：应该是在第三段的后几句。

师：大家读一下那几句。

生："前月浮梁买茶去。去来江口守空船，绕船月明江水寒。"就是说琵琶女委身嫁给商人做妻子，而商人比较重钱轻离别，她在江口坐在船上等她的丈夫的时候，我觉得她是通过音乐来排遣自己心中的寂寞和悲伤，所以正巧在弹琵琶时被诗人听见了。

生："夜深忽梦少年事"，想到原来多么风光荣耀，现在却是"江寒月明守空船"，想通过音乐来排遣自己的忧伤，她特别想说，也想弹。

师：很好，大家的理解很到位。如果说诗人有离愁别绪的话，琵琶女有自己的幽愁暗恨，两人在这一刻都有情绪要排遣要释放。我们平常也有这样的体会，当我们失意，当我们悲伤，当我们不高兴的时候，是不是特别想找一个人来说说呀？对方只要听就行。一人说，一人听。如果用稍微正式文雅点的词来概括这两人此时的关系，是什么词呢？

生：一个倾诉，一个倾听。

片段2　赏析"同是天涯沦落人，相逢何必曾相识"

师：我们在朗诵中发现，在这首诗中，诗人和琵琶女都在自觉或不自觉地倾听和诉说，请大家找一找在诗中还有哪些倾听和倾诉？

生：从"自言本是京城女"往后都是琵琶女在诉说，第四段中有一句"同是天涯沦落人"可以感觉到这时候倾听者已经和倾诉者产生了共鸣。

生：然后诗人就联想到自己的遭遇，第四段是诗人开始诉说自己的身世，琵琶女在听，两人的角色发生了转变。

师：琵琶女在听心里有没有感动？

生：有！"感我此言良久立。"

师：除了这两处的说与听，还有没有？

生：我觉得前面第二段里，从"转轴拨弦三两声，未成曲调先有情"，一直到后面"四弦一声如裂帛"，这些虽说是琵琶女在弹琴，也是作者描写出来的，这是琵琶女用琴声在倾诉自己的感情。

师：说得好，诉说，不仅仅用语言能诉说，还可以用琴声表达感情嘛。

生：其实诗人是听了琵琶女诉说两遍身世。

师：诗人听懂了吗？哪个地方可以看出他有共鸣？

生：我觉得是琵琶女第一次弹琴时，"别有幽愁暗恨生，此时无声胜有声"和"东船西舫悄无言，唯见江心秋月白"两句，是说琴声感动了诗人，心里有很多想法，却说不出来。

师：那第二次呢？

生：第二次弹奏时，听众都有了情感共鸣，"满座重闻皆掩泣"。其中感情起伏最大的是诗人白居易，"座中泣下谁最多，江州司马青衫湿。"泪水打湿了衣服，该多伤心呀。

师：对，诗人是泪湿青衫。其实这首诗整个都是在倾听与倾诉，在倾听倾诉中，两人心里有情感默契、共鸣。大家想想，这里出现的共鸣有没有层次或区别？

生：（举手女生）我觉得有层次。刚开始时候，他是听琵琶女的琴声，听到了音乐说的是"弦弦掩抑声声思，似诉平生不得志"。这里只是"似诉平生不得志"，他能听出幽愁暗恨，但不知道具体是为什么？后来，琵琶女用语言来诉说，这样让作者听得更清晰，知道了她平生的经历，最后再听琵琶女的弹奏就觉得"凄凄不似向前声"，听到了如此的琴声就掩泣。

师：刚开始是两个人都懂音乐，诗人知道她在用音乐抒发感情，然后过渡到对什么产生了共鸣。

生：对整个人生……

师：对，同学们已经说出来了，对身世产生了共鸣。体现身世共鸣的句子是——

生：（齐声）"同是天涯沦落人，相逢何必曾相识。"

师：如果说琵琶女的弹奏排遣了诗人的离愁别绪，那么，听完了琵琶的自诉身世后，就让作者产生了巨大的共鸣，对自己的身世也发出了感慨，道出了这一千古名句："同是天涯沦落人，相逢何必曾相识。"

（二）学生课堂练笔：鉴赏"同是天涯沦落人，相逢何必曾相识"。

《琵琶行》中琵琶女从当年的红极一时到今日的漂沦憔悴，不仅引起了作者白居易对自己坎坷命运的共鸣，更让读者看后产生了对人生的思考，在我们失意的时候，多么需要有一个倾诉的对象和一双倾听的耳朵，互相理解，彼此的心灵感动，让我们感到同是天涯沦落人，相逢何必曾相识。（任宇石）

倾听与倾诉成了琵琶女与诗人心灵共鸣的桥梁。不同身份，不同经历，却因相同的那一份惆怅而感动了彼此。那份感动穿过千年时光，同样感动了今日的我们！在那个寒秋月夜，失意歌女，或是落魄文人，不过是同样的人。感叹白居易妙笔，用那凄婉的笔触描绘了那情那景的触动，也让今天的我们明白——因为懂得，所以感动。（徐一然）

倾听，倾诉，共鸣，千年前江边的心灵沟通，仿佛近在眼前。琵琶女弹得动情，诗人听得动情。不难看出，真情二字贯穿全文。因为"感斯人言"，才"始觉有迁谪意"；是听得真切，才会把"四弦一声"比作"裂帛"；是同把京都当作美好回忆才会"梦啼妆泪"，更有他乡遇故知的感慨。琵琶声流传千古，你听我诉，意犹未尽！（王朝）

教学反思

《琵琶行》是一个传统篇目，又是一篇长诗。用一堂课的时间来完成主体教学，这是我的第一次尝试。

用一堂课来教学这样一个经典名篇，必须大胆地取舍。找准学生的学习起点，因此，在上课之前，我设计了一个预习作业：《琵琶行》何以千古流传？学生在初步阅读诗歌后，大部分人都谈到了本诗的经典名句，说到没想到这么多的名句都出自同一首古诗。然而从作业中又可以看出，他们对于这些名句的理解偏于肤浅。因此，我选择了从名句入手，由解读名句所蕴含的感情这样一条线串起整首诗，整节课。

阅读优秀作品，就要求学生从品味语言，结合自己的生命体验，发展想象力和审美力，感受其思想、艺术魅力。在解读"千呼万唤始出来，犹抱琵琶半遮面"一句时，我带着学生对句子探究研读，字斟句酌，不断追问，不停玩味。让学生从感性层面感受了对于千古名句，要如何去含英咀华，如何去解读品味。当学生真正从感情层面去解读这两句诗时，学生的发言表明，他们的理解已经上升了一个层次。而从感情意蕴去理解这些名句，学生自然就能动情，主动地与文本进行了深层次的对话。

从课的情况来看，至少学生对于诗中经典的两个名句有了较为深刻的理解。从倾听倾诉产生共鸣这样一个角度，学生较容易地把整首诗歌的内容作了一个比较清晰的梳理，千年后的今天，学生们作为一个倾听者，也听出了自己的独特理解。课上他们对"同是天涯沦落人，相逢何必曾相识"的鉴赏文字，都谈出了自己的真实理解，角度不同，理解的层次不一，可以看出，诗句里所蕴含的穿越千年的艺术魅力，也触动了他们的心灵。课下再看他们的文字，我的感动更多。有同学写到"面对月考的失败，想起初中曾经的辉煌，读到此句时，真是恍如隔世，好像自己就在那月夜舟中，伤心感慨矣"。这显然是共鸣，学生看到这样的诗句心底产生了共鸣。他们在用自己的生命体验参与诗歌的阅读理解，用自己的真实感情去和文本对话，和作者对话。我觉得这才是真正的鉴赏。

《琵琶行》中对于音乐的精彩描写，我把它当作家庭作业，布置学生课下完成。学生在融会理解了全诗的内在情感后，这种完全技术分析层面的解读，就显得相对简单了。

案例2

一方阳光

赵　晶

课文整体分析

一方阳光

王鼎钧

四合房是一种闭锁式的建筑，四面房屋的门窗都朝着天井。从外面看，厚墙高檐密不通风。我是在这样关防严密的"碉堡"里出生的。这碉堡用青砖砌成，黑瓦盖顶，灰砖铺地，墙壁、窗棂、门板，没有一点儿鲜艳的颜色。即使天气晴朗，室内的角落里也暗淡阴冷。

四合房的主房，门窗向南。中午的阳光越过南房，倾泻下来，泼在主房的墙上。开在这面墙上的窗子，用一层棉纸糊得严丝合缝，阳光只能从房门伸进来，照门框的形状，在方砖上画出一片长方形。这是一片光明温暖的租界，像一块发亮的地毯。

然后，一只用麦秆编成的坐墩，摆在阳光里。一双矜持的小脚，走进阳光，脚边出现了她的针线筐；一只狸猫，跳上她的膝盖。然后，一个男孩蹲在膝前，玩弄针线筐里的古铜顶针。这就是我和我的母亲。

如果有人问母亲：你最喜欢什么？她的答复，八成是冬季晴天这门内的一方阳光。我清楚记得一股暖流缓缓充进我的棉衣，我的毛孔张开，承受热絮的轻烫。血液把这种快乐传遍内脏，最后在脸颊上留下红润。

在那一方阳光里，我持一本《三国演义》或《精忠说岳》，念给母亲听。渐渐地，我发现，母亲的兴趣仿佛并不在乎重温那些早已熟知的故事。每逢故事告一段落，我替母亲把绣线穿进针孔，让她的眼睛休息一下。大概是暖流作怪，母亲嚷着："我的头皮好痒！"我就攀着她的肩膀，向她的发根里找虱子，找白头发。

在我的记忆中，每到冬天，母亲也总要抱怨她的脚痛。

她的脚是冻伤的。做媳妇的时候，住在阴暗的南房里，整年劳作。寒凛凛的水气，从地下冒上来，首先侵害她的脚，使之永远冰冷。冬天乍到，她的脚面和脚跟立即有了反应：看得见的，是肌肉变色、浮肿；看不见的，是隐隐刺骨的疼痛。

分了家，有自己的主房，可是年年脚痛依然。在那一方阳光里，母亲是侧坐的，她为了让一半阳光给我，把自己的半个身子放在阴影里。左足的伤害没有复原，右足受到的摧残反而加重了。母亲不时皱起眉头，咬一咬牙。尽管只是身体轻轻地震动，不论我在做什么，那猫睡得多甜，我们都能感觉出来。

"妈，我把你的座位搬到另一边来好不好？让右脚也多晒一点太阳。"我站起来，推她的肩。母亲低头含笑，摇摇头。

座位终于搬到对面去了。狸猫受了惊，跳到院子里去。母亲连声呼唤，我去捉它，连我自己也没有回到母亲身边。

以后，母亲一旦坐定，就再也不肯移动。

母亲在那一方阳光里，说过许多梦。

母亲说，她在梦中抱着我，一双赤足埋在几寸厚的碎琉璃碴儿里面，无法举步。四野空空旷旷，一望无边都是碎琉璃，碎片最薄最锋利的地方有一层青光，纯钢打造的刀尖才有那种锋芒。梦中的我躺在母亲怀里，光着身体睡得很熟。母亲独立苍茫，汗流满面，觉得我的身体愈来愈重，渐似下坠……想到这里，她的心立即先被琉璃碎片刺穿了。某种疼痛由小腿向上蔓延，直到两肩、两臂……

就在近乎绝望的时候，母亲身旁突然出现一小块明亮干净的土地，像一方阳光那么大，平平坦坦，正好可以安置一个婴儿。母亲用尽最后的力气，把我轻轻放下。谁知道我着地以后，地面忽然倾斜，我安身的地方像是一个又陡又长的滑梯，没有尽头。我飞似的滑下去，转眼间变成一个小黑点。

在难测的危急中，母亲大叫。醒来之后，略觉安慰的倒不是我好好地睡在房子里，而是事后记起我在滑行中突然长大，还遥遥向她挥手。

于是，她有了混合着骄傲的哀愁。她放下针线，把我搂在怀里："如果你长大了，如果你到很远的地方去，不能回家，你会不会想念我？"

当时，我唯一的远行经验是到外婆家。外婆家很好玩，每一次都在父母逼迫下不情愿地回来。母亲梦中滑行的景象引人入胜，我立即想到滑冰，急于换一双鞋去找那个冰封了的池塘。

跃跃欲试的儿子，正设法挣脱他的母亲。

母亲放开手凝视我："只要你争气，成器，即使在外面忘了我，我也不怪你。"

（选自《王鼎钧散文》有删改）

《一方阳光》是高三阶段练习概括题的好素材，既练概括事件，又练概括事物特点。

从题目"阳光"一词分析其寓意为"温暖、温情"，而题目恰恰设置了一道事件概括题，"文中母爱的表现有哪些？"按照"人物、情态、事件"的模式，此题可以将答案整理为"母亲即使脚痛严重依然把温暖留给孩子；母亲在苦难中竭力庇护自己的孩子；母亲愿自己与孩子永远相偎相依；母亲盼望孩子成器而不惜被忘却"。

另一道练习题目是"文章首段写了四合房怎样的特点？"在进行概括的时候，不能仅仅寻找形容词，只发现"闭锁"、"严密"、"暗淡阴冷"词语，完善的答案需要学生建立归类的意识。此题可以将答案整理为"整个建筑闭锁严密；内部环境暗淡阴冷"，将"核心对象"细化，适当地"分"。考生一定要注意，在进行事物特点概括的时候，需要将抽取的若干信息进行分类，因为按照一般行文规律，表现一个事物的特点都注重从不同角度表现。

阅读方法指津

叶圣陶先生"作者思有路，遵路识斯真"一句指点我们文章是有思路、有境界的，而近几年来北京高考卷屡次出现的文本概括题正是需要抓住这条红线，即作者的行文思路，唯此才可在解题时做到胸中有"路"，下笔有"点"。笔者尝试从概括的定义突破解答概括题，提取出三个关键词语，即核心对象、对象要点、简要归结，这也正是概括题答案整合的方法。其中叙述类文本多以人、事、物为核心对象，对象要点分别是寻找人的性格、事的要素、物的特点，然后简要归结在一起。在熟悉规则的情况下，考生需要在"镣铐"下展现"舞姿"。

概括是现代文阅读考查的重要内容，包括整体概括和局部概括，请看考题：

1. 作者从鲁迅的故乡环境中看出了哪些特色？（2013年北京高考《浙江的感兴》）

2. 文中写道"谁想到他竟哭出声来"，请联系上下文，简要概述郑云峰失声痛哭的原因。（2013年朝阳高三一模《一生都付母亲河》）

3. 作者说"我的生命里积淀着榕树的碧叶"，"榕树的碧叶"的含义是什么？具体体现在哪些方面？请通读全文，简要概括。（2012年朝阳高三期末《榕树，生命的进行曲》）

从已有的命题实践来看，概括题的考查多以文中一个重要问题（或作者的一个重要观点）拎起对较大区域乃至全文的信息筛选、提取和概括的形式出现。

那么何为概括？我们尝试从概括的定义突破解答概括题，字典里如是定义：

1. 把事物的共同特点归结在一起。

2. 简单扼要。

从中，笔者提取出三个关键词语，即核心对象、对象要点、简要归结，这也正是概括题答案整合的方法。那么如何寻找核心对象和对象要点呢？我们发现，不同表达方式的文本，概括的侧重点不同。下面分别从四个不同表达方式的实例分析概括的方法：

语段一：②看都江堰的水，看的是强悍奔腾的水如何层层叠叠化为生命的涓涓细流。飞奔如兽、桀骜不驯的岷江水，经过都江堰，立刻将仰天长啸变为喃喃细吟，将浪涛如山变为珍珠四溢，将凶猛如火变为柔情万缕……出宝瓶口流入内江，立刻呈现一派水光潋滟的情景，让人叹为观止，看到水的柔劲、可塑和万难不屈、长流不懈的生命活力。那是一种将绚烂归于平淡，将刚劲寓于柔顺，将一时融于永恒的生命。

③都江堰看水，看的是水如何从天上流入人间，如何从神话流入现实，如何将自己化为一种哺育人类、灌溉庄园的生命。都江堰的水，是一种入世的现实的水。（2010年海淀高考一模《水之经典》）

这是描写语段，我们之所以选择下面一个画线语句作为"都江堰的水的特点"的概括句，是因为较之上面一句，概括描写类语段需要将形象性文字转化为概括性文字，即去描写修饰、找对象特点。

语段二：他指出，在所有的经济活动中，仅有10%~25%是国际性的，而其中的大部分又是区域性而非全球性的。目前国际性业务在全部业务中所占比例为：国际邮件1%，国际电话分钟数不到2%，国际互联网流量17%~18%，出口占GDP比重26%，证券市场的国外投资者持股20%。全球性的合作并不会像人们想象的那样密切。（2012年西城高三期末《环球科学》）

一段说明文字的观点经常在开头或结尾部分出现，此文段结尾句更具概括性，中间部分以举例为主，其间，拿数据来说明"全球性合作不那么密切"，所以我们采用"定对象问题、去列举、找上位概念"的方法，将此文段概括为"事实数据表明，全球性合作不那么密切"。

语段三：这一切使它更美。麦子，它是如此的平凡，然而却是由天、地、人三者合作创造的精品。它使我们想到天空的阳光和雨水，想到土地默默的积蓄和消耗，想到人的挥动着的肢体……它还可以使我们毫不费力地想到镰刀、饥馑、战争、死亡等最关乎人类生存的问题。但是面粉不容易使人想到这些。这就是麦子掩藏在朴素后面的那种深刻的美。（2010年朝阳高三期中《亲爱的麦子》）

抒情、议论性文本一般都有观点性的语句，此段第二句是一个过渡句，转折性词语"然而"后面即是关键句，但是显然不全面，我们还发现"还"这个语言标志及其后面引起的句子，经过"析语意辨明主次，寻要点分层理解"的方法，我们概括出"麦子具有由天、地、人三者合作创造的、最关乎人类生存的深刻之美"。

语段四：这位摄影家便是郑云峰。……那年他四十岁吧。从那时起，他一边造小舟，入江心，搏巨浪，寻找母亲河最为动人心魄的姿容；一边背着相机徒步而行，逆江而上，历尽艰苦与危难，最终进入三江源——长江、黄河和澜沧江的源头。他几乎是用跪拜的姿态拍他当时眼前的一切。摄入他胶片暗盒的第一组三江源的画面是1986年。随后便激情难耐地一次次奔往那里。自费、徒步、高寒、缺氧、车祸、遇险、饥饿、迷路、生病、孤独，但这些艰辛，比起步入天国的感受与发现，不如九牛一毛。他早期拍摄的三江源是：纤尘未染的蓝天，夺目而通彻的阳光，峥嵘的雪山，玻璃般纯净的冰川与湖泊，海一样黑压压的森林，肥软的草甸子间丰沛的清流，成群的珍禽与异兽，原住民天人合一的习俗和人文……这一切都被他的长短镜头珍藏下来。（2013年朝阳高三一模《一生都付母亲河》）

叙述类文本的概括方法是"去具体叙述、找事件要素"，我们可以概括为"郑云峰拍摄三江源"，然而只有"郑云峰拍摄三江源"不能把所有的内容都涵盖，会流失重要内容，比如文段多处出现"自费、徒步、高寒、缺氧、车祸、遇险、饥饿、迷路、生病、孤独"等类似的词句，归结起来，它们是"拍摄"的"情态"，用一个词语来概括——历尽艰辛，最后归纳为"郑云峰历尽艰辛拍摄珍藏三江源"。

分析上面四类不同表达方式的文本，我们归结为三种方法，即抄原句直接概括、摘词语重组概括、梳理整合元概括。依据学生的反馈，叙述类文本的元概括是最难的，因为此类文本需要回归元初状态，没有提示词句，所以下面集中研究没有标志的叙述类文本的概括。

根据"概括的定义"，叙述类文本多以人、事、物为核心对象，对象要点分别是寻找人的性格、事的要素、物的特点，然后简要归结在一起。人的性格的概括可以通过人物的语言、动作、心理、肖像等描写方法，只有这样人物才能"立起来"，也才能完成"对象要点"的词语选择；事的要素的概括按照公式——人物+时间/地点/情态+事件，笔者将其归纳为"概括三要素"。但是"时间、地点、情态"不一定同时出现，文本强调的必须出现，如"在……环境下、怎样地"，如郑云峰一例；物的特点的概括需要寻找描写性质的形容词，并且将圈定的形容词适当分合。如"西湖是明媚的，但更多的时候显得清幽。"（2013年北京高考《浙江的感兴》）在概括西湖的特点的时候，不能将"明媚"和"清幽"两个词语简单并列，需要保留转折性词语"但"，适当地"合"。

在熟悉规则的情况下，考生需要反复练习，在"镣铐"下展现"舞姿"。笔者在一节区级公开课上让学生练手的题目是王鼎钧的《一方阳光》，这篇文章是练习概括题的好素材。

教学设计

教学目标

1. 初步掌握不同表达方式的文本的概括方法。

2. 重点研究没有标志的叙述类文本的概括题。

教学重难点

从概括的定义入手，通过练习《一方阳光》，进行物的特点和事的要素的归结。

教学过程

（一）导入

明确研究方向——概括题。

（二）设问形式包括局部概括和整体概括。

（三）概括定义

1. 把事物的共同特点归结在一起。

2. 简单扼要。

（四）不同表达方式的文本，概括侧重点不同

1. 这是哪种表达方式的文本？描写。

2. 一段说明文字的观点经常在哪个部分出现？开头、结尾哪个更概括？

3. 抒情议论性文本一般都有观点性的语句，语言标志是什么？

4. 这是哪种表达方式的文本？我们概括的办法是什么？概括三要素。

（五）集中突破叙述类文本的概括

1. 人的性格：把什么说出来人才立起来？

2. 事的要素：如何把握事件？

3. 物的特点：抓描写形容词，适当分合。

（六）练手《一方阳光》

1. 分析题目，猜测文本内容。

2. 学生五分钟阅读，划分层次，落笔批注。

3. 文中母爱的表现有哪些？

①母亲即使脚痛严重依然把温暖留给孩子；

②母亲在苦难中竭力庇护自己的孩子；

③母亲愿自己与孩子永远相偎相依；

④母亲盼望孩子成器而不惜被忘却。

4. 四合房有怎样的特点？

整个建筑闭锁严密；内部环境暗淡阴冷。

注意：将抽取的若干信息进行分类，因为按照一般行文规律，表现一个事物的特点都注重从不同角度表现。

重点突破

《一方阳光》课堂实录

片段一

师：我们再来看一个文本，请大家阅读。

（学生阅读。）

师：这个文本是哪种表达方式的？

生：叙述。

师：请问这个文本写了什么内容？你如何概括呢？

师：叙述首先要寻找什么？

生：叙述的主体。

师：这个叙述的主体是谁？

生：郑云峰。

师：郑云峰做了什么？

生：郑云峰去三江源拍摄。

师：请按照主谓宾的顺序把语序调整一下。

生：郑云峰拍摄三江源。

师：不错，但是请大家想一想，这个答案能涵盖这个文段所有的内容吗？有哪些内容的流失？

生：他中间的一些经历。

师：他中间的一些经历怎么样呢？

生：非常曲折。

师：请你重新整合一下答案，郑云峰怎样拍摄三江源？

生：郑云峰历尽艰辛拍摄珍藏三江源。

师：太棒了！老师提醒大家，在做叙述类文本概括的时候，我们两个要素必须具备，一个是叙述主体对象——人；另一个是事件，人物做了什么事情；还有一个老师需要强调具备的，即怎样来做的，老师用一个词语来概括，在人物和事件中间加上"情态"。这样我们可以涵盖此文段中顿号并列的内容，将此段的内容概括完整。

师：我们需要抓住对象要素，请同学记笔记，"去具体叙述找事件要素"。

片段二

师：我们先一起看一下第10题，请同学试着在学案上作答，文中母爱的表现有哪些？老师提示，抓住人物、事件，以及情态。

（学生三分钟组织语言完成答案。）

师：我们交流一下，先找一位同学念一念你的答案，母爱的表现有哪些？

生：第一条是母亲为了分一半阳光给我，忍着痛把自己的脚放在阴影里。

师：可以吗？

生：点头。

师：第二条呢？

生：第二条是母亲在睡梦中，用尽最后的力气将孩子放在了阳光中。

师：这个答案找的点不错，再修改一下"在梦中"，梦中发生了什么事情，更突显母爱？

请读一下第十五段第一句话。

（学生自己阅读。）

师：好，梦中是一种什么样的情况，怎么替换梦中？

生：险境。

师：不错。母亲在苦难中竭力庇护自己的孩子，依然把这小块阳光给了我。刚才这位女同学的概括抓住了这篇文章的两个核心事件。

师：请看PPT，人在什么情况下做了什么事情。第一条我略作修改，母亲即使脚痛严重依然把温暖留给孩子。第二条我们一起完善了。

教学反思

叶圣陶先生的《语文教学二十韵》对我们阅读深有启发，是我们学习语文的一种提醒和建议。其中有这样几句诗："作者思有路，遵路识斯真。作者胸有境，入境始与亲。一字未宜忽，语语悟其神。惟文通彼此，譬如梁与津。"叶老的诗告诉我们文章是有思路、有境界的，学习时不能放弃任何一个字、只有读文章才能沟通读者和作者。那么如何证明你读明白一个段落甚至一篇文章？答曰：需要概括。

概括是一项从小学就开始练习的技能，但是高中的孩子们仍然不能快速准确地把握重要信息，以形成有效的答案，我们必须帮助他们。我能想到的根本方法就是从定义突破，先把握基本的概括方法，这不仅是题目作答的需要，更是符合人的思维逻辑的。当然不同的阅读文本，在寻找答题方法上，还需要孩子们自我的发现，也需要他们在不断的实践中摸索，适合自己的才是最好的。老师也将在这条道路上，与孩子们一起完善知识体系，增强思维弹性。

策略二　梳理结构思路，提升思维素养

一、文章结构思路的再认识

结构是文章的内部组织形式，反映作者对客观事物的认识过程，结构要服从文章主题表达的需要。一般认为，文章结构包括段落、层次、开头、结尾、过渡、照应、标题、补记等。

思路是指作者谋篇布局的思维轨迹，在文章中体现为各部分之间的逻辑关系。段落之间，语句之间的逻辑关系，逻辑关系可归纳为三种：承递，思维纵向发展；并列，思维横向扩展；总分，内容之间是包含与被包含关系。

有什么样的思路，就有什么样的结构，因此结构与思路是形式与内容的关系，结构服务于思路，思路外化为形式，二者是辩证的统一。分析行文思路，即在分析文章结构；分析文章结构，就是在梳理行文思路。

文章的结构有总体结构，也有局部结构。总体结构就是全文的结构，局部结构多为一段文章的结构。分析文章结构，把握总体思路，就要弄清文中段与段之间的关系。把握局部结构或思路，就是要弄清某一语段内句子与句子的关系。

二、梳理结构思路，提升思维素养

思维和语言是相互依存、相互促进的。语言是现实的思维，是思维的物质外壳；语言的外壳又总是包含着思维的内容。培养提升学生的思维素养，离不开语言的参与。我们分析文章的思路结构，就是通过外显的语言材料梳理，去把握内在的思维路径，在这个分析梳理的过程中，学生的思维自然得到了发展与提升。

文章由段落构成，段落由句子构成。段落、句子和词组，它们都可以是结构和思路的承担者。文章结构是一个模糊概念，它既可指一篇文章，也可指一段文字。

段落与篇章是同构的。它们的结构类型相同，思路类型也相同。从语法关系上看，段落篇章都有如下六种类型：并列关系、承接关系、递进关系、转折关系、因果关系、解证关系。从思路上看，段落篇章都有如下三种类型：时间型、空间型、逻辑型。时间型的主要反映时间顺序，如先后、早晚等；空间型的主要反映空间顺序，如上下、内外等；逻辑型的主要反映逻辑顺序，如正反、主次、类比、归纳、证明、阐释、叙议等。

思路与结构的分析是有规律可循的。例如，时间型的思路常对应承接关系的结构；正反、主次、类比型的思路常对应并列关系、递进关系和转折关系的结构；归纳型、证明型和阐释型的思路常对应因果关系和解证关系的结构。但是从整体上看，三种类型的思路同六种关系的结构不存在完全对应的关系。

对文章与结构的分析梳理过程，就是提升学生逻辑思维能力的过程。

三、分析文章结构、把握作者思路的方法

整体阅读感知文章，充分理解文章内容，划分文章层次结构，提取文意要点。把握体现思路和重要语句，如中心句或提挈句。重视有前后衔接、勾连、照应的语言标志；重视有区分层次作用的标点符号。

辨明文章体裁，熟识文章结构的常见类型，理清文章顺序，找准文章线索，把握思路脉络。如记叙文常以时间推移、空间转换、情景变化、思维逻辑顺序来安排层次，议论文常采用提出问题、分析问题、解决问题的结构来论证事理，说明文常采用总分总或并列式结构来说明问题。

分析文章结构思路应注意过渡段的层次归属，看清过渡段与上下文的联系，注意开头、结尾与主体的衔接。分析文章结构思路还要准确把握文章的线索，有的文章采用的是双线结构，要分清主次与明暗，注意文中反复出现的某个词语或短语、句子，这些往往是线索的聚焦点。

四、"梳理文章结构思路，提升思维素养"阅读案例

案例1

寡人之于国也

熊　妍

课文整体分析

本文选自《孟子·梁惠王上》，是表现孟子"仁政"思想的文章之一，论述了如何实行"仁政"，以"王道"统一天下的问题。只有实行仁政，才能得民心；得民心，才能得天下。这种"保民而王"的主张，也是孟子"民本"思想的体现。全文记叙了孟子与梁惠王的一段对话，贯穿文章的线索就是"民不加多"，如何"使民加多"的问题。这段讨论有其特殊的历史背景。

战国时期，列国争雄，频繁的战争导致人口大批迁徙伤亡。而当时既无国籍

制度，也无移民限制，百姓可以随意地去寻找自己心目中的乐土。哪个国家安定、富强、和谐就迁到那个国家为臣民。而一个国家人民的多少也是一个国家是否稳定繁荣昌盛的标志之一。因此，各个诸侯为了称雄，都希望自己的国家人口增多。梁惠王也不例外。

本文结构清晰。文本开篇，梁惠王提出的疑问，接下来就是主角登场，分析问题和解决问题了，从第二部分开始，孟子展开了他充满智慧和技巧的论辩，首先，他采取了他善用的"引君入瓮"的论辩方式，分析了梁惠王"民不加多"的原因。所谓"引君入瓮"，就是在论辩中常用比喻说理，且比喻之后连带反诘句而向对方发难，逼其回答，一旦回答就会中其圈套，陷入被动尴尬的境地的一种论辩方法。孟子面对梁惠王的提问，他心里很清楚答案，但是他并没有直接回答原因，却投梁惠王之所好，用梁惠王喜欢的打仗来比喻治理国家，用战败一方弃甲曳兵而逃来比喻没有治理好的国家，用逃跑了一百步比喻邻国，用逃跑了五十步比喻梁惠王。接着，他话锋一转，突然设问：凭自己只跑了五十步而耻笑他人跑了一百步，怎么样？梁惠王顺着已有的思路回答：不行。这样，梁惠王不知不觉就跳进了孟子精心设计的圈套中，承认了自己与邻国之政并无本质区别，都是没能实行仁政。

当梁惠王顺着孟子的思路得出了孟子想要的结论之后，孟子既破了梁惠王的固有错误思想，自然要立起自己的正确思想，所以，孟子提出了一个国家的君王要想真正的施行仁政，应该持有的态度和采取的措施。孟子提出的基本途径有：不违农时、发展生产、解决百姓吃穿问题。最后提出结论"王道之始"。

从这个基本途径，孟子又接着提出了更深一层的根本途径，那就是，逐步地提高人民的物质生活水平，进而解决精神文明问题：发展丝织业，让五十岁的人就穿上丝绸衣服；发展畜牧业，让七十岁的人就能吃上肉。还要从根本上解决问题，发展教育事业，让孝悌之理深入民心，人人孝顺父母，敬爱兄长，从而推而广之。

在最后一段中，孟子提出梁惠王应持的正确态度，但他也没有直接说，而是为我们描绘了一幅对比鲜明的画面：富贵人家的猪狗吃人的饭食，路上饿殍遍地，其实就是暗指梁惠王你不打开粮仓赈民，人饿死了，却说"非我也，岁也"，这和拿着武器杀死人后却说杀死人的不是我是兵器有什么区别！在这里，孟子又运用比喻批评了梁惠王推卸责任，最后，才清楚明白地指出"使民加多"的正确态度：不要归罪年成，要有具体的措施实行仁政。这样，天下的百姓就到你这里来了。

阅读方法指津

文言文的价值不仅仅在于"言"上，其"文"更值得读者去感知、赏析。本文是先秦思想家的代表作，闪耀着先哲孟子的智慧光芒，教师应带着学生去领略更美的风光，透过文章的内容，感知孟子的深刻思想以及表达他思想的语言艺术。高中生的思维较初中已经有了很大的提升，特别是在论辩方面。这篇文章安排在高一下学期学习，虽然是因为内容情节相对简单，人物单一，但更有价值的点在于孟子与梁惠王的对话，体现了孟子高超的说理艺术——他试图如何来说服梁惠王在治国治民上，接受他关于"仁政"的主张。说理艺术与议论文的论证手法的本质是相同的，对于即将开始学习议论文写作的高一学生来说，这一点具有很高的学习价值。阅读和表达的目标之一都是发展学生的逻辑思维。在2017版《高中语文课程标准》（以下简称《课标》）的课程目标提出，要发展学生的逻辑思维。引导学生能够辨识、分析、比较、归纳和概括基本的语言现象和文学现象，并能有理有据地表达自己的观点和阐述自己的发现；运用批判性思维审视语言文字作品，探索和发现语言现象和文学现象，形成自己对语言和文学的认识。基于《课标》要求，我在引导学生积累这篇课文里的重点文言字词句，梳理文章内容之后，专门和学生探讨了这篇文章的说理艺术，希望学生不止于阅读，而是去梳理孟子在劝说梁惠王时的思路和针对梁惠王君王身份，所采取的艺术技巧。从而，让学生辨识这一表层语言现象，分析其内在语意和真实意图，归纳出孟子采用的比喻论证、排比修辞，逐层递进的思维逻辑，以达到学生自身发展逻辑思维的目标。

教学设计

教学目标

1. 引导学生理清文章写作思路，领会孟子高超的说理艺术。

2. 借鉴孟子的说理艺术，引导学生学以致用（比喻论证、排比对比修辞、层进逻辑）。

教学过程

一、导入

战国中期，诸侯争城夺地，魏国曾是强国，但在梁惠王统治期间，连遭强秦重创，内忧外患，以致都城由安邑迁至大梁。加上横征暴敛以及生产力水平低下，造成人口减少，兵员和劳动力匮乏。梁惠王理所当然会为"邻国之民不加少，寡人之民不加多"而忧心忡忡。我们在前面的课上分析过了，孟子的主张是"反战""仁政"，所以他和梁惠王的立场和主张都是对立的，那么，聪明的孟子应该怎样来说服梁惠王接受自己的治国治民的主张呢？

（设计意图）介绍时代背景，抛出本节课的主问题，激发学生思考探究的兴趣。

二、任务1，根据原文内容，制作一幅思维导图，展现孟子的说理艺术。

要求：1. 小组内交流；2. 确定小组发言人；3. 发言时，要结合原文加以说明。

答案要点：

1. 比喻设套，请君入瓮

2. 给出建议，连用排比

3. 层层递进，由始到成

4. 鲜明对比，回扣开头

（设计意图）引导学生有针对性地细读原文，学习孟子高超的说理艺术，并加以梳理。先在小组内部交流，取长补短，完善表达；再全班交流，提炼升华。

三、任务2，借鉴孟子的说理艺术，完善老师的下水文《鄙人之于教也》。

任务说明：现代人也不乏梁惠王的思想误区，有的人在某方面觉得自己已经做得很好了，可是没有达到自己预期的效果，假如今天老师也遇到了这样的"瓶颈"问题，同学们如果是老师的同行——老师甲，如何帮助老师分析问题的本质和原因，帮老师走出困境。请同学们阅读老师写的残缺的下水文《鄙人之于教也》，根据情境，填写缺失的语句。以小组为单位完成，每小组派一位代表展示成果，并说明填写的依据是什么。

（设计意图）创设生活情境，激发学生的学习兴趣，引导学生运用孟子的说理艺术，培养学生的文言文表达能力，实现读写结合。

四、任务3，小组合作完成一篇《鄙人之于学也》，全班交流。

（设计意图）给学生更大的创作空间，让学生学以致用。

五、课堂总结

重点突破

（一）《寡人之于国也》课堂实录节选

师：一位国君与一位学者的思想相左，而这位学者还是一位坚定的卫道者，那学者应如何向国君兜售自己的主张？

生：孟子不能直说，至少不能开口就否定国君，否则孟子的下场，就让人担忧了。所以，孟子非常慎重地采用了说理艺术，很巧妙，让人惊叹。

师：下面咱们分小组先讨论，据原文内容，说说在《寡人之于国也》中，孟子是如何说理的？制作一幅思维导图。要求小组内交流，取长补短，完善表达；

在讨论时，确定小组发言人，选派一位同学上黑板画思维导图，另一位同学进行简要阐释。

组1：这是我们组画的孟子说理的思维导图。我们列出了孟子采用的两条说理艺术，第一，采用比喻的手法。因为梁惠王爱好战争，所以孟子投其所好，拿战争打比方：五十步笑百步。这个比喻的意思其实连小孩子都知道，梁惠王即便想辩驳，也不好意思，他只能说，五十步笑百步是不对的。这样，他的问题根源就暴露了，说明你做的这些事情跟没做是一样的。第二，孟子一口气说了一大串措施，告诉梁惠王应该怎么做才有良好的效果，我们认为孟子这是用一串炮弹对梁惠王进行轰炸，让他来不及反应，用了一大串的排比的修辞手法，增强了他说理的气势。

组2：我们组发现了孟子话语里的更深层次的一个特点：说话具有层次性，由低层到高层的提升，而且在他的话语里，有明确的标志性语句。比如，第五段结尾处的"养生丧死无憾，王道之始也"。这是孟子在让梁惠王认识到自己思想误区之后，自己顺势提出的第一层面的主张。然后在第六自然段里，孟子提出让老百姓在达到基本的温饱的基础上，统治者对老百姓进行思想上的教化，让他们自己知道仁爱孝悌，这样统治者的治理就能从根本上产生良好的作用，必然能称王。我们组找到的这点，不是表层的语言特点，而是语言内在的逻辑上的特点，也是符合人思维的接受层次的，所以他的说理很有力量。

师：太好了，第二组透过语言外衣，发掘出了孟子说话的内在逻辑层次，第三组还有独特的发现吗？

组3：前面两组都说得很好，我们组也有自己的发现，但是不知道这算不算是孟子的说理艺术。孟子说完了王道之成后，他的主张已经表达完了，估计那个时候梁惠王已经被说得目瞪口呆了，但是待他清醒过来后，他可能会问孟子，我是问你我的问题，你没有回答我的问题，说了一大番你的主张，简直是浪费了寡人的时间，答非所问，那孟子的下场，又只能呵呵了。所以，孟子赶紧主动回扣了一下讨论的起点，就是"邻国之民不加少，寡人之民不加多，何也？"，这是及时回扣对方关注的焦点。

组4：我们组还补充一点，孟子的话语中还运用了对比的修辞手法。最后一段说，"狗彘食人食而不知检，涂有饿莩而不知发，人死，则曰：'非我也，岁也。'"这样一对比，错误的做法自然被放大，对错高下立见。

师：四个小组的分享都很精彩，下面我来概括孟子的辩论层次：比喻设套，请君入瓮——给出建议，连用排比——层层递进，由始到成——鲜明对比，回扣开头。

师：其实，现代人也不乏梁惠王的思想误区，有的人在某方面觉得自己已经做得很好了，可是没有达到自己预期的效果，假如今天老师也遇到了这样的"瓶颈"问题，同学们如果是老师的同行——老师甲，如何帮助老师分析问题的本质和原因，帮老师走出困境。请同学们阅读老师写的残缺的下水文《鄙人之于教也》，根据情境，填写缺失的语句。以小组为单位完成，每小组派一位代表展示成果，并说明填写的依据是什么。

（学生小组讨论并完成活动单）

师：我很期待大家的讨论完成的成果，肯定是很有趣的。这样，请各组派一位代表，把本组的活动单投影到大屏幕上，并说说你们这样填写的依据是什么。

（学生分享略，见后面的学生优秀作品）

（二）学生作品展示

作品1

鄙人之于教也

第四组

熊老师曰：鄙人之于教也，尽心焉耳矣。课内知识反复讲，课后习题认真批，察邻班科任教师，无如鄙人之用心者，邻班成绩不加低，鄙人成绩不加高，何也？

老师甲曰：汝好舞，请以舞喻。音乐起之，舞友翩跹，然皆不熟悉动作耳。或（误出手），或（误伸腿），（以错一招笑错数招），则何如？

曰：不可，（直不数招耳），是亦失误矣。

曰：汝若知此，则无望汝之成绩之高于邻班也。

不（灌输知识），学生不会反感也；不搞题海战术，学生不会疲劳厌学也；潜心研究高效学习，学生不会事倍而功半也。学生不（反感厌倦学习），事半而功倍，是使之课上课后皆快乐进步也。学生快乐进步，（汝之成绩提高之始也）。

核心概念，督促记忆；典型例题，精讲精练；解决疑惑，举一反三。概念记忆清楚，典型例题百试不爽，素养不断提高，（然而汝之成绩之不提高者），未之有也。

学生产生困惑而大加指责，（教师备课不足而不加反省），分低，则曰"非我也，命也"，是何异于杯从手中滑落，曰：非我也，杯也？（汝无罪命），斯汝之成绩提高有望焉。

作品2

鄙人之于学也

第三组

鄙人之于学习也，尽心焉耳矣。课上笔记完备，课后作业齐整。察同桌之学习，无如寡人之用心者。同桌之分不加少，寡人之分不加多，何也？

同桌对曰："君好睡，请以睡喻。周公召之，昏昏欲睡，弃笔曳书而倒。或半节而后醒，或整节而后醒。以半节笑整节，则何如？"曰："不可，直不整节耳，是亦睡也。"曰："君如知此，则无望分多于同桌也。"

不错课时，学不会落后也；课上不会于周公，师之精要不会遗漏也；作业不敷衍草率，记忆亦不会消退也。精要不遗漏，记忆不消退，是使己日日新，科科明。日日新，科科明，提高之始也。

师之精要，辗转思之，有新疑惑，新方法，加以探究之，遂得解，举一反三耳，然而不提高，未之有也。

教学反思

这节课是以2017版《课标》为指导思想进行整体设计的。

我尝试了新的教学方式，改变围于原文的文言文阅读教学，创设了鲜活的生活情境，让学生带着任务，在合作探究中，建构自己对于孟子说理艺术的认知，并加以实践运用。

阅读和写作始终是不应分家的，读写结合的思想可以闪耀在不同教学内容的设计中。上课前，我还担心，学生的文言文表达能力欠缺，学生对文言文学习兴趣不浓，会不会对这样的教学设计"接不住"，但是从学生课堂呈现的结果来看，学生的表现可圈可点。

教师引导学生梳理孟子的说理艺术，学生由对文章的表层理解，深入对文章内容的深层把握，感知孟子的思想智慧，提升了学生的辨识、对比、归纳、演绎高阶思维的水平。

本节课的设计还有需要完善的地方，如何让学生真的喜欢文言文，将古人的智慧运用到今天的学习生活中，如何更加精妙地引导学生将阅读和写作结合起来，这都是我下一步继续探究的方向。

案例2

兰亭集序

陈　耀

课文整体分析

《兰亭集序》——绝无仅有的千古名篇

"死生亦大矣"，生死实在是人生的大事，蒙田曾在随笔中说过："学习哲学就是练习死亡。"这篇文章同样讲生死。晋代的哲学流行虚无，将人生看作虚幻，而这篇文章则是力图走出这种时论，走出对人生的幻灭和无常的时髦论调。

从于自然的怀抱欣然到悲痛，都是源于感悟短暂，这是一篇感慨短暂的文章。

《赤壁赋》也讲人生的短暂，但是"哀吾生之须臾，羡长江之无穷"将人生的短暂与宇宙的永恒对比，生出哀痛。而《兰亭集序》则定睛于欢乐的短暂、事物的短暂、生命的短暂。

王羲之的《兰亭集序》，又名《兰亭序》《禊序》，被称为"天下第一行书"，其中的二十多个"之"字都各不相同。王羲之在写完《兰亭序》以后，也曾尝试再次书写，但都比不上兰亭盛会当日所写，可见天下第一行书确实绝无仅有。为什么连王羲之自己都写不了第二遍呢？因为当时之境、当时之情、当时之感等无法复制，都是绝无仅有的，用作品中的话来说，就是"已成陈迹""修短随化"，所以《兰亭集序》文章独具韵味，书法更是绝无仅有。以此观照，苏子泛舟的赤壁也同样绝无仅有，无法复制，这就是为什么《兰亭集序》和《赤壁赋》同是慨叹生命的杰作，但是并不雷同。世界上任何伟大的艺术作品都是绝无仅有，连作者本人都无法复制，这就是生命的魅力，艺术的魅力，美的魅力。

那么是什么触发了王羲之的创作灵感？是自然，自然触发他的乐，也触发他的痛，他的悲，他的爱，他的矛盾和挣扎，所以体会到那日的自然之美如何牵动王羲之的全部内心感受，就能理解为什么《兰亭集序》不可重复。

自然触发他的乐。这不是一般的游山玩水，与好友吟诗作赋，也不是贵族的高雅游戏，而是在自然的怀抱中达到忘我的境界，是人与自然的融合，天人同一，所以乐在此处。流觞曲水、吟诗作赋，正是与自然亲密接触的表示，而游目骋怀，则是达到忘我的融合状态。文中说"无丝竹管弦之盛"，没有豪门宴饮的华丽，在这里如何能够游目骋怀，极视听之娱呢？那就是自然之色，自然之声，还有自然中的人。王羲之在兰亭诗中写道："虽无丝与竹，玄泉有清声。虽无啸与歌，咏言有余馨。""时禽吟长涧，万籁吹连峰。"这些是声。崇山峻岭，茂林修竹，清流激湍，天朗气清，这是色。"松竹挺岩崖，幽涧激清流"，这是声色。在这自然之中，用眼观，用耳听，渐渐达到忘我的境界，才有了"仰观宇宙之大，俯察品类之盛"。崇山峻岭之间如何能"仰观，俯察"，这已经不仅仅是外在感官的作用，这是心灵的品察，是心灵在自然中的遨游驰骋，所以才能极视听之娱。王羲之在此时忘我，无我，脱离自我的束缚，达到心灵自由。唯有心灵自由，才能有灵感的降临。

自然触发他的痛，让表层的乐引向更深沉的痛，引发哲学的思考。为什么有乐极生悲，为什么会有喜极而泣？实在是爱到极致，因为爱到极处才想永远拥有，珍惜到极致，才会希望此刻永驻。《浮士德》中浮士德一生从未感到满足，当他在最后时刻感到快乐的极致时，他高呼："我满足了，请时间停下。"王羲之此时此刻同样有这样的愿望，可是，"胜地不常，盛筵难再。兰亭已矣，梓泽丘墟"。王羲之何尝不知道呢？此时此刻让王羲之想到此时此刻的一切都会过去，成为陈迹。此时的山水成为陈迹会是什么模样？不仅仅是秋冬草木凋零，更是水断溪涸，松枯竹倾，甚至是沧海桑田，崇山峻岭成为湖沼川泽。此时的四十一贤士成为陈迹，又将是什么模样？一具白骨，灰飞烟灭。春秋时，齐景公游于牛山，北望国都临淄流泪："若何滂滂去此而死乎！"细细想来，没有什么能逃过时间之手，没有什么不会过去，死亡是一切的终点，然而人总偷偷希望着留住这一切，明明不可能却不能不想，所以才有了痛，痛是乐的极致，有了痛，才撤去了感官的犹疑变幻，摸到了生命的真相，达到哲理上的彻悟，因此才有了灵魂深处的震颤。痛，才是情感的又一层深度。没有对生命真相的惊鸿一瞥，没有随之而来灵魂的战栗，就不可能有灵感的诞生。

这种痛非灵魂所能承受，有两种出路，要么遁入虚无，逃避生死，所以两晋时期大行玄学，谢安在兰亭诗云："万殊混一理，安复觉彭殇？"要么正视生死。王羲之选择了后一种，"一死生为虚诞，齐彭殇为妄作"，不把生死视为一样。两种观点的逻辑是，前者认为既然万物都有终结，生的结局就是死，那么无论做什么都难逃此种结局，那做什么都没有意义。既然做什么都存留不住那就什么也不要做。后一种观点的逻辑是，既然生难免死，生是如此短暂，那么就弥足珍贵，不能枉费此生，所以活着的时候要竭尽全力，才能使生命有价值，有意义。王羲之虽然颇受当时流行的玄学影响，但是仍然靠对生命的热爱努力挣脱虚无的束缚，肯定生的价值。这同样来自兰亭自然的启示，自然的生命是如此繁盛美丽，又怎能是虚无呢？"仰望碧天际，俯瞰渌水滨。寥朗无厓观，寓目理自陈。大矣造化工，万殊莫不均。群籁虽参差，适我无非新。"

从王羲之生平来看，他虽然出身士族豪门，却力避当时士族子弟及各级官吏浸淫于清谈，崇尚风流，不以政务为要的清谈之风，无论是在朝中为官，还是出使外任，均亲理政务，勤求民稳，于种种弊政深切痛恨。在会稽内史任上，他针对吏治腐败与赋役黑暗，努力推行慎选官吏与均平赋役之策。在连年大旱、民生困顿之际，不等朝廷下令，他就果断开仓赈灾，救民于危难，如此至永和十一年誓墓不仕。所以王羲之无论是在书法研究上，还是文学创作上，或者为官出仕上，都是竭尽全力，力行生的价值。

有了这种对生的执念，才有了抓住此时此刻的执着，也才有了创作的冲动，创作才不再是应景，灵感因此诞生。"故列叙时人，录其所述"，不仅仅记录下有这么一回事情，而且记录下此时的美景，此时的人物，此时心中的感想和领悟，"使后之览者，亦有感于斯文"，要留存后世，使后人读此身临其境，再现当时，所以王羲之用文字来使此时此刻永远停驻。一切艺术都是追忆，都是纪念，因为有了艺术，有了语言，人们才将刹那化为永恒，这就是人类的记忆，或者不如说，人类为何要有文学艺术，因为人类需要记忆，使自己成为永恒。譬如《蒙娜丽莎的微笑》，瞬间留驻画布，成为永恒。张爱玲的《爱》，一句低语化作文字，成为永恒。所以王羲之不仅用这篇序文和兰亭修禊诗记录着此时此刻，也用他的书法记录了此时此刻。当人有了要记录下此时此刻的冲动时，灵感就来临了，创作就开始了。而此时此刻，当时的自然、人物、情绪、感受是独一无二的，无法再次复制的，所以此时此刻的灵感独一无二。王羲之的《兰亭集序》独一无二，他的书法也是独一无二，甚至连他自己都无法复制。

阅读方法指津

《兰亭集序》是辞赋名篇，《兰亭序》是王羲之书法的代表作品，被称为"天下第一行书"，阅读之前，不妨前往故宫一窥唐代冯承素《神龙本兰亭》，遥想王羲之真迹的风采。如果能体验曲水流觞文人游戏，有一些书法绘画的实践，就会对魏晋风度产生浓厚兴趣。多方面的文化实践活动无形中增加了自己的文化素养，奠定欣赏底蕴，为阅读打下坚实基础。

这篇文章极其适合诵读。初读中体会语言的流畅，音韵的自然和谐。复读时体会永和九年（公元353年），暮春时节会稽的美好意境。再读时体会兰亭盛会文人雅集，临流赋诗，各抒怀抱的闲逸雅致。深读中体悟作者对死生的思考，于悲伤慨叹中流露出的对生活的热爱，对生命的眷恋。反复诵读，还能体会到作者面对短暂，追寻永恒的执着精神。

　　带着问题阅读文章，就好像侦探破案，从文字的字里行间寻找蛛丝马迹，发现真相，无形中增加了阅读的趣味，阅读前不妨为自己设定几个问题，让自己在阅读中探寻。如：为什么后人如此推崇这篇《兰亭集序》？为什么兰亭诗集知名度并不高，反而是这篇诗集的序言流传千古？王羲之此后多次重写，都认为复写无法超越这幅作品，为什么这幅书法作品能达到这样的高度？这篇文章情感反差巨大，刚刚还"信可乐也"，怎么一下子就变成了"岂不痛哉"，变化怎么会这么快？这篇文章有许多谜团等着每一位读者解答，相信每一个读者用心揣摩，必能有自己的发现。

　　本文着眼于生死二字，人类的生命究竟是虚无还是充满意义，人类怎样突破短暂达到永恒，这些问题一直不断被讨论思考。《左传·襄公二十四年》："太上有立德，其次有立功，其次有立言，虽久不废，此之谓不朽。"而西方很多作品也表达着对基本命题的思考。所以从自己的阅读经验中寻找相似的作品，与本篇进行比较阅读，甚至可以进一步拓展到其他艺术领域，去寻找不同艺术形式之间的共性与个性，实际上就是将对一篇文章的阅读扩展为同类主题下的群文阅读，再进一步拓展为同类主题下的艺术欣赏与评价，视野开阔了，必然带来新的理解，新的发现。

　　最后要说的是读写不可分，将自己对本篇的阅读感受，对拓展阅读的比较鉴赏，都应该化为文字，正如《兰亭集序》最后所说"后之览者，亦将有感于斯文"，与王羲之应和，与古人隔空对话，"所以兴怀，其致一也"。这正是这篇千古奇文作者所期望的，也是阅读可遇不可求的最佳境界了吧。

教学设计

教学目的

理解自然与王羲之创作灵感的关系，理解其中蕴含的哲理。

教学重点

品读文章词句，想象情景，理解内涵。

教学方式

小组讨论、师生互动。

教学过程：

（一）朗读《兰亭集序》。

（二）探讨《兰亭集序》的主要内容。

1. 概括其主要内容

提出学生的疑问：为什么会乐极生痛，情感转化如此之快？我认为生死同一，但是我要完成我应该做的事情，为什么我会这样矛盾？

提出本堂课讨论重点：为何乐，为何痛，为何写。

2. 讨论：王羲之为何乐？

细细品读王羲之的125个字。

分组讨论鉴赏，推荐优秀作品。

小结：王羲之的快乐是什么样的快乐？

问题2：王羲之为何痛？

细节品读：向之所欣，已为陈迹。

王羲之为何乐极生痛？

你有没有这样乐极生悲的经历？

问题3：王羲之为何写？

3. 讨论：人类总是想尽办法留住短暂，人类用哪些东西来留住短暂，使短暂化为永恒？

拓展：文学、艺术是人类永恒的记忆。

（三）作业。

随笔：短暂与永恒。

重点突破

《兰亭集序》课堂实录

片段一：拓展对比解难点

师：我们可以说王羲之在此时是"身心自由"。下面情感急转直下，"岂不痛哉"！请看原文，王羲之有没有说痛的缘由。

生："向之所欣，俯仰之间，已为陈迹"，所以感到痛苦。

师：好，我们就来读读这两句："向之所欣，俯仰之间，已为陈迹。"我在网上查了一下现在兰亭的资料。

（老师展示现在兰亭的图片）

师：这是兰亭，这是鹅池，据说这个"鹅"字还是王羲之亲笔写的。这是流觞曲水。这些今天还在，没成陈迹啊，那文章的句子怎么理解？

生：人没了，都死去了。

生：当日的兰亭也不存在了。

师：是的，它可能被风吹走了，被泥土掩盖了，被石块堵塞了。这是不是一种必然？

生：是。

师：就是我们，再过一百年，也一定都不存在了。你们谁不承认？

（学生笑）

师：庄子在妻子死去的时候鼓盆而歌，认为死是一种必然，那么王羲之是不是也是这么认为的？

生：是的，因为原文说"终期于尽"。

师：找的真准，那么王羲之为什么不能鼓盆而歌呢？既然认识到是必然的，那么就应该坦然面对生死，快然面对死亡，然而他却说"岂不痛哉"，为什么？

生：（犹豫）他应该很矛盾吧，一方面痛，另一方面又感到此刻非常快乐。

师：好，我们再来看看他的快乐。人在非常快乐的时候会有什么想法？

（学生七嘴八舌"不要过去""一直这样快乐""永远快乐下去"）

师：对，王羲之有没有我们这样的感受呢？

生：有，像兰亭盛会这样的快乐在他一生中只出现了一次。

师：对，这就是他生命中快乐的极致。我以前给大家讲过《浮士德》，是歌德用60年时间完成的。浮士德是一位老博士，一辈子在书房中研究学问。他快死了，魔鬼来取他的性命，他很后悔。他说我这一辈都在书房中太不值了，所以他和魔鬼订下契约，他说："我把我的灵魂卖给魔鬼，让我变得年轻，我重新再过一遍，让我感受到人生中最幸福最快乐的事。"所以魔鬼把他重新变得年轻，他周游世界，想去什么地方就去什么地方，他却一直不觉得快乐，一直到最后，他带着人民修筑水利工事，他感到他人生中的快乐，他说了一句话："时间停下。"和王羲之在兰亭想的会不会一样？

生：会，王羲之也会想让时间停下，永远不要过去。

师：可是时间会停下吗？

生：不会。

师：好，那我们再来想想刚才同学说的王羲之很矛盾，这是什么矛盾？

生：想让时间停下来但却停不下来。

师：是啊，当你在期望时间停下来的时候，时间就匆匆地走了，从你指缝中溜走了，在你酒杯之间流过了，所以王羲之说——

生："岂不痛哉！"

师：赵一帆，现在你明白王羲之为什么会由乐转痛吗？

生：明白了，想挽留而挽留不住，感到深深的痛苦。

片段二：拓展延伸悟主题

师：王羲之写不仅是痛的出路，而且把短暂的一瞬间变为永远的记忆。大家想一想，有哪些东西是人类的记忆，要把短暂变为永恒。

生：照片。

师：是的，下面我给大家展示咱们一位同学的照片。下面请他给我们讲讲为什么照片是人类永恒的记忆。

生：我觉得摄影是很好的记忆方式，你眼睛所看到的一切，通过镜头记录下来，告诉大家这是你经历过的，你感觉到的，它在你心中有一定的地位意义，大家看到就知道你的经历，你的心情。

师：你能讲一次你这样的经历吗，如何把短暂的一瞬变为了永恒。

生：比如那张，北京四合院门口一只熟睡的小狗。能抓拍到这个瞬间非常珍贵。因为这张照片上所有的都是一瞬间的。

师：是啊，这张照片上的阳光是一瞬间的，这只熟睡中的小花狗很快就会抖一抖毛，站起来走掉，所以你要让这只小花狗永远在熟睡，这四合院永远存在，虽然可能下一次去，四合院已经不存在了。

师：除了照片，还有什么？

生：日记。我曾经有过写日记的习惯，可以把身边点点滴滴的事情记下了，当时可能很开心，也可能很难过，但因为太小了，很容易忘了，如果用日记记下来，后来翻看，原来当时发生过这样的事情，让我很开心。

师：谢谢，幸亏人类有了文字，人类没有文字，处于结绳记事，那会怎样？

生：历史上发生的很多事情后人都不知道，也不会记得。

生：还有音乐，比如贝多芬散步时创作了《月光》，每次听到，都会想到贝多芬和他创作的故事。

师：我们讨论到这里，有什么发现？

生：一切都是记录，都是记忆。

师：为什么要记忆？

（学生七嘴八舌"因为终期于尽""因为这是自己走过的路"）

师：对，让自己留下痕迹，我曾经在这个世上来过，我曾经在这个世上哭过笑过，苦恼过，痛苦过，也幸福过，所以我一定要告诉别人：我存在过。王羲之一定要告诉后来者：他存在过，他40位朋友存在过，那一天存在过，兰亭盛会存在过。我不知道我们各位同学，你们有什么给后人留下记忆，让他们知道你曾经在这个世上生活过，你的生命在这个世上存在过。

教学反思

学生的提问究竟有多大的价值？在以往的传统观念中，学生的问题在老师的备课中占有一定比例，会影响到老师的整个课堂设计，但是一般情况下，学生都主要是接受者，老师把学生的问题计入考虑，也是为了给学生答疑解惑，让他们更好地掌握所学到的知识。然而，学生对《兰亭集序》的提问带给我完全不一样的认识。学生看似幼稚的问题，实在是玉璞一块，剖开外表，内藏玉璧。而能否得玉于其中，还在于教师是否是一位合格的玉人。

在课堂上，在不干扰其他同学听课的情况下，我允许学生打断我的讲课，举手提出自己的疑问，也从来不批评他们问题的幼稚浅薄，就是在这样宽松的课堂氛围中学生提出了形成我课堂的关键问题"王羲之为什么这样喜乐无常"。

学生对王羲之《兰亭集序》的提问确实让我对这篇文章有了很多新的感悟，也调动起我的知识储备，让我联想到许多其他的文学艺术作品，如高一课文当中的外国诗单元中歌德的《浪游者的夜歌》、普希金的《一朵小花》、叶芝的《当你老了》，还有苏轼的《赤壁赋》《江城子》（十年生死两茫茫）等，整堂课就产生于学生绝妙的问题当中。

课堂上学生问题得到解答，在与王羲之的同乐同悲中领悟了自己的乐与痛，发现了生命的真谛，感到极大快乐，这也是我的快乐。

策略三　分析技巧手法，提升语言素养

一、文章表达技巧、表现手法的再认识

表达技巧是指人们在运用语言表达思想感情时所采取的技巧。为了更好地表达思想、抒发感情，作者就需要用恰当技巧。所以，我们阅读文章、理解作者思想感情，必须认识表达技巧的作用。

表达技巧是一个大概念，常用的表达技巧有五类：表达方式、表现手法、修辞方法、结构技巧、选材剪裁技巧。

　　表达方式是人们用语言把思想感情表示出来时采用的方法与形式，常见的表达方式有记叙、描写、抒情、议论和说明五种。

　　表现手法，也可以称谓表现方法，凡是能使文章整体或部分产生鲜明强烈的印象，达到感染读者的艺术效果的手段或方法，都可以视为表现手法。常用的表现手法有象征、对比、衬托、联想、想象、虚实结合、动静结合等。

　　修辞手法是最常见的表达技巧，常用的修辞手法有比喻、借代、拟人、夸张、对偶、排比、反复、互文、反问、顶针、引用等。凡是使句子更加生动形象、富有表现力和艺术美感的方法和手段，都可以称之为修辞手法。

　　表现手法与修辞手法都能增强文章的表达效果，但表现手法是用以增强文章的整体或某一部分的表达效果，而修辞手法是增强文章中句子的表达效果，主要着眼于对句子的修饰。表现手法是从宏观角度表现文章的，而修辞手法是微观角度表现文章的。

　　结构技巧和选材剪裁技巧是指文章各部分内容之间的关系。如主次、详略、繁简是剪裁技巧，而承上启下、起承转合、照应铺垫等是结构技巧。

二、分析技巧手法，提升语言素养

　　语言的建构与运用的基础和前提是知识的积累。语言的建构与运用有内在的规律，先要有语言材料的积累，积累到一定程度，就必须去发现语言规律，掌握了语言规律，才能熟练地运用语言和创新语言。而"知识是语言文字的规律"[①]，表达技巧、表现手法是语言运用知识，是更好地运用语言文字的手段。在我们的阅读中，如果能经常地去理解分析文章语言的精妙之处，体会作者是如何运用丰富的语言知识（句式、修辞、逻辑、表达方式）恰当地表达思想、抒发感情，一定能更有效地建构自己的语言，提升语言运用效用和美感。

三、分析表达技巧、表现手法的途径

　　分析表达技巧和表现手法，要区别文体，文体不同表现手法不同。文学语言

---

① 王宁. 谈谈语言的建构与运用 [J]. 语文学习，2018（1）：10.

艺术的文本形式有小说、诗歌、散文、剧本以及通讯、报道等实用类文体。抒情散文的表现手法丰富多彩，借景抒情、托物言志、抑扬结合、象征等手法；记叙文的写作手法如首尾照应、画龙点睛、巧用修辞、详略得当、叙议结合、正侧相映等；议论文写作手法如引经据典、巧譬善喻、逆向求异、正反对比、类比推理等；诗歌的表现手法很多，传统表现手法如"赋、比、兴"，现代常用的手法如比拟、夸张、借代等；鉴赏现代文阅读时常常要用到想象、联想、类比、象征、烘托、对比、渲染、修辞、抑扬、用典等。

我们还可以从不同的角度去分析技巧和手法。从语言的修辞角度去看，如比喻、象征、反讽、比拟、借代、夸张、反复、对偶等都是常见的修辞手法；可以从语言的音律角度去看，如节奏、格律、反复、押韵等也是常见的音律手法；可以从叙述描写的视角去看，如正面、侧面、对比、烘托、映衬、直接、间接等都是常见的视角手法；可以从描写景物的方法角度去看，如动静结合（以动写静）、概括与具体相结合、由远到近（或由近到远）等都是常见的描写方法；还可以从布局谋篇的顺序用度去看，如顺叙、倒叙、插叙、补序、设置悬念、前后呼应、欲扬先抑等都是常见的行文顺序。找好了角度，就能通过分析技巧手法，准确深入地理解把握文章。

四、"分析技巧手法，提升语言素养"阅读案例

案例1

当代诗二首

陈　耀

教材分析

从"五四"开始，中国诗歌突破旧体格律诗对文体和语言的限制，借鉴西方诗歌，结合汉语的特点和中国诗歌固有特色，形成了中国新诗。中国新诗不仅在形式上有了突破，而且在内容上更加贴近现实生活，突出诗人的个性特征，富有时代气息。当代诗是中国新诗的重要部分，当代新诗的跨度很大，从新中国成立初期的反映社会主义生产和生活的诗歌，到改革开放以后的朦胧诗，再到充满实

验色彩的现代派诗歌,《上海夜歌》和《面朝大海,春暖花开》是不同时期当代诗歌的代表作品。

公刘,原名刘仁勇,又名刘耿直,江西南昌人,当代著名诗人、作家。教材选编了公刘20世纪50年代的代表作品《上海夜歌》。《上海夜歌》以浪漫的想象来展现上海夜晚的繁荣、忙碌,壮丽的夜景书写着新中国建设的辉煌成就。这首诗歌之所以给人留下深刻印象是因为它独特细腻的想象,诗人抓住了繁华大都市上海的几个典型意象——钟楼、大厦、灯火,展开想象。钟楼上的指针如巨剪,"铰碎"白天,巨剪是工业时代的产物,时间在机器的运转中不知不觉中过去,上海是一座忙碌的建设的城市。一座建设热情沸腾的城市屹立在眼前。正因为有了这样的争分夺秒,才铺开了壮丽的夜景:高楼灯火璀璨,街道灯火纵横,车辆成为流动的灯河,诗人以"灯"为起点,展开一系列丰富的立体的想象,把夜晚的上海描绘成一座光明的城市,将火热的生活从白昼引向夜晚,展现了劳动建设的辉煌成果。这首诗虽然写于20世纪50年代,已过去七十年,但是它所展现的现代文明、工业文明和都市生活仍和今天一样,读起来亲切熟悉,仍然能够引起读者的共鸣,感染到诗人的热情。

《面朝大海,春暖花开》是当代诗人海子卧轨自杀前两个月创作的诗歌,也可以说是他最有影响力的诗篇之一。海子是从乡村走出来的诗人,海子被称为"赤子",他单纯、纯粹,但是又不是活在封闭的自我世界中的诗人,他的诗歌经常出现的意象——麦子、村庄、芦花、星空,来自大地和天空。海子又是浪漫的,生活在幻想当中,他的意象呈现诗人个体的独特感受,充满着创造性。所以对他的诗歌的理解,应当是多义多层次的解读。

初读《面朝大海,春暖花开》,眼前会展现一幅幅尘世生活的幸福画卷,房子面朝大海,风景优美,开阔辽远;春暖花开,没有肃杀的秋天,没有凛冽的寒冬,只有春天的温暖,花朵的绽放。亲人相亲,有情人成眷属,河流和山在洋溢的幸福之中也拥有了温暖的名字,人间没有悲凉,没有谲诈,只有相亲相爱,人世的幸福也不过于此吧,初读此诗,可能幸福满怀。

再读此诗,又读出悲凉,诗歌反复出现"从明天起",幸福都在明天,是将来才发生的事情,明天在某种程度上是永远不会到来的幻想和空想。第三诗节反复出现"愿你",美好的祝愿是否化为现实,还是只是一个美好的愿景,我们在诗歌中找不到答案。"我只愿面朝大海,春暖花开",诗人把自己排除在尘世的幸福之外,也就是意味着他是一个不求尘世幸福的世外之人,还是一个自知永远不能得到尘世中的安息的受苦者,每个人都可能有不同理解。

由此我们可以读出在"明天"中包含的"今天",与"明天的幸福"对立的"今天的痛苦"。这首诗如果从"今天"的角度来进行想象和解读,那么这首诗可能就完全没有幸福的味道,不是一首幸福的诗篇,而是充满着今天生之苦涩,是一曲悲凉的吟唱了。

再读此诗,诗人在今日悲凉苦吟,世无知音,没有人能够听懂。诗人向小店老板提议以诗换酒,老板却说"酒可以白送,诗你就自己留着"。虽然世无知音,可是诗人仍然期望明天的幸福来临,这不是他的幸福,而是尘世每一个人的幸福,平凡真切,人人憧憬,虽然诗人永远不在其列。读到这里,我们又分明感受到海子那颗单纯、纯粹的"赤子之心"。

一首动人的当代诗,不同的人能从中读出不同的触动和感动,这就是诗歌的魅力。

阅读方法指津

现当代新诗流派纷呈,形式自由,诗人个性鲜明,主题也往往多义。对现当代诗歌的阅读可以尝试几种方法:

了解新诗的基本发展脉络。新诗的发展往往有比较鲜明的流派区分,了解这些创作流派的形成过程和他们的基本创作理念,对于理解他们的作品有很大帮助。比如新月派主张"理性节制情感"的美学原则与诗的形式格律化,提倡诗歌的"三美":音乐美、绘画美、建筑美。代表诗人徐志摩、闻一多创作了许多体现"三美"的新诗。如果能够对这一流派的主张有基本了解,就能够抓住诗歌的基本特征,理解诗歌了。再比如改革开放以后的朦胧诗派并没有形成统一的组织形式,也未曾发表宣言,然而呈现出共性的艺术主张和创作实绩,代表人物如北岛、舒婷、顾城等。朦胧诗派受西方现代派的创作影响,把诗歌作为探求人生的重要方式,关注"人",关注"个体",注重反思,批判社会。

反复诵读。诗歌是具有鲜明节奏特征的文学形式。不同于传统格律诗,在字数、平仄、对仗、押韵上,新诗没有固定的规则,自由随性,但是作为诗歌,它仍然充满节奏,所以新诗应该大声朗读,通过活动也增加了阅读的兴趣。新诗没有统一的格律,节奏的处理更可能见仁见智,在反复的朗读当中,不同的抑扬顿挫,不同的停顿,不同的音调变化,读出来的感受和情感很可能是不一样的。比如《上海夜歌》的第一诗节"上海关,钟楼。时针和分针/像一把巨剪,/一圈,又一圈,/铰碎了白天"。其中"一圈,又一圈,"慢读和快读,重读"又"和重读"一圈"带出来的感受并不一样。

品味意象。无论是旧体诗还是新诗,都具有形象性的特征,形象性必然通过意象来表现。新诗在意象的运用上，往往更加跳跃，更具有象征性，更突出个人的感受，意向的组合也更加讲究新颖独特，所以在品读新诗的诗歌意象上，要抓住意象的基本特征，又要关注意象在具体诗歌语境中的独特特征。如《面朝大海，春暖花开》中，"面朝大海"和"春暖花开"有两个基本意象，一个是大海，一个是春天，大海广阔、湛蓝、神秘又深邃，令人畏惧，而春天温暖、缤纷、柔美。两个意象本是两幅不同的风景画，大海上不可能花开，大地上才有春暖花开，但是诗人在这里做了奇异的组合，广阔的大海与繁花遍地交叠在一起，给人带来了新奇的感受：画面既广阔又温暖，既纯净又缤纷，没有冰冷黑暗，只有光明生命。

尝试创作。"少年不吟诗，枉自度青春。"年轻人最适合写诗，在创作的过程中更容易找到诗的感觉，体会诗的妙处，也会爱上诗歌，实践是学习的最好的方式。创作包括仿写、改写、自由创作等形式。在学习新诗的过程中受到启发，按照某一流派的主张或特点进行自由创作，发展自身的写作能力，这是诗歌阅读最理想的阅读效果。

教学设计

教学目标

1. 通过诵读理解情感。

2. 抓住诗歌语言理解诗人，进一步理解当代诗歌。

教学重点

多种方法理解诗人，理解当代诗歌。

教学难点

当代诗歌传达的多重含义。

教学过程

（一）导入

（二）鉴赏《上海夜歌》

1. 自读谈对诗歌的初步理解。

预设问题：《上海夜歌》仅仅描写了上海的夜色吗？

2. 通过诵读表现和感受诗人的情感。

方法：学生诵读，谈自己在语音、语调、停顿方面的处理原因，老师适当点拨，评价。

3. 完成仿写练习"城市之灯"，以自己对都市生活的感受来与诗人对话。

（三）赏析《面朝大海，春暖花开》

1. 学生自己诵读整首诗歌，谈自己在读诗时的感受。

预设问题：读这首诗时，你心里有什么样的感受。

2. 以"从明天起"为钥匙解读诗歌。

分节改写《面朝大海，春暖花开》，通过改写理解海子对"今天"的解读。

学生的改写课堂随机呈现。

3. 研讨诗歌的多重表达。

预设问题：海子为什么分明感到绝望、痛苦，却写下了充满希望的温暖的诗句？

（四）总结，齐读《面朝大海，春暖花开》

重点突破

《面朝大海，春暖花开》课堂实录

片段一：诵读体会情感

师：现在我们请一位同学为大家朗读这首诗歌，看看他是怎样用声音来理解诗歌的。

（学生朗读诗歌）

师：你为什么这样处理你的朗读？

生：表达诗人对上海的热爱之情，所以有强化和弱化部分。

师：你的语气为什么是温柔的？

生：就好像对母亲的爱，母亲是温柔的、有爱心的。

师：想到母亲，心就变得柔软了，声音就变得温柔了。好，上海母亲般的爱让你的语气温柔。另外，我注意到在第二诗节中你重读了两个词"立刻"和"珠光闪闪"，你为什么要这样读？

生：我感觉上海已经是夜晚，天已经暗了，灯突然一下子"噔"就亮了，到处都是灯，照出十里洋场的景象。

老师：那第三诗节呢？

生：语气是渐强的，越来越强。"灯的峡谷、灯的河流、灯的山"，这是一个小小的排比，景色越来越壮美，与此呼应，语气就应该越来越强了。

师：能不能再给我们重读一遍？

（此生重读诗歌）

师：好，这是她体会的母亲的爱和壮美的情感。

片段二：仿写感悟意象

师：同学们对灯有不同的感受，确实对灯的描写是诗中最美的一部分。那我们同学们也在都市中生活，那么灯带给我们什么样的感受？是否和公刘一样呢？我们来做一个仿写。

（老师打出投影）

灯的峡谷，灯的河流，灯的山

灯的（　　　　）

灯的（　　　　），灯的（　　　　）

灯的（　　　　），灯的（　　　　），灯的（　　　　）

师：请大家想象，北京，当夜幕降临，华灯初上的时候是什么样的？夜晚，当你写作业写累了，凭窗远眺的时候，窗外是什么样？

师：谁想说一下？

生：我写的第一个是"灯的小溪"。我解释一下，因为我们家住在四环以外，回家看见那些路灯像小溪一样。

师：哦，你们家在四环以外，并不特别繁华，所以灯像小溪，缓缓的，潺潺的。

生：对。第二句是"灯的河流"，四环上，灯比较密集，比较亮。再接着是"灯的海洋"，到了闹市区，灯火辉煌，比河流更加壮观。

师：谢谢。他的仿写把北京市的布局告诉了我们，带我们从郊区走到了市区，从市区又走到了市中心。可见他的观察有多么仔细，感受有多么细腻。还有哪位同学想说？

生：我写的是"灯的衣扣，灯的帽领，灯的袖"。因为我们家小区下面有个小街心花园，草坪里点缀着地灯，像衣扣，还有齐膝盖的射灯，就是帽领；而路灯光是昏黄的，像飘飘的衣袖。

师：你给我们写出了灯的高低层次，那为什么像一件衣服呢？

生：因为灯是以一个女性形象出现的，就想到了衣服，本来想写首饰，后来发现不太押韵。

师：哦，原来街心花园是小景，细致的景，像一位亭亭玉立的少女，所以灯也就是她身上美丽的衣服。

片段三：改写深入理解诗歌

师：上周我们写的一篇随笔"与（某位诗人）握手"，咱们班有位同学写的是海子。咱们虽然没有讲到海子，但是她写了，因为她特别喜欢他。其中有一段我想给大家读一下。她是这么写的："诗的开篇用单纯而软和的笔触描绘了他梦中的幸福生活——喂马，劈柴，周游世界，关心粮食和蔬菜，有一所房子，面朝大海，春暖花开。没有纷繁复杂，有的只是简单、坦然、平和。'从明天起'，是的，从明天起，说明今天的海子并不幸福，幸福的明天这么单纯的需求对他来说终究是虚幻且遥不可及的。他还没有来得及等待明天……"我发现她在读这首诗的时候，她读到另外一种感受，"从明天起"，让她想到今天的海子，今天的海子是怎样的？同学们能不能按照诗歌格式形式把诗歌改写成今天的海子。请试一下。

师：好，大部分同学已经改好了，请一个同学来读一下。

生：今天，我是一个不幸的人/谋生，放纵，守着窗上的天空/今天，关心名誉与金钱/我有一所房子，面朝大海，春暖花开。

生：今天，我无法和每一个亲人通信/告诉他们我的不幸/那不幸的闪电告诉我的/我无法告诉每一个人

师：这是不是今天的海子？

生：对。

师：好，我们把第三诗节改写完成。

生：每一座高楼每一个广场都有一个荒凉的名字/陌生人，我也为你悲伤/因为你的前途灰暗/因为你有情人难成眷属/因为你在尘世中没有幸福/我只能面朝大海，春暖花开

师：我们把这首诗改完了，我们还能感受到今天海子是幸福的吗？

生：不，感受到悲凉，痛苦。

师：那是不是海子在欺骗我们，他写的是幸福，其实他感受到的是痛苦、绝望，所以这位诗人用虚幻在欺骗我们？

生：不，我认为诗人不是在欺骗我们。他就是把他心中所希望的未来给写出来了。

师：那他的痛苦哪里去了？

生：他虽然现在痛苦，但是他想把现在的痛苦扔下，只是往前看，看到希望的未来。

生：他希望尘世的每一个人，包括他自己都能看到未来的希望。

师：其他同学有什么不同看法？

生：他是过于悲伤，过于期盼幸福而写下这首诗，就像我们有时悲伤时会写下一些东西。这表现他强烈的愿望。

教学反思

当代自由体诗歌的教学可以说是语文教学当中很难把握的部分，因为这部分

诗歌已经打破了古典诗歌的程式，充满了现代意识，在诗歌内容和形式上多有大胆的探索和创新，丰富而又个性鲜明。这些特点使不同的人对同一首诗歌的感受和理解完全不一样，所以有时很难给它下一个一致的结论，这给当代诗歌教学带来了困难，但另一方面又给教学带来了多种尝试的可能性。

我这节课的整体设计思路上有两个突出，一是突出学生自己对诗歌的感受，另一个是尝试通过读和写的结合来理解诗歌。

诗歌以表达情感为要义，而当代自由诗对学生来说，既没有词句方面的障碍，又与学生的时代最贴近，学生在朗读中容易生发自己的感受。另外当代自由诗是充满个性和不确定性的，学生对当代诗歌的感受也可能会同样富有个性，可能有完全不一样的感受，强调他们自己的感受，有利于学生个性思维的培养，也利于课堂形成讨论研究的氛围。

之所以选择读和写相结合的方式，是因为读与写本来就不可分割，是语文学习的两种基本方式。我们常常强调以读来促进写作，其实反过来为什么不可以通过写作来促进阅读理解呢？所以我希望在这堂课通过仿写和改写的方式在诗歌鉴赏方法上有一点探索。

怎样突出学生自己对诗歌的理解呢？我对两首诗歌设计了不同的方法，第一首《上海夜歌》让学生通过朗读来表现自己的情感，因为对诗歌教学来说，诵读是非常重要的。有了中国古典诗歌单元诵读的基础，学生已经能够通过音高、语速、强弱的处理来表现情感，所以对这首情感并不太复杂的诗歌的鉴赏落在诵读上。让学生先诵读后解释处理的原因，是希望有一个从感性到理性这样的思维过程，因为对情感的理解毕竟要上升到一个理性层面。第二首诗《面朝大海，春暖花开》让学生自己朗读后谈自己的初步感受，是因为这首诗具有多义性，每个人第一次读的感受不会完全一样，初读和再读的感受也不会完全一样，甚至可能完全不一样，所以谈初读的感受是为后面进一步的理解打基础。

至于第一首诗用仿写是想借学生对自己生活中相似经历的感悟来延伸学生对诗歌的体会，而第二首诗改写则是想让学生换一种方式，试着从自己进入诗人的角色中感受作者的情感，更进一步体会诗歌情感。

最后要说，对诗歌的解读是多元的，应该避免太强调其中一种解读，这堂课对《面朝大海，春暖花开》的解读出于自己的情感偏好，我过于强调"海子的今天"，容易带给学生单一结论，并不利于学生多元化理解的形成，这也是今后要格外警惕的。

案例2

呼兰河传

张　丽

课文整体分析

《呼兰河传》共七章，各自成篇。课文选的是写老祖父的第三章中的六个小节。这六个小节向读者展现了"我"的童年生活以及祖父对我的爱和我对祖父的依恋。

《呼兰河传》是一部自传体小说，文中的"我"就是萧红自己，从节选部分我们看到了萧红儿时的生活，有同祖父在一起的快乐，也有"父亲的冷淡，母亲的恶言恶色，和祖母的用针刺我手指的这些事"。我们看到了一个只有祖父相伴的一个可怜的小姑娘。文中不乏亮色，但亮色的背后是一种令人心酸的暗色。

可怜的小姑娘幸亏还有一个祖父，一个可以陪着她的祖父，一个爱她的祖父。文中有许多细节表现出了祖父对"我"的爱。如：祖父铲地，我也铲地。因为我太小，拿不动那锄头杆，祖父就把锄头杆拔下来，让我单拿着那个锄头的"头"来铲。老祖父真是爱"我"啊，为"我"着想，帮助"我"做"我"想做的事情，耐心地哄"我"玩。又如：等祖父发现我铲的那块满留着狗尾草的一片，他就问我："这是什么？"我说："谷子。"祖父大笑起来，笑得够了，把草摘下来问我："你每天吃的就是这个吗？"虽然犯了错误，祖父没有责骂，反而大笑。这样的细节很多，这些细节给人一种真实温暖的感觉，令我们会想到自己的童年生活，让我们看到了"我"的天真可爱和祖父对"我"的爱。

在萧红心中，祖父的爱是她童年唯一的爱。这篇课文让我们看到了萧红的童年，也看到了成年后的萧红的内心世界——对"爱"的渴望，对祖父的怀念。成年后的萧红仿佛一直在追寻着"爱"，但有哪一份"爱"能同祖父所给予的"爱"相比呢？童年，祖父给予的爱是萧红永远的记忆。可以说，童年是成年后的萧红的永远的精神故乡。这些记下萧红童年的文字是祖父给予萧红的"爱"的永远的印迹。

阅读方法指津

抓住文中细节体会情感。文中有很多细节，给人以真实温暖的感觉。这些细节可以引起学生的共鸣，让学生想起自己的童年生活。抓住这些细节，可以很好地感受到"我"同祖父间的感情。

结合相关文章加深对课文中所表达的感情的理解。节选的《呼兰河传》写的是小时候"我"对祖父的依恋和祖父对"我"的爱，也传达出了长大后的"我"对祖父的爱和怀念。《祖父死了的时候》写的是十几岁的"我"对祖父的感情，写出了祖父的老去的悲凉以及祖父去世后的我的悲痛、孤单、无助。《祖父死了的时候》一文写道"祖父装进棺材去的那天早晨，正是后园里玫瑰花开放满树的时候"，这不由得让读者想到《呼兰河传》中"我"给祖父戴玫瑰花的情形。萧红在写这一句时，一定也会想到儿时的她给祖父戴玫瑰花的情形。萧红内心的痛苦、孤单的处境令读者心痛。将这两篇放在一起读，可以把不同时间段"我"同祖父的生活状态展现在学生面前，可以让学生更真切深入地体会"我"与祖父的那份感情。

阅读与练笔相结合。在阅读的过程中，如果有某一个点能够让学生有所触动或让学生感觉可以模仿，那么不妨让学生在学过课文后再写篇随笔，把自己从课文中学到的写法运用到自己的文章中去。

萧红的文字特别富有感情，寥寥几笔简单的叙述却蕴含着无尽的情思。在《呼兰河传》结尾，萧红写道："呼兰河这小城里边，以前住着我的祖父，现在埋着我的祖父。我生的时候，祖父已经六十多岁了，我长到四五岁，祖父就快七十了，我还没有长到二十岁，祖父就七八十岁了。祖父一过了八十，祖父就死了。"文字没有过多的渲染，只是似乎平淡地叙述，但却传达出萧红对祖父无尽的思念。

萧红在《呼兰河传》中善用对景物的重提来写世事的变化，来写对往事的怀念。在《呼兰河传》结尾，萧红写道："那园里的蝴蝶，蚂蚱，蜻蜓，也许还是年年仍旧，也许现在完全荒凉了。小黄瓜，大倭瓜，也许还是年年的种着，也许现在根本没有了。"对过去景物的重提，将思绪带到过去，想到过去的景物，也会让读者不禁想到过去的人和事。萧红将现在与过去连在一起，写出了对童年挥之不去的留恋。

萧红文字的这两个特点，学生在阅读的过程中都是可以体会到的，学生可以感受到萧红文字的魅力。可以让学生有意识地去模仿一下萧红文字的这两个特点，将阅读和写作联系在一起，学生的收获感会更强些。

教学设计

《呼兰河传》（节选）

教学目标

1. 体会祖父对"我"的爱，体会"我"的童年生活。

2. 体会作者对祖父的感情，体会作者对童年生活的念念不忘。

教学重点

体会祖父对"我"的爱，体会作者对童年生活的念念不忘。

教学难点

体会作者对祖父的感情。

教学方法

阅读、讨论

教学时间

三课时

教学内容及过程

第一课时

朗读课文，了解内容。

第二课时

（一）导入

上节课熟悉了课文内容，初步感受到了"我"与祖父间的感情，今天这节课我们一起来进一步体会这种感情。

（二）讨论分析

问题一：

"等我生来了，第一给了祖父的无限的欢喜，等我长大了，祖父非常地爱我。使我觉得在这世界上，有了祖父就够了，还怕什么呢?"文中哪些地方写出了祖父对"我"的爱?

1. 我走不动的时候，祖父就抱着我；我走动了，祖父就拉着我。一天到晚，门里门外，寸步不离，而祖父多半是在后园里，于是我也在后园里。

从走不动的"小不点"到稍大些的小姑娘，祖父时时刻刻陪伴着"我"。

2. 祖父蹲在地上拔草，我就给他戴花。祖父只知道我是在捉弄他的帽子，而不知道我到底是在干什么。

祖父任"我"提弄，不会不耐烦，不会同"我"发脾气。

3. 祖母死了，我就跟祖父学诗。因为祖父的屋子空着，我就闹着一定要睡在祖父那屋。

早晨念诗，晚上念诗，半夜醒了也是念诗。念了一阵，念困了再睡去。

不管什么时候，只要"我"想念诗，祖父就教我念。祖父随着"我"的想法去做。

4. 我一念起诗来，我家的五间房都可以听见，祖父怕我喊坏了喉咙，常常警告着我说："房盖被你抬走了。"

祖父对我的关心无处不在。

5. 祖父一听就笑了："等你老了还有爷爷吗？"祖父说完了，看我还是不很高兴，他又赶快说："你不离家的，你哪里能够离家……快再念一首诗吧！念春眠不觉晓……"我一念起春眠不觉晓来，又是满口的大叫，得意极了。完全高兴，什么都忘了。

祖父知道小小的"我"喜欢什么，知道如何让小小的"我"高兴，祖父的心思是放在"我"的身上的。

6. 我吃，祖父在旁边看着，祖父不吃。等我吃完了，祖父才吃。他说我的牙齿小，怕我咬不动，先让我选嫩的吃，我吃剩的他才吃。祖父看我每咽下去一口，他就点一下头，而且高兴地说："这小东西真馋"或是"这小东西吃得真快。"

有好吃的，让我先吃，祖父幸福地看着。

7. 我不听他的话，我还是追在鸭子的后边跑着。祖父上前来把我拦住了，抱在怀里，一面给我擦着汗一面说："跟爷爷回家，抓个鸭子烧上。"

祖父把我"抱在怀里""给我擦着汗"，还说"跟爷爷回家，抓个鸭子烧上"，祖父对"我"的爱跃然纸上。

问题二：有了祖父的爱，"我"的童年生活是怎样的？

问题三：如果没有祖父的爱，"我"的童年生活是怎样的？

问题四："我"最喜欢家中的哪个地方，为什么最喜欢这个地方？

问题五："我"对祖父是一种怎样的感情？作者对祖父是一种怎样的情感？

问题六：《呼兰河传》写成于1940年，当时萧红已经29岁，她为什么会对这段童年生活念念不忘呢？（投影作者生平）

——有了祖父的爱，"我"的童年生活自由、快乐、温暖、充满安全感，离开了祖父，"我"孤独寂寞。"我"和祖父共同的后园是健康的、漂亮的、自由的、宽广的、生机勃勃的、一切都是活的，温馨的童年回忆是祖父和后园。全文浸润着对祖父的依恋和思念，可以说"童年"是成年后的萧红的"精神的故乡"。

（三）小结

我们每个人都有自己的童年，我们每个人的童年都已经一去不复返，但心灵的童年永远都不会磨灭，正如台湾作家林海音所说："把它们写下来吧，让实际的童年过去，心灵的童年永存下来。"

板书：

呼兰河传

萧　红

"我"的童年生活：自由、快乐、温暖、充满安全感

后园：健康的、漂亮的　自由的　宽广　生机勃勃　都是活的

爱

祖父 ◄────────► 我

依恋、眷恋

童年——精神的故乡

第三课时

（一）阅读补充文本《呼兰河传》尾声和《祖父死了的时候》，进一步体会"我"与祖父之间的感情。

（二）重点体会语句：

1. 呼兰河这小城里边，以前住着我的祖父，现在埋着我的祖父。

在萧红的记忆里，呼兰河这小城里仿佛只有祖父，祖父留印在萧红的心里。

2. 那园里的蝴蝶，蚂蚱，蜻蜓，也许还是年年仍旧，也许现在完全荒凉了。

小黄瓜，大倭瓜，也许还是年年的种着，也许现在根本没有了。

曾经的后园是"我"和祖父的天地，曾经的后园带给了"我"无尽的欢乐。现在的后园，蝴蝶、蚂蚱、蜻蜓、小黄瓜、大倭瓜不知是怎样的情形，但"我"已不在后园了，祖父也不在后园了，而且已埋入了黄土，曾经的一切都只能留存在记忆深处。

3. 我若死掉祖父，就死掉我一生最重要的一个人，好像他死了就把人间一切"爱"和"温暖"带得空空虚虚。

"我"所拥有的"爱"和"温暖"几乎全部来自祖父。没有了祖父，"我"在这个世界上是多么的孤苦。

4. 祖父装进棺材去的那天早晨，正是后园里玫瑰花开放满树的时候。

读到此处，不禁会让人想到"我"曾经在祖父草帽上插花来捉弄祖父的情景，那时是多么的快乐，而现在祖父已经不在人世了，只有"后园里玫瑰花开放满树"。此时，满树的玫瑰花令人心痛。

5. 吃饭的时候，我饮了酒，用祖父的酒杯饮的。饭后我跑到后园玫瑰树下去卧倒，园中飞着蜂子和蝴蝶，绿草的清凉的气味，这都和十年前一样。可是十年前死了妈妈。妈妈死后我仍是在园中扑蝴蝶；这回祖父死去，我却饮了酒。

祖父是萧红最亲的人。不到二十岁的萧红失去了世界上最亲的人。

（三）作业：请以"墙"为话题写一篇随笔。

重点突破

学生作品呈现

彩色的墙

方 婷

我的童年似乎没有很多玩具陪伴，没有芭比娃娃，没有可爱的小熊，有的只是姥姥家院子里的花花草草。

那是一个无比普通的小院子，可对我来说好像一切又那么的不普通。一面墙和高高的栅栏围出了这个小院子。栅栏旁种着两棵香椿树，那是在我很小的时候和妈妈一起种下的。那时候它们还是小小的香椿苗，如今已经长得很高了。香椿树旁种着两排薄荷，风一吹就有一股淡淡的清香。我常常摘下一小片叶子放在鼻前闻，感觉整个人都变得清爽许多。薄荷旁长着一排玫瑰花，有很多不同的颜色。玫瑰花就长在那面墙下。

那是一面白色的墙。不知何时，爬山虎在那里安了家，在那里长大。疯了一样占据了这面墙。那面白色的墙就变成了绿色的。从那以后，我就不愿意靠近那面墙了，因为绿色的爬山虎密密麻麻长成一片，看着让我感觉害怕。那面墙变得阴森森的。可是不知何时，牵牛花也爬上了那面墙，它顺着爬山虎的绿枝往上爬，和爬山虎缠绕在一起。牵牛花就像一个个小喇叭，有紫色的，有粉色的，还有白色的。那面绿色的墙上长小花了！好像不再像以前那样丑了。那个时候，蝴蝶还有很多，常常有几只停在牵牛花上，在那里嬉戏，那面墙似乎更好看了。不知不觉，墙下的玫瑰花长大了，长到了牵牛花旁。红色的玫瑰是那样妖艳，粉色的玫瑰是那样清新。一时间，小小的牵牛花变成了衬托。蝴蝶越来越多，它们可能实在忙着传粉吧，也有可能在向玫瑰要电话号码呢。

啊！不知不觉中，这面墙变成了彩色的，那片绿色的爬山虎也变得好看起来了。它默默地给牵牛花和玫瑰花当衬托。这面墙就像是一幅美丽的画。

春暖花开的时候，我常常和小伙伴们相约在这彩色的墙下，大家一起玩游戏，一起捉蝴蝶，一起闻花儿和薄荷的清香。玩到天黑才依依不舍地回家。

我见证了那面彩色的墙的成长，而那面彩色的墙也陪伴我长大，它就如同我童年时的好伙伴。如今的我已经长大了，已经很多年没有去看过那面彩色的墙了。不知道那些花花草草是否依旧如此。但是那面彩色的墙永远在我心中。

教学反思

《呼兰河传》教学反思

第一次讲《呼兰河传》，先简介作者，再读节选部分，然后讨论了五个问题（见教学设计），学生觉得"我"小时候的想法、所做的事很有趣。

第二次讲《呼兰河传》，改变了第一次的教学设计，没有先介绍作者，而是直接读节选部分讨论，最后投影出作者简介。

先讨论了五个问题。通过这五个问题的讨论，学生了解了"我"的童年生活，感受到了祖父对"我"的爱。然后提出问题六：《呼兰河传》写成于1940年，当时萧红已经29岁，她为什么会对这段童年生活念念不忘呢？（同时投影作者生平。）

最后总结道：战争的灾祸，婚姻的不幸，生活的漂泊，疾病的折磨，写《呼兰河传》时的萧红太苦了，身心不得自由，她想回到故乡、想回到童年，只有童年里有祖父、有后园，有自由、快乐、温暖、安全感，可以说童年是萧红精神的故乡。

学完此课，学生不仅对"我"小时候的想法、所做的事很感兴趣，感受到了祖父对"我"的爱，而且对萧红这位女作家的内心世界也有了或多或少的认知。将作者简介放在课的最后，虽然只是一个小小的调整，但我觉得这样更能引发学生的感触。

第三次讲《呼兰河传》，又多读了《祖父死了的时候》一文。读此文的时候班中有几个学生哭了，我想《呼兰河传》《祖父死了的时候》和萧红触动到了他们的内心。讲过此课后，我让学生以"墙"为话题写了一篇随笔，有些同学的文笔有了些《呼兰河传》的印记。

现在再看这节课的设计，我觉得这个教学设计中的第二课时最好能将"问题"缩减成一个或两个"大问题"，让学生在"大问题"下去思考感受。"问题"太琐碎，降低了学生思考感受的难度，"问题"缺乏挑战性，不易激发起学生的学习热情。

策略四　品味语言文字，提升审美及语言素养

一、文章语言再认识

语言是文学作品情感、道理表达的载体，高尔基曾说："文学的根本材料是语言——是给我们的一切印象、感情、思想等以形态的语言，文学是借语言来雕塑描写的艺术。"在文学作品中作者通过语言将其思想情感输出。读者则通过语言来领会文学作品的意义。文学作品语言由三个基本要素组成——语音、词汇、语法，它们是修辞的手段和基础，也是修辞要调动、加工的语言材料。阅读，无论是欣赏文学作品精湛的艺术手法，还是理解文学作品深刻的思想内容，都需要回到文本，通过关键字词句的品味来完成。

二、品味语言文字，提升审美及语言素养

艺术能给人以美感，优秀的文学作品也是艺术作品，也能给人以美感。文学作品带给人的艺术美感，首先是语言美，这其中包括词汇美和音韵美，丰富优美的词汇，音韵流畅的一些散文和诗歌，即使默读也会给人一种琅琅有声的美感，而当大声朗读时，就会朗朗上口、掷地有声。我们古代的诗词歌赋，不管默读还是朗读，能在多个方面给人以丰富的审美享受。因为语言美，现代文学作品中还被单独划分出一类——美文。

阅读文学作品时，当我们加上联想和想象，语言文字还能带给我们色彩美。我们读景物描写的语言，明明是黑白的文字，却能给我们色彩斑斓的感觉。这是因为语言文字唤醒了我们的生活积累、色彩记忆，这就是语言文字的色彩美，阅读这样的语言，能给人视觉上的冲击，激发读者的感官，给人以美的视觉体验。各种美感文字组合在一起，经由阅读想象，融入了人情意时，阅读者能从这些语

言文字中感受到一种意境美，产生一种如临其境的感受，得到美的享受。

美的语言文字，都是作者饱含感情的艺术创造，在描摹对象、叙述事件、抒发感情时，往往要采用各种技巧方法，达到作者满意的表达效果。而读者阅读美的语言文字，从语言运用的角度去品味赏析它们带给自己什么样的美感，怎样表现美时，就是在积累语言经验，是在不断丰富和完善自己的语言模式。

三、品味语言文字的方法

现代语言学将语言系统分为五个层次：音位、音素、语素、词、句子。其中，语音、词语、句子是我们可以从文本中直接感知到的内容。品味语言文字我们可以从这三方面入手。

我们可以从押韵和重音来品味，有些押韵，不仅让语言有音韵美，还能表达作者细腻的情感。而重音属于理解范畴，文学作品中语言文字本身不存在哪个是重音、哪个是轻音。当我们理解到文章某处的语言文字，有强调意味时，这个时候不管是朗读还是默读，都会是读重音。

我们可以叠字、词的多义和词的褒贬色彩来品味字词，理解作者是如何遣词造句来表情达意的。

品味语言，我们还可以从句子的分类、句式的运用和语序的变化三个方面入手。

当然，我们还可以从修辞的角度，去分析鉴赏语言运用的方法、技巧和规律，看看作者是怎样在表达中积极地调整语言行为，用以增强表达效果的。

四、"品味语言文字，提升审美及语言素养"阅读案例

案例1

故乡人

吕培培

课文整体分析

对于汪曾祺的作品，作家曹文轩曾如此评价："他的小说就有一种力量。这种力量并未达到振聋发聩，令人心情激荡的程度，但却会使人在心灵深处持久地颤动。"阅读《故乡人》，即能鲜明地感受到这一点。

小说由三组看似毫无联系的人物组成，首先，是打鱼的，这其中，有豪迈壮观的打鱼方式，有兴奋的鱼鹰捉鱼，还有并未细写的"扳罾、撒网"式打鱼，之后呈现了一种令人猝不及防的打鱼方式，被个别学生评价为寒碜、小气，评价理由是"连不到二寸的'罗汉狗子'，薄得无肉的'猫杀子'，他们也都要"，在我震惊于学生冷漠的同时，他们又振振有词地拿前文"起网的时候，如果觉得分量太沉，会把鱼放掉一些，否则有把船拽翻了的危险"来对比，确实，只看客观情况，一种豪迈大气，一种寒酸小气，作者客观描述了打鱼场面，却在我们读者的心里留下不一样的印痕，难以细说。

比较而言，小说第二部分《金大力》、第三部分《钓鱼的医生》从人物形象、作者情感评价两方面，都更为明确，对于金大力，他外在其貌不扬，木讷笨拙，毫不起眼，内在纯朴良善，勤劳能干，让人称赞；而钓鱼的医生王淡人，形象更为明确，他恬淡、洒脱、不执着于功名利禄，天真、淡泊、文雅，古道热肠、淡而不冷，表面上看是个文质彬彬的医生，事实上很有侠客精神，作者对于他的感情，以结尾一句"你好，王淡人先生"外露无疑。

如果找三者的共同点，这三种人都是平凡的如同草芥的人物，但他们的生命中都包含着某种顽强，且无一个反面人物，这反映了汪曾祺所说"我写的是美，是健康的人性。美，人性，是任何时候都需要的。我要把它写得很健康，很美，很有诗意"，然而，分开来看，整个小说似乎又呈现出这样一条感情线：由郁结阻

滞到豁然开朗、由慷慨悲凉到平和温暖、由低沉晦暗到明艳热烈，其中，最难体会的感情，最微妙而复杂的是第一种：《打鱼的》，因此，我将重点放在第一部分，在第一部分分享方法，带读二三部分。

针对《打鱼的》，作者到底要表达什么呢？是关心？同情？悲悯？还是有敬佩？这实在难以下定论，"一千个读者心中有一千个哈姆雷特"，有的同学认为他们坚强，有的同学认为他们麻木，他们的生活是否值得期待？他们的生活态度又是否值得肯定？第五种打鱼，与前四种打鱼，是对比关系还是并列关系？作者是记录了生活本身的样子，还是有所侧重地突出一种？这些都将是课堂引发讨论的重点。

阅读方法指津

汪曾祺的小说与典型小说相比，似乎显得不那么像小说，他曾在《自报家门》中写道："我的小说似乎不讲究结构。我在一篇谈小说的短文中，说结构的原则是：随便……我倾向'为文无法'，即无定法。我很向往苏轼所说的：'如行云流水，初无定质，但常行于所当行，常止于所不可不止，文理自然，姿态横生。'我的小说在国内被称为'散文化'的小说。"因此，阅读《故乡人》的第二点，即关注汪曾祺小说"散文化"的特点，由此特点入手，在关注一般小说人物、情节的基础上，关注语言特色，紧贴语言，来体会语言背后的深意，感情。

综上，我此次课的教学设计，核心为"通过语言体察情感"，由文章的"表面语言"，进一步体察"文字背后的深意"，最终学生联系现实生活，对文本产生"自己的语言"，即自己的所思所想所感，具体操作详见教学设计。

教学设计

教学目标

1. 学生通过汪曾祺的语言来体会文中的人物。

2. 引导学生通过语言来体会作者感情。

3. 引导学生联系个人生活，有现实的思考。

课前预习作业

学生通读《打鱼的》全文，各用三个词概括前三种打鱼场面的特点。

教学过程

1. 作业处理环节

（1）PPT呈现学生概括要点，一一分析。

（2）总结如何概括，第一，可以选择文中本身就有的词语；第二，根据作者的文字，从自己的知识储备中选择恰当的词语。

2. 课上概括环节

第五种打鱼的，画面给你什么感受？

3. 课上思考讨论环节

透过作者的文字，我们读出这么多信息，除了这些，我们还能读出什么呢？

（1）大都是不到半斤的鲤鱼拐子、鲫瓜子、鲇鱼。连不到二寸的"罗汉狗子"，薄得无肉的"猫杀子"，他们也都要。他们时常会打到乌龟。（后面这句能否删掉？）

（2）①另一个……从一个距离之外，对面走来，一边一步一步地走，一边把竹架在水底一戳一戳地戳着，把鱼赶进网里。

②她也像妈一样，按着梯形竹架，一戳一戳地戳着，一步一步地往前走。（第二句顺序能否调换为与第一句一致？为什么）

请小组讨论这两个问题，三分钟后分享。

（3）她一定觉得：这身湿了水的牛皮罩衣很重，秋天的水已经很凉，父亲的话越来越少了。（你能从中读出什么？）

4. 课上说的环节

假如你是父亲，你想对女儿说什么呢？假如你是女儿，你想对父亲说什么呢？

如果让你对文中的小姑娘说一句话，你想说什么？

5. 教师总结环节

（1）表层的语言；

（2）深层的语言；

（3）自己的语言。

6. 作业布置

请细读《故乡人》中《金大力》《钓鱼的医生》完成：①概括故事情节；②从"表层的语言、深层的语言、自己的语言"三个方面做旁批。

重点突破

《故乡人·打鱼的》课堂实录

（一）导入（回顾课前作业）

师：同学们好。请坐，打开书。昨天已经让大家读了《故乡人》全文。并要求大家针对第一部分《打鱼的》我们留了作业：透过作者的文字，前两种打鱼画面给你什么感受？请各用三个词概括。昨天大家的作业交上来，我做了一个简单的梳理，我们来看一下你对前两种打鱼画面的概括。我们来看一下，第一种："豪迈壮观、勇敢麻利、气派、丰收"；第二种："兴奋、很多、生机盎然"。第一个是豪迈壮观，同意吗？

生：同意。

师：在哪找出来的？

生：第三段。

师：对，第三段有原文："这种豪迈壮观的打鱼"，可以直接用文中的词。第二个"勇敢麻利"。

生：也是在这一段。

师：大家要注意问题："打鱼画面给你的感受"，在文章中"勇敢麻利"是形容什么的？

生：船主或后面的伙计。

师：对，"勇敢麻利"虽然也是文中的词，但它并不是形容打鱼的整个画面。

……（师生依次分析完关键词）

师：好，通过刚才的分享，我们总结一下，怎么去概括，第一，可以选择文中本身就有的词语；第二，根据作者的文字，从自己的知识储备中选择恰当的词语。

（二）课上概括环节

师：那我们来看《打鱼的》中第五种打鱼画面，来完成这个任务：第五种打鱼的，画面给你什么感受？大家思考后，就上黑板上来写，一个同学写一个词，不能与他人重复。待会儿结合语句解释。

学生思考后在黑板写下：凄惨、贫穷、凄凉、坚强、压抑、平淡。

师：请写的同学依次解读，你是从哪里读出来的？

生：凄惨，他们每天都到护城河里捞鱼，打到的都是小鱼小虾，还经常打到乌龟，并且妈妈死了，小姑娘来顶替她，我觉得挺凄惨的。

……

生：凄凉，和前面两种打鱼的对比，他们都打得很多，而这家有的时候打的不到两寸，突然一下变得特别凄凉。

生：坚强，从文中可以看出这家人非常凄凉，每天打不了多少鱼，鱼也不大，但是后面说"在他们的脸上看不出高兴，也看不出失望忧愁"，然后也没有抱怨什么，每天坚持着去打鱼，即便生活很苦，所以我认为坚强。

生：压抑，我觉得是跟前两种有一个对比。尤其是第二种，鱼鹰捉鱼，很有生机很活泼。而这两个主要是描写打鱼的人，他们俩之间打了一天，也听不到他们说一句话，觉得反差比较大，他们每次打不到几条鱼，也没有失望，他们已经习惯了。

师：好，这给你一种很压抑的感觉。大家有要补充的吗？在他们刚才说的过程中有没有什么别的想法？

生：我觉得他们更多的是一种无奈，他们迫于生计，不得不去打鱼，首先，他们打的鱼很少；其次，"他们打了一天的鱼，脸上既看不出高兴，也看不出失望忧愁"，迫于生活压力去做这件事情。

师：好，请坐，对于他们的生活，有两种看法，赵芳卿认为"平淡"之下是一种坚强，而你俩认为这"平淡"背后是一种木然，他们是在被动地承受。我们来看，在总结第五种画面给我们的感受的时候，除了一些直接的语言，我们同时也已经在试图透过一些文字去看文字背后的含义，主要集中在通过文字去思考这一家人的生活，他们对待生活的态度。下面老师给大家选出两段文字，看是否能够透过文字思考出深意。

（三）课上思考讨论环节

师：透过作者的文字，我们读出这么多信息，除了这些，我们还能读出什么呢？

（1）大都是不到半斤的鲤鱼拐子、鲫瓜子、鲇鱼。连不到二寸的"罗汉狗子"，薄得无肉的"猫杀子"，他们也都要。他们时常会打到乌龟。（后面这句能否删掉？）

（2）①另一个……从一个距离之外，对面走来，一边一步一步地走，一边把竹架在水底一戳一戳地戳着，把鱼赶进网里。②她也像妈一样，按着梯形竹架，一戳一戳地戳着，一步一步地往前走。（第二句顺序能否调换为与第一句一致？为什么）

（3）她一定觉得：这身湿了水的牛皮罩衣很重，秋天的水已经很凉，父亲的话越来越少了。

请小组讨论这两个问题，三分钟后分享。

（课堂实录中选取了三个关键回答）

生："打到"乌龟给我一种很搞笑的感觉，就好像上天在作弄他们，本来生活就已经很苦，而这种"滑稽"和"苦"形成了一种对比，好像更加辛酸。

生：这两个描写，一个是她妈妈，一个是她，她妈妈的动作非常连贯，而这个小女孩就是戳一戳又再往前走，是因为她刚刚接触，所以她相比来说还不是那么熟练，但是她还在努力地去走着，也许她内心有一种拒绝，但是又不得不做。

生：很重的并非只是牛皮罩衣，而是整个生活，对于这个小姑娘而言，她才十五六岁，但是整个生活已经完全压在她的身上了，这种生活仿佛看不到希望，日复一日，年复一年，这种日子是完全没有生活中应该具有的温暖的，所以，很凉的并不只是秋天的水，而是整个生活都是没有温度，内心很凉。

（四）课上说的环节

师：在这种情况下，父亲的话越来越少，也许父亲是因为愧疚，不知道和女儿说什么，但他一定渴望和女儿说点什么，同样，女儿也是渴望和父亲交流的，他们内心一定有想和对方交流的话，但是汪曾祺没有写，我们能帮他们来说一下吗？假如你是父亲，你想对女儿说什么呢？假如你是女儿，你想对父亲说什么呢？

生：女儿对父亲的话，我想我可能会有点抱怨和痛苦，爸爸，为什么我们的生活会是这样？

生：父亲对女儿说，我也并不想让你去干这个。我也十分无奈，我才选择了这项职业，但是生活实在是太无奈了，妈妈也去世了，只能让你上。

生：我觉得他想对女孩说，首先应该是给女儿道歉。我觉得他作为一个父亲没有给女儿一个想要的环境。

生：我想对小女孩说，当你累的时候，你就想想你的妈妈，但是你不要怪你的爸爸。

（五）教师总结环节

师：最初，我们透过作者的文字，可以直接读出一些东西，例如豪迈壮观等，这是表层的语言；再进一步，文中有些语言是藏着的，我们需要结合上下文细细地揣摩，展开合理的联想，去体会它的深层意思，这是深层的语言；再进一步，把我们自己置身于文字当中，把这些文字和我们的生活联系起来，我们会对作品产生自己的思考、自己的疑惑、自己的感情等，这叫自己的语言。这可以算作读书的三个层次，希望大家能够有意识地运用到阅读过程中。

教学反思

在确定上述教学设计前，我讲过两次《故乡人·打鱼的》，想达到的效果是"平中见奇"，学生在教师引导下通过比较几种不同的打鱼方式，逐步体会《打鱼的》中那形象特异的父女，作者那微妙复杂的感情。

第一次按照此思路讲时，推进比较流畅成功，第二次换了一批学生，该设计的问题就暴露了出来，课堂极其沉闷，我反思，一方面和学生的活跃度有关，另一方面，此设计把环节设计得太细，切分得太碎，最重要的，一些问题完全在学生的认知范围内，挑战性太低，如"写了几种打鱼的，各有什么特点"，导致学生在课上，更多的是配合老师回答，而非真正的质疑思考，在这种情况下，我大改了教学设计，确定课堂核心是"透过语言体察作者感情"，问题的设计更具开放性，力求给学生创造更多的发挥空间。

改了之后，学生在上课时果然表现踊跃，课堂气氛十分活跃，学生爆发出很多高质量的回答，这节课可以称得上是"以学生为主体"的课堂，然而，我这个新手教师，又暴露出了未想到的问题：由于过度追求课堂设计的完成度，导致课堂推进更像是按部就班地走程序，忽略了和学生真诚地交流。例如，在学生上黑板写对第五种"打鱼的"评价时，黑板上有"凄凉、凄惨"两个词，没有带领学生仔细地体悟它们的区别，就推到下个环节了；当谈到"如果你是父亲，想对女儿说什么"时，一名女生站起来说道"本来父亲和女儿平时就不会交流很多"，另一女生立马站起来反驳"我爸平时就爱找我说话"，这恰恰触及了"父亲与女儿"这一人世间最为宝贵的情感之一，常言道"女儿是父亲前世的小情人，女儿是父母的贴心小棉袄"，想到我婚礼时，在新郎从父亲手中接过新娘这一环节，我父亲泣不成声，母亲倒是更淡定一些，可在课堂上，我着急于课堂环节的圆满完成，在这本该真诚动情交流的时刻却未停步，实在遗憾，课下更是想起，这位讲父亲平日与她甚少交流的女同学，她们家庭参与朝阳区"好家长，对女儿的教育"这一主题活动，稿件恰恰是父亲撰写，稿件里描述了很多女儿日常生活的细节，如弹钢琴这一爱好的培养、对猫咪的喜爱，其中，深沉细腻的父爱溢于言表，如果课堂能够重来一次，我一定会投入、真诚地和学生交流，而不再拘泥于课堂环节的完整，当然，在后续的教学中，我十分注意这一问题，至于过于注重学生的所思所想导致我偶尔被带偏未能完成预定教学任务，这又是另一问题了。

在问到"如果让你对文中的小姑娘说一句话，你想说什么"，一位平日思维略清奇的男生站起来郑重地说："如果你累了，你可以想想你的妈妈，但你不要怨你的爸爸。"这个回答在课堂中遭到了大家的嘲笑，一方面可能是这男生平日呆头呆脑的样子，另一方面，大家都未理解他的深意，都未像他一样，对此文本产生了切身体会、感动，而遗憾的是，我当时没有及时问他"你为什么会这样想"，又流失了一次深入、真切交流的机会，彼时的我，正式入职第一年，实在青涩。

一个文本，能够引发读者真诚的、结合实际生活的思考、感动，这就是一个好文本，《故乡人》无疑正是这样一篇文章；一节好的课，师生能够就文本真诚交流、结合生活，无论是反思，还是引发期望，我认为，这就是一节好课，教语文这条路，实是任重道远，确定了"教什么"，更要确定"怎么教"，这两者都确定了，还要确保课堂有限时间内师生、生生能够进行高质量的对话，这好难，但是每当有真诚碰撞的火花，就是我作为语文老师最为幸福的时候。

案例2

庖丁解牛

王丽娟

课文整体分析

《庖丁解牛》——由技入道的生动阐释

《庖丁解牛》这则寓言选自《庄子·养生主》，是以厨师庖丁和文惠君的对话的形式完成的。作者用牛身子的结构，比喻人世的错综复杂；用厨师庖丁分解牛体说明人处于世间，要认清事物的本质，避开矛盾和是非冲突，找到"有间"，做到在其中游刃有余。整体课文分为四段，而文章精华的段落在第三段，就是庖丁对文惠君称赞自己技艺的回答，而这段回答的段落精彩展现了一个厨师由技入道的过程，用今天的话说，就是一个大国工匠的成长之路和心得体会。

这里的道可以理解为是一种自然之道，一种人与牛合一，自然和谐，物我合一的境界。从文章看，庖丁是从技术层面逐渐进入道的层面的，这个过程大约经历了三个阶段。为了说明"道"如何高于"技"，文章先后用了纵向对比和横向对比：一为庖丁解牛之初与三年之后、方今之时的对比，一为庖丁与族庖、良庖的对比。文章中关于"道"的理解是一个难点，书下注释把"道"解释为"规律"，而庖丁无疑就是一个掌握解牛规律的人，庖丁成长的过程实际上就是对规律的体认过程。三年之后的庖丁，也就是第二阶段的庖丁如同具有通天的透视眼，日常世俗对牛的观看方式消失了，作为浑融无间的整体物象的牛在此时不存在了，庖丁看到的是连接处，空隙处。第三阶段的庖丁达到了一个新的自然的存在状态，"以神遇而不以目视""官知止"也意味着解牛之庖丁的状态的改变，即一个"无己""无厚"的新的庖丁得以呈现出来。读到这里，不仅让人联想到金庸小说里的武林高手的脱胎换骨般的改变。尽管已经到达高境界，在面对棘手的问题时，庖丁依然做事谨慎，收敛锋芒，心理上的警觉和行为上的收敛确实令人敬佩不已。

庖丁对解牛的体会，可以扩展到现实生活中来。生活中的万事万物都有自己的规律，一门技术如此，一个社会也是如此。在社会和生活中，关键是如何去认知和把握这些规律，让自己成为一个如庖丁一样的能够认知规律，尊重规律，运用规律之人。

阅读方法指津

用庄子其他的短小的寓言故事做导引，激发兴趣，引发学生学习的热望。庄子是写寓言的高手，在进入学习之前让学生动手收集庄子的寓言故事，也可以下发教师备选篇章，例如相濡以沫、涸辙之鲋、腐鼠之喻、蜗角之战、鼓盆而歌等，然后学生自己串讲并解读谈谈心得体会，引发学生学习的兴趣。

《庖丁解牛》一篇在庄子寓言中属于篇幅比较长的一篇，特别是其中的文言语法现象及语句的解读和翻译对于学生理解起来还是有困难的，所以反复诵读，翻译课文、理解语句含义应该是基础性工作。

叶圣陶先生说过："思想是有一条路的，一句一句，一段一段都是有路的。好文章的作者是决不乱走的。"《庖丁解牛》由庖丁与文惠君问答结构全篇，接着庖丁阐述自己十九年的成长历程，"臣之所好者道也，进乎技矣"是这一部分的总起句。要注意这部分也包括庖丁对棘手问题的处理和成功之后的心态。教师在引导过程中要注意照应句、总起句、时间词、副词、关联词等对文章脉络理解的影响。

教学设计

教学目标

1. 了解寓言故事的特点，明晓庄子是通过庖丁解牛来比喻阐释养生的道理的。

2. 通过对庖丁回答文惠君语句的解读分析，理解"道"在解牛实践中的具体体现。进一步理解"游刃有余""目无全牛""踌躇满志""切中肯綮"等词语的意思。

3. 理解掌握：一切事物都有它的客观规律，只要反复实践，不断积累经验，就能认识和掌握事物的规律。

教学重点

庖丁的"道"体现在哪里，如何理解技与道的关系？

教学难点

概括提炼"道"的含义。

课时安排

2课时

教学过程

（一）课文导入

《逍遥游》里，庄子给我们描述了一种绝对的自由境界："若夫乘天地之正，而御六气之辩，以游无穷者，彼且恶乎待哉？故曰：至人无己，神人无功，圣人无名。"这种超现实的绝对自由我们不能达到，但在现实生活中，庄子追求的自由是种怎样的境界呢？今天我们来学习庄子的《庖丁解牛》。

（二）阅读分析

1. 画出1、2节文中描写解牛场面的句子。庄子、梁惠王是怎样评价庖丁解牛的？

投影展示：庄子评价：庖丁解牛的动作和发出的声音是那么的和谐，他的动作就像《桑林》中的舞蹈一样优美，他的声音又和《经首》中的一样有节奏，看他表演真是一种享受啊。

梁惠王：善哉！技盖至此乎？——可见庖丁解牛技术高超。

2. 第3、4节中庖丁是怎样达到这样一种境界的呢，用第三段中哪一句话可以概括？庖丁的"道"在他的解牛实践中体现在哪里，你是怎么理解的？

概括的句子是"道也，进乎技矣"。

3. 结合学生发言，教师归纳总结。

（三）拓展延伸

你觉得现实生活中有没有庖丁一样的人，说说你对他的"道"与"技"的认识？

答案示例：巴西足球队、刘国梁打球等。

（四）课文深入讨论

寓言是带有劝谕或者讽刺的故事。主要是借此喻彼，借远喻近，借古喻今，借小喻大，寓深刻的故事于简单的故事当中。文惠君听庖丁介绍后，说懂得了"养生之道"，解牛之道和"养生之道"有什么联系？

（五）作业

结合现实生活中的例子，谈谈你对"道"与"技"的认识。

重点突破

（一）《庖丁解牛》课堂实录

片段1

师：请同学们读第3节文字，思考庖丁是怎样达到这样一种境界的，能不能用第三段中的一句话来概括？

生：（依次回答）"依乎天理"；

"臣以神遇而不以目视"；

"臣之所好者，道也，进乎技矣。"

师：最后回答这名同学，为什么是这句而不是其他几句？

生：因为这句是总起句，后面的文字是按照事件顺序记叙的，例如"始，三年之后，方今之时"等。

师：非常好。老师再追问一句，这个总起句是到哪里结束，是到第三段结束还是"刀刃若新发于硎"？

生："是以十九年而刀刃若新发于硎"，这句对前面结果解释原因，应该也算。

生："虽然"，是虽然这样，指的是庖丁已经成了神庖的时候，所以也应该算在内。

师：非常好。那我们统一意见。其实联系上下文就会明白，这句话的回答是紧跟着文惠君的问句，而且是承接着文惠君说的一个词语：技。"道"的意思是什么？（教师板书，技——道）（规律）

师：大家说一下，庖丁对自己技艺的评价和文惠君的评价的区别在哪里？

生：（七嘴八舌）文惠君的意思是庖丁技艺高超，而庖丁的意思是超过了技术层面，到了道的层面，比技艺更进一步了。

师：大家随着课文的思路把庖丁的成长之路梳理一下。

（出示投影）

始解牛时（初学阶段）：所见无非牛者——月更刀　苦练中……

三年之后（技术高超阶段）：目无全牛——岁更刀　苦练中……

方今之时（进入哲理阶段）：以神遇而不以目视，官知止而神欲行——19年，刀刃若新发于硎。

师：大家看到我在后面都加入了苦练中，都笑了。但是你们一定懂得，这背后都是庖丁的辛苦的汗水和泪水。我们看到，庖丁成为现在这样的厨师是经历了一个长期的过程的。他刚开始是一个普通的厨师，用文中的句子是"族庖"，后来是"良庖"，到后来成为一名（学生齐声：神庖），

生：用的刀"十九年刀刃若新发于硎"，真是太厉害了。

片段2

师：神庖是怎样炼成的，他掌握了怎样的诀窍？结合第三段的句子，谈谈庖丁的"道"（规律）在他的解牛实践中具体体现在哪儿？你又是怎么理解这些句子的？

（学生朗读第三节，自由讨论）

生："三年之后，未尝见全牛也"，这句话的意思就是对牛的结构完全摸清楚了，把它看成可以拆卸的零件。这里面的"道"是什么？

师：能不能把后面的两句也读完，前后对照理解一下？

生："臣以神遇而不以目视，官知止而神欲行。"不用眼睛看，而用心灵去看。视觉停止，精神在活动。

师：（出示一张幻灯片）大家看，是不是庖丁看到的牛应该是这样子，仿佛我们在医院通过照X光片呈现出来的牛的骨骼结构一样，非常的清晰。这个是普通人的肉眼绝对看不到的，需要有一双具有穿透力的眼睛，类似孙悟空的火眼金睛，用心灵去感知。这可以怎样来概括？

师：说出具有普遍意义的概括的句子。

生：透过现象看到本质。

（教师板书：整体把握，抓住本质）

生："依乎天理"，依照事物本身的规律。就是顺应事物规律去做，就会很容易做；反之，不依照规律去做，就会很麻烦。

师：很好。解牛有解牛的规律，禾苗生长有自己的规律，学习是不是也有自己的规律，比如语文学习和物理学习的规律就是不一样的。能不能按照语文学习的方法来学习物理，当然有相通的地方，但还是有很大的不同。

生："技经肯綮之未尝"的意思就是脉络和筋骨相连的地方，基本不去触碰。就是说解牛要避开那些很难解的地方，何况那些大骨头之处呢？

师：能不能上升到一般的规律的角度，就是普遍的意义，不仅仅局限于解牛这件事。

生：就是避开锋芒。

师：非常好。是不是躲避锋芒，就不去触碰它了呢？

生：不是的。因为"每至于族，吾见其难为，怵然为戒，视为止，行为迟"。就是说在处理比较难做的问题的时候，比较小心谨慎，集中全部注意力，唯恐自己出现问题。

师：读书非常仔细！

生："彼节者有间，而刀刃者无厚；以无厚入有间，恢恢乎其于游刃必有余地矣。"说明解牛的时候要抓住空隙下刀，所以刀刃才不会损坏。

师：这样就保全了自己，也解决了问题。能用一句话概括吗？

生："七嘴八舌"抓住对方的漏洞；用自己有利的攻击敌人的弊端；不要硬碰硬。

生："提刀而立，为之四顾，为之踌躇满志，善刀而藏之。"就是当自己获得胜利志得意满的时候，要把刀收起来，不要崭露锋芒，为人做事要低调。

师：好。把大家的回答做一个归纳总结。

（出示幻灯片）

庖丁技艺提高——认识规律、掌握规律、运用规律

臣之所好者，道也；进乎技矣——了解规律，掌握规律

臣以神遇不以目视——整体把握，用心处事

依乎天理……因其固然——顺其自然，不强求

技经肯綮之未尝——避其锋芒，从长计议

以无厚入有间——以己之利攻其之弊

每至于族……行为迟，动刀甚微——面对难题，谨慎行事

善刀而藏之——收敛锋芒，低调做人

（二）学生作业展示

今天学习了庄子《庖丁解牛》，庖丁给我很大的震撼。庖丁的解牛已经超越了技术层面，到了一种游刃有余的状态，解牛的动作和声音合乎舞蹈和音乐的节奏，是一种生活和艺术的享受了，这源于他对解牛规律本质的的认识和掌握。我认为巴西足球队的足球比赛可以与之相媲美。巴西足球队在绿茵场上踢球被誉为"绿茵场上的桑巴舞"，特别是罗纳尔多，他对足球的追逐控制和过人的技巧等都远远超越其他人，而这种带球传球力量速度的运用纯熟，加之其天赋，就达到了足球与人的完美结合，展现为绿茵场上优美的足球表演！（秦爽）

庄子笔下的庖丁是一个了解掌握了"解牛"的规律的人。他经过十九年的刻苦锤炼，对分割牛肉的技艺已经烂熟于心，不用眼睛而是用心灵去感知，看到的是牛内在的结构，可以说有一双火眼金睛，随心所欲，游刃有余，达到了金庸在小说中刻画的类似武术的高妙境界，在解牛方面，庖丁就是一个真正的大侠。我举一个现实生活中的例子就是拉面大王的"拉面绝活"。拉面大王拉出来的面条竟然像头发丝一样细，而且不会断开，顺滑，有弹性。在拉面的同时还能够做抛掷、交换手等类似舞蹈的表演，技艺高超令人称赞。但我想说的是拉面师傅在背后辛勤的刻苦的练习的过程，从一般的拉面师傅到成长为一个超越技艺，领悟规律与本质的拉面大王确实不容易。（姜慧雪）

庄子的"技进乎道"的理念，在现实生活依然有重要的意义。一门小小的技艺，不断地反复练习，纯熟，最终进入"道"的境界。由技入道是个不断发展变化的过程，在技与道之间并没有明晰的分界线，步步艰难，步步荆棘，过程艰辛可想而知。但是光苦练也没用，有的厨师就是苦练19年也没有用，关键是有没有窥视到这门技艺的本质规律，认识并掌握它。瑞士的钟表行业举世闻名，他们对钟表制作的研究可以说达到了极致，随心所欲不逾矩，远远超出了其他的一般的

钟表制作企业，确实令人敬佩。（冯珉硕）

教学反思

在教学过程中，发现有两个难点。第一就是关于"臣之所好者，道也，进乎技矣"这个总起句的认知。在教学设计阶段，简单地认为这一句赫然地写在第三节文字的起始位置，不应该成为阅读障碍，事实却不是如此。当然有文言文的阅读翻译问题，也有学生对记叙顺序，时间词例如"始，三年之后，方今之时"等等不够敏感的缘故；另外学生也要注意到棘手问题的处理和成功之后的心态这个部分和前面部分的关系，是一个一般和特殊的关系，是一个技艺超群的厨师要面对的更高阶段的问题；这一部分的思路学生要吃透才行，否则就乱答乱找。

第二就是把解牛的具体做法抽象概括为规律性认识。具体做法容易找到，一条一条概括规律性的东西就很难出来，需要老师反复引导，并时刻提醒，这个句子要具有普适性，要具有高度概括性。这里教师引导"引而不发，跃如也"，在这方面自己远远做得不够。

如果说把语文教学比作解牛，作为一名老师就如同庖丁，试问自己是否摸索到了语文教学的本质的规律，找到了合理的途径？回答是否定的。既然不能说到达"道"的境界，试问自己技艺练就的如何，何时能达到一种技艺的高层，自己的技艺又在第几层呢？只有自己像"庖丁"那样，在教学之路上，以一颗刻苦钻研的匠心继续研究，不断探索，才能真正离语文教学的大"道"愈来愈近。

案例3

念奴娇·赤壁怀古

张　岚

课文整体分析

《念奴娇·赤壁怀古》是苏轼经典的豪放词作，借用三国时期周瑜的典故，抒发诗人自己心中块垒。词的上阕写景，从壮阔雄奇的赤壁江景，联想到三国时代的英雄豪杰。词的下阕则由咏史而抒情，由再现周瑜从容的儒将形象、赞美其年轻有为的英雄功业，引出自己功名无望、壮志难酬的感慨和清酒祭月的达观思想。作者写周瑜"羽扇纶巾，谈笑间，樯橹灰飞烟灭"，目的明显，对比反衬表达自己怀才不遇、功业未就、老大未成的忧愤之情。从情感上看，言语中兼有激奋和感伤的双重色彩；从主题看，苏轼的感伤是由于建功立业的激切热望不能实现而萌发的，是诗人壮志未酬的无奈情绪的流露，因而不能孤立地看成是诗人悲观失望的自白。

全词复杂的情感依靠什么得以充分传达出来的呢？一是借长江之景抒情，借壮阔之景抒悲壮之怀；二是借周瑜反衬，形成强烈反差，情感得以自然而然地流露。

全词将写景、咏史、抒情融为一体，是怀古诗作中的经典。壮阔雄奇的景物描写和雄姿英发的英雄人物相映成趣。其所表达的旷达、豪放及隐藏的自伤和无限感慨是教学的重点也是难点。为准确深入地理解词作的思想情感，可以结合本词的写作背景，进一步了解苏轼的生平和思想。被贬黄州的经历帮助学生理解苏轼的复杂情感，结合苏轼在黄州期间的诗词文作品理解情感也是一个走近复杂情感的方法。

阅读方法指津

1. 诵读悟情：多种方式的诵读要贯穿课堂，反复诵读是感悟诗歌情感的重要方法。朗读提示：这首词本身就像起伏的大江一样要读出波澜起伏。要注意重音："大、千古、乱石穿空"要读的急促一点，"人生如梦"要读的低沉一些。

2. 赏析语言：经典诗歌的字词几乎都包含着丰富的诗意。从学生阅读的原始体验出发，引导学生细读文本，抓住关键字词解读品悟，联想想象揣摩关键字词，挖掘字词所蕴含的意义，进而体会诗人创作的形象背后所蕴含的丰富情思。

3. 比较分析：在比较中让学生发现异同，在比较中让学生明白词语及形象使用的优劣。比如：（1）在分析景物描写时，设问：长江有汹涌的时候，也有平静的时候，作者为什么写长江壮阔之景，而不写长江平静之景？通过比较，得出景物特点及写景的目的。（2）在分析咏史用典时，设问：赤壁之战中的英雄很多，如孙权、诸葛亮、刘备等，作者为什么只写到周瑜，而不写其他人呢？通过比较，让学生体会用典的自然贴切。

4. 知人论世：了解与作品相关的作家经历、时代背景、创作动机以及作品的社会影响等，能加深对作品情感的理解。知其人，"我""公瑾""小乔"，要做到知这三个人物。

教学设计

教学目标

语言建构与运用：自主诵读，逐步建构学生的言语品析能力；揣摩品析关键字词，联想想象，挖掘字词所蕴含的意义。

思维发展与提升：引导解析，探寻怀古诗阅读的思维方法。

审美鉴赏与创造：学习本文写景、咏史、抒情相结合的特点；提升审美能力。

文化传承与理解：透过词作蕴含的复杂情感走近苏轼的人生，了解苏轼的主要思想，了解作者渴望建功立业的理想和壮志未酬的苦闷，正确理解"人生如梦"的思想情绪。

教学重点

1. 情与景的自然结合。

2. 用典的贴切自然。

教学难点

理解"人生如梦"蕴含的情感：豪放中略见苍凉，以豪壮的情调抒写胸中郁闷。

教学方法

诵读、师生互动讨论。

教学过程

（一）导入解题

（二）诵读整体把握

1、整体感悟：听录音、自由朗读、找生朗读，体会豪放词的读法。

2、提问：这首词主要写了些什么内容？这首词有写景、有咏史、有抒情。

（三）品读解析词的上篇

1. 词的开篇有何特点？"大江东去"奠定了怎样的感情基调？

2. "大江东去"和"千古风流人物"有何关系？

3. "千古风流人物"能读出作者怎样的情感？

4. "三国周郎赤壁"这三个词语告诉我们什么？

5. 请大家描述一下上阕写了什么景，景物有什么特点？哪些词语用得好？用了什么修辞？

6. 写景和后面的写人物、写战争有什么关系？

7. 长江有汹涌也有平静的时候，作者为什么写长江壮阔之景，而不写长江平静之景？

8. "江山如画，一时多少豪杰"在文中有何作用？

（四）品读解析词的下篇

1. 遥想一千多年前，当年的周公瑾是怎样一种形象？（讨论描述）

2. 试着修改一下原词，"遥想公瑾当年，小乔初嫁了"，我们能否把"公瑾"换成"周郎"，能否把"初嫁"换成"出嫁"？

3．"多情应笑我"可以有几种解释呢？

4．读诗要知人论世，苏轼为什么怀想赤壁之战的周瑜，表达他怎样的心情？要了解词人复杂的情感一定要知人论世，了解这个人的经历、了解时代背景、创作背景。

5．最后两句"人生如梦，一尊还酹江月"，怎么理解呢？

这首词写景是壮阔雄浑的，写的风流人物也都充满豪情壮志，最后的抒情是否有些消极？请结合整首词的内容、结合作者的生平、思想、写作背景发表自己的观点，要有理有据。

（五）讨论总结这首词的特点

惊涛拍岸、卷起千堆雪，大江赤壁雄浑壮阔，景物描写为衬托自己不平静的内心，景物描写映衬雄姿英发的英雄周瑜。写景为写人为抒情服务。想起千古风流人物周瑜，而写周瑜还是在怀古，怀古是为了伤今，感伤今天的自己，和风流倜傥、雄姿英发的周瑜对比，抒发自己的壮志未酬、人生如梦的情感。这首诗写景、咏史、抒情相结合，意境壮阔，风格豪放。

（六）作业

重点突破

《念奴娇·赤壁怀古》教学实录

师：遥想一千多年前，当年的周公瑾是怎样一种形象？

生：小乔初嫁了——美人衬英雄。

生：羽扇纶巾——摇着羽毛扇，儒雅、一副儒将模样。

生：谈笑间，樯橹灰飞烟灭——作战神勇。

师：请大家注意，"羽扇纶巾"是你印象中周瑜的形象吗？

生：拿着鹅毛扇子的形象我们一般认为是诸葛亮。可是上阕明确说了"三国周郎赤壁"，可见是写周瑜。

师：羽扇纶巾突出了周瑜的儒雅。

师：试着修改一下原词，"遥想公瑾当年，小乔初嫁了"，我们能否把"公瑾"换成"周郎"，能否把"初嫁"换成"出嫁"。

生：不能换。公瑾是字，表尊敬。"初嫁"，是刚刚出嫁，而"出嫁"则没有这种刚刚出嫁的意思。

师：大乔小乔是东吴著名的美女，小乔嫁给了周瑜。"初嫁"突出强调小乔的年轻，刚刚嫁给周瑜，周瑜还在度蜜月呢！可是，其实在指挥赤壁之战的时候，小乔并不是刚刚嫁给周瑜，而是已经嫁给周瑜十年了，赤壁之战是建安十三年发生，而小乔嫁给周瑜是建安三年，其实用"初嫁了"是为了写出什么？

生：美女衬英雄，衬托英雄的风流倜傥。

师：对，苏轼故意把建安十三年的赤壁之战，跟十年前的周瑜的新婚放在一起写，突出自己敬佩向往的周瑜是一个"风流人物"，就如同词中后面的四个字写英雄气概。哪四个字呢？

生："雄姿英发。"

师："谈笑间，樯橹灰飞烟灭"，属于什么描写？

生：是侧面描写，用"樯橹灰飞烟灭"来衬托他的指挥艺术。

师："遥想"二字形象地写出了苏轼对周瑜的神往。周瑜手持羽扇，头戴纶巾，一派儒生打扮，风度娴雅，面对强敌，潇洒自得，从容自若，用火攻战术，在谈笑间，就使"舳舻千里，旌旗蔽空"的曹军"灰飞烟灭"。赤壁一战，周瑜才三十四岁，运筹帷幄，指挥若定，一战而定三国鼎足之势，这是何等的雄姿英发呀！

师："故国神游"，正当高潮处，忽然间，跌回冰冷的现实中，一声长叹。"多情应笑我"可以有几种解释呢？

生：周瑜笑我；别人笑我；自嘲！

师：为何自嘲？请联系作者的坎坷遭遇谈一谈。

（结合学生回答师边梳理边画表）

项目 ＼ 人物	周瑜	苏轼
年龄	24岁	47岁
婚姻	幸福美满	屡遭不幸
外貌	英俊儒雅	早生华发
职位	东吴都督	团练副使
际遇	功成名就	功业未就
基调	感奋	感伤

师：读诗要知人论世，苏轼为什么怀想赤壁之战的周瑜，表达他怎样的心情？要了解词人复杂的情感一定要知人论世，了解这个人、了解时代背景、创作背景。让大家回去查了，谁来说说你所了解的苏轼的基本情况。

生：北宋文学家，与其父苏洵、其弟苏辙并称"三苏"，是唐宋八大家之一，对王安石变法，他是激烈反对的。

师：苏轼是个全才。在散文方面是唐宋八大家之一；他的创造力很强，诗方面开创了以文为诗；词方面"苏辛"并称，让词的境界更为开阔，成为豪放派的代表。书法方面"宋四家"苏轼排在最前面。他为官方面也努力造福于民，为不让水患伤害百姓，他修了"苏堤"。而他遭受了一生重要的打击——乌台诗案。这首诗写在苏轼人生失意的时候。当东坡神游周瑜的故国之后，回到现实，自己的际遇与周瑜形成对比，便不由得感叹。自己是早生华发，怀才不遇，感叹着人生如梦。诗歌中那个被理想化的周瑜与苏轼形成了巨大反差，个人的感慨就自然生成了。"多情应笑我"，苏轼的"笑"是什么意思啊？

生：自嘲。

师：那么，最后两句"人生如梦，一尊还酹江月"。怎么理解呢？这首词写景是壮阔雄浑的，写的风流人物也都充满豪情壮志，最后的抒情是否有些消极？请结合整首词的内容、结合作者的生平、思想、写作背景发表自己的观点，要有理有据。

生：被捕入狱，谪居黄州，对他的打击是巨大的。"人生如梦"两句正是这种深受迫害、怀才不遇和壮志难酬的悲愤，一种无人理解寄托江月的旷达。

生：这种感慨是由追慕英雄引起的，和周瑜那么流芳百世、建立了赫赫战功的人物比较，不能不激起自己的一种老之将至的深沉感慨。这种对比英雄自愧功业无成的伤感，不正是一种积极向上的精神吗？

生："人生如梦"两句是诗人由江山人物的推移和自己的对比中发出的。长江依旧，英雄已逝；幼时壮志犹在。而自己早生华发，就不能不感到人生的短暂，自然永恒，人生短暂，英雄已逝。豪迈中的一种苍凉。

师："人生如梦"里有壮志未酬的感慨，有人生短暂的苍凉。"酹江月"的"酹"是什么意思？

生：注释上写道："古人祭奠时把酒洒在地上祭神。这里指把酒酹月，寄托自己的感情。"

师：还记得《前赤壁赋》里的江月吗？

生（齐）：惟江上之清风与山间之明月，耳得之而为声，目遇之而成色，取之无禁，用之不竭，是造物者之无尽藏也，而吾与子之所共适。

师：以一杯酒来酹祭江月，酹祭永恒的时空。苏轼是一位伟大的思想家。他兼有儒家、佛家、道家思想。儒家："穷且益坚，不坠青云之志"的固穷精神；道家：轻视有限时空和物质环境的超越态度；佛教：以平常心对待一切变故的人生哲学。他一方面仰慕屈原、诸葛亮、陆贽等经世济时的人物，渴望建功立业；另一方面又酷爱陶潜，追慕老庄，在险恶的政治逆境中能够保持超然物外的旷达态度。又跟和尚亲密往来，精通禅学。儒、道、佛三家思想，本来是矛盾的，但苏轼采用"外儒内道"的形式，把它们统一起来，从而构成了苏轼世界观中既有积极进取的精神，又交织着齐生死、等是非的虚无态度。这首词中壮丽江山、英雄业绩，既激起了他豪迈奋发之情，也加深了他的思想矛盾，使他产生"人生如梦"的感慨。苏轼的感伤是由于建功立业的激切热望不能实现而萌发的，我们应当更多地体会他对事业对人生的激情和思索，而不是伤感。从基调上体会这首词，也是"奋"压倒了"伤"。意境壮阔，风格豪放，反映了苏轼的宽阔胸襟。

教学反思

诗歌是语言的艺术，通过语言的桥梁步入诗境品读诗情是重要的阅读方法。要通过仔细揣摩诗歌精练的语言体会深层情感。"大江"比"长江"一词更突出了什么？"千古风流人物"中蕴含着什么情感？"初嫁"和"出嫁"的不同，这些设问都紧紧围绕语言的表现力来进行细致的品味。让学生在咬文嚼字中走近诗歌的图景和意境。

作为怀古词的代表，围绕写景、咏史、抒情，按照诗歌的行文顺序设问，思考写景和后面的写人物、写战争有何关系。为什么不写平静的长江而写雄奇壮阔的江景，让学生思考景物、人物和抒情的关系。这些设问能有效引导学生思考词作写景、咏史、抒情的结合。阅读说到底是一种文体思维，帮助学生构建关于怀古诗的语言秩序和语言体式，对学生阅读思维方法的培养是非常有益的，让学生能够举一反三，建立阅读怀古诗词的基本阅读意识。

本课的特点是抓住语言引导品读细致，课堂教学逻辑清晰，注重对学生情感体验的引导。可以再思考之处是教法上还应有突破。这种品读的教法是传统教法，以教师为主导，设问讨论交流。还可根据此词的特点设计不同课型如：诵读指导课、与同一风格的一首词《江城子·密州出猎》的比较阅读课、描述鉴赏课，增加学生活动力度。

板块二
专题阅读

2017年版《普通高中语文课程标准》对教学中的"专题阅读"有明确的要求，在"学习任务群5"里对此做了这样的表述："运用专题阅读，创设阅读情境，激发学生阅读兴趣，引导学生阅读、鉴赏、探究与写作。"并提出教师应向学生提供有效的学习支持，提供阅读策略指导，适时组织经验分享和成果交流活动；在学习过程中相机进行指导点拨，组织并平等参与问题讨论；引导学生制订阅读计划，并要求阅读一定数量的经典文学作品。这对专题阅读的目的、方法和策略，对阅读过程中学生所能做的和教师所能做的有着明确的阐释。即专题阅读是以学生为阅读主体，但教师从学生的阅读计划、阅读实施、阅读中的讨论以及读写的贯通等各个环节，都要给予明确的引导和帮助，使专题阅读成为师生协同参与的重要的学习活动，在这个活动过程中，学生的语文核心素养得以发展，读写能力由此得到一定程度的提升。

从新课程标准的要求来看，专题阅读应该成为我们教学中的常态教学之一。如果说单篇教学指向学生的基础知识的获得和基本能力的养成，那专题教学则是要培养学生更为广阔的认知能力，及对于复杂问题的辨析和思考能力，着力于学生思维能力的提升。也就是说，专题阅读对学生语文核心素养的提高必不可少。这就要求我们教师在专题阅读的实施过程中，首先对阅读专题的选择要做到是指向学生思维力提升的选题。如果说我们的单篇文章的阅读教学是在学生的思维发展上打下一块块基石，那专题阅读的教学则是为了有了这一块块基石的基础，学生能在它们上面建起高楼大厦，思维有更高层阶的发展。由学生的自主阅读为主的专题阅读和教师大力参与的专题阅读教学，就构成专题阅读的重要内容，前者是基础，后者是深化。它们彼此构合而成的这种关系，决定了我们专题阅读的选择内容最好和单篇阅读教学勾连起来，也就是说，中学阶段的专题阅读不是开疆辟壤的工作，而是在前面的所学基础上，进行的提升思维和深化思维的阅读，是对单篇教学的内容深化。这是就专题阅读和单篇阅读二者的关系而言。

其次，专题阅读的指向确定和一个阶段或者一定文体的教学总目标大有关涉。专题阅读的文本都是经典的文学作品，是侧重于思想内容的探究，还是别的方面的认知性提高，一定要十分明确。譬如在原来的教学中，文体和内容的关系一般被表述为一从一主的关系，实则二者之间的关系没有这么简单。学生阅读现实主义题材的作品，对文体的意识可能不是那么敏感，似乎简朴的形式就是为所表达的思想内容服务的，对后者构成强烈的依从关系；但是学生在读现代主义作品的时候，就必须关注到文体的意味可谓深长，像卡夫卡的小说在表现形式上的实验性极强，他被视为西方现代主义文学的先驱，近一个世纪以来的世界文学受他的影响极深，所以我们和学生一起做这方面的专题阅读的设计时，目标的确定就要复杂一些，包括语言上的实验在内的形式上的探究是不能绕过的重要内容，形式上的荒诞和所要表达的人生社会荒诞的内容，是互为表里的，形式即是内容的有机构成，形式即内容。这样的专题阅读对学生的思维训练有很大的挑战性。这和现实主义作品的专题阅读不同，现实主义作品的专题阅读一般是在对作品与时代和人生的关系上多做思考，由此我们在人文性的认知方面会得到滋养，这方面的专题阅读的着眼点与价值观的涵养也有很深的关联性。和诗歌的专题阅读也不同，诗歌的专题阅读一般也是在审美和认知上做一定的考量和探究。所以专题阅读的目标确定，在前期计划阶段，是要把对学生的审美和认知的多元发展作为重要依据的，不可重复地在惯性思维发展的窄路上跑动。

既然专题阅读的价值在于提升学生的思维品质，那么不同的专题阅读要有明确的思维提升指向，从新课程标准的要求来看，专题阅读的思维提高可以侧重于学生思维的深刻性、批判性和创新性等几个方面。从开始目标的制定时就要将这样的思维发展指向考虑在内，在阅读过程的讨论中和加深阅读效果的写作中，教师也要有意将学生的思维提升往这些方向引领。

策略一　探寻文学本质规律，培养思维深刻性

一、思维深刻性的特征

平常我们总爱思考，如何能让学生的思想深刻起来，因为我们在很多时候都感觉学生的阅读认知停留在浅表的层面上，不能抵达作品的深层意蕴的那一面。这中间有很大一部分原因在于学生的阅读面还比较窄，日常的思维训练的力度还远没达到有助于学生思想能够变得深刻的水平上。

　　专题阅读可以培养学生思维的深刻性。语文思维的深刻性表现为在阅读活动中能够深入思考问题，善于抓住文学和语言的本质与规律，进行有益的理解活动，在阅读中善于预见未读文字的思想内容。

　　我们必须承认学生的思想是可以变得深刻的，这在很大程度上取决于学生课堂之外的阅读的深度和广度。思想深刻有赖于思维深刻，思想深刻是结果，思维深刻是过程；专题阅读有师生共同的参与，又有及时的交流和思维的碰撞，是引导学生思想变得深刻的重要通道。

二、思维深刻性的培养途径

　　思维的深刻性的训练和培养与专题阅读的选材关系极大。

　　其实优秀的文学作品都承载了不同作家独特的人生感悟和社会体认，但从学生接受的角度而言，并不是艰深的作品对学生的思维深刻性的提高就有帮助，而是首先难易程度是适合他们这个年龄阅读的，专题阅读作品本身还具有很大的开放性。

　　像在做"守财奴"这样的专题阅读时，学生至少应该读过西方文学作品中描写所谓的四大"吝啬鬼"：夏洛克（莎士比亚《威尼斯商人》）、阿巴贡（莫里哀《悭吝人》）、葛朗台（巴尔扎克《欧也妮·葛朗台》）、泼留希金（果戈理《死魂灵》）的相关作品的整本书或者主要章节，这样学生在思维上，就不会简单从社会和时代的角度做评价，还会从人性的角度做评价，了悟到"文学是人学"的道理。这样学生在专题阅读中即达到的思维发展的深刻性的指向。

三、"探寻文学本质规律，培养思维深刻性"阅读案例

案例1

卡夫卡的荒诞世界

——《变形记》和《致科学院的报告》比较阅读

王　雪

专题立意

卡夫卡的作品难以理解，这已经是评论界所公认的，他的作品之所以难以理解是因为卡夫卡他所塑造的是一个荒诞怪异、神秘，而且具有非常丰富的象征和寓意的世界。在这样的一个世界当中充满着许多离奇的场景，超现实的情节，非理性的行为等等。比如说有的是人变成了动物，有的是动物变成了人。《变形计》就是卡夫卡最具有代表性的作品，这部作品写的就是主人公格里高尔在某一天的清晨，突然发现自己变成了一只甲壳虫。这个甲壳虫醒来之后，似乎承认了他所存在的这个世界，甲壳虫与人共同生存。这个情节本来对于我们来说就是超现实的，但是虽然是超现实的情节，但卡夫卡在虚构情节以及塑造甲壳虫这一形象时，运用了大量的真实的细节，所以卡夫卡所构建的这个荒诞的世界又是有着真实的触角的。因此卡夫卡所构建的荒诞世界，既有荒诞的一面又有真实的一面。

《变形记》是最能代表卡夫卡创作风格的作品，除了《变形记》之外，像《城堡》《审判》这样的长篇作品，《饥饿艺术家》《致科学院的报告》等短篇也是充满了寓意性和暗示性。因此理解卡夫卡作品，了解卡夫卡作品的创作手法及风格是理解卡夫卡作品的一个突破口。

因此，我把专题定位在卡夫卡所构架的荒诞世界这一主题下，通过比较阅读卡夫卡的其他作品以窥一斑而知全貌。

内容确定

卡夫卡的变形记是一个充满着寓意的世界，里面的很多事物都是具有象征意义的，比如说人变成动物，人变成甲壳虫，这是文本最大的寓意。不仅让人引发思考，为什么人会变成甲壳虫而不自知，还会坦然接受这种状态，那么到底是什

么让人变成了甲壳虫？这个问题就涉及文章的主旨问题，作者为什么要构建这样的一个甲壳虫形象？首先，从其本身来说甲壳虫是外形丑陋，令人生畏，没有自食能力，需要别人照顾的一个令人厌恶的存在。格里高尔在公司内遭受着公司的高强度的压迫，来自工作压力也来自人世，格里高尔在家庭当中也受到父母冷淡的对待，唯一能够给格里高尔带来点温情的便是他的小妹妹，但是他的小妹妹在他变成甲壳虫之后，虽然一开始哭泣心有同情，而且承担起了照顾格里高尔的义务，但是随着时间的推移，格里高尔的妹妹也变得暴躁起来，她认为格里高尔完全变成了他们家的一个累赘，想要除掉他，因此格里高尔已经变成了他们家的一个怪物，格里高尔最后是被他父亲扔掉的苹果砸伤，而造成了一种致命伤，因此格里高尔在最后的孤独当中，悲凉地死去。在家人对待格里高尔的态度当中，不禁让我们思考格里高尔的存在，对于格里高尔一家人来说意味着什么，我们似乎在这个家庭当中看不到亲情，所谓的亲情是建立在格里高尔能够赚钱养家的基础之上，我们可以看到一个细节就是格里高尔的父亲明明是有工作能力的，但是他的父亲却在家安逸地享受，只是让他的儿子外出打工。他的妹妹有着音乐的梦想，也是完全受到哥哥的鼓舞，从而有了这样一个美丽的或者有些不切实际的理想。格里高尔在用辛辛苦苦的付出支撑着整个家庭，他认为这是他的责任，也是他的义务，他对这个家庭必须付出。然而他的家人却一味地享受格里高尔给他们带来的生活的便利。我们可以看到当格里高尔变成甲壳虫丧失了赚钱养家的能力之后，他的家人对待他是多么地冷漠。所以格里高尔变成甲壳虫意味着什么我们从变形的过程当中看到了亲情的冷漠，亲情的丧失。他们被金钱所奴役，按照这样的一个观念来看当时的社会又何尝不是如此呢？格里高尔在未变形之前，他也在拼了命地努力地做旅行推销员的工作，每天的时间都被安排得满满当当，早起晚归很是辛苦，而且还要受到上司的监察和管理。在工作当中我们看到的是压迫者与被压迫者是一种赤裸裸的资本剥削的关系，所以在当时的这个工作环境中也是以以前作为最根本的衡量标准，更提不到所谓的员工的人权问题。所以卡夫卡所塑造的这样的一个世界，无论是人所处的社会环境还是人所处的这个小的家庭都充斥了金钱对人的主宰，人变成了只为钱而活的人，人与人之间的所谓亲情友情都变得不值一提。

人是什么？不是赚钱的机器，人是有情感的而且具有智慧的一种高等生物，在卡夫卡所构建的这个世界里，人似乎只有赚钱这一工具性，其他的我们完全看不到，所以人已经变成了非人。这就是卡夫卡《变形记》所提出的人的异化问题。

在这样的异化世界当中，像格里高尔这样努力的人所感受到的世界就是冰冷、孤独、无情、冷漠……而像格里高尔这样的个体尚存着一丝对亲情的渴望，有着人性的温暖的便只能遭到这个社会的嫌弃尤其是在丧失了他的唯一金钱能力之后。所以，格里高尔最后的死去虽然客观上是由于他父亲向他后背所扔的一个苹果造成的致命伤导致的，但实际上是因为格里高尔内心所感到的绝望孤独，所以格里高尔必定会以这一种孤独的方式死去。从读者的角度来看，格里高尔这一方式的死去，不知道是不是也意味着一种解脱呢。

这部小说当中还有许多事物，也具有丰富的寓意性，这个丰富的寓意性必须要以整个异化主题联系起来，才能够更好的理解，比如说格里高尔的房门，这个门隔断的是两个世界，一个是格里高尔的世界，一个是格里高尔之外的世界，那么当格里高尔一开始变成甲壳虫，想要挤出门外去看一看他朝思暮想的家人时，家人被他吓住了，因此他被驱赶着退回房门，所以这道门是自我保护与外界对抗的大门。外面的世界充满着残忍冷酷无情。

在这部小说当中，格里高尔的妹妹也是一个非常有意思的人物，妹妹在课本当中前面为格里高尔哭泣的部分被删掉了，我们看到的更多的是一个无情的妹妹、暴躁的妹妹、令人生厌的妹妹。但这并不妨碍我们去理解这部小说的主题，尤其是这个妹妹在最后的一个变化就是当她把她所厌恶的哥哥驱逐之后，很快便忘记了哥哥的存在，又和她的父母谈论起了她的新生活，以及她对新的婚姻生活的向往。这样的一个妹妹不禁令人唏嘘。

卡夫卡用他对这个世界最直观的触感来描写事物以及他对整个世界的一种感觉，从而表现出人对整个社会的一种疏离感。

卡夫卡的《变形记》另一个最主要的特色就是它所构建的世界充满了大量的真实的细节，比如说小说里面出现了大量的卡夫卡的心理描写，外形描写以及很多人物的动作语言的描写。这些大量的真实的细节让我们似乎看到了生活的一角。这也是卡夫卡最独特的地方，能够让荒诞看起来更加真实可信。

卡夫卡的小说具有多重含义，通过变形以及多种暗示的创作的手法以及他所想表达的他对整个世界的看法，却是他许多部小说所传达的一个共同的主题。

《致科学院的报告》是卡夫卡的另一个有关变形的主题，不过这一个主题的变形不是人变成了甲壳虫而是猴子变成了人，用这一反向的异化来证明人在整个社会当中逐渐异化的这一主题。无论是人变成了动物，还是动物变成了人，他所谈到的都是一种异化，只不过人变成动物这一主题的指向更加明确，即对当时的社会人被金钱所异化，人变得冷漠无情。但是猴子变成人的过程变成人的异化，他的内心的一种自我认同，其实也是在暗示整个社会的一种进程。所以卡夫卡小说作品当中异化这一主题的内涵其实是非常丰富的。

因此，为了能够使学生跟作家深入地走进卡夫卡并了解卡夫卡笔下的世界，我采取了比较阅读的方式，通过不同的变形的思考，来进一步探究异化这一主题。在对比的过程中，学生通过变形的异同、变形的本质，能够对卡夫卡的荒诞世界有进一步的感知和认识，这样也有利于学生阅读卡夫卡小说的其他作品。

专题设计

教学目标

（一）语言建构与运用

通过品读卡夫卡对"变形"的细节描写，挖掘卡夫卡笔下荒诞中的真实。

（二）思维发展与提升

运用比较阅读的方法提升学生的思维品质，学生能够通过比较"人变动物"和"动物变人"两种异化的异同进一步了解卡夫卡的异化主题。

（三）审美鉴赏与创造

通过分析卡夫卡的创作手法，初步感知现代派文学荒诞的创作风格。

（四）文化传承与理解

了解卡夫卡笔下现代文明社会中"人"的孤独、绝望、陌生、异化等。

教学重难点

学生能够通过比较"人变动物"和"动物变人"两种异化的异同进一步了解卡夫卡的异化主题。

教学过程

（一）导入

卡夫卡是现代派文学的先驱和大师。在《变形记》中，人变成甲壳虫看似荒诞，但却像照妖镜般揭露了令人触目惊心的冷酷现实。卡夫卡笔下的变形是仅仅有人变成动物吗？还有没有其他的形式？变形到底是什么？卡夫卡想用变形的荒诞世界向我们传达什么信息呢？

今天我们通过阅读《变形记》和《致科学院的报告》来探究这几个问题。我们对《变形记》中的变形比较熟悉了，这是一个人变成动物的变形，那么《致科学院的报告》是一个什么样的变形？

动物变成人的变形。

教师问：那么请同学能否概括一下《致科学院的报告》这篇故事的基本内容？

预设：一只猿猴被哈根贝克公司的狩猎队逮捕后关在了笼子里，为了寻求出路猿猴告别了猿猴生涯，选择成为人类的一员，他开始学习抽烟、喝酒，甚至还学会了人的语言，还要聘请老师来教他学习，还要参加各种社交场合，最终达成了他变成人的目标。

（二）教学活动

任何的变形都不是突然的，而是一个渐变的过程。

【任务一】请根据文章内容绘制一张猿猴转变成人的时间轴，并标明关键节点

思考：文章中猿猴经历了一个怎样的变化过程？猿猴如何看待自己的变化？

预设：

黄金水岸、饮水	被逮捕、疤痕、瘸	笼子、船舱		抽烟、喝酒	熟练地老手、说话、接待、社交场合
	红彼得	安静、啜泣、没有出路、心甘情愿、并非完全可憎可恶、自由和出路		极大的热情、喜悦、根除猴性	炫耀、高度异化、孤独、惬意、舒畅、安生立命之道

【任务二】寻找甲壳虫和"红彼得"变形的异同

思考：在《变形记》和《致科学院的报告》这两部作品中卡夫卡都采用了"变形"这一手段，这两篇文章的变形有何异同？你如何看待卡夫卡笔下的变？

要求：抓细节，说依据

可参考的角度：变形的原因、变形者的感受、变形的手法等

异：人变成动物，动物变成人

同：被社会逼的变形（格力高科：家庭、工作；红彼得：公司、科学院）

不自由的、麻木、孤独（格里高尔：无私奉献、被家人抛弃；红彼得：孤独，脱离种群）

丧失自我、被奴役、原有情感的畸形

虫形人心、人形猴心

拓展问题

1. 你如何理解：我直纳闷："如此炫耀自己而不顾他人的运动居然也称得上是人类的自由？猿猴是如何看待自由和出路的？

备答：猿猴理解的自由是我们人类的自由吗？他用猴的思维思考人的自由问题，可见他的内心仍然具有猴的一面。

2. 猿猴为什么放弃了逃跑？

备答：逃也逃不掉，反而可能会更惨。只能选择接受"成为人"这条出路。

3. 为什么红彼得在看到半驯化的小猩猩在等他使他感到"舒心的快乐"，但

在白天却忍受不了"一种半驯化野兽特有的不知所措的凶光"？

备答：红彼得还是有兽性的部分，小猩猩提醒了他这一点。虫形人心也好，人形猴心也罢，都还保留着原始自我的一点痕迹。

【任务三】描绘荒诞的异化世界

思考：卡夫卡笔下荒诞的异化世界具体是什么样的？

请从以下参考角度中任选2个角度回答。每个角度请写出至少3个关键词。

参考角度：

经济、政治、法律、信仰；亲情、爱情、友情；个体人、社会人

材料准备：A4纸（中间画一个空白，剩余空间等分）

问题1：在这样世界生存的人的精神状态是什么样的？

备答：孤独、绝望……

问题2：中间的空白应该填补什么？卡夫卡为什么要塑造这样的一个世界？

用真实荒诞反映人的生存困境和精神困境。补充现代派知识。

【任务四】探究卡夫卡中变形的寓意

示例：甲壳虫想要打开的"门"和红彼得口中不能回去的"门"是什么？

思考："红彼得"有何寓意？

备答：动物变成人，这不就是人的形成吗？红彼得其实就是人类啊，人类在文明的进程中为了适应各种环境不断变形，终于成了人。

板书：

卡夫卡笔下的荒诞世界

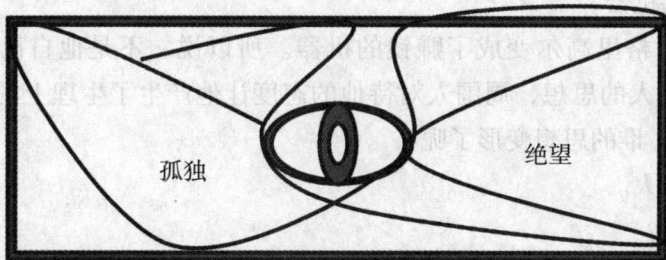

孤独　　　　绝望

专题实施

课堂实录

片段1

师：请同学们根据刚才的讨论比较《变形记》和《致科学院的报告》两篇文章中"变形"的异同。

生：我们组写的相同是个性被扭曲。造成他们变形的原因都是外界的逼迫，他们的思想和行动都被禁锢了。

师：也就是说这种扭曲实际上既有思想上的扭曲，也有行动上的扭曲。那你能具体说一说吗？

生：就是格里高尔非人的思想。

师：什么叫作"非人"的思想，你能解释一下吗？

生：就是变的不是人了。

师：那你说的这一点可就不是格里高尔个性思想上的扭曲了，而是被扭曲，我们试着回顾一下，格里高尔在变形之前是做什么工作的？

生：旅行推销员。

师：那么旅行推销员的一天生活状态是怎么样的？他又是怎么看待他的工作的呢？

生：他活得很累，很受压迫，但是他觉得这样工作也还不错，因为他是家里的顶梁柱，他的辛勤工作可以使家人生活得幸福。

师：所以他的思想被扭曲了吗？

师：那么他的什么被扭曲了？

生：他的生活状态，他的生活。

师：对，这种理解是不是更恰当一点呢？我们看到格里高尔是一个勤奋的人，对待工作对待家庭他都一丝不苟，但是他的这种生活状态却让他变成了什么？如果我们用比较形象化的语言来形容的话？

生：赚钱的机器。

师：不错，格里高尔变成了赚钱的机器。所以说，不是他自己的思想变形了，而是他被别人的思想，周围人对待他的态度让他产生了生理上的变形，所以反观《变形记》，谁的思想变形了呢？

生：他的家人。

师：还有吗？

生：他的老板、周围的人。

师：换句话说，他的家人、老板、朋友等都和他变形有关系。

师：所以说，实际上思想变形的是谁？

生：是格里高尔周围的人。

师：换句话说，我们可不可以理解成格里高尔所处的社会就是一个思想扭曲的社会啊？

生：可以。

师：那么红彼得呢？

生：红彼得是从猴变成了人，他的很多习惯都变得和人相同，改变了猴性。

师：如果我们说《变形记》是人变成了虫，那么《致科学院的报告》中就是猴变成了人。好，还有吗？

生：我觉着《变形记》是一种无意识的、被动的改变，红彼得是一种自觉的、主动的改变。

生：我觉着红彼得也有被迫的成分。因为红彼得也是为了活下去，后面的改变才显得出来他有些主动。

师：所以，同学们说说，红彼得的改变到底是被迫的还是自发的？

生：被迫自发的。

师：这不是自相矛盾吗？如果从整体的改变过程中，被迫确实是无可奈何，但是和格里高尔相比较，谁是被迫？谁是主动？

生：格里高尔是被迫，红彼得是主动。

生：老师，还有一点可以说明，就是对于自己的改变，格里高尔完全是无意识的，但是红彼得是有意识的。

师：的确如此。

生：老师，我认为二者在改变的结果上也是不同的。

师：怎么说？

生：格里高尔的结局是很悲惨的，但是红彼得的结局还是很不错的，他现在已经成了人，而且还能够在台上给大家作报告。

师：那么红彼得满不满意自己的结局呢？

生：满意。

生：老师，我们组对此有分歧。虽然这看起来是一种很好的结局，但我认为这也是作者所设置的一个反讽的手段，越是看起来光鲜亮丽，实际内心越是孤单难耐。你是一个猴子，最后变成了人，还自我感觉良好，这就是他愚昧的一种表现。所以我把自我认同归纳为"自我感觉良好"。

师：我们发现同学们产生分歧的部分在哪？是不是对于红彼得对自己最后的人生结局部分？那我们就一起聚焦到最后这个部分看一看。红彼得对于自己的人生到底是怎么看待的呢？

师：我们一起来思考老师给出的问题。在最后27段，红彼得每天回到家中看到有一个半驯化的小猩猩在等着他，他的感受是什么呢？是舒心的快乐。但是他在白天却忍受不了一种半驯化，野兽特有的不知所措的凶光。你怎么理解这句话？

生：白天把自己当人。

师：嗯，白天把自己当人看，这是不是原有的种族，那晚上呢？他却怎么样？

生：自己把自己变回猩猩了。

师：是不是又觉着自己存留着那么一点猴性？

师：好！那么我们说格里高尔的变形是"虫形人心"，那么红彼得的变形是什么？翻照这样的结构的话。

生：人形猴心。

师：也就是说他的内心还存留着一些猴性的部分，那种对于种群的归属的，向往自由的部分。大家来看，在最后一部分，他是感受到"舒心的快乐"，但是在前面他模仿人类的种种行为中，你看到他的快乐了吗？他那种所谓的极大的惊喜是在干什么？是不是在取悦人类啊！

片段2

师：下面请同学们根据你对卡夫卡的理解，为卡夫卡的世界画一个图，你认为他看到的，感的世界是什么样的？可以从老师给出的角度上去思考。

师：每个小组可以选择两个角度，每个角度可以选择三个关键词。

生：我认为个体人的特点是麻木、扭曲、随波逐流，社会人是荒诞、冷酷、无情和压迫。

生：我们组认为所谓人类一切的情感，无论是亲情、友情还是爱情都是扭曲的，都充满了赤裸裸的金钱交易，人与人之间丝毫没有温暖，这个社会就是一个冰冷的社会，每一个人在社会中都是孤独的，每一个人的心灵都是一座孤岛。

师：这位同学说得很不错，还用了孤岛来形容现代人的生存距离和心理距离。

师：大家看黑板，老师板书的中间部分留了白，大家觉得中间部分我该补充什么？

生：卡夫卡。

师：差不多，不过呢，我不是通过文字的方式，而是想做一幅画。中间的部分我想画一只眼睛。大家来看，这是不是就是卡夫卡所看到的世界？我是不是也完成了一幅荒诞派的作品了呢？这就是卡夫卡眼中的世界。那么我除了想做一幅画之外，为了配合文字的主题，我写在这中间写一个字——人。"人"在中间，卡夫卡所构建的就是一个这样的社会，而我们每一个人又都生活在这样的世界当中，什么是爱情、亲情，什么是政治、经济，整个世界充斥着吸血鬼式的榨取和毒害。在这样的社会当中，人的精神状态是孤独的、冷漠的、绝望的，就像刚才那位同学所提到的，我们每一个人都是精神的孤岛。

师：那同学们能否根据我给出的这些关键词来对卡夫卡的荒诞世界做一个总结呢？

生：卡夫卡就是用荒诞的寓言、逼真的细节如镜子一般折射我们现存社会的生存困境，从而表现我们每一个人在现实社会中的孤独、彷徨、冷漠的精神困境。

教学反思

新课标（2017）提出，思维发展与提升是语文四大核心素养之一，现阶段语文教学需要在培养学生阅读思维方面多下功夫。卡夫卡的作品充满了对现代文明的困惑，以他为代表的现代艺术流派善于运用夸张变形的方式来表达他们对所处社会的感受和看法，以表达他们所遭遇到的现代文明的困境。这样的一个主题是很宏大的，也需要学生具有较强的反思和批判意识。

大问题需要小角度，宏观的主题需要从微观的细节入手。卡夫卡的作品自成一派，相比较19世纪的写实主义的作品来说，卡夫卡可以算得上20世纪一系列独树一帜的作家。他用极夸张的笔法诠释他对看到的世界的感受，因此，理解卡夫卡的荒诞世界需要带领着学生从理解"变形"这一手法作为着眼点，但是单一地去理解卡夫卡的变形难以支撑理解卡夫卡"变形"的内涵，因此从比较阅读的角度去探究卡夫卡的主题似乎是一个突破口，因此在本次教学设计中我主要是采用了一种比较阅读的方式来深入地理解卡夫卡作品当中的异化主题，学生在理解小说本身金钱对人的异化之外，能够对异化这一主题进行更进一步的理解。

卡夫卡的作品最大的特点就是它所构建的这样的一个荒诞世界。本设计意在通过两部作品的变形比较来让学生发现变形背后的含义。在前期的过程中，学生已经对卡夫卡的《变形记》有了比较深入的了解。因此本节课的重点在于理解《致科学院的报告》这一篇文章当中的变形。

在教学活动当中，我们设计了第一个教学任务即让学生通过时间轴的方式来绘制一张猿猴变成人的图表。通过这个图表，学生能够对猿猴变成人的过程有一个大致的了解，能够找到他变化的几个关键性的节点。学生通过这一活动，能够比较清楚地了解变化过程，活动也比较有意思，所以学生的参与程度也比较高。那么紧接着这样一个活动之后通过寻找甲壳虫和红彼得变形的异同这一教学活动来进行变形主题的探讨。我给了学生三个方面的角度：变形的原因，变形者的感受以及变形的手法，同学们在回答这一问题时，还是能够有自己的看法。他们最大的不同就是一个是人变成了动物，一个是动物变成了人，但是他们却有着非常多的相同点，第一都是被社会逼得变形，格里高尔是因为家庭和工作，红彼得是因为公司和科学院。第二点从变形者的感受上来说，他们都是感到不自由，麻木与孤独，丧失了自我，被奴役。他们都经历了一种情感的变形。比如说格里高尔，虽然对家庭无私的奉献，但是却最终被家人抛弃，而红彼得也是孤独的，因为他脱离了自己原有的种群。一个是虫形人心，一个是人形猴心。

为了更加深人的理解，我设计了三个拓展问题，主要是针对文本内容的理解，第一个问题是猿猴是如何看待自己的自由和出路的？第二个问题是猿猴为什么放弃了逃跑？第三个问题是，为什么红彼得在看到半驯化的小猩猩在等他时，他感到"舒心的快乐"，但在白天却忍受不了"一种半驯化野兽特有的不知所措的凶光"？这三个问题的设置也是指向变形异同主题的理解。这三个问题的设计实际上是让学生能够进一步地去通过文中细节来理解异化主题，而不是仅仅有一种粗泛的理解。

我们阅读这两个作品了解卡夫卡所构造的异化世界和荒蛮世界最终的目的是什么？其实就是想去了解这个世界到底是什么样的，这个世界人的精神状态是怎么样的。因此在第三个教学任务当中，我设计了一个绘画任务，这个绘画任务就是让学生能够模仿着卡夫卡的一种创作手法来绘制一幅卡夫卡所看到的世界。在这样的一个分类过程当中，我把整个社会按照不同的角度进行了不同的切分，学生在任何的一个模块下都能够进行关键词的填写，但是在中间留了一个空白，然后我们在与学生共同讨论的过程当中来补充这个空白到底是什么。通过这样几个任务的设置，我们最终要解决的一个问题就是卡夫卡为什么要塑造这样的一个世界？即卡夫卡用真实荒诞来反映人的生存困境与精神困境。教学活动的设置还是比较丰富，形式也比较创新，学生也乐于参与。

但同时我也在思考，通过这样的几个活动，学生就真的了解了卡夫卡的作品？是不是这些问题的开放程度不够，尤其是最后一个问题是学生采用一种语句重组的方式来实现的，因此学生是否真正地理解了卡夫卡的荒诞世界也是一个比较值得探讨的问题。卡夫卡的小说作品，其实主题还是很丰富的，这样的一个设计是不是也限制了学生的思维。

案例2

"毛泽东诗词意象运用"专题阅读

陈耀

专题立意

语文学习在高二选修模块阶段，每一单元都是按照专题设置的，如何进行专题教学？以此为研究课题，我和我的学生尝试进行了《选修（二）》文化论著研读模块专题一"毛泽东诗文"学习研读。

学生对毛泽东这个名字并不陌生。在一次"我心目中的英雄"的网络调查中，毛泽东排名第一。全国妇联儿童部、中国家庭教育学会等在中学生中开展的一项名为"谁是你心目中的英雄"的问卷调查中，毛泽东排名第一。由此可见，毛泽东在当今社会，在青少年心目中具有崇高的地位，具有强大的影响力。这也正是"毛泽东诗文"研读的丰厚社会基础、文化基础和兴趣基础。

但是另一方面，毛泽东诗词文章已经很少进入当代学生的视野，学生对毛泽东的了解更多来自其他途径，所以我希望学生通过这个专题的研读，能更加具体地感悟毛泽东，走进毛泽东的精神世界，了解那个逝去的时代，认识既是伟人又是杰出诗人的毛泽东。

文化论著模块选编了毛泽东的两首词，两首七律，两篇文章，都是毛泽东诗文的代表作，但是仅仅学习这些，对于理解毛泽东诗词和文章的风格是远远不够的，所以"毛泽东诗文"专题研究一方面要立足教材，将教材中的篇目作为抓手，有选择地精讲精读；另一方面，又要引导学生拓展阅读，广泛涉猎阅读其他作品，才能够在质和量的基础上达到认识的突破。所以在教材之外又推荐给学生毛泽东长征诗词等作品，做成专题，拓宽学生视野。

高中学习也是理性思维训练的重要时期，专题研究能够使学生的思维不停留于表面还能够建立起一定的逻辑体系。所以有了前面两部分阅读感悟为基础，应当让学生尝试做一点专题研究，让他们学着思考发现问题，寻找到自己感兴趣的有价值的研究问题，学着如何查阅资料，借助前人研究为自己的思考拓开道路，在前人研究的基础上发自己的声音，有自己的发现。

专题研究应该有一个完整的过程，对学生的能力培养也应该是完整的。所以这次的专题学习不仅有不同阶段的研究，撰写专题研究报告，还有报告的答辩。

让学生初步掌握研究的方法，培养研究的能力，同时也锻炼学生表达的能力。研究很重要的环节就是交流，论文写作的过程中需要小组内交流，而论文完成以后更需要班级相互间的交流，论文答辩的方式比较容易形成平等自由开放的交流氛围，让学生在相互的交流中形成更深的认识。

现代社会需要合作能力，这次专题研究还希望培养学生合作探究的能力，所以整个专题研究让对同样问题感兴趣的同学组成研究小组，查阅资料、撰写论文、答辩都是合作完成的。

这个专题学习的目标不仅是完成了一个单元的学习，理解了一位文学家，一位伟人，同时培养了学生思辨能力，让他们学会吸收、质疑、提升。

研读内容

第一阶段学习内容

京版《文化论著研读》（选修二）专题一

《沁园春·长沙》

《念奴娇·昆仑》

《七律·和柳亚子先生》

《七律·人民解放军占领南京》

《改造我们的学习》

《反对党八股》

第二阶段课堂学习内容

毛泽东长征诗词

《清平乐·会昌》（1934年夏）

十六字令三首（1934—1935）

《忆秦娥·娄山关》及初稿（1935.2）

《七律·长征》（1935.10）

《念奴娇·昆仑》及初稿（1935.10）

《清平乐·六盘山》（1935.10）

六言诗《给彭德怀同志》（1935.10）

专题设计

整个专题研究分为四个阶段，第一阶段研读教材所选诗文，确定选题方向，再根据研究方向细读相应课文篇章，第二阶段按照选题，拓展研究毛泽东诗词和文章，进一步拓展到毛泽东其他诗文。第三阶段总结研究成果，合作撰写最后的研究报告。第四阶段是讨论交流阶段。这是一个循序渐进的研究过程，由一篇到多篇，由浅入深。所有的研究都是采用小组合作的方式完成。

第一阶段：设定选题，研读课本所选诗文

根据所选诗文设定选题，针对选题对课文文本有一个比较深入透彻的研究，为进一步研究打下良好基础。

选题示例：

选题一：从毛泽东诗词看毛泽东的大抱负、大胸襟，研究毛泽东诗歌与个性的关系

重点研读：《沁园春·长沙》《念奴娇·昆仑》

研究指导：两首诗词的写作时代背景，此时毛泽东个人的身份、经历，诗歌中哪些地方如何表现毛泽东的胸襟抱负。

选题二：毛泽东诗词中的大山河，研究毛泽东诗词中的意象特点

重点研读：《念奴娇·昆仑》《沁园春·长沙》《七律·人民解放军占领南京》中的一篇

研究指导：三首诗词中所写景物的特点，所写景物与情感之间的关系，所写景物与作者之间的关系。

研究《念奴娇·昆仑》中昆仑山的形象，找出描写昆仑山的诗句，分析这些诗句表现了昆仑山什么样的特点，联系全诗看山和诗歌要表达的情感有什么关系，和诗人有什么关系。

研究《沁园春·长沙》《七律·人民解放军占领南京》中的水，找出有关水的诗句，分析水的意象具有什么样的特点，结合全诗看水和诗歌情感之间的关系，塑造了什么样的诗人形象。

研究结果提交方式：

1. 读书笔记、读后感、词句鉴赏感悟等方式。

2. 每个同学将自己的研究成果拿到小组讨论，形成小组定稿。

3. 组长组织撰写第一阶段研究报告。

第二阶段：拓展研究其他诗文

选题示例：

选题一：诗人如何在诗歌中来表现自己的胸襟抱负

拓展到《渔家傲·第一次反围剿》《清平乐·六盘山》《沁园春·雪》《七律·人民解放军占领南京》《七律·到韶关》

研究方向：诗歌中的历史人物的深意，诗歌中景物描写的特点，诗歌中的夸张与对比、丰富的想象，诗歌中的形容词、动词用词特点。

选题二：毛泽东诗词中的大山河，研究毛泽东诗词中的意象特点

研究方向（一）：毛泽东诗词中山的形象。

收集毛泽东涉及山的诗词，摘录有关山的诗句，选取重点研究的诗句，梳理这些山的意象的相同与不同之处，山的意象和毛泽东诗人形象之间的关系。

相关诗词：《沁园春·长沙》《如梦令·元旦》《渔家傲·第一次反围剿》《渔家傲·第二次反围剿》《菩萨蛮·大柏地》《清平乐·会昌》《忆秦娥·娄山关》《十六字令三首》《沁园春·雪》《清平乐·六盘山》《七律·人民解放军占领南京》《七律·登庐山》《水调歌头·重上井冈山》

研究方向（二）：毛泽东诗词中水的意象。

收集毛泽东涉及水的诗词，摘录有关水的诗句，选取重点研究的诗句，梳理这些水的意象的相同与不同之处，水的意象和毛泽东诗人形象之间的关系。

相关诗词：《菩萨蛮·黄鹤楼》《采桑子·重阳》《渔家傲·第二次反围剿》《沁园春·雪》、《七律·人民解放军占领南京》《浪淘沙·北戴河》《水调歌头·游泳》《七律·答友人》。

第三阶段：总结研究成果

每个小组在两个阶段的研究之后，完成撰写两个阶段的研究报告，报告的撰写应该在组长的协调下采用分工合作的方式完成。

第四阶段：成果展示

采用讨论答辩的形式，推选出两个研究小组的论文，组织大家预先阅读，在课上给予小组时间讨论研究，然后请两个小组的同学在台前进行研究报告答辩。整个交流分为三个部分：

（一）初步阅读报告：请学生点评报告最精彩处，请学生总结自己的收获，通过整体和细节上的两种方法来完成学习的第一个阶段：吸收。

（二）深入思考报告：请学生对两篇报告质疑，请两个报告的小组成员作为专家解答同学们阅读中的问题。寻疑问难，发现疑难解决疑难，在惑与解惑的过程中学习。这是阅读研究报告的第二个阶段：质疑。

（三）提出自己的新观点：请同学对报告提出修改意见，或者自己的新想法。

专题课程的课时安排

1. 学生预习毛泽东诗文单元，提出问题和难点，老师整理问题，根据问题设计基础知识讲解课。（1课时。）

2. 在全班公布讲解选题及具体研究步骤，每个小组自由选题，老师协调。（1课时。）

3. 组织安排毛泽东诗词朗诵会，激发学生兴趣和研究热情。（1课时。）

4. 安排鉴赏分析指导课。（2课时。）

5. 小组上交第一阶段研究成果，第一阶段研究展示。（2课时。）

6. 第二阶段研究指导。（1课时。）

7. 小组研究报告交流修改。（1课时。）

8. 毛泽东诗文学习交流报告会。（2课时。）

师生作品呈现

（一）课堂实录：研究报告交流

片段一：交流学习，取其精华

师：阅读研究报告也是一种阅读，阅读要首先注意整体把握，那么一篇研究报告怎样整体把握，请一位同学以一篇报告为例，来谈谈这个问题。

生：我读的是《毛泽东诗词中的夸张手法》这篇报告。拿到报告后，我首先看标题，知道他们的研究方向，然后看第一阶段和第二阶段，看每个阶段研究的诗的标题，知道他们研究了哪些诗，知道他们研究的大概，然后再仔细看他们研究了什么。

师：看标题，看第一阶段和第二阶段的研究方向和主要内容，完了吗？

生（齐）：还有结论。

师：对，不要忘了还要看得出的结论。如何整体把握，简而言之四个字：提纲挈领（板书：提纲挈领）。

师：读一篇研究报告光整体把握是不够的，还需要注意什么？

生：细节。

师：对，我个人认为一篇研究报告有两个重要的细节：亮点，也就是最精彩的地方，还有阅读时什么地方最有启发性。下面我们请同学就这两点来谈谈。

生：我谈《毛泽东诗词中的修改》这篇报告。通过这篇报告对毛泽东诗词修改的分析我感受到了修改前后毛泽东情感的变化和不同。

师：很好，那你觉得亮点在哪？

生：《清平乐·六盘山》，这首诗修改比较大，初稿有"同志们"，定稿把这个去掉了。这里分析了诗歌形式的修改。分析得到位，语言又丰富。

师：还有哪位同学要说？

生：我注意到他们组的思路比较清晰，把诗歌的原稿和定稿作比较，比较了其中的不同。还有一点，他们特别注意体会作者的感情，比如第八页对"鹰击长空，鱼翔浅底"分析得很细致，体会到了作者的想法。还有《忆秦娥·娄山关》

那篇第二处的分析，体会到了诗歌的意境，不仅按套路去做，而且真正用感情去体会作者的感受，这是很可贵的。还有《清平乐·六盘山》中他们分析了"赤"和"红"，我也看过这首词，但没有想过这个问题，分析得真是很细致。

师：写得很细，分析得很细，点评得也很细，既谈到了亮点，又讲了自己的收获，很好！

片段二：交流质疑，共同提升

师：因为一节课时间非常有限，专家的时间也非常宝贵，而每个小组有很多问题，为了使每个小组都有机会，咱们约定每个小组只能提一个问题。请小组内商量一下提哪个问题。

生：《沁园春·长沙》这首诗，他们的研究是通过研究诗词的修改来评价其修改的优劣，但你们没有具体分析这首诗的修改，想请专家谈谈这首诗的修改。

学生专家：先来解释一下，第二阶段我们主要研究的是大改诗词《忆秦娥·娄山关》和《清平乐·六盘山》，总结了一些经验、结论，来对《沁园春·长沙》进行总结，而不是研究《沁园春·长沙》的改动。其实《沁园春·长沙》有改动，但是改动很小，我们研究的是大改诗词，恐怕这一点我们没说得太清楚。

师：专家，我还不太明白。你们最后加一个对《沁园春·长沙》意象的点评到底什么目的？

生：通过前面对毛泽东诗词改动的研究，总结经验，理解以后再对课文中的《沁园春·长沙》进行点评、解释和理解。

师：大家明白了吗？

生：明白了。

师：好，还有哪组有问题？

生：第9页《清平乐·六盘山》这首诗分析中说"这一反问能让人感受到毛主席的伟大志向"，这个"伟大志向"有点太空了，伟大的志向谁都有，这里是什么伟大的志向？

学生专家：毛泽东伟大志向在这首诗已经体现出来了。这首诗是毛泽东在长征即将胜利时写的，所以他的伟大志向显而易见，就是赢得战争的胜利，建立一个新的中国，团结人民，使中国变得更好。这是一个显而易见的问题，（生笑）也许是我们结论排版的问题，所以让你觉得有些不明白。

师：好，他们小组还要追问。

生：也许刚才他（提问的同学）没有说清楚。我们的意思是说"问苍茫大地，谁主沉浮？"这个问句怎么能体现毛主席的伟大志向？

学生专家："谁主沉浮"是《清平乐·六盘山》的诗句吗？

学生：可是你们是这样写的！

学生专家：你们组刚才问的是《六盘山》的问题，我解答的也是《清平乐·六盘山》的问题。那下面请我们组研究《沁园春·长沙》的同学来解答。（学生笑，热烈鼓掌）

学生专家：这个问题我来解答。其实"谁主沉浮"这句让人感到"纵观世界，天下尽在我手"。当时毛泽东正在被通缉期间写了这首诗，在受挫折的时候仍然写出这样很有豪气的诗，表明对未来的美好期望，相信自己有能力把握天下的局势，做出一番作为，为中国人民做出一番贡献，让大家脱离困难，到达平坦的境地。他的这番志向不仅为了实现自己的价值，也是为了使中国人民更好地生活下去。

（学生热烈鼓掌）

生：我们还有问题。

师：你们组的问题已经提过了，把机会给别的组好吗？其他组？

生：《清平乐·六盘山》中比较了"赤"和"红"，其实古人常说"赤胆忠心""赤子之心"，"赤"引起美好的联想，为什么这里一定要把"赤"改为"红"？

学生专家："赤"和"红"两个颜色很靠近，但是也有不同。"赤"是一种很深的颜色，很深的颜色就接近于暗，就很暗淡，就不鲜明。而"红"是一种鲜亮的颜色，而且包含象征着帝王的明黄的感觉，闪亮的感觉，更能凸现胜利成功的喜悦，而且颜色更加鲜艳，更加引人注目，更能彰显胜利的丰功伟绩，更能表达作者的心情。你也能想到，我们的国旗是五星红旗，为什么是红旗不是赤旗呢？因为是用战士（烈士）的鲜血换来的胜利，所以用"红"表达毛泽东对战士的鼓励，为战士感到自豪，所以用"红"字更好。

（学生热烈鼓掌）

（二）学生小组研究报告

毛泽东诗词中的夸张手法

组长：王丽畅

小组成员：郭莹　李丹　毛曾镜　张天宇

结合诗词的写作时代背景以及毛泽东当时的身份经历，研究毛泽东诗词中的夸张手法，从中看毛泽东的胸襟抱负，理解毛泽东的豪情霸气。

第一阶段研究——课文研究

研读诗词：《念奴娇·昆仑》

《念奴娇·昆仑》作于1935年，当时中央红军走完了长征最后一段行程，即将到达陕北。10月，毛泽东登上岷山峰顶，远望青海一带苍茫的昆仑山脉有感而作。本首诗突出特点是运用夸张的手法，并通过意象、数字、事件的描述来表现其夸张手法的。

事件："横空出世"

横空，横在空中；出世，超出人世。形容山的高大和险峻。诗开头的四个字，便突兀峥嵘，把昆仑山显赫的气象和磅礴的声势既概括又形象地包揽无遗。只有昆仑才当得起，也只有大手笔的毛泽东才想得到，写得出。

意象和数字："飞起玉龙三百万"

玉龙，白色的龙；三百万是形容其多。这里是说终年积雪的昆仑山脉蜿蜒不绝，好像无数的白龙正在空中飞舞。此句用得灵妙自然、恰切精当。飞起，昆仑山脉仿佛在天空中飞动，起舞，形象生动地描绘出昆仑山脉壮丽、雄伟的景象。玉龙，文中指漫天大雪，搅得周天寒彻，实际是指社会主义革命的气势。当时的世界环境是社会主义异军突起，给西方一种震荡，如临大敌。三百万，足见昆仑山脉之多，虽然是泛指，但运用大字眼的夸张描述，能看出作者的豪情壮志，宽广的胸襟和远大的抱负。

结论：

在这首词中，夸张手法的运用表现出作者的胸襟抱负，豪情霸气，非常具有王者风范，毛泽东非凡的个性成就了他一生伟大的事业，成为一代伟人。

第二阶段研究——拓展研究

研究方向：

研究毛泽东不同人生阶段的诗词，从这些诗词中品味他的王者风范、万丈豪情。毛泽东诗词中"大字眼"——"九天""万"等数词的使用，夸张手法的使用。

研读诗词：

《十六字令三首》《菩萨蛮·黄鹤楼》《西江月·井冈山》《蝶恋花·答李淑一》《七律二首·送瘟神》

十六字令三首

其一

山，快马加鞭未下鞍。惊回首，离天三尺三。

其二

　　山，倒海翻江卷巨澜。奔腾急，万马战犹酣。

其三

　　山，刺破青天锷未残。天欲堕，赖以拄其间。

　　第一首"惊回首，离天三尺三"。惊，是吃惊，有喜悦心情。这句是说怀着胜利的喜悦猛然回望。民谣中有："上有骷髅山，下有八宝山，离天三尺三。人过要低头，马过要下鞍。"借用民谣句，夸张地形容山的高险。

　　第二首"倒海翻江卷巨澜"。在高山上纵马奔驰，远望山峰起伏，如同倒海翻江卷起巨大的波浪。"万马战犹酣"，万马齐跑奔腾，酣畅鏖战。这是对起伏连绵的山势作的夸张、比喻。

　　第三首"刺破青天锷未残"。锷，剑锋。这句是说高山像利剑，直入云霄，刺破了青天，而剑锋并未残损。形容山峰的坚实劲峭。"天欲坠，赖以拄其间。"拄，支撑。这句是说，晴天正摇摇欲坠，依仗着青天柱似的高山支撑着，才免于塌陷。

　　第一首，写山之高，写出山的突兀。

　　纵马登山时，一意向前，未觉察究竟跑了多少路，到达了什么样的高度，等到猛然回首一看，原来离地平面已经很远了，离天已经很近了。只这一句便把山的巍峨，人的豪迈，马的骏利，同时烘托出来。把高山的形象非常具体地表现了出来，给人以深刻的印象，赋予了丰富的含义，使它具有了新的生命，焕发出新的光辉。

　　第二首，写山之大，写出山的峥嵘。

　　写山重峦叠嶂，连绵起伏，千山万壑，争趋竞走的景象。"到""翻""卷"以及"奔腾急""战犹酣"等词语，酣畅淋漓地写出山的动态，既雄放，又生动。

　　第三首，写山之坚，写出山的峻峭。

　　把山峰比作刀剑，它直立于宇宙，逼指青天，又支撑住青天。有这样几层意思，一是山势高耸，上入云霄；二是高耸的山峰，势如刀剑；三是剑锋锋利，刺破青天；四是青天刺破了，锋刃无损。

西江月·井冈山

　　山下旌旗在望，山头鼓角相闻。敌军围困万千重，我自岿然不动。

　　早已森严壁垒，更加众志成城。黄洋界上炮声隆，报道敌军宵遁。

　　写作背景：1928年8月，湖南省委特派员杜修经命令红二十八团和二十九团下井冈山开赴湘南。赣军乘虚进攻井冈山。8月30日，四个团的敌军攻打黄洋界。当时山上只有红三十一团一营的两个连。打到下午，红军子弹所剩无几，靠石块御敌。在此关键时刻，红军扛来一门坏的迫击炮和仅有的三发炮弹。前二发都是哑炮，第三发不但响了，而且恰巧落在敌军指挥部，上山之敌慌忙撤退。红军在哨口守了一夜，第二天发现山下空无人影，原来敌军以为红军主力二十八团（只有南昌起义的正规军改编的二十八团有炮）已经回到井冈山，因此连夜撤走了。

夸张手法：这首词上阕写战斗的场面，下阕写战斗的经过。旌旗蔽空，开篇两句点明了此时战斗的激烈场面与紧张氛围。令人不禁想起了屈原在《国殇》中的诗句"旌蔽日兮敌若云，矢交坠兮士争先"。随后用"围困""万千重"两词表现出战斗的严峻局面。其中，"万千重"属于运用了夸张手法，对数字进行夸张，主要表现出了敌我双方人数上的差异，暗示这是一场前所未有的苦战。下一句的"我自岿然不动"体现出了诗人即使是面对巨大压力也依然镇静，举重若轻，这是一代伟人所必须具备的大将风范！下阕中的"炮声隆"显得战斗敦厚坚实而无血腥味，而"隆"字的发音也浑厚有力，如用"响"字就败笔了。

蝶恋花·答李淑一

我失骄杨君失柳，杨柳轻飏直上重霄九。问讯吴刚何所有，吴刚捧出桂花酒。寂寞嫦娥舒广袖，万里长空且为忠魂舞。忽报人间曾伏虎，泪飞顿作倾盆雨。

写作背景：1957年春节，李淑一写信给毛泽东，谈她读了毛诗的感想，并附了一首她在1933年听到柳直荀牺牲时写的《菩萨蛮》。李淑一词中有"征人何处觅，六载无消息"句，故此毛泽东上来就回答了烈士的去处的问题。正式发表时，词题改为"赠李淑一"，后又改为"答李淑一"。

夸张手法：在本诗中作者多次运用夸张的手法来抒写自己宽广的胸襟和远大的理想。这种理想是革命的最终胜利和新中国的成立。譬如在本诗中"直上九重霄"的语句运用夸张来书写出一种豪气冲天的气势。以这种手法描写出一种至高至远的境界和气势蓬勃的感情基调来，一并烘托出伟大的不可企及的革命理想。又譬如"泪飞顿作倾盆雨"这句的夸张，写出泪水在一瞬之间如倾盆大雨一般泻下来，表现革命人泪洒大地，来抒发革命的壮志与激情。

研究结论

毛泽东在运用夸张手法上与唐代大诗人李白有着异曲同工之妙，善于借用数字、意象等来表现事物，以至表达内心的情感。如李白的《望庐山瀑布》中，"飞流直下三千尺，疑是银河落九天"。集中描写动态的瀑布，"飞流直下""落九天"十分形象地描绘出了瀑布的雄奇、迅猛，"三千尺""银河"夸张地突出了瀑布之高，真令人觉得气势磅礴，动人心魄！极度夸张的描写使全诗更具有震撼力，引人深思。

毛泽东在诗词中利用夸张手法托物言志，直抒胸臆，表达出内心的真实想法，他的大胸襟，大气魄，无与伦比的豪情壮志，唯我独尊的个性，真的给了我们强烈的震撼。

小组分工：

王丽畅：《十六字令三首》　　郭莹：《菩萨蛮·黄鹤楼》

李丹：《西江月·井冈山》　　张天宇：《蝶恋花·答李淑一》

毛曾镜：《七律二首　送瘟神》

策略二　质疑、思考、判断，培养批判性思维

一、批判性思维的特征

专题阅读的另一个重要的思维训练目标是学生批判性思维的提升，即学生通过一定数量的专题阅读提高判断和评价是非好恶的能力。批判性思维是一种严谨而开放的、具有反思色彩的思维方式，它与怀疑精神相通，又与理性精神相融，是建立在客观分析基础之上的校正和反省。专题阅读就是要培养学生这样的思维和能力。

这样的思维和能力达成是落脚点，过程仍然是一次次阅读和讨论中的思维的训练。不能否认，不喜欢阅读的人的思想是较为贫乏的，并容易形成固化性的思维，因为认知的天地有边界；而喜欢阅读的人，会发现和现实世界存在一个平行的世界，一个辽阔无边的世界，没有现实世界那么喧嚣，但和现实世界一样丰富多彩，可以通过审视它获得对人生和社会的感悟理解。

专题性阅读正是让学生一次次自主地走进这个辽阔的天地里去，通过对书里的人生社会的观照，了悟人生和社会的真谛，让心灵在与真善美的对话里变得纯洁，追求崇高。所以说书籍是人生的良好导师，它们在默默之中已经在学生的心

田里种下真善美的花种，教会学生要恪守内心的真纯，远离丑恶和愚昧。

二、批判性思维的培养方法

好的专题阅读，等于在学生的人生观形成的重要时期，给予了他们特别的精神养料，教给了他们向善向美的思维，教给了他们拥有一双甄别是非善恶的眼睛。

我们的专题阅读教学正是学生专题阅读的有机延伸，在学生自主提高判断力的同时，与同学和教师进行有益的对话，在交流切磋中以使自己的批判性思维得到更好的提升。

批判性思维是一种指向外界的思维，更是一种指向自我的思维，是一种对外界和自我的清晰的理性的认识和判断。专题阅读的这种批判性思维指向，能让学生真正获得一次次清澈的人格的跃升。

三、"质疑、思考、判断，培养批判性思维"阅读案例

案例1

"言为心声文如其人"

——《史记》专题阅读

李良益

专题立意

《史记》是一部史学经典，鲁迅称之为"史家之绝唱，无韵之离骚"。高中生应该对这部经典著作有全面深入的了解和把握，但以往对《史记》的学习是文选学习，只是从文言文的角度，选取《史记》中的单篇独章进行学习，让学生背那些文学常识，默《史记》的体例知识。这样的散篇文选学习，学生无法真正走近这部经典著作，无法品味《史记》的整体、深层的意蕴。

因此，根据语文选修一"《史记》与《汉书》"单元，我们设计本专题，"以

点带面，任务驱动，整合多种文类"，专题以教材中《廉颇蔺相如列传》和《信陵群窃符救赵》为点，补充资料以《报任安书》为重点，同时增加班固的《司马迁传》和一组人物列传，让学生在阅读量的基础上，对《史记》人物列传有较全面的了解。专题选文强调完整性，让学生更全面地理解人物，理解作者。整个专题阅读注重课内外结合、传记与书信结合，用一组学习任务驱动学生阅读，弥补了以往《史记》学习的不足。

整个专题教学以文学作品教学为主，兼以必要精当的文言教学，坚持读写结合，坚持自主探究，坚持以文解文。

内容确定

因此，设计本专题，欲以弥补以往学生对《史记》学习的不足。专题文本以鲁教版《史记选读》选取的篇目为基础，增加一些选文的内容，强调选文的完整性，如伍员、李广、项羽、韩信等人，就取《史记》中的全文，同时增加了《报任安书》和班固的《司马迁传》，让学生更全面地理解人物，理解作者。

专题学习内容包括课堂学习内容和课外自学内容两个部分。课堂学习内容有如下12篇：《廉颇与蔺相如》《晁错》《赵氏孤儿》《信陵君窃符救赵》《甘罗》《孙膑》《项羽》《荆轲》《伍员》《李广》《司马迁传》《报任安书》。课外自学内容有如下10篇：《郅都》《张骞》《管鲍之交》《鲁仲连》《范蠡》《毛遂自荐》《张良》《韩信》《田单》《淳于髡》。

这些篇目的选择，充分体现了《史记》的文学成就。作为文学作品，《史记》有着以往历史散文无法比肩的写人艺术成就，它扩大了写人范围，塑造了一大批称得上典型形象的人物。一部《史记》记录了四千多个人物，其中给人印象深刻的就包括专题所选的人物，这些都是个性鲜明的人物，代表了当时社会上的某一类人，反映了一种社会现象。这些人物在司马迁的笔下，让我们感受到了完整鲜明的形象，具有充沛的艺术感染力。司马迁把人物放在矛盾冲突集中、尖锐的场面之中，通过典型的细节和心理描写来刻画人物，使得这些历史人物生动感人，栩栩如生，跃然纸上。通过阅读学习这些人物传记，学生不仅能了解历史，了解当时社会，还能获得写作上的启迪，特别是人物描写方面的启示。

司马迁为什么写这些人物，这样饱含感情塑造这些人物？这需要仔细去研究作者本人的生平经历和审美特质，因此专题学习中选择了《司马迁传》及作者本人的《报任安书》两篇长文。

专题设计

本专题教学计划用时一个月，其中课堂学习时间共四周二十二个课时。集中阅读《史记》一定数量人物列传，进而研究分析司马迁在《史记》中为人立传的标准和用意。我们把《报任安书》和《司马迁传》列为学习内容，使得学生能在一个专题里研究作者生平经历与作品内容之间的内在关系，这为学生自主探究、用以文解文的方法阅读《史记》、走近司马迁创设了必要的学习情境，明确了清楚的学习目的。

为了达成这个设计意图，整个专题的教学采用了三个结合：读写结合、课内外结合、阅读写作与表演实践结合。

本专题把《史记》人物传记当作文学作品来处理，按一定的标准把专题内容分成五个单元，以读写编演结合的方式，引导学生去读故事、读人物，去对话，与传记人物、与作者对话，突破超越以往文言教学的模式，让学生获得更多的思维和审美素养的滋养与积累。

1. 教学目标

（1）读《史记》，掌握《史记》文学常识；利用工具书疏通文意，提升文言文阅读能力。

（2）读《史记》，赏析刻画人物方法，感悟人物人格品质，欣赏作品中的人文精神。

（3）读《报任安书》《司马迁传》，研究《史记》选材行文，理解司马迁人格与精神。

2. 教学内容

共22篇文本，20篇人物传记及《报任安书》、班固的《司马迁传》。

课内学习14篇：廉颇与蔺相如、晁错、赵氏孤儿、信陵君窃符救赵、甘罗、淳于髡、孙膑、井陉之战、垓下之战、荆轲、伍员、李广、司马迁传、报任安书

课外自学8篇：郅都、张骞、管鲍之交、鲁仲连、范蠡、毛遂、张良、田单

3. 教学时间

四周22课时，加课外阅读。

4. 教学过程（简案）

（1）学习第一单元

①学习《廉蔺》《晁错》《郅都》《张骞》

写作"当国家利益摆在面前"。

②学习《司马迁传》，重点研讨《报任安书》

写作"再看司马迁"。

（2）学习第二单元

①学习《赵氏孤儿》《信陵君》《管鲍之交》《鲁仲连》

写作"什么是义"。

②以《信陵君》为例，谈《史记》人物刻画艺术

（3）学习第三单元

①学习《甘罗》《淳于髡》《范蠡》《毛遂》

写作"面对现实，成就人生"。

②学习剧本《甘罗十二出使》

写作：就《史记》某一情节编写剧本

（4）学习四第单元

①学习《垓下之战》《荆轲》《伍员》《李广》

写作"共同的悲剧命运"。

②各小组演出改编《史记》的片段情景剧

（5）学习第五单元

①学习《孙膑》《井陉之战》《张良》《田单》

写作"战争智慧：运用谋略"。

②再读《司马迁传》，谈谈你对"《史记》本质上是司马迁情感释放"这一说法的理解

（6）专题总结现场课

整个专题教学以文学作品教学为主，兼以必要精当的文言教学，坚持读写结合，坚持自主探究，坚持以文解文。想让学生在学习过程中掌握《史记》文学常识，理解司马迁人格与精神，感悟史传人物精神品格。同时从语言的角度引导学生学习司马迁在写《史记》时塑造人物方法，进而引导学生通过研究探讨，理解《史记》选材行文特点，在一定数量的阅读基础上，理解司马迁写《史记》的内在精神动力，写《史记》是司马迁内心情感的释放。

专题实施

第一单元学习《廉蔺》《晁错》《郅都》《张骞》，以"当国家利益摆在面前"为题写读后感。学习《司马迁传》，重点研讨《报任安书》，以"再看司马迁"为题写作。第一个写作题目，旨在引导学生确定一个角度，去评价四篇传记中的历史人物，第二个写作题目，想引导学生真正走近司马迁，去了解一个有温度、有喜怒哀乐的真实的司马迁，而不是以前背的文学常识里的司马迁。

第二单元学习《赵氏孤儿》《信陵君》《管鲍之交》《鲁仲连》，写作任务有两

个，一个是以"什么是义"为题，让学生对"义"这个极具中华传统文化内涵的词，谈谈自己的理解。同时布置另一个写作题目，以《信陵君》为例，谈《史记》人物刻画艺术，通过思考，学生能发现，在《信陵君》一文中，作者几乎调动了所有刻画人物的艺术手段，把一个信陵君鲜活丰满地呈现在后世读者面前。

第三单元学习《甘罗》《淳于髡》《范蠡》《毛遂自荐》，以"成就人生"为题写读后感。同时安排学生阅读剧本《甘罗十二出使》，介绍文学作品改编成剧本的一般方法，安排学生分小组，就所学《史记》文章的某一情节编写剧本。剧本改好后，交流讨论修改定稿，各个小组分配角色排演，用表演的形式来呈现学习《史记》的收获。

第四单元学习《项羽》《荆轲》《伍员之死》《飞将军李广》，以"我是这么理解悲剧的"为题写作。

第五单元学习《孙膑》《韩信》《张良》《田单》四篇传记。这个单元学习没有单独的写作任务，取而代之的是让再读《司马迁传》，谈谈你对"《史记》本质上是司马迁情感释放"这一说法的理解。这个任务是一个总结性梳理，学生在前五个单元写作的基础上，仔细研读了《司马迁传》后，以作者的身世背景为纲，去理解作者为这样人物树碑立传的用意。

五个单元的内容学习，都是采取课内外结合的方式。课堂上，或是梳理每单元的前两篇传记，或是交流学生的写作，重点解决学生在阅读学习《史记》过程中的难点、疑点。课外的时间学生阅读学习后两篇传记，把自己的阅读感悟和收获形成文字。课外，还有一个学习任务是，老师把这个单元重点的文言知识点设计成学案，由学生自主完成，完成文言教学任务。

专题学习总结课

在这节课上，引导学生再读《报任安书》，总结《史记》专题所学，理解专题教学的主题：主观感情左右着司马迁选择人物入传，通过分析总结，得出《史记》与《报任安书》之间"言为心声，文如其人"的认识。

课堂实录

片段1

崔佳玉：我想谈一谈对伍子胥的认识，我对他的印象是最深刻的。我觉得伍子胥性格刚烈，司马迁说他是烈丈夫。在和哥哥伍尚讨论要不要去救他的父亲的时候说："往而令仇不得报耳。然恨父召以求生而不往，不如奔他国，借力以雪父之耻，俱灭，无为也。"出逃的时候，解剑送给渡他过河的渔父。得以报仇的时候，对楚平王掘其尸鞭其三百。从中可以看出他是一个有仇必报，有恩也必报的人。他复仇过程中也狼狈到"道乞食"的地步，但他忍辱负重，终报大仇，所以太史公评价他是弃小义，雪大耻。我觉得司马迁对伍子胥是持非常肯定的态度的。

老师：司马迁为什么对伍子胥这么高的评价呢？

崔佳玉：隐忍就功名，司马迁觉得伍子胥如果"从奢惧死，何异蝼蚁"。《报任安书》里面也有这样的话，"伏法受株，若九牛亡一毛，于蝼蚁何异"，所以隐忍苟活，就是为了恨"私心有所不尽，然后鄙陋没世而文采不表于后也"。从中可以发现，在写伍子胥这个人的时候，司马迁是表达自己对人生和生命价值的认识的。在是隐忍苟活、尽私心写《史记》还是自尊地死这个问题上，最后他选择的是为了完成自己的使命，置自己的尊严于不顾，把一些小义小节放在了一边。

老师：就是说司马迁和伍子胥之间是有相似之处吧？你总结一下好吗？

崔佳玉：都是忍辱负重，都是由弃小义开始。

老师：司马迁评价伍员，说他是弃小义雪大耻，对司马迁，要用相同的句式来评价他，你会怎么说？

崔佳玉：弃小节，成大事。

片断2

杨冬锴：我想说的是信陵君。我是看到《报任安书》里这么一段，李陵失败了，其他大臣"今举事一不当，而全躯保妻子之臣随而媒蘖其短"，司马迁看不惯这些人，同时也为宽慰皇帝，他替李陵说话，结果却下了监狱。之后"家贫，财赂不足以自赎，交游莫救，左右亲近不为一言。"他说："身非木石，独与法吏为伍，深幽囹圄之中，谁可告诉者。"自己因为救人而被困在监狱里，没有一个人能抢救他。此时，他应该特别想有信陵君那样的人挺身而出救他，可现实当中没有，所以他把这样一种希望写入了《史记》，寄托在信陵君身上了。

老师：信陵君有什么特点说一下？

杨冬锴：信陵君他特别的仁义，能礼贤下士。他能急人之困！以自己的生命去救赵国，而且他能不在意小事，而成全大义。

老师：你说他也不在意小节，成就大义，哪个地方可以体现？

杨冬锴：他为了救赵国的危难，不惜让如姬去偷盗，这种不是太光彩的行为。而且杀了他们国家的大将晋鄙，这是他不愿意做的事，他也做了。

老师：你说得非常好，考虑到司马迁自身的处境，我们就理解他以浓墨重彩来写信陵君他的用意所在。司马迁身陷囹圄，在监狱里他的日常状况怎样？

杨冬锴："今交手足，受木索，暴肌肤，受榜箠，幽于圜墙之中，当此之时，见狱吏则头枪地，视徒隶则心惕息。"

老师：监牢里的折磨使犯人形成一种条件反射的恐怖，而司马迁又是一个士，一个知识分子。士是有气节的，有尊严的，有人格的，"士有画地为牢势不入，削木为吏议不对"。一边是陷入监牢，摇尾乞怜，见到狱吏就在那个地方头枪地，连大气都不敢出，心里怕得乱跳，一边是自己作为士大夫不愿受辱气节尊严。这个时候我们在想，司马迁心里特别想有一个人，像信陵君一样的，能够不顾及自己的小义小节，不顾自己的私心去拯救自己。

片段3

黄述遥：我想说一下项羽。项羽是刘邦背弃约定，用计把项羽逼到垓下乌江边上的。而项羽这个人，他著有诗曰"力拔山兮气盖世，时不利兮骓不逝"。项羽这么一个力可拔山，气可盖世的大英雄，他在乌江边上面临绝境，他还跟将士们说，如今愿为诸君快战。可见他的骨子里面没有屈从的血液，非常有英雄气概，到最后关头还要拼一次、痛痛快快地杀一场给你看看，就是死也要死得壮烈，死得悲壮。

老师：你觉得这和司马迁有什么关系？

黄述遥：项羽最后快战而死，是司马迁特别向往的。牢狱的痛苦，受腐刑后的屈辱生活，使他特别想痛痛快快地了结自己的生命，用死来捍卫尊严，不受别人的羞辱。

老师：说得好。选择死是人维护尊严的最后的自由，项羽死得悲壮。司马迁把项羽塑造成悲剧英雄。你觉得什么原因导致了项羽的悲剧命运？

黄述遥：我觉得是他的性格原因。

老师：性格可能产生悲剧，你能给大家分析一下吗？

黄述遥：刘邦已经把他逼到了乌江边上，原本可以有船让他一个人跑的，但他觉得无颜面对江东父老，他带了这么多人出来打仗，最后只有他一个人回去。他不愿回去接受别人的同情与帮助，哪怕是人们心里的可怜他都不愿意忍受。项羽是一个英雄，根本不能隐忍。

老师：司马迁认为他是一个有骨气有傲气的人，有历史贡献的人，因此把他放入本纪里，与历代帝王地位等同。司马迁这样做还有什么更深的意味呢？

黄述遥：我觉得司马迁是故意的。他自己也是一个悲剧英雄，他站出来为李陵说话时，他的初衷"以广主上之意"，想宽慰皇上，替皇上分忧。《报任安书》里说他想"效款款之愚，尽拳拳之忠"，结果却是这样一个结局。这个结局在他看来打击尤其的大。从良好的愿望和悲惨的结局来看，他的命运更是悲剧的。

老师：说得非常好，性格会导致命运的悲剧，如项羽。社会更会导致悲剧，如司马迁自己。良好的初衷，事与愿违的结果，甚至是悲剧的结果，这样的命运在《史记》中很多人物身上一再上演。

学生作品示例

文章

谈司马迁如何塑造人物

——以《信陵君窃符救赵》为例

崔佳玉

《史记》中的诸多人物身份地位不尽相同，但都有着鲜明的个人特色。读完一篇篇传记，你仿佛就亲眼见过了一位历史人物的风采。这不仅仅是源于人物本身的性格、行事方式，更源于司马迁以"不虚美，不隐恶"为原则选择适当材料、采用适当方法对这些历史人物的塑造。

《信陵君窃符救赵》一文中，信陵君最突出的特点就是"仁而下士，谦而礼交"以及"急人之困、见义勇为"。在描绘其形象时，司马迁做到了重要的三点。

其一是情节曲折。公子"欲以客往赴秦军"，与侯生"辞决而行"，侯生未送一言半辞，而在行数里后"心不快"，于是复引车还。后面才有了侯生道出"知公子之还也"和"窃符救赵"之计。这计策并非直接得到，而是经了一番曲折，情节发展好像是在一拥而下势不可当之时来了个急转弯。这样的处理凸显了信陵君的仁而下士，也表现出侯生的智慧。但情节曲折并非是无厘头而又刻意的，事实上这样急转弯拐的顺理成章。去时"约车百余乘"不方便说，而后来能"屏人间语"，加上侯生对信陵君的了解和信陵君仁而下士的性格特点，使情节虽曲折却不离奇。

其二是动作、神态等方面逼真的细节。"见其客朱亥，睥睨""故久立与其客语，微察公子，公子颜色愈和"一个"睥睨"，一个"微察"，把侯生对公子的暗自考察描绘得无比生动。既表现出"以公子为长者，能下士也"，同时也让我们将窥察到侯生也是个不简单的人。

其三是精练到位的对比烘托。这篇文章中还出现另一位与信陵君同样以"仁而下士"留名的平原君。虽然鲜有正面出场，但他在其中却起到了衬托信陵君"急人之困"的性格特点和讲求"仁"的带兵之道。相比于信陵君窃符救赵的义举，挽救不了自己国家的平原君的确是"不敢自比于人"。两"君"相比较，都是仁者、长者，而谁更胜一筹亦见了分晓。

《信陵君》一文，材料典型，详略安排得当，情节前后照应。由此可以看出，司马迁不仅是优秀的史学家，还是杰出的文学家。

片段1:

在国家利益面前，蔺相如会先国家之急而后私仇也，凡事以国家为重，尽显大度与智慧；在国家利益面前，廉颇会为自己的错误而负荆请罪，知错能改，勇于承担；在国家利益面前，晁错会宁愿自己被冤死而不让天子不尊，宗庙不安，大义凛然；在国家利益面前，郅都会自称"已倍亲而仕，身固当奉职死节官下，终不顾妻子"。全心全意为国家效命。（张争妍）

片段2

公孙杵臼以死救孤，是义，功成名就后，程婴信诺慷慨赴死，更是义；为救赵却秦，信陵君窃兵符、杀晋鄙是义，为报知遇之恩，侯嬴北向自刭更是义；鲍叔牙济友荐友，甘为人下是义，鲁仲连纵横捭阖不帝秦不受禄更是义。（罗明浩）

教学反思

（一）教学内容集中，加深学生理解认知

教学时间和教学内容集中，最主要作用是营造一个良好的学习情境，便于组织教学，使语文教学可以"抓准一点，重锤敲击"（钱梦龙语）。这就避免了之前单篇教学里内容单薄、认知肤浅的不足。

专题教学在一段时间里让学生集中精力解决一个问题，这样教学组织让学生对《史记》及司马迁的认知和思考处在连续的状态中，持续的学习深化了理解，强化了获得。学生通过阅读、思考、探究，发现司马迁写《史记》有明显的感情倾向性，《史记》是司马迁心灵的折射与情感生命的灌注，"发愤著书""成一家之言"在本质上是司马迁的情感释放，主观感情左右着司马迁选择人物入传的标准。二者之间的关联有以下四个方面。

第一，含垢忍辱的惨淡心境和发愤著书的追求行动决定了司马迁把选择焦距更多地对准历史上的忍辱发愤者，如管仲、伍员、孙膑、韩信等，通过写这些人物，把司马迁忍辱负重的意志力量和顽强坚韧的追求精神多层次地揭示出来，既表白了自己蒙耻不死的难言心迹，又肯定了自己忍辱著书的发愤追求。

第二，自尊的人格和崇高的道德使得司马迁把选择的天平更多地倾向了历史中的崇仁厉义者，如鲍叔、晏婴、信陵君，侯嬴、朱亥、程婴、公孙杵臼、蔺相如、鲁仲连等，通过这些人物，多侧面地表现了司马迁正直高尚的道德情操和独立坚定的人格精神。

第三，卓绝的才气和建功的希望还使得司马迁把选择的重点落向了才大功著者，如田单、韩信这样的大军事家；管仲这样的大政治家；张骞这样的大外交家；陶朱这样的大商人；通过这些人物，既表露自己尚贤爱能的宽阔胸襟，又洋溢着自己逞才建功的热切愿望。

第四，悲剧的经历及其所产生的悲剧心境的深刻复杂的感受，还使得司马迁在选择中格外注目于历史上的悲剧人物，如伍子胥、韩信、李广、晁错等。这些人物为《史记》蒙上了一层悲剧的氛围，传达出司马迁对悲剧命运和悲剧心境的深刻复杂的感受，其中浸透了他对自己的不幸的沉重哀叹，饱蘸他对人间所有被迫害者的深刻同情，更燃烧着他对给别人带来巨大灾难的迫害者的满腔怒火。

（二）教学手段多样，激发学生学习兴趣

专题内容虽然相对集中了，教学历时相对长，要持续吸引学生的兴趣和注意力，教学手段的多样尤为重要。再加上语文学科知识本身就比较庞杂，好的语文专题学习资源必然是课内外资源的有效结合，如各类图书资料、报刊、电影电视、广播、网络。采用多样化、综合化的教学手段，从而真正实现学生专题学习的个性化。

《史记》专题的资源丰富，各类齐全，"赵氏孤儿""霸王别姬""完璧归赵"等历史故事，在众多门类的艺术作品中都有，引导学生比较研究不同的艺术表现同一内容，学生兴致非常高。学习中，读、看、写、改、编、演等各种教学手段的采用，使得教学过程生动有趣，精彩迭出。读写结合的随笔写作质量很高。看影视作品，对于学生理解文字作品有很大帮助。

（三）专题教学设计，对教师要求更高

专题教学因主题内容的集中，语文课极容易上成语文之外的专业课。因此专题教学中，教师既要让教学过程具有一个相对的"核心"，能形成语文学习的"场效应"，又要避免"非语文化"的现象出现，使语文的学科特色弱化甚至丧失。

小组合作探究要避免成为个别人或少数人的语文学习，要使全部同学都积极参与到专题学习的整个过程中，给学生适当分层次施以不同的任务和评价，以保证专题教学中人人都有适合的事做，都有相同的成就感，这对我们语文教师而言还是个难题。

另外，语文面广量大，专题集中后又有知识纵深化的更高要求，讲授每个专题前，教师要对内容占有和学习过程形式有全面的掌握和把控。

策略三　求变、求新，培养创新性思维

一、创新性思维的特征

创新性思维是时代真正需要的思维品格，我们在专题阅读中要将这一方面的思维训练作为核心指向。通过有一定数量的专题阅读，教师要引导学生对专题作品有自己独特的思考和评价，对与此相关的文献有自己认同与否的判断，甚至可以对所阅作品的价值提出质疑。

创新性思维与批判性思维关系紧密，学生必须先能自我评判自己的肯定或否定成不成立，合不合逻辑，价值取向上有无问题，然后才能有科学的创新思维的跃动。创新造性思维是一种有创见的思维，它是在创造性活动中，应用新的方案和程序，创造新的思维产品的思维活动。创新性思维是在一般思维的基础上发展起来的多种思维的综合，多有直觉思维出现，具有发散思维和集中思维相统一的特征，想象参与其中，灵感参与其中。专题阅读强调学生过程中的求变、求新，力求以此培养学生的创新性思维。

二、创新性思维的培养方法

首先要明确的是教师在引领学生制订进行专题阅读计划时，就要将高质量的创新性的作品列为阅读对象。优秀文学作品的特点之一就是创新，写出自己的文学个性。学生在阅读过程中，教师可以有意识地调动学生思考所读作品与同类作品相比，有哪些方面的创新性贡献。

《边城》写得温婉感人，与同时期大量写苦情的乡村题材小说相比，沈从文创设了一个动荡年代的温情世界。学生对《边城》的新异性的发现，一定是建立在学生对20世纪三四十年代乡土小说的专题阅读之上的。这样专题阅读的过程就是创新性思维感受和形成的过程。而《史记》的专题阅读，学生则可以从当代社会的角度来评价司马迁笔下的风云人物，甚至可以据此写出创新性的穿越短剧来，以此训练学生的思维。

创新性思维和个性有关，但如果我们在教学中能经常给予学生这样的发现和体验，对学生思维习惯的改变和思维品格的提高，会形成强大的助推力。

三、"求变、求新，培养创新性思维"阅读案例

案例1

《边城》与《竹林的故事》阅读比较

宋航蔚

专题立意

高中语文名著阅读《边城》，是沈从文先生最负盛名的代表作，被誉为"文学史上最纯净的一个小说文本"，小溪、白塔、墨竹、渡口、独户的人家……故事在静美中拉开序幕。二十一个章节，好似一幅幅或浓或淡的水墨画，描绘湘西边城淳朴的世道民风和天然的日常生活，抒写青年男女的情爱、祖孙之间的亲爱、邻里人家的互爱，表现一种"优美、健康、自然而又不悖乎人性的人生形式"（以上文字引自百度百科）。而高中课程标准中，明确提到，要培养学生语言建构与运用，思维发展与提升、审美鉴赏与创造文化传承与理解四方面的核心素养。而语言的建构与运用，不光要从教材中学习，更可以跟随作家学习，通过他作品的品评与鉴赏，提高自己对语言的感觉与运用的能力。当然，好的文学作品所带来的收获是多元的，人物形象的解读、主题思想的探究、时代背景的了解、语言风格的赏鉴，都能提高学生的综合素养，而且一本好书带给人的心灵启迪与文化营养是持久的。所以引领学生读好《边城》，达到能自我赏鉴是我设计阅读的主要目的。

《竹林的故事》入选在北京版必修四的教材里，这是一篇比较冷门的作品，被称为诗化小说。作家废名以古典诗词的基本功，营造了一个充满诗情画意的竹林田园，写出一部富有田园牧歌式的乡土生活作品。作者受古典文学影响较深，文

章中有很明显的意境与诗意。细细品读，无论是语言的跳跃与凝练，还是意境的美好与诗意，都会提升学生审美能力及语言赏鉴能力。且与《边城》在写作风格上，主题设置上、年代背景上，还有主要人物上都有一些重叠的影子。如果两相比较，可以达到两部作品的深入品读，况且比较的手段是拓深拓宽学生阅读区间的有效手段。

基于以上原因，促使我在带领学生读完《边城》后，开展了一节《竹林的故事》与《边城》的比较阅读课。

内容确定

《边城》比较短小，全篇就二十一章，沈先生的这部作品贵在语言的诗意与人情的美好之中，如何让学生更好地体会文字之中的细腻与诗意，不能只依靠简单地看，而可以采取更直观地感受来加深学生对于作品的印象。在带领学生阅读的过程中，我们首先采取了读与品相结合的方法，于是我在设计上采取了"朗读漂流瓶"的做法，这个灵感来自当时央视正在热播的《朗读者》。所不同的是《朗读》是单人单篇式地朗诵，而我则多人接龙式地朗读。每个孩子认领其中的一章的一半，在自己朗读之前，必须做到查阅字典解决作品中生僻字读音和一些知识，作为上课单独介绍。其次，必须要反复阅读这一个章回中的内容，写出自己的心得体会，做批注，大胆写下自己的看法和思考，对于好句段要有独立的赏析。第二天轮到自己朗读时，需要站上讲台，带领所有同学翻到指定位置，高声动情地朗读，有需要单独讲解的地方，读完后统一给大家讲清楚。最后，每人再有一段读后分享，谈自己读这部分的感想与体会。

我们班一共有40个孩子，通过接龙，每人完成了相当于一章的阅读，孩子们不仅自己读得认真，也带动着其他同学认真听读。在分享与交流中加深了对于作品的理解与鉴赏，也为最后一堂总结分析课奠定了基础。

除了分段进行的"朗读漂流瓶"活动，我还要求每个学生在读完《边城》后，以"心"字为主话题，通过自己填词组合成自己读《边城》的一个角度，写出读后感。"心动""心酸""心碎"等，学生通过不同的组词，写出丰富多彩的读后感，甚至还有的同学做成了精美的手抄报，来纪念自己的阅读感受。

总之，《边城》这部作品是一部文质兼美的作品，值得学生反复阅读品味。当然，也通过这样的阅读过程，全面提升了学生的阅读与审美鉴赏能力，对于人物情节的分析把握能力以及独立思考与评价的能力。这是让我最欣慰的事情。

而《竹林的故事》由于是单篇的缘故，就采取了自读点评的方式，写出自己的阅读思考，留待交流讨论。

专题实施

课题	清新隽永 诗情画意 ——废名《竹林的故事》与沈从文《边城》比较阅读鉴赏
教学目标	通过分析讨论，品味鉴赏作品的语言，领会小说富有诗情画意的语言特点，感受以三姑娘、翠翠为代表的乡村少女的美好形象。
教学重难点	品味清新雅致、含蓄隽永的语言特点。重点领会两名作家共性的特点及个性的风格体现。
教学资源	教材、课件、学生批注、课堂生成资源

教学过程与方法		
教师活动	学生活动	教学辅助手段
教师导入 表扬在读书漂流活动里认真参与研读的学习活动； 表扬学生所写的读后感所体现出个人思考。	前期活动：1. 以读书漂流朗读的方式，全班学生轮流朗读，将《边城》读完，达到了将无声变成有声，将个人阅读变成了共享阅读的效果，受到学生的欢迎，且达到了预期效果。 2. 读后感的创作：在整体读完后，每个孩子以"心"字为中心话题词，任意搭配，如"心动的边城"写出自己对作品的感受； 3. 自读《竹林的故事》，把三姑娘与《边城》里的翠翠做个比较。	PPT出示 解释一部文学作品不仅要靠作品本身，还要靠它周围其他作品，所有先于它和后于它的作品。 ——布吕纳蒂耶《大百科全书》
引导学生探讨景物描写的语言特点。	1. 以小说中的语言描写为例，谈谈自己的感受。 2. 通过比较，讨论、品味语言特点。 景物描写中重点提了"白塔"的意义，这是学生前期阅读中产生的问题之一，引导学生体会到景与人的关系。	投影展示 板书：语言风格： 废名：凝练、跳跃、想象； 沈从文：清新、细腻、意境 补充：唐人绝句《王昌龄左迁龙标遥有此寄》为例（要求背诵的篇目，达到一箭双雕的目的）
引导学生品味人物描写的语言特点。	3. 自主品味主要人物的特点，体会出废名写人与沈从文写人的共性的特点与不一样的地方。	重点讲解：翠翠的外貌描写的赏析方法

教师活动	学生活动	教学辅助手段
教师提问，将问题引向深入。感受翠翠性格形成的深层原因。	为什么同为山村水乡的女孩，三姑娘与翠翠的性格不尽相同，有的学生认为三姑娘比较独立，甚至与母亲有隔阂，而翠翠则显得依赖爷爷，遇到事与人的第一反应就是躲闪？	学生能发现同为丧亲之苦的两个少女的不同，并自主探讨了其中的原因。
如何看待小说的结尾，特别是《边城》的结局？	你刚开始读这本书时，你被什么所吸引？你希望故事按什么思路发展下去？	学生发言，大胆谈了自己的看法。
	学生指向爱情，希望两人在一起，这时追问：为什么作者不肯？	有意引导学生上升到中国乡土文学这个层面，但课时有限，只能点到为止了。
拓深：1924 年的我的故乡。 布置作业：读《呐喊》中《故乡》，比较不同作家笔下的故乡特点。	投影鲁迅《故乡》的选段。 作业： 推荐学生进行课下再比较： 杨二嫂的形象研讨； 故乡中的女人们——以读过的文学作品人物为例，进行品评。	

板书：

《竹林的故事》与沈从文《边城》比较阅读

一、语言风格
诗化的语言
二、人物形象

重点突破

课堂实录

片段1 赏析语言

师：我先问大家第一个问题，请用词语来回答。你觉得《竹林的故事》和《边城》有什么共同的特点，给人有何共同的感受？

生：（纷纷）清新、自然、安静、祥和……（老师根据学生的回答逐一板书，并加肯定）

师：同学们说得都很好，可以说两位作家呈现了一种自然清新，安静祥和的田园牧歌式的乡土生活。那我再加大点难度，你们能说说废名的《竹林的故事》和沈从文《边城》的语言风格有什么不同吗？

师：（投影）出城一条河，过河西走，坝脚下有一簇竹林，竹林里露出一重茅屋，茅屋两边都是菜园。

请大家比较两段文字：

①出城（有）一条河，过河（向）西走，（在）坝脚下有一簇竹林，（从）竹林里露出一重茅屋，茅屋两边都是菜园。

②出城一条（清澈的）河，过河西走，坝脚下有一簇（青翠的）竹林，竹林里露出一重（简陋的）茅屋，茅屋两边都是（青绿的）菜园。

生：变俗了！

师：为什么呢？

生：画蛇添足，破坏了作者语言中的感觉。

师：非常好！大家的感觉是敏锐的。有时候，并不是把话说满了就是好，反倒是简练跳跃，给人留有想象的空间。这种写法，什么文学体裁最吻合？

生：诗歌。

师：（投影）凝练　富有诗意：青山绿水，简朴雅致

我很想告诉大家，废名深受古典文化文学影响。（投影废名自己的话："分明是受了中国诗词的影响，写小说如同唐人写绝句，不肯浪费语言。"——废名）他在写文章的时候，追求意味。所以他有的时候反倒不写满，多了些留白。简练和跳跃是废名的特点，简笔勾勒，青山绿水的韵味出来，当有了这片美好的竹林以后，你看他引出的人物是（投影）"它们的主人是一个很和气的汉子。大家都叫老王"，所以咱们可以看出自然和人之间相得益彰，一方山水养一方人，一个美好和谐的一个意境。

师：插入一个知识复习：什么是绝句？你们能背诵一首吗？

（生跃跃欲试，有人背出声来。）老师挑一个同学，背了杜甫的《绝句》："两个黄鹂鸣翠柳，一行白鹭上青天。窗含西岭千秋雪，门泊东吴万里船。"老师表扬。复习何谓绝句。再投影《闻王昌龄左迁龙标遥有此寄》，全班齐读。

老师投影译文，让同学比较，再投影诗歌鉴赏文字，再比较。

通过这个环节，让学生充分感受到什么叫作"如同唐人写绝句，不肯浪费语言"。唐诗胜于意，意在笔中。绝句特点：短小，含蓄，简练而蕴含丰富，竹林的故事就是这样一篇诗化的小说。

师：那接下来我们来说沈从文。沈从文也写景，（投影一段文字："若溯流而上，则三丈五丈的深潭皆清澈见底。深潭为白日所映照，河底小小白石子，有花纹的玛瑙石子，全看得明明白白。水中游鱼来去，全如浮在空气里。两岸多高

山，山中多可以造纸的细竹，常年作深翠颜色，逼人眼目。"）大家朗读后，谈谈感受吧。

生：有远有近，有动有静，角度丰富，像一幅画似的。

生：《边城》中有好多描写景物的文字。我发现他写的水就比废名的要细腻得多，仔细观察一下，沈从文在营造的是一种意境，美得又清新又细腻，如果说废名是擅长跳跃简练，那沈从文先生就善于造景，感觉文中有很多意象是他刻意营造的，比如白塔就是一处让人觉得富有意味的景象。

师：说得真好，大家觉得那个白塔是怎么回事？爷爷死的时候白塔就倒了，你们觉得白塔意味着什么？

（生活跃起来，纷纷举手发表看法）

生：白塔是当地人文化与精神的象征。他们纯真美好，善良仁义，但在时代的冲击下，始终难以幸免。所以沈从文在这里将白塔的洁白及宁静象征这片山水的宁静与美好。但很不幸，它在现实中势必遭遇冲击和影响。所以它倒塌了。

生：我觉得白塔就是爷爷的象征，是爷爷对翠翠的守护。爷爷一死，翠翠的依赖就没了，所以白塔就倒塌了。

生：我看白塔在这个文章中出现了很多次，就觉得它象征着古老的民风民俗。白塔的倒塌应该是在现实的冲击之下，受到了一定的破坏，但最后小说结尾又重修了白塔。也就是沈从文希望它还在，还有我也觉得，这白塔其实也是翠翠的一种精神。一方面它代表祖父，祖父就像这个白塔一样，另一方面，我们也说白塔是当地的共有的，是大家精神寄托，最后你发现白塔是大家一块付钱，集资重建起来的，所以它似乎代表了一种古老的民族文化。

师：说得真好，以物化境是中国古典诗词作品中讲究的元素，显然两位作家采取了不同的方式来诠释这种诗意之美。沈从文的语言恬淡自然，明净灵动，充满诗情画意；而废名的语言则要凝练跳跃一些，但两个人都写出了乡土意境，值得大家深入品评。

片段2　比较人物

师：接下来我们比较一下两部小说中的一个主要人物：（板书：人物品评：三姑娘、翠翠）年龄相仿、身份相当、一个和母亲相依为命，一个和祖父共同生活。那么，除了以上老师所说的相似点，你们还能说出哪些共性呢？

生：相貌上都很美。

师：能具体一些吗？或者说是什么样的一种美？

生：都很黑。（笑）

师：对，作者在写两个小姑娘的美上似乎刻意地强调了她们的肤色，都很黑，为什么要强调这个呢？

生：是为了突出生长在自然怀抱里的纯天然的美丽。

师：太棒了，这是一种不加雕饰的美丽，风吹日晒下呈现出的天然健康的美好形象。当然，也间接反映出两个小姑娘的家境来。大家补充完整吧，两人是靠什么谋生呢？

生：三姑娘是和母亲卖菜，操持家务；而翠翠则是和祖父一起摆渡，帮祖父做饭。

（师放投影）

三姑娘：黑，瓜子模样，穿得是竹布单衣，颜色淡得同月色一般，总之三姑娘是好看罢了。淑静，不提防果然从篮子里抓起一把掷在原来称就了的堆里。

翠翠：黑，眸子清明如水晶。天真活泼，处处俨然如小兽。人又那么乖，如山头黄麂一样，从不想到残忍的事情，从不发愁，从不动气。平时在渡船上遇陌生人对她有所注意时，便把光光的眼睛瞅着那陌生人，做成随时皆可举步逃入深山的神气，但明白了面前的人无心机后，便又从从容容地在水边玩耍了。

师：（逐一引导学生细读）我们看三姑娘和翠翠都很美，但废名写三姑娘的句子特别简单，他说"瓜子模样的人"。我们现在说一个女孩长瓜子一样，你就觉得这女孩什么样的特点？清秀。他没有写五官，他就说一个"瓜子"，你会觉得很清楚了。而翠翠呢？沈从文重点写她的眼睛，清明如水晶。透露出单纯、天真、毫无心机。我们再来看，三姑娘的穿着。废名写的穿的是竹布单衣，颜色淡得同月光，这是典型的诗歌的处理方法，你去想象，什么叫淡得像月色一般，说明这个姑娘很素净，很干净。翠翠没在衣着上更多描写，但是有一整段的外貌描写，天真活泼俨如小兽，又那么乖，如山头黄麂一样，从不想到残忍的事情，从不发愁，从不动气，单纯可爱。我这样一分析，你们觉得翠翠和三姑娘相比最大的不同是什么？

生：天真而且灵秀。

生：心无城府。

生：感觉翠翠比三姑娘胆小。

师：你真有心，那你能从文本中找一个情节来证明三姑娘比翠翠更大方吗？（启发学生要有理有据）

生：三姑娘卖菜的时候有一个细节，就是"她不提防果然从篮子里抓起一把掷在原来称就了的堆里"。你看这个手，这个动词你就知道很干脆，毫不犹豫。说明三姑娘是一个爽利大方的女孩。她不像翠翠一样看见人都会躲。

师：真好，咱们读书就得这样，既要有自己的见解，也要忠实于作品中的情节。分析人物不能离开情节，那谁能说出这种性格形成的原因是什么？

生：她们一个是跟母亲过，一个自小跟祖父在一起，没有妈妈教她人情世故。

师：很好，可见，人物的遭际不一样，性格的形成与情节的设定及周围的环境密不可分。时间关系，我们把两个人物的主要遭遇及形象特点进行一个总结吧。

投影：

农村少女：灵秀、朴素、自在、清水出芙蓉，天然去雕饰		
人物	三姑娘	翠翠
命运	与母亲相依为命	与祖父相依为命
性格	懂事、乖巧、大方、娴静	天真、活泼（认识傩送之前）羞涩、内敛、执着（有心事之后）
结局	嫁人 好媳妇	苦等未知 孤独守渡

以上环节，我们通过对三姑娘与翠翠的比较，以点带面，让同学们感受到了两部作品中的人物形象塑造的美好与鲜活，不论是简笔勾勒的清秀朴素的三姑娘，还是细致描摹的天真敏感的翠翠，她们身上都集合了两位作家赋予的自然山水浸润下的农村姑娘的美好。而这些美好，是我们读这类乡土作品的灵魂。

师：《边城》的美好离不开这里的每一个人的淳朴善良。小说也用了大量的篇幅从各个角度展示了这里的人情美。但就是这样一个美好的世界，作者却并没有提供给我们一个完满的结局，以致有同学选择用"心酸"来形容她读《边城》的感受。问大家最后一个问题：你认为《边城》的结局合理吗？

生：我读的时候觉得这是一个美好的自然环境，人又善良，在这样的环境中我觉得小说肯定应该会有一个特别圆满的结局。但其实这篇小说从很多地方就种下了悲剧的种子。首先，看爷爷的死。大老水性很好，却死在水里，以致顺顺无法正常面对爷爷。而爷爷又想给孙女一个可靠的归宿，想问二佬可否？但是你想一个父亲在翠翠事情上失去了大儿子，他怎么可能又让二儿子接上，所以顺顺的心理是接受不了的。他简单粗暴地打断爷爷的话，使爷爷受到很大的打击，就在一个雷雨夜死去了。其次，翠翠和爷爷的性格是悲剧的重要因素。二老在山崖上唱歌，爷爷明明听到了，明明知道是谁，却没有告诉他的孙女。而翠翠的性格太害羞了，遇到事就躲，就不能大大方方地走到二老旁边跟他说我喜欢你。（笑）这是因为她只跟爷爷在一块长大，三姑娘是跟母亲。翠翠没有人真正教她如何理解感情的事。其实一切皆有源头，翠翠父母是自杀的，这个悲剧在爷爷心中深埋，造成他小心谨慎，他的操劳，也正因为害怕翠翠受伤害，而翠翠的性格里有很大的惊慌的成分，不太信任周围的所有人，她也不敢敞开心扉，这一切都是因为她没有父亲的陪伴，她是在爷爷的操劳下陪伴长大的。总结以上，我认为《边城》的结局，应该说是情理之中的。当然作者仍然留了一个悬念，说也许永远不回来了，也许我们来续写的话，你希望他回来。但我认为正因如此，才符合《边城》给人传达出的哀伤的感受。

师：非常感谢同学的分享，有条理，又细心，我们的阅读交流越来越有想法了。既然说到情节，从两部作品来看结局，虽然两个女孩最终的命运完全不一样。

（投影）《竹林的故事》

"从此我没有见到三姑娘。到今年，我远道回家过清明，阴雾天气，打算去郊外看烧香，走到坝上，远远望见竹林，我的记忆又好像一塘春水，被微风吹起了波皱。正在徘徊，从竹林上坝的小径，走来两个妇人，一个站住了，前面的一个且走且回应，而我即刻认定了是三姑娘！

'我的三姐，就有这样忙，端午中秋接不来，为得先人来了饭也不吃！'

那妇人的话也分明听到。

再没有别的声息：三姑娘的鞋踏着沙土。我急于要走过竹林看看，然而也暂时面对流水，让三姑娘低头过去。"

废名不动声色地冷静简练地叙述，淡淡的叙述语气更加体现了三姑娘在对命运中无奈默默承受的人生，反倒让文字充满应有的力量。而《边城》则是留下了悬念，二老闯荡到哪儿，何时回来，都是一个未知。

教学反思

如何才是带领学生真正地阅读，我觉得自己此番尝试虽然辛苦但很有意义。首先，阅读从老师这个角度而言，需要是自己精读之后的指导力的体现，即如何带领学生深入作品中去，而不是浮于形式，走个过场，上成一节作秀课。好的作品应该尊重作品原有的特色，设计适合的方法，让学生能感兴趣并愿意参与到其中，在不知不觉中提高了自己的阅读水准并达到预期效果。在这节总结交流课之前，我所做的朗读活动及读后分享是充分的、到位的，因此才会有学生在现场的准确而深入的交流与分析。其次，对比是阅读深入探究的有效手段。既然教材给我们提供了一个同类型同时期的作家作品，我们就应该加以利用，调动学生进行比较鉴赏，这样的做法，可以达到两重效果，既可以加深对沈从文作品风格的印象，又能多认识一个作家，并且在语言的鉴赏上充分地体会到何为诗化小说的语言，对于学生加工语言的培养影响是无形而巨大的。

不足之处，课堂密度太大，每个环节都只能点到为止，不能充分尽兴，因为毕竟是两部作品的比较，有太多的角度，而因为是一节总结阅读课而舍不得放弃，在取舍上做得不够，造成有的环节老师不得不多讲，不能加以放开。可能这节课分成三个主题三个单元会比较充分，不至于浅尝辄止。这也给我提了个醒，教学设计还要考虑到学生实际，无论是时间还是课堂节奏均需要更从容更专一才能更有效。

案例2

走进毛泽东诗文　走近毛泽东

刘雪梅

专题立意

"毛泽东诗文"作为高中语文新课程选修模块"文化论著研读"的一个专题，给学生提供了一个研读红色经典的窗口。本专题让学生以课文为起点，根据自己的研究选题和兴趣点，拓展研究毛泽东的诗词文章，通过具体的诗词文章，了解其人其事、其诗其文，在过程中涵咏体察、品味鉴赏。不仅学思考、学方法，也学胸怀、学气度，达到学其文、养其气的目的。同时通过延伸阅读，使学生举一反三，了解古诗词的基本规律，并掌握鉴赏古诗词的基本方法，达到学以致用的目的。

内容确定

《毛泽东诗文专题》研究，历时半年之久，一共分三个阶段，一二阶段为开放式阶段，学生通过阅读网上文章，观看影视作品了解作者的生平事迹，思想精神，初步走近人物；后一个阶段是品读诗词阶段，分为两个步骤，第一步骤是自学北京版教材有关诗词，完成高中阶段必修篇目的学习任务。学生必读篇目为：《沁园春·长沙》《念奴娇·昆仑》《七律·和柳亚子先生》《七律·人民解放军占领南京》《菩萨蛮·黄鹤楼》《七律·长征》《清平乐·六盘山》《贺新郎·别友》。这个阶段，学生在通读研习的基础上，感受毛泽东诗词在谋篇布局、遣词造句、精神品质等方面的风貌，找到自己感兴趣的研究点；第二步骤是开放式阅读研究，老师不限定篇目，只提供研究指导，学生以自己的兴趣点自由组合，深度探究，最后以撰写研究报告的方式结束专题学习。

专题设计

（一）了解毛泽东

具体操作过程及方法：

1. 通过影视作品了解毛泽东：利用暑假时间观看当时正在热播的电视连续剧《恰同学少年》，开学后上交一篇观后感。

2. 利用网络查阅毛泽东的有关材料，比如：介绍性文章、有关的小故事等。整合所读材料，通过文字形式向全班同学展示成果。

3. 与家里长辈开一个小型座谈会，将有关内容整理上交。

4. 整合以上三项活动的文字，以《我了解的毛泽东》或《我心目中的毛泽东》为题，写一篇不少于800字的作文，发表在老师的博客中，向全班同学展示第一阶段成果。

实施时间：7月—9月中旬

实施结果：学生都按时上交了作文，对毛泽东都有了一定的了解，但这个了解很主观，很片面，有些甚至是道听途说，但是这两个月的活动却激起了学生的兴趣，为第二步的研究打下了比较坚实的感情基础。

（二）学习毛泽东八首诗词

老师提供的必读篇目：

《沁园春·长沙》《念奴娇·昆仑》《七律·和柳亚子先生》《七律·人民解放军占领南京》《菩萨蛮·黄鹤楼》《七律·长征》《清平乐·六盘山》《贺新郎·别友》

具体操作过程及方法：

以小组为单位，从老师指定的八首诗词中任选一首进行学习，并派代表利用午自习时间以PPT的形式向全班解读，并解答同学的疑难。

实施时间：9月中旬—10月初

实施结果：评出了最优组，最佳讲解员。学生对毛泽东的八首作品都做到了基本的了解。

（三）找到兴趣点，进一步研究毛泽东诗词，走近毛泽东

具体操作过程及方法：

老师给出具体的研究方向和研究课题，同学们以兴趣五人一组自愿结合，进行研究。最后以书面形式上交小组研究成果，并以口述形式向全班展示并接受同学质疑。

实施时间：10月中旬—12月中旬

（四）上交研究成果并编辑成册

实施结果：两个班共上交十六篇研究报告，三易其稿后集结印刷成册。

专题实施

学生作品呈现

（一）老师提供的研究方向及切入点

1. 毛泽东诗词的精神风貌

（1）不同时代共风流——从诗词看毛泽东与苏轼的共同性格；

（2）毛泽东领袖人格历程、读三首咏物抒怀诗、毛泽东诗词的离愁别绪；

（3）王者之气、伟大的人格和伟大的诗作、长征诗词中蕴含的精神内涵和现实意义、论毛泽东诗词的雄气与霸气、毛泽东诗词的浪漫主义特色、雄气霸气与婉约纤细并举。

2. 毛泽东诗词的语言艺术

（1）从毛泽东改诗中学修辞（修辞方法略述）；

（2）毛泽东诗词的对偶艺术、比喻探微、想象与联想；

（3）声韵推敲及语词择用、超常规搭配、叠音词的作用、副词运用、"飞"字的审美蕴含；

（4）数字意韵、对数字的运用、量词功能；

（5）色彩美。

3. 毛泽东诗词的推陈出新

（1）毛泽东诗词意象的张力、解读毛泽东诗词中雪、山、梅、柳；

（2）鲲鹏意象、山的人格隐喻、雪的描绘分析；

（3）水意象之原型批评；

（4）意象分类及特点、论毛泽东诗词的雄气与霸气；

（5）用典艺术；

（6）楚辞对毛泽东诗词的影响。

（二）学生作品呈现

学生作品1：

从诗词中看湘湘文化对毛泽东的影响

一、研究方向：湖湘文化对毛泽东的影响

二、小组成员：李维庭　张梦艾　薛蕾　张洁仪

三、研究范围：《七古·送纵宇一郎东行》《沁园春·长沙》

四、研究内容

1. 湖南的自然风光：青山秀水

山：衡山又名南岳，是我国五岳之一

气候条件好，处处是茂林修竹，终年翠绿；奇花异草，四时放香，自然景色十分秀丽，有"南岳独秀"的美称。

岳麓山在长沙市区之西，东临湘江，面积约8平方公里，古人赞誉其"碧嶂屏开，秀如琢珠"。唐宋以来，岳麓山即以林壑幽美，山幽涧深闻名。

静如龙蛇逶迤，动如骏马奋蹄，凌空俯视如一微缩盆景，侧目远观如一天然屏壁。可谓天工造物，人间奇景，长沙之大观。自古以来就以山清水秀著称于世。

水：湘水

中国湖南省的最大河流。为长江主要支流之一。全长817公里，流域面积92300平方公里。上游水急滩多，中下游水量丰富，水流平稳。干支流大部可通航，旧时是两湖与两广的重要交通运输线路。

2. 人文精神：

①有人说，因为元明时客家人大量迁入，改变了民族结构，提高了人口素质所致；有人说因康雍年间湖南建省，南闱新开，使湖南读书人免涉万水千山赶考之苦，为湖南举子脱颖而出创造了条件，湖南出了很多人才。尤其是千年学府岳麓书院，它孕育了博大精深，广袤无垠的湖湘文化，培养了一代又一代的先烈、伟人。

②鸦片战争之后，湖南人才辈出，甚至在大部分时间里左右中国政治、经济、军事、文化。第一代有被标榜为"中兴名臣"的曾国藩、左宗棠、彭玉麟、胡林翼和魏源、陶澍等著名思想家；第二代谭嗣同、黄兴、蔡锷、章士钊等人影响了旧民主主义革命进程；第三代由于共产主义先进思想之武装，更是出现了毛泽东、刘少奇、任弼时、彭德怀、贺龙、罗荣桓、胡耀邦、王震等政治军事大家和李达、杨昌济、徐特立、谢觉哉等哲学家和教育家。连梁启超也发出这样的感叹："可以强天下而保中国者，莫湘人若也！"

3. 青年时期的毛泽东身边的朋友：

纵宇一郎是其中之一，是湖南浏阳人罗章龙的化名，毛主席青年时代的朋友，也是新民学会会员。毛泽东曾用"二十八画生"的化名，向长沙各校发出一则《征友启事》。启事指明要结交"坚强刚毅、随时准备为国捐躯"的青年。罗章

龙回应了毛泽东，与之成为朋友。后来这个圈子成为对中国的国事和命运产生广泛影响的一个学会（即新民学会）。这个圈子里的人都是一群态度严肃的人，他们不屑于议论身边琐事。他们的一言一行，都一定要有一个目的。罗章龙为寻求救国救民的真理，担当起整顿乾坤的责任，决定赴日留学。临行前，毛泽东等人为他饯行，赠他这首诗。

赏析

七古·送纵宇一郎东行

云开衡岳积阴止，天马凤凰春树里。

年少峥嵘屈贾才，山川奇气曾钟此。

君行吾为发浩歌，鲲鹏击浪从兹始。

洞庭湘水涨连天，艟艨巨舰直东指。

无端散出一天愁，幸被东风吹万里。

丈夫何事足萦怀，要将宇宙看秭米。

沧海横流安足虑，世事纷纭何足理。

管却自家身与心，胸中日月常新美。

名世于今五百年，诸公碌碌皆余子。

平浪官前友谊多，崇明对马衣带水。

东瀛濯剑有书还，我返自崖君去矣。

诗人从第十一句起，开始劝勉朋友，同时警醒自己：大丈夫坦坦荡荡，做事提得起放得下，哪会因一点小事萦怀于心，有所牵绊；大丈夫应放眼天下，傲视环宇，区区宇宙在大丈夫眼中不过为一粒秭米而已，不足道哉；天下动荡，时局变乱，大丈夫不必忧虑，人世间的风云变幻自会任吾辈来料理。现在最重要的是稳住自己的身心，做到"修身，齐家"然后才是"治国，平天下"，只要"管却"了自身，胸中万千风云才会日日常新，月月前进。孟子早就说过："五百年必有王者兴，其间必有名世者。"而今天正是出现新王的大好时机，因这些伪名人，伪掌权者全是碌碌无为；而天将降大任予我辈同人，打一片新江山非我辈莫属。这是何等的理想和抱负，诗人对国家命运万般关切，自觉身系祖国交与的重任，并叮咛朋友不要辜负时代对我辈青年的殷切期望。

沁园春·长沙

独立寒秋，湘江北去，橘子洲头。看万山红遍，层林尽染；漫江碧透，百舸争流。鹰击长空，鱼翔浅底，万类霜天竞自由。怅寥廓，问苍茫大地，谁主沉浮？

携来百侣曾游。忆往昔峥嵘岁月稠。恰同学少年，风华正茂；书生意气，挥斥方遒。指点江山，激扬文字，粪土当年万户侯。曾记否，到中流击水，浪遏飞舟？

"指点江山，激扬文字，粪土当年万户侯。"这是对"峥嵘岁月""挥斥方遒"的进一步具化。面对"万山红遍"的美景，他们既赞叹锦绣河山的壮美，又悲愤大好河山的沉沦。于是，发表激浊扬清的文章，抨击黑暗，宣扬真理，鄙视当时的"万户侯"——军阀如粪土。在这一时期，毛泽东在长沙组织了湖南学生联合会、新民学会，开办了平民夜校、文化书社和湖南自修大学，参加了反对袁世凯称帝、领导了驱逐张敬尧等军阀的活动。特别是创办《湘江评论》，成立马克思主义研究会。再如，1919年底毛泽东领导了有名的"驱张"运动，最终迫使张敬尧滚出湖南。毛泽东和他的同学们敢于把这些反动的家伙看作粪土，并与之展开斗争，这表现了他们对人民的敌人勇于反抗的精神。

五、研究结论：

首先，毛泽东在世界观和人生观的形成中，深受湖湘文化注重探求宇宙、人生之大本大源的影响。其次，湖湘文化强调经世致用、经邦济世、以治国平天下为己任的特点，也在毛泽东身上留下深刻烙印。

学生作品2：

毛泽东诗词中的数字的运用

一、研究方向：毛泽东诗词中的数字的运用

二、小组成员：李天同　张辞修　苏雅文　党伟强　史天宇

三、研究范围：《沁园春·长沙》《七律·人民解放军解放南京》《念奴娇·昆仑》《菩萨蛮·黄鹤楼》《长征·七律》

四、研究内容：

1. 古代带有数字的比较著名的古诗词或诗句的整理

山村咏怀

宋·邵雍

一去二三里，烟村四五家，

亭台六七座，八九十枝花。

晓出净慈寺送林子方

宋·杨万里

毕竟西湖六月中，风光不与四时同。

接天莲叶无穷碧，映日荷花别样红。

游园不值

宋·叶绍翁

应怜屐齿印苍苔，小扣柴扉久不开。

春色满园关不住，一枝红杏出墙来。

咏雪

清·郑板桥

一片二片三四片，五六七八九十片。

千片万片无数片，飞入芦花总不见。

总结：数字入诗古已有之，很多古代诗人将数字巧妙嵌入诗词中，使诗词饶有妙趣。

2. 毛泽东也喜欢用数字，而且还善用数字，他最喜欢用的数字是"一、百、千、万、亿"，这些数字附丽了丰富的想象，有了丰厚的意境，反映了诗人胸怀天下，阔步古今的视野，表现了他独特的哲学思想，澎湃的激情和自信、乐观、豪迈的气度，将中国诗词的豪放风格推到极致，给人以强烈的震撼。

《七律·人民解放军解放南京》

"百万雄师过大江"

因为背景是渡江战役，所以这里的百万应该是一个虚数。渡江部队以中野和华野为主，在淮海战役中是60万人，淮海战役后经过很短时间的休整就投入渡江战役，无论怎么样，也不可能马上达到100万人。当时人数最多的东野就是第四野战军刚刚参加完平津战役，傅作义的部队需要改编，所以东野不可能马上投入渡江战役。所以最初的渡江战役应该没有百万大军。但使用"百万"一词可以增强诗的气势，而且"百万雄师"形象地描绘了中国人民解放军人数之多，军容之盛，使得一支军纪严明战斗力强大的军队跃然纸上。

《念奴娇·昆仑》

"安得倚天抽宝剑，把汝裁为三截？一截遗欧，一截赠美，一截还东国。"虽然在生活中"一、三"都是我们眼中小得不能再小的字眼，但出现在这首诗中，却强烈地表现出了作者的大气。把昆仑山裁为三截，一截给欧，一截给美，最后一截给日本。诗人的胸怀在这首诗中不仅仅是容纳了祖国河山，而且容纳了整个人类世界，纵观毛主席的一生从来都是"胸怀祖国，放眼世界"的，不屑于一寸一地之得失，他输得起也赢得起。

《菩萨蛮·黄鹤楼》

"茫茫九派留中国"。"九派"，指九条河流。鲍照《登黄鹤矶》中，"九派引沧流"，郭璞《江赋》中"流九派乎寻阳"都提到了"九派"，但是说法不一。

这里用"九"，表现出目力所不及的横流中国的九派，这是一种不一样的想象，作者把想象无限延展，达到无边无际。通过这些，我们看到了一颗沉痛的心。

一个"九"字把茫茫天地概括起来，使人感到万物的苍茫，但又使人明确地想到多条大河分裂了大地，分裂了心灵。整个天地被笼罩在无边的绝望之中，一个"九"字囊括了无尽的情感。

《七律长征》

"万水千山只等闲"。"万""千"，浩瀚磅礴，极显大气。万水千山一词是常用词，但这"万""千"用在此处则不同。

"万""千"与"只"相配，凸显了长征胜利的心情。"万""千"此时虽包含万物，但更注重对内心情感的表达，则实是美的。

五、研究结论：

（一）数字反映了和谐性的哲学思想

毛主席的诗词中蕴含着深刻的"天人合一"的哲学思想。诗词里的"一、百、千、万、亿"等数词，往往是极言天地之大，日月之久，壮言人道之胜，人力之强。

（二）反映了穷尽八荒，收摄古今的胸怀

诗人思想深刻，其胸怀也异常博大。作者诗词中多次出现的那些"千里、万里、百年、千年"等数量词语，形象地支撑起了一个吞吐风云、任步古今的艺术时空。诗人心胸宽广，映照着寰宇，回旋着历史。

（三）激情澎湃，乐观豪迈

他的诗里，没有悲观，没有消极，没有平淡；有的是激情信心，有的是乐观豪迈，有的是开拓进取，有的是热爱自然、心怡山河的情怀。这些丰富的内涵都能从他含有数字的诗句里看出来。《沁园春·长沙》、《长征·七律》里的"万、百、千、三、一"词气纵横，吐纳八方。一句话，看似简单的数字，在毛主席的笔下却有了耐人品味的意蕴。

教学反思

这是我下了很大功夫的一节课，也是水到渠成的一节课，为什么这么说呢，因为学生在两个月前就已经进入《毛泽东诗词》专题的研读中，在这之前，我和学生们一起经历了"了解毛泽东""学习毛泽东八首诗词""按兴趣组成研究小组找到一个切入点深入研究"三个阶段的学习过程，在一路的读、品、写中，很多学生对他们欣赏的毛泽东诗词已经烂熟于心，大量资料的整理阅读，小组不断地讨论修订，也使学生们的研读迈入了一个更高的领域，所以在这节研读汇报课前，他们摩拳擦掌，课堂上也是精彩迭出。

课后，我征求教研员何郁老师和特级教师崔秀琴老师的意见，得到了她们的肯定，我的教学师傅崔秀琴老师还即兴写了一篇文章，具体点评这节课的得失。

发自内心地讲，这是我上得最舒服和最愉悦的一节课，课堂上师生对话、生生对话的过程中，触发了我很多灵感，让我的思维快速地转动起来，人也不知不觉地兴奋起来，课后，很多老师赞我反应快，储备厚，实际上很大的功劳都应归功于学生，学生的精彩发言，颇有创建的研究成果，也给了我很多的启发，使我获益颇丰。

最难忘的是两个同学的发言，一个是薛蕾，这个姑娘阳光热情，虽比同班同学小两岁，但读的书极多，极杂，可以说是个学养丰厚的小机灵鬼，这次她选择的研究方向是"地域文化对毛泽东的影响"，因为是湖南人，毛泽东的小老乡，说起家乡的山水人物来就有点刹不住，她的研究很深入透彻，表述也非常清楚动情，对大家的触动很大，她对"湖湘文化"内涵的解读很精准到位，让听课的老师都忍不住为她鼓掌。另一个是李天同，他是个患唇裂症的男生，虽然后来做了整形修补手术，但说话还是比较含糊，就是这样的一个男孩子，这节课上也勇敢地站了起来，成为一道亮丽的风景线。他研究的方向是"毛泽东诗词中数词的艺术"，他那一段论辩太精彩了，我每每回想起来都很叹服。

课堂片段摘录

生：我们认真地研究了《沁园春·长沙》中的"万"字，这首诗中，作者用了三次"万"。分别是"看万山红遍""粪土当年万户侯""万类霜天竞自由"，"万山红遍"的"万"，可否用"千"来代替呢？《长征》中也有一句，"万水千山只等闲"那么换成"看千山红遍"，行吗？其实也挺有气势的，但还是不如"万"的效果好。

师：为什么不如"万"呢？

生："千"显得小。

（学生笑）

生：我想我们可否不用数词，用一个"群"字代替行不行？"看群山红遍"，意境没了，而且显得特别的突兀、恶俗。茫茫全是，没边没沿儿，没有一个范围了，所以对比之后，我们就发现"万"用得特别漂亮，无法撤换。

师：也就是说，你千万不要小看古诗词当中的数词，它已经超越了数字本身的意义了，它使诗词艺术化，它赋予了诗词什么呢？

生：一种激情，一种哲学思想。

师：哲学思想，这个说法很独特，你能具体解释一下吗？

生：还拿"万"字来说吧，"万"是很大的，又是很多的，在中国古代，有这么一种明显的哲学思想，儒家文化强调"乐天知命"，很多人认为它有些迷信色彩，我倒不这么看，"乐天"是知道世事发展的规律，"知命"是了解命运发展的历程，它表现的是你的心灵与自然达到一种和谐的境界，也就是我们常说的"天人合一"。越大的东西越接近于天人合一。

师：为什么这么说呢？

生：《庄子·逍遥游》里面："大鹏一日同风起，抟扶摇而上者九万里"，它飞起来展开双翼，就像天宇一样广阔，可以遮住天宇。

师：它可以驾驭天地。

生：对，这就是一种哲学思想。

这是课堂上的对话实录，我想这样独到的见解，足以弥补一切。

崔老师在评语中写道："刘雪梅老师这节课强调过程，过程的美好绝不输于结果的甜美，师生共同经历；强调感悟，合作分享，成功的喜悦，个个体验人人参与；强调能力，学生动手动脑动心，活动充分，自主发现探究解决问题；强调创新，个性特长与众不同，思想火花灵感闪现可贵宝贵，时有创新——超出教师预设之外，给人意外的惊喜；如学生对'动物形象''楚湘文化对毛泽东的影响''长征组诗'的研究。强调成长与发展，身体与心灵，时下与未来，受益终身，研究的是毛泽东诗文，着眼的是所有的文学艺术，仰视的是毛泽东的伟大人格，引领的是学生会当凌绝顶一览众山小的人生追求。一节课学生当举一反三，用于治学用于人生。"

崔老师是我的教学师傅，面对我的成长，给予了我高度的肯定，我应该理解老师的心情。同时，我也在反思，为什么这次会让一向要求我比较严格的师傅露出了欣慰的笑容呢？为什么这节课上下来，我个人和同学们都会有一种酣畅淋漓之感呢？

课后与同学畅谈此课的感想，同学们说得最多的几个词是"感兴趣""不枯燥""有路子""意犹未尽""收获多"。可见搞研究，兴趣和方法还是关键。而这次我恰恰是在这两个问题上下了一番功夫。

　　其实，《毛泽东诗词研究》专题教学是个硬骨头，如何不走过场，让学生真正有所收获，是我思考的一个核心问题，如果仅把课本里的四首小诗给同学们讲一讲，让同学们读一读，我相信大多数学生都不会有什么收获，甚至后来都不会有什么印象，那么怎样将毛泽东诗词与新课标对高中阶段诗词教学的要求对接起来，起到一举三得的作用呢？

　　在设计研究思路时，叶圣陶老先生说过的"课本无非是个例子"，"教是为了不教"。这两句话点醒了我，我何不将无非是个例子的课本重新整合一下，为学生铺设一条成长的"跑道"呢？

　　在整合课本，补充材料，设定专题研究阶段，我遵循了以"学生为主体"的原则，进行了教材的改编。同时还关照到高二学生的年龄特点和认知水平、《高中语文教学大纲》对高二学生阅读量的要求，以及诗歌教学单元规定的应完成的教学任务三个要素，重组后的阅读材料比原来更贴近学生，手法和情感更多元化，更易于学生阅读和研究。

　　这一阶段，我校倡导有效教学，公开课后本校老师在评课时，认为我这堂课做到了高效。我觉得实际上这高效的原因很大程度上来源于前期工作的到位，对路。

　　搞研究是个大工程，绝不是三言两语的轻松事，高二的学生第一次放开手去搞研究，更需要老师的精心规划和指导，有了第一阶段的了解毛泽东、第二阶段的以组为单位品读八首诗词的铺垫后，学生们真正进入研究阶段，如何研究又成为我的一个问题。

　　经过反复思考，我决定给出学生研究的方向及切入口，我将毛泽东诗词研究划定了三个方向：情感、手法、推陈出新。并给出学生切实可行的三十五个小的切入点，供学生挑选。学生也按照个人的兴趣方向重新组合了学习小组，最后定出了六个方向，这六个方面涉及意象、炼字、地域影响、时代打造、个人秉性五个角度，至此，我作为引导者的任务告一段落，学生进入真正的研究中。

　　这个阶段我的感受是：将课堂还给学生绝不是大撒把，而是运用智慧为学生铺设一条行之有效的路径。其实任何一个课堂都需要一个好的抓手，这个切口要能"牵一发而动全文"，"牵一发而动全课堂"，事实证明，选择对了最佳切入点，就能"切"出兴趣，"切"出能力，"切"出高效课堂。

　　最后一个阶段，我是以汇报课的形式呈现的，为什么要这样做呢？一是想为辛苦了两个月的学生们提供一个展示的机会，更是想借这个环节让学生们相互借鉴，相互启发，做大语文课堂。

　　做大语文课堂是我最初的想法，语文绝不是偏居一隅，语文也绝不是零散的篇目，更不只是死板的知识，它应该是工具兼人文，更是言语与情感的共生。在我看来，语文课堂应该是热闹的、充满不同论调的，传递不同信息的一个场所，更是打造语言、提高思维，感受人文情怀的一个所在。这节汇报课就是我这些想法的外现。

　　崔老师在点评这节课时的一段话对我的触动也很大，她说："你的学生很精彩，教师尽可再放开一点。"不敢放是我这节课最大的问题，很多时候，因为时间的考虑打断学生的精彩发言，或个别时候代替学生说话，这说明我还是没有从以往的教育观念里彻底解放出来。

　　"放，是神是软功，决定你能不能讲好课育好人，讲出个性，讲得精彩、漂亮，要敢于放，善于放。收，是根是本是硬功，落到实处，一丝不苟，细致入微，不厌其详，滴水不漏，特别是总结课更是应该全面、细致、夯实。动，是灵魂，是思维体操，让学生口、手、心、思想动起来，关键是问题的设计，板书的引领，讨论的互动。灵动是魂，知识是本，人格是根。"

　　这是崔老师送给我的一段话，我应当谨记。

板块三
拓展阅读

2017年版《普通高中语文课程标准》要求我们对中国现当代作家作品进行研习，旨在让学生大体了解现当代作家作品概貌，培养学生阅读现当代文学作品的兴趣，促使他们能以正确的价值观鉴赏文学作品，进一步提高自己的文学阅读和写作能力，把握中国现当代文学作品思想性、艺术性、观赏性有机统一的价值取向。2017年版《普通高中语文课程标准》建议学生在阅读的过程中养成撰写读书笔记的习惯，阅读作品应写出内容提要和阅读感受，还能选择喜欢的作品，从不同角度撰写作品评论，发表自己的见解。对此，2017年版《普通高中语文课程标准》还提出要围绕一些中心论题进行有准备的研讨，并选择合适的方式展示探究的成果。拓展阅读和专题阅读相结合，可以让阅读的效果更为理想。专题阅读更多的是采用横向式跨越的阅读策略，是就选定的探究性专题进行的比较式阅读，主题式阅读的意味更浓一些；拓展式阅读更多地采用纵向式的阅读策略，是对某一作家或作品的深入式探究的阅读，个性化风格探究的意味更强一些。

拓展阅读能够很好地强化学生的课堂所学，叶圣陶言："得法于课内，得益于课外。"拓展阅读正是能够让学生受益良多的课堂教学的重要延伸。课堂教学的探究更多是在对单篇作品所承载的作家的审美和情思的层面上进行，学生由此可以获得方法上的启迪；要使得学生的审美和情思的修养达到更为理想的状态，与课内所学紧紧勾连的课外拓展阅读是理想的提高途径。譬如当代散文承载了当代人生的脉动和当代社会的气象，课内仅有的一些篇章不能满足学生的审美需求和精神需要，必须在此基础上进行拓展阅读的设计和实施。将课内没有涉及的个性鲜明的作家，或者涉及的作家却没有选取的风格独异的作品，纳入拓展阅读的视野里，这是拓展阅读的重要策略。应该说课内的每篇作品都是一个窗口，我们不能仅仅停留在窗内的瞭望，要促使学生走到窗外的更辽阔的世界里去。学生的审美发展的提升，在很大程度上决定于高质量的拓展阅读；学生正向价值判断的确立，在很大程度上也与高质量的拓展阅读紧紧关联。

拓展阅读当以现当代作家作品为主要内容，百年现当代文学的发展，构建出一道道多姿多彩的文学风景线。优美的汉字文化在这里得到传承和发展，中国人的精神和情怀在这里得到丰富的体现。一百年的中国现当代文学，反映了一个世纪中国社会的变迁和发展，描写了一个世纪的中国人的喜怒哀乐，为我们留下社会和人生的真实写照。高质量阅读这样的作品，可以在学生的认知天地里，刻下更多民族文化的记忆，激发学生更好地掌握汉语运用中的规律和特点，在对国家和民族的文学化的了解与思考中，增强民族的自豪感。这正是拓展阅读的人文价值所在。所以基于提高学生核心素养的拓展阅读的选文是极为重要的。

当然这并不是一种阅读上的自我封闭，而是一种阅读策略，是学生文化认知发展和精神发育的需要。当然，优秀的翻译文学也要纳入拓展阅读的范畴，这要求教师在做拓展阅读策划时要有眼光更为深远的选择，更为明确的取舍。古代文学尽管学生读起来会感到艰涩，也要适当拓展。如果能够将学生的阅读兴趣调动起来，那我们教师可以帮助学生拓展第二甚至第三阅读空间，在这样的空间里，有对人性的更为深邃的思考，有对世界的更为清晰的洞察，有对人类命运的更为严肃的关注，学生从阅读中将得到情怀的陶冶，学会真诚地去面对万物和自我，懂得悲天悯人，懂得越来越接近崇高和圣洁。

拓展阅读对学生情感培养的价值是显而易见的，对学生的理性思维的发展也有相当大的促进作用。在学生自主阅读的基础上，教师选好时机进行集体交流，是对阅读价值扩大化的过程。譬如高中教材中并没有选择李娟的散文，她是现代散文写作的代表性作家，把世俗的人情和河流山川的美丽常常能很好地融于一体，而且她的作品中弥漫着浓郁的乐观主义气息，她的作品的语言也极具个性化。当代散文的教学中如果能够纳入李娟散文的拓展阅读，是给学生打开了一方美丽的阅读新世界，学生在阅读中会发现别样的风景和人情，自己的精神生活有了又一种清新的气质的汇入，自己的人文小屋里有了新的植物的生长，李娟的文字会成为学生的生命观照的镜像。教师引领学生对此进行进--步的交流和探究，学生会深化对李娟散文的气质美的感受，对她作品精神内涵的了解更为丰富。由此看来，拓展阅读的交流环节必不可少，是对自主阅读的深化。

策略一　中国现当代作品的拓展阅读

在学生广阔的阅读世界中，现当代文学作品的阅读构成阅读的主要内容。

一方面从接受美学的角度而言，现当代作品离学生的精神世界更近一些，学生容易走近它们，走进距离自己似乎不太遥远的世界，作品所涉及的人物描写或者社会现象，学生更容易感知它们的真谛奥义，作品所采用的语言和写作手法，距离课堂教学形成的认知也更近几分；另一方面从学生的能力与思维的发展角度而言，现当代作品所构筑的现实世界，与古代作品和翻译作品所构筑的文学世界相比，更容易触动学生的情思，更容易激发学生产生思考，促使学生在可能产生的感情共鸣之外，也从理性的视角去审读一番作品，由此他们的思维不断在这样的观照中得以提升。

现当代作品的拓展阅读虽然选择的空间很大，还是要从对学生的批判性思维和创新性思维的发展更有促进的面上切入，从阅读对学生的审美能力的提高和正确价值观的确立有所助益的考量上切入。无疑鲁迅先生的作品仍然应该作为拓展阅读的重点选择，它们所承载的批判意识和建设意识，在今天这个巨变的时代，仍然有其巨大的思想价值和艺术价值。好在我们的教师在引导学生进行拓展阅读时这一直是一个重点。

拓展阅读要关注到文体的多样性的展开，散文、小说、诗歌、戏剧，都要有所涉猎。实际上的拓展阅读对后两种文体处理较少，这是需要注意改进的。

案例 1

鲁迅小说专题研究

王灵联

拓展目标

鲁迅作品题材广泛，形式多样灵活，风格鲜明独特，语言幽默。在他55年的人生中，创作的作品，体裁涉及小说、杂文、散文、诗歌等。有《鲁迅全集》二十卷1000余万字传世。就中学课文的选录内容来看，侧重散文和杂文，小说主要集中在初中课文中，有《一件小事》《故乡》《社戏》《孔乙己》五篇，高中教材中仅有《祝福》《铸剑》两篇。而鲁迅先生是以小说创作起家的。《狂人日记》是中国现代白话小说的开山之作，影响深远。其后，鲁迅连续发表多篇短篇小说，后来编入《呐喊》《彷徨》两个短篇小说集，后期小说结集为《故事新编》。鲁迅的小说数量不多，但意义重大，名篇迭出。他前期的小说往往没有离奇曲折的剧情，而是以清末民初的底层百姓生活为主，注重细节描写，能在点滴间以白描手法鲜明刻画人物，并挖掘微妙的心理变化。主要表现底层人民思想的麻木愚昧和生活的艰辛。"我的取材，多采自病态社会的不幸的人们中，意思是在揭出病苦，引起疗救的注意。"后期作品则以借历史典故映射现实生活，风格从容充裕、幽默洒脱，大异前期。所以仅仅学习教材提供的文章，去理解鲁迅作品的时代意义和精神主旨是远远不够的。我选择让学生通过拓展阅读的方法，广泛涉猎其他小说作品，以期达到量变到质变的提升，从而拓宽学生视野，加深对鲁迅作品的理解。

语文教学对学习鲁迅先生的文章一直是十分重视的。近几年的变化只是结构上的调整，并未出现篇目的减少，鲁迅作品调整是课程结构变化的结果。恰逢2015年北京高考语文《考试说明》增加了12部中外文学和文化经典作为"经典阅读篇目例举"，这些篇目将于2017年、2018年逐步纳入考生必须作答的范围。其中就包括《呐喊》一书。这为我的拓展阅读更明确的学习意义和目标。

我选择拓展阅读方式，首先是尝试从单篇教学的独立理解走向群文阅读的横向勾连，对学生进行深度思维训练。其次是引导学生从被动地接受知识，到主动的探求知识，并通过自己的研究，获得发现的快乐。最后也是基于教学进度和课时需要。选择不占用课上时间，与学生利用假期和课余时间完成。

拓展内容

1. 初高中语文教材内容

《一件小事》《故乡》《社戏》《祝福》《孔乙己》《铸剑》

2. 拓展阅读范围《彷徨》《呐喊》《故事新编》

《祝福》《在酒楼上》《幸福的家庭》《肥皂》《长明灯》《示众》

《高老夫子》《孤独者》《伤逝》《弟兄》《离婚》

《狂人日记》《孔乙己》《药》《明天》《一件小事》《头发的故事》《风波》

《故乡》《阿Q正传》《端午节》《白光》《兔和猫》《鸭的喜剧》《社戏》

《补天》《奔月》《理水》《采薇》《铸剑》《出关》《非攻》《起死》

拓展阅读实施

整个拓展阅读分为五个阶段。第一阶段：阅读两部小说《彷徨》《呐喊》，了解故事情节，做故事内容概括。第二阶段：确定选题方向，再根据研究方向精读相应小说内容。第三阶段：查阅、翻看与自己选题相关的资料、文献，并做卡片摘抄。第四阶段：总结研究成果，撰写最后的研究报告。四个过程学生利用课余时间，独立完成，4课时进行阶段性指导和研究报告的书写及展示。

第一阶段：阅读两部小说《彷徨》《呐喊》，了解故事情节，做故事内容概括

这一阶段的阅读和学习至关重要，只有充分阅读，才能为进一步研究打下良好基础。教师可在阅读前进行动员，明确阅读的意义，让学生重视起来，并在阅读过程中通过学生交上来的故事内容概括检查学生的阅读效果。本阶段以每天一篇的速度进行阅读，历时1个月。

第二阶段：确定选题方向，再根据研究方向精读相应小说内容，确定自己的研究报告题目

这一阶段是建立在通读小说作品之上的，教师可以给学生提供几个选题方向，其目的是让学生对选题方向有个了解；同时打开学生思路，产生新的选题方向。

方向一：从小说的人物塑造看鲁迅作品人物特点。

研究指导：人物是小说的核心，通过人物形象的塑造来体现创作的主旨，反映时代特点。所以关注人物是小说阅读和研究的重要途径。建议学生从人物形象的意义入手，进行单人或相同类型人物间的对比。例如知识分子、妇女形象、看客等。

方向二：从小说的环境入手，看鲁迅作品环境的特点。

研究指导：环境是人物活动的背景，包括自然环境和社会环境，鲁迅作品中的环境描写有自己的特点和共性，引导学生关注环境描写，找到集中出现的环境点例如酒馆，分析其作用。

方向三：从小说的主题入手，看鲁迅作品的时代意义。

研究指导：鲁迅先生的杂文有"投枪匕首"之称。他的小说主题也是指向对民族的思考。三部小说的主题各不相同，《故事新编》中的8篇文章更是主体多样，这就给学生提供了研究的多样性，建议学生从课堂中深入讲解过的课文入手，拓展相同主题的文本，进行归纳整理，再做深入探究和思考。例如：民族劣根性，辛亥革命的不彻底性，封建制度的吃人本质。

方向四：从小说的手法入手，看鲁迅作品的创作技巧。

研究指导：鲁迅先生在小说创作上非常重视心理塑造和细节描写。例如对祥林嫂的眼睛描写极其细腻，通过这样的细节描写，读者能够看到人物形象的性格和内心世界。同时对手法的探究也是有意识引导学生从读佳作优法入手，走向能落实在自己的作文写作中去。教师可以给学生多个关注点，让学生做参考。

方向五：从比较阅读入手，看鲁迅作品与其他作品的异同。

研究指导：可做相同人物形象的比较，如《药》和高尔基《母亲》中的母亲形象可做比较阅读；同名作品的比较，如《狂人日记》和果戈里《狂人日记》可做主旨等多方面比较；同故事原型的比较，如《铸剑》和《干将莫邪》可做手法或创作主旨等多方面的比较。

本阶段可采用学生提出自己的选题方向，相同选题方向的同学合成小组，为今后阅读寻找合作群，同时也避免确定研究报告具体题目时能多样性，不重复。

历时1周。需要教师用1—2课时进行选题指导。

第三阶段：查阅、翻看与自己选题相关的资料、文献，并做卡片摘抄

这一阶段是学生汲取他人研究成果，深化自己对选题内容理解，提升综合思维能力的过程，需要小组间的合作，才能达到参考量的提升。要求学生做卡片摘抄，并注明文字来源，方便学生最有一个环节时当堂完成自己的研究报告。教师在此阶段务必提醒学生不得投机取巧，盗用他人现成的研究成果。历时3周。需要教师用1-2课时进行指导。

第四阶段：完成拓展阅读的研究报告

这一阶段学生带着自己的研究内容和参考文献摘抄，当堂书写研究报告。要求文字不少于1500字，用时2课时，利用我校的电子教学设备paid，当堂上交电子版。

第五阶段：展示交流研究报告

相同选题小组同学间进行报告互读，提出优点和质疑，被点评人要记录汇总所有内容。然后推选出本小组优秀报告，进行小组间的展示汇报，提名人当堂朗读自己的报告内容。达到相互学习，彼此提高的教学目的。需用2课时。

学生作品呈现

1. 学生论题涉及的角度

论鲁迅小说中中国人的劣根性

从《孔乙己》《祝福》中看鲁迅小说中的第三只眼——看客

论新旧《非攻》中的不同

论鲁迅小说中人物眼神描写的作用

研究鲁迅小说中农村人的形象

从祥林嫂等三位女性命运看鲁迅的女性观

探究鲁迅小说的选材特色

鲁迅小说对于当代中国的意义

浅谈鲁迅小说的选材特色

谈鲁迅笔下读书人形象

关注心灵殊途同归——张爱玲与鲁迅女性题材小说之比较

论鲁迅笔下的商人对情节发展的影响

《彷徨》中比喻修辞对鲁迅小说中主人公塑造的作用

《药》与《祝福》兼评鲁迅小说中环境描写的寓意

读《药》试论鲁迅小说的结局反映的辛亥革命的不彻底性

以《故乡》为例分析鲁迅小说里的进化论

就《药》和《祝福》论鲁迅的讽刺手法

试论《理水》《奔月》的现实含义

探究鲁迅小说中人物服饰描写作用

《铸剑》《采薇》《非攻》与原型差异所反映的时代特点

《非攻》与其故事原型的对比

以《孔乙己》《祝福》为例分析鲁迅笔下动作描写的特点

2. 学生摘抄卡

看客研究小组的摘抄卡内容：

《鲁迅作品中看客形象解读》

《麻木庸众的灰色包围圈——论鲁迅笔下的"看客形象"》熊沛军

《鲁迅作品中看客形象分析》

《浅谈中学教材中鲁迅笔下的看客》徐晓银

《浅论鲁迅笔下看客形象的悲剧意蕴》

《论鲁迅小说中的看客形象》选自《文学教育（中）》

《鲁迅小说中的看客形象分析——中国式看客》岳喜浩

《浅谈鲁迅笔下的看客形象》李杰华

《鲁迅作品中的"看客"形象》张绍书　顾邵东

3. 学生研究成果

作品1

读《孔乙己》兼论鲁迅小说中典型环境对情节发展的作用

（1）选题原因及意义

鲁迅作品中除了具有批判性和现实意义的共性之外，不难发现在其小说中的主要故事发地点也有共性——酒馆茶楼。中国人与酒、茶的历史源远流长，同时中国人与酒和茶的关系也密不可分。鲁迅笔下的酒馆茶楼中发生的形形色色的事情有待我们探究，但是同时酒馆这个地点也使我好奇。小说《孔乙己》中所发生的事件难道不能换一个地点吗？酒楼到底有它自己怎样的特性？带着这些问题，我希望从鲁迅《孔乙己》中的咸亨酒店入手并结合鲁迅其他小说进行分析，了解典型环境对情节发展的作用。

（2）研究步骤及突破点

仔细阅读鲁迅的《孔乙己》作品和其他相关作品

品味酒馆茶楼对于文章整体的作用

结合时代背景与作者特点来进行分析

（3）资料综述

《孔乙己》作者：鲁迅　选自《呐喊》《鲁迅全集》第一卷，人民文学出版社 1981 版

《药》作者：鲁迅　选自《呐喊》《鲁迅全集》第一卷，人民文学出版社 1981 年版

《在酒楼上》作者：鲁迅　选自《彷徨》

百度百科：鲁迅故里

论鲁迅小说中的流言话语　作者：琅琊居士

（4）拓展阅读研究报告

古往今来，中国的酒文化可谓是源远流长，博大精深。同时，中国文人与酒也有着不解之缘。在饮酒时想起赋诗，在赋诗时想起饮酒。例如王勃的《对酒春园作》中写到："投簪下山阁，携酒对河梁。狭水牵长镜，高花送断香。繁莺歌似曲，疏蝶舞成行。自然催一醉，非但阅年光。"便是酒与人与诗最好的和谐。又有李白的"抽刀断水水更流，举杯消愁愁更愁"中借酒消愁的无奈；更有曹操"对酒当歌，人生几何"的雄心壮志。中国文人与酒，早已在数千年前就有着千丝万缕的联系。纵观历史，当我们把视野转向近现代，不难发现，在中国现代文学中有着标杆性质的作家鲁迅，也习惯将小说情节在酒馆中体现出来，仿佛那样会有一种特殊的作用。那么，到底为何鲁迅要多次选用酒馆这个地点呢？

首先，作者鲁迅就是一个爱酒的人。鲁迅是绍兴人，绍兴酒也是闻名天下的品种。在众多的鲁迅传记著作中，都有记载他爱喝绍兴老酒的内容，他爱喝家乡的酒，尤以花雕为最，1910 年前后，鲁迅在家乡绍兴府中学堂任学监（教务长）兼生物教员，据沈家骏、潘之良《闲话鲁迅和泰牲酒店》一文记，课余他常到上大路泰牲酒店小酌。在我看来，鲁迅之所以把酒馆作为小说中的典型环境，很大一个原因是因为他本人自己对绍兴酒的喜爱。（《名人与绍兴酒：把酒论世话鲁迅》（一））由于鲁迅本人对酒的喜爱，也是他对酒颇有研究，他曾经专门作了题为《魏晋风度与文章与酒的关系》的学术演讲，精辟地分析和论述了文晋时期酒在文人创作和心理上所起的作用，不仅可以看出鲁迅对酒的喜爱，也可以看出古往今来中国文人与文章与酒的关系十分密切，所以，鲁迅把酒馆作为小说地点，让人们读文章时有一种亲切感，仿佛就是发生在自己身边的事情，更容易引起人们的共鸣。

其次，酒馆这个地点的独特性也使鲁迅将小说地点多定在这里。封建社会对

于当时人们的打压是全面的、彻底的和无情的。生活在高压下的人们，每日的生活都是苦闷与愁屈的，但是尽管这样，他们也依然愿意去酒馆喝两杯。毕竟饮酒在中国的历史悠久，同时酒馆也具有其自身的吸引价值。酒馆的信息传递性吸引着人们。在报纸还没有广泛发行的年代，酒馆是信息传递的重要渠道。酒馆内大家三五人一桌，边喝着烫好的酒，嘴里呷摸着茴香豆，耳朵也对周围的话题高度敏感。尽管在那个年代，人们仍旧有对新信息的渴望。那些被各位酒客在酒馆互相谈论的话题，第二天可能就会成为各家主妇攀谈的内容，通过口口相传的方式，信息也已从酒馆发散出去了。

其实，这一个特性在殖民地时期的美国也有类似。当变革的危机加深，酒馆便成为交流各种思想、鼓舞反英斗志的中心会场。有文化的和没文化的人通通加入酒馆的激烈争论，不识字的人（当时很多）通过谈话了解到革命传单的内容。他们参加酒馆的庆祝活动，如反"印花税法案"周年纪念活动，从中接触到了美国新兴的有关共和思想的探讨。这些周年纪念活动蔓延至殖民各地的酒吧，人们每年特意举杯庆祝。酒吧干杯与政治演讲有同等效力，不识字的男人们从干杯中学到了各个殖民地流传的政治思想。（《美国独立战争时期的酒馆》）正如《孔乙己》中，孔乙己仍欠十九个大钱但还没来店的时候，几个喝酒的人就纷纷议论说"他怎么回来了？他打折了腿。"

在酒馆，是一个信息集散交流的中心，鲁迅将小说地点多定在酒馆，通过描写喝酒人的谈话，有利于他补充更多有利于小说情节发展的信息，例如《孔乙己》中结尾处对于孔乙己被打折腿的回忆。同时，酒馆中的流言蜚语也多具有八卦意味。《药》中的茶馆则是华、夏两家，也是故事两条明、暗主线的交叉点。恰恰是通过康大叔和闲人们对夏瑜的八卦，我们才可以看出看客们的卑微、蒙昧、奴性十足与可悲可怜，同时又可以喟叹夏瑜启蒙革命的不底性、虚弱性。而咸亨酒店中的"孔乙己"则成为流言的笑料，无论是他的善良、单纯（多乎哉？不多也），还是他的缺点——小偷小摸（也因此致残）都成为八卦的材料，甚至到了最后他的消失，"孔乙己还欠十九个钱呢"，仍然不乏流言与八卦意味。（《论鲁迅小说中的流言话语》）鲁迅对于酒馆中流言话语的个人描写与群像感知相结合，揭露出中国国民的无聊、卑微和伪善。所以，把地点设在酒馆，更有利于突出鲁迅作品一针见血的特点。

总体来说，酒馆这个独特的地点，它的亲民性、信息性以及八卦性等都驱使鲁迅将它作为小说的地点核心。单单从这几个方面来看，它的存在确实也为小说的情节发展作出了贡献。

作品2

张爱玲笔下白流苏与鲁迅小说中子君的对比研究

（1）选题原因及意义

提到中国近代文学史，谁会是你心中最伟大的作家？或许绝大多数人的答案都会是"鲁迅"。而我却不敢苟同。相比于鲁迅对当时社会黑暗的口诛笔伐，以笔为武器为民族而奋勇的战斗，我更喜欢以揭露了生活在那个黑暗社会下普通百姓人性为主题的张爱玲的小说。张爱玲的小说中从不缺乏各具特色的女子，有白流苏、七巧、玫瑰、烟鹂等。但鲁迅笔下的女人似乎屈指可数，我印象中似乎只有祥林嫂和子君。我喜欢做比较，把我喜欢的两个相似的人物比较，白流苏、子君，这两位生活在相同时期、有着相似生活经历的奇女子，但又有着不一样的命运。研究白流苏和子君的异同，可以让我更为了解当时社会下女子的生活境况，和她们心理上所承受的一切约束。

（2）研究步骤及突破点

阅读鲁迅小说《伤逝》

阅读张爱玲小说《倾城之恋》

分析子君与白流苏的形象特点

比较子君与白流苏的异同

（3）资料综述

鲁迅《彷徨——伤逝》漓江出版社

张爱玲《倾城之恋》北京十月文艺出版社

关注心灵殊途同归——张爱玲与鲁迅女性题材小说之比较　姚慧卿、韩传喜、张桂玲

关于鲁迅作品《伤逝》的赏析

百科百度白流苏

（4）研究报告

子君是鲁迅笔下为数不多的女性人物。子君是20世纪中国重要作家，新文化运动的领导人——鲁迅小说《伤逝》中的女主角。《伤逝》是鲁迅唯一一部以青年恋爱和婚姻为题材的作品，这是一篇爱情小说。它只有短短一万多字，篇幅并不长，作者以"涓生手记"的形式，回顾从恋爱到感情破灭这一年的经历，生动地描写了子君与涓生，一对青年男女在自由思想萌发下的相恋，后遭到家族反对，毅然选择私奔同居，但最后却因社会的舆论与生活的困苦而亲手扼杀了这份爱情。

白流苏，我国现代著名女作家张爱玲代表小说《倾城之恋》的女性人物。白

流苏，她婚姻失败，离婚住在娘家遭受哥嫂逼迫回唐家当一辈子寡妇，因此形成"赌徒"的性格。她唯一的赌注是自己的青春和美貌。她不相信命运的安排，却又把自己交给命运——当一个"赌徒"。当她处于似乎不可挽回不可更改的生命悖论中时，她从白公馆的时间轨道中挣扎出来，开始她个人生命的时间；当她陷于无垠的"爱情迷宫"时，一座城池的沦陷成全了她。

子君、白流苏，两位不同时代文学大家笔下的女人，两位生活背景不同的女人，二者，虽然有着点点滴滴的不同之处，但也有着相同之处。子君、白流苏，都是为了所谓的"爱情"而奋不顾身的人，子君、白流苏都是具有一定文化的知识女性。在她们的身上具有反封建礼教，追求个性解放的进步思想，争取婚姻自由的坚决果敢。子君是"五四"时期觉醒了的中国女性形象。她不求显贵，只渴望自由，渴望相互尊重的无邪的真情。她并不怎么了解外界的生活，没有经受过风雨的锻炼。当一线光明照到她身上的时候，她的心灵就呈现了异彩。她勇敢地反抗家庭，冲破社会的束缚，宣布"我是我自己的，他们谁也没有干涉我的权利！"这是她大无畏的反封建的宣言！而白流苏是一个不受男人支配、摆布，具有强悍的自救精神的特殊女性，她以自己的老练与智慧主宰着自己的命运，成为婚姻竞技场上的胜者。她让我们看到了旧时代的女性是如何在困境中"抗争"命运，改变命运的。她的出现既是一种希望，也是那个时代女性改变自己弱势地位的一个过程。或许，曾经的她怀揣纯真美好的少女情怀。可是时间和现实在慢慢侵蚀吞噬这一切。

虽然子君和白流苏都是接受过现代化教育和西洋教育的人，但她们在骨子里面仍存有浓厚的封建意识，逃脱不了"嫁汉嫁汉，穿衣吃饭"的旧式婚姻模式。尽管最初，子君能抛弃旧的思想约束，冲破封建家庭的羁绊，她"大逆不道"，"伤风败俗"地在封建卫道士面前公开与润生同居，但婚后子君全身心跳进家庭小圈子，为丈夫，为小家庭逐渐失去了自我，全身心地依附于丈夫，甘心情愿把自己封闭起来沦为丈夫的女佣，"每日'川流不息'的吃饭成子君的功业"，"她似乎将先前所知道的全部忘掉了"，"只为了爱，——盲目的爱，而将别的人生要义全盘疏忽了"，后来出现了生存问题，小家庭终于无法维持下去了，子君只得跟父亲再次出走，束手就擒，重新回到了封建牢笼中去，最后在"无爱的人间死灭了"。而白流苏把寻找经济靠山作为择爱的目的和标准，资产阶级的金钱观、价值观与封建婚姻观竟然奇特地吻合了。她与范柳原邂逅而坠入爱河，范柳原是一个饱经世故、狡猾凶残的婚姻场上的赌棍，他只是想寻找情妇偷欢，而不愿承担丈夫的责任，而白流苏则是觊觎他的金银财富，要永远嫁给他，二人同床异梦，在金钱和色相的等价交换之中，白流苏牺牲了"淑女"身份和青春投入了范柳原的怀抱，物质生活的迫切需要使她无暇顾及心灵。她的目的只是经济上的安全和心灵上的安稳。子君、白流苏虽然都是那个时代觉醒过来的女性，最后却心甘情愿地被封闭在家庭的城堡之中，依附于丈夫、依附于"物质"，以"物质金钱"为第一位作为择爱的目的与标准，失去了追求自由的勇气和力量，成了一只又一只"绣在屏风上的鸟"。

子君、白流苏，两本不同时代小说中的人物，却有着相似的人生、相似的经历。两人令人沉重的爱情、令人惋惜的生活经历，深刻揭示出在封建家庭和金钱枷锁禁锢下的女性所遭受的身体和灵魂的压迫的悲剧。子君和白流苏两人的命运是悲哀的，但留给我们的反思却是永久的深刻的。我们没有理由去苛责小说中的任何一个人物，她们是生活在一个特定历史环境下的人物。子君喊出了"我是我的"，一座城池的沦陷成全了白流苏。中国女性身上背负着流传了几千年的枷锁，不是单凭一两个人就能将这枷锁粉碎，就能给全中国的女性带来解放与自由，但中国妇女争取婚姻自由，中国妇女新生的曙光，不是一天两天的事情，而是需要一个漫长的历史过程的。

教学反思

我在实施拓展阅读过程中有以下几点感受。

传统的语文教学习惯于通过教师的设问引领学生理解文学性较强的文本，这种模式像是学生报团旅游一般，教师是导游。游览路线是导游定的，景点介绍是导游讲的，一路下来，重要的景点都看了，但游客是被牵引着观赏的，审美和思维都限定在导游的引领下。而拓展阅读则不然，学生自己选择阅读的篇目，选择阅读的角度，因为个体的生活积累和文学素养不同，关注点也不尽相同，这就好像每个同学都是背包客，一个景点中各自从自己感兴趣的角度去欣赏，倘若途中遇到了同路人，不妨结伴而行，畅论一番，互通有无。所以我认为拓展阅读要突破传统教学中的应试观念，也改变读是为了写的功利目的，把阅读还给学生，让他们自发地读书，自觉地从书中发现自己的兴趣点，产生思维活动。而且我认为拓展阅读的价值不在于学生对文本的理解有多深，而在于广泛的阅读，可以从课内节选走向全文阅读，也可以拓展阅读一个作家的作品，还可以阅读相同题材或体裁的文本，甚至可以在相同主题下跨媒介阅读。它的核心是通过阅读打开学生的视野，丰富学生的积累。

正如吕叔湘先生所说："同志们可以回忆自己的学习过程，得之于老师课堂讲的占多少；得之于自己课外阅读的占多少。我回想自己大概是三七开吧；也就是说，百分之七十得之于课外阅读。"所以利用课外时间开展拓展阅读。拓展阅读的核心是学生自主性，需要调动学生的自主意识。自主意识就是人具有一种有意识的选择自由。我认为这种自由能最大限度地提升学生的阅读兴趣。同时认知建构主义原理认为：自主性学习实际就是无认知监控的学习，是学习者能够根据自己的学习能力、学习任务的要求，积极主动地调整自己的学习策略和努力程度的过程。自主性学习要求个体对为什么学习、学习什么、如何学习等问题有自觉的意识和反映。这也恰是阅读品质和习惯的养成过程。

　　在整个活动中教师的作用是间接而重要的。首先要选择拓展阅读方向，这是整个活动是否可以取得有效成果的关键。其次提供选题方向。选题方向要在实现阅读目标的同时注意学生的认知水平和兴趣点。最后，教师规划活动过程，在过程中教师要给予学生在思考方向上的引导和点拨，这有利于学生在教师高质量的指导下独立完成阅读任务。

　　读书应该伴随人的一生，一个人文学视野的广度、精神灵魂的高度、人生阅历的宽度，审美情趣的雅度都是和阅读分不开的。中学时代的阅读体验尤为重要，甚至影响人生，因为这个年龄段是一个人人生观、世界观、价值观形成的时候。

案例2

一枝一叶总关情——李娟散文中的生命观照

赵　晶

拓展目标

　　在专题化教学之风劲吹之际，写景状物类散文是高考试卷中不能回避的类型，特别是从涵养孩子灵魂的角度，这一类型散文的教学如何摆脱过去呈现的单篇零散化方式，让孩子们真正走近作者的心灵，体悟文章的情感，并且自己身处自然之中，也能有所感有所悟？我们在教研中心的指导下，备课组积极思维，采取了一种师生共读的思路，扩大孩子的阅读篇目。不仅仅局限于京版教材必修四的《前赤壁赋》《荷塘月色》《活水源记》等文章，寒假开始推荐迟子建、李娟、周涛、鲍尔吉·原野等人的书籍，书写读书感受。开学后以读书会的形式交流，孩子们的热情高涨，老师也"下水"成文，笔谈读书之乐。

　　我们备课组老师各有分工，我带领学生重点阅读李娟的散文作品，李娟是一位没有经过专业训练的淳朴山野女孩，她凭借着自己敏锐的感知和细腻的观察，一篇篇作品自然流淌。之所以选择这位作家，是为了让孩子从她身上汲取力量，唤醒每一个孩子心底的写作热情，我笔写我心。预期目标拟定为：学生在阅读中，通过审美体验、书写交流等活动，形成健康向上的审美情趣与鉴赏品位，用一双发现美的眼睛，诉诸笔端，创造美文。

拓展内容

本案例重点选择李娟的散文集——《我的阿勒泰》作为阅读对象，其中《在荒野中睡觉》、《摩托车穿过春天的荒野》、《木耳》、《绣满羊角图案的地方》、《我家过去年代的一只猫》、《河边洗衣服的时光》、《深处的那些地方》、《外婆吐舌头的样子》等是师生重点研读的篇目。

高一备课组在张岚老师的带领下，我们的拓展阅读设计基本分为三个部分：学生自主阅读李娟散文集《我的阿勒泰》；学生摹写写景状物类散文；教师和学生共同书写写景状物散文读后感。大家的书写角度丰富多样，因为李娟敏锐地捕捉着世界的点点滴滴。

李娟的散文时刻洋溢着一种"生命观照"，她观照天地、日月、荒野，观照家人谋生与游牧迁徙，观照自我精神的慰藉。她将笔下的一枝一叶、一草一木都赋予生命，在她的观照下，人与自然、人与世界、人与自我的关系得以诠释。

（一）人与自然

李娟对她所生活的自然大背景——疆北阿勒泰地区有着言说不尽的爱，《阿勒泰的角落》自序曾这样书写："如果说其中也有几篇漂亮的文字，那倒不是我写得有多好，而是出于我所描述的对象自身的美好。"在李娟的笔下，人与自然不再是对立而是守望互助，人在自然中寻求生存，自然也在其中欣欣向荣。人与自然是共时性的存在，处于平等、对话的交流状态。

李娟生活的阿勒泰到底是怎样的呢？《我的阿勒泰》一书让我们见识了李娟的"国度"。这是一个《绣满羊角图案的地方》，《属于我的马》在驰骋，在《通往滴水泉的路》、《蝴蝶路》上每每有惊喜带给我们，这里有《森林》、《木耳》、《花脸雀》，在一片《河边空旷的土地》上，《摩托车穿过春天的荒野》，她《在荒野中睡觉》，品味自然的曼妙。《什么叫零下42度》的极寒条件，没有扫去人们的热情，《乡村舞会》上暗恋麦西拉、《弹唱会上》狂欢欢娱，平凡生活中《补鞋能补出的幸福》，再《想起外婆吐舌头的样子》。我们感受着大自然的静美，这里的人们陶醉于自然的怀抱。

那里的人们与自然是和谐融合的，喜欢《在荒野中睡觉》中的文字。"这山野里，可以睡觉的地方实在太多了，随便找个平坦的地方一躺，身子陷在大地里，舒服得要死。睡过一个夏天也不会有人来打扰你。除非寒冷，除非雨。"看来，自然这席大床比自家的床铺要舒坦得多。"有时睡着睡着，心有所动，突然睁开眼睛醒来，看到上面天空的浓烈的蓝色中，均匀地分布着一小片一小片的鱼鳞般整整齐齐的白云，从南到北，从东到西，像是用一种滚筒印染的方法印上去似的。那些云大小相似，形状也几乎一致，都很薄，很淡，满天都是，一点一点地——不能简单地说它们是'停'在天空的，而是，'吻'在天空的呀！"满满的爱意，不辜负自然的馈赠。

再来读读《摩托车穿过春天的荒野》，她和家人以摩托车为交通工具，行驶在荒茫的戈壁滩上，结果，他们迷路了。然而，惊喜出现了。"我弯腰从脚边土壳中抠出一枚小石子，擦干净后发现那是一块淡黄色渗着微红血丝的透明玛瑙。再四下一看，脚下像这样的漂亮石子比比皆是，一枚一枚紧紧嵌在坚硬的大地上。我乱七八糟拾了一大把，揣进口袋。"透明的玛瑙让我的心情不再低沉，前行的路上，何必只在意终点，沿途的风景不也是很美吗？

这时人与自然已融为一体，仿佛多年的朋友，彼此慰藉着对方。一切都是自然化的生活，在与自然的共存、竞争、融合中，人的心也自然化了，没有了心机和设计，只留下了伴随自然而呼吸的心情，从而在博大的自然中找到了人本色的生活。

有的时候人与自然是竞争冲突的。一篇长文《木耳》描写的是人类在森林中采摘木耳的故事。李娟的妈妈开启了一段采木耳之行，当人们渐渐发现了深山木耳的美味，价格自然突涨，于是更多的人开始了疯狂地采摘，直到有一天，木耳没有了。从表面上看，竞争确乎存在，人类在自然当中"索取"自己的生活，然仔细忖度，我们是多么期待与自然融为一体，在群山背后浩浩荡荡的森林中，寻得一方"安身立命"之地，物为我用。

李娟是一个生活在疆北戈壁的汉族人，她以其独特的身份和视角诠释着人与自然的关系。她不是异域的旅客，她不含猎奇的眼光，只因其生于斯、长于斯，才成就了她笔下的一枝一叶、一草一木。当然，让枝叶、草木有了灵性的，是她那对自然万物充满爱意的心灵。

（二）人与世界

人生存于世，人与世界的关系，即作为个体或种群的人与包括动植物、人类甚至自然在内的整个世界的关系。借用王安忆教授（对比作家之称，我更喜欢这个称呼）对李娟的评价："她的文字一看就能认出来，她的文字世界里，世界很大、时间很长，人变得很小，人是偶然出现的东西，那里的世界很寂寞，人会无端制造出喧哗。"

她的世界着实很大，调皮的外婆、智慧的妈妈、淳朴的牧民、"画眉"的花脸雀、被卖掉的猫、雪白的蝴蝶、消失的树……还有那个懵懂的自己，共同构筑了李娟的"阿勒泰"。阅读李娟的散文，仿佛在参阅一部哈萨克民族文化风情卷，好像也跟着这个四川女孩游走在新疆广袤的土地，看着她随着母亲过着飘荡而满足的生活，一边成长一边记录着自己眼中的民族、生活和变迁。

在《绣满羊角图案的地方》一篇中，李娟感受着哈萨克牧民的热情、好客，那件披在身上的"大衣"，是那么暖意浓浓。除此，另有一支火苗时刻温暖着李娟的心灵，那就是一个游牧民族，面对恶劣的环境被迫游走，但是他们仍然安守这种漂泊迁徙的生活，以极大的乐观热情拥抱生活。"羊角的图案从星空降临。那么多的羊挤在一起，越挤越密，越挤越紧……到最后，挤得羊都没有了，只剩下羊角，密密麻麻的，优美地，排列到天边……羊角和羊角之间的空隙，栖满了温顺谦和的灵魂。它们不语，它们的眼睛在羊角下看我，它们的呼吸让房子里的空气海一样静谧、沉着，并从毡房的每一处缝隙源源不断地逸出，缭绕在辽阔、深远、水草丰美的夏牧场上。只有这样的家才能让人安然入睡！"李娟不愿在这样的世界醒来。

面对整个世界，李娟有一种潜意识："什么也没有生命重要，和生命相比，言论无非是一些唾液溅湿了的声音，美貌不过是一瞬间的浮浅表象，至于其他的那些短暂的东西，更是不值得一谈，唯有生命，应该成长。最终一切都是生命之王。"

在李娟的笔下，人与世界、人与外物自然相融。忘不了李娟的外婆央求外公不要卖猫的说辞："这猫也造孽，都卖了两次还在想着自家里头，就可怜可怜它吧！"（《我家过去年代的一只猫》）；忘不了李娟的妈妈为了"孵出一只小鸡"时的温情，"灯光调得很暗，她半躺在被窝里，倚着枕头，用棉被轻轻捂在胸口上，低头看着怀中的宝贝。"（《阿勒泰的角落》）；忘不了李娟的朋友在医生要求其儿入院观察时，那句"羊还没过河呢！"（《羊道·深山夏牧场》）在他们的观念中，生命最可贵，包括人在内的所有生灵都"扶植"生命。

李娟尽管生活在"与世隔绝"的大漠，但是无时无刻不在关注并思考"现代人"的生活。李娟一家有过开裁缝店的经历，她们也曾漠视"同行勿入"的行规，探访裁缝店。李娟不断发出疑问，"现在谁还去裁缝那里扯布做衣服啊，店里买来的又便宜又有款式。""但是那些大街上匆匆忙忙走着的人们，真的需要那么多的衣服吗？衣服如大潮汹涌地进入人群，一场又一场的流行最后产生的恐怕只有一堆又一堆的垃圾吧……"李娟在思考：除却生存的需要，人类的需求是自生的还是被制造的，自生的需求是被满足了还是抑制了，生存状态是改善了还是恶化了，等等。这里通过不同视角的审视，对"什么是有价值的"进行了一番思考。

还有上文提到过的《木耳》，当人因欲望无限膨胀而索取木耳的时候，木耳以一种消失的方式来"回敬"贪婪的人们，切中时弊。李娟思考着现代文明与古老社会的碰撞，人处在这个世界中，究竟要承担一个什么样的角色呢？人在世界中索取的物品，包括金钱、权势、地位……是不是就是抽象的"木耳"呢？

李娟就是这样一位天然的写手，笔在缓慢地流淌中，观照着这个有人的世界，我们在轻松阅读中，不禁与她同呼吸、共思考。

（三）人与自我

生命于每个个体都是一个偶然，然而每个个体又不得不最终担当起这偶然而至的生命。活于世的每一个生命，都应该让自我绚烂多彩，不断创造、升华、沉思自我。

但丁曾说：在任何行动中，行动的那个人的最初意图就是要展示他个人的形象。李娟的笔下描摹的完全是她生活的领空，她自己的内心。她有着强烈的归属感，"我不是一个没有来历的人，我走到今天，似乎是我的祖先在使用我的双脚走到今天；我不是一个没有根的人，我的基因以我所不能明白的方式清清楚楚地记录着这条血脉延伸的全部过程；我不是没有故乡的人，那一处我从未去过的地方，在我外婆和我母亲的讲述中反复触动我的本能和命运，永远地留住了我。"（《我家过去年代的一只猫》）尽管李娟已经在文坛上大红大紫，但她仍然生活在属于自己的世界中，书写着属于自己的文字。她的博客中有这样的介绍——供职喀纳斯，住在红墩乡。谢谢你喜欢我的书，但是求你别来找我。

李娟的选择源于自己对"自由"的看重与理解。读读她的《河边洗衣服的时光》："就这样，在河边洗衣服的时光里，身体自由了，想法也就自由了。自由一旦漫开，就无边无际，收不回来了。常常是想到了最后，已经分不清快乐和悲伤。只是自由。只是自由。……总之，到河边洗衣服的话，想怎么玩就怎么玩，爱怎么想就怎么想。至于洗衣服就是次要的事了，爱洗不洗，往水里一扔，压块石头不让水冲走。等玩够了回来，从水里一捞，它自己就干净了嘛。"罗丹的名言"生活中并不缺少美，而是缺少发现美的眼睛。"李娟发现了美，并徜徉于"大美"中，思考着自我的所获所得。

再读她的《深处的那些地方》，当她看到妈妈"一个人裸着身子在山野里走，浑身是汗，气喘吁吁"，然而"两手空空"的时候，她看到与思考到的是："她脚步自由，神情自由。自由就是自然吧？而她又多么孤独。自由就是孤独吧？而她对这孤独无所谓，自由就是什么都无所谓了吧？"李娟认为："世界由两部分组成的，一部分是我所看到、所感知的世界；另一部分就是孤零零的我……"李娟看重自由，所以她享受着自由的状态。

李娟常常在写景叙事的间隙，不经意地带出对自我、对人生的思考，这时的语言仿如生出风一样的穿透力，能触电般击中人们内心的柔软处。李娟回忆《外婆吐舌头的样子》，不禁因为她的离世而黯然神伤，文章在呼告声中结束："外婆你不要再想我了，你忘记我吧！……吐一吐舌头，继续你绵绵无期的命运。外婆，痛苦这东西，天生应该用来藏在心底，悲伤天生是要被努力节制的，受到的伤害和欺骗总得去原谅。满不在乎的人不是无情的人……最安静与最孤独的成长，也是能使人踏实，自信，强大，善良的。大不了，吐吐舌头而已……"读到这样的语言，已经不仅是感动，更是一种感触。

喜欢李娟的散文，因为里面有自然的绚烂、有世界的庞大、有自我的剖析。她的文字给身处"现世社会"的我们带来一方世外桃源，我沉浸在这一阅读盛宴中。一位普通的新疆姑娘只因她用心在书写人生，从《九篇雪》发表，"阿勒泰"系列、《羊道》三部曲等，十几年的时间，她笔耕不辍、默默无闻。但是作为读者的我们始终关注着她的文字，文坛大腕们盛誉她的文字，甚至召开讨论会研讨她的文字。相信这个纯净的姑娘定会不断给我们带来惊喜。

阅读的实施

我们备课组编写了一部《胸怀天地万物　笔绘自然千态——写景状物散文单元教学成果集》，现选择我的学生的部分作品展示如下：

周涛《天似穹庐》读后感

刘健峰

天似穹庐，文章的标题不言而喻地让人们的联想到了一首诗——"敕勒川，阴山下。天似穹庐，笼盖四野。天苍苍，野茫茫，风吹草低见牛羊。"这是北朝民歌《敕勒歌》中所描写到的草原风光景色。而本文更是点明"天似穹庐"，直意要写"天"。引人联想，勾起我们的阅读兴趣。

文章一开头就说"天是空的"。让人不禁产生了疑惑：天是空的。是这样的，但为什么要如此强调呢？文章紧接着说，直到作者切身感受天的时候，才发觉天是空的。是的，也只有当我们看到"天是空的"的时候，才会对天空做一个直观的认识，而以往的我们并没有这样的认识。躺在松软的土地上，作者的身心是那样的放松和随性，"懒洋洋"更像是一种享受，享受一种天人合一的境界。作者对此描述到"阔大而又起伏着的草原真就像一个女人的身体"，"这永远躺着的，老也不想站起身来的草原女体身上"，体现出了作者对身下的土地的陶醉和迷恋。"撩人"则是他对这片土地的直观感受。

试着幻想一下，换作是自己躺在那样的一个"散发着初夏的醉人气味儿芳香新鲜的"草原上，望着头上空灵静远，仿佛一眼就能洞穿的蓝天，该是怎样的一种美的感受！微风吹过，掺杂着牛羊马匹"骆驼"牧羊犬和各种动物的粪尿味、尸骨味、花香味，草香味的空气涌进鼻子，顺着气管流入胸腔之中，那种略带着一些刺激的感受，纯净、邪性、而又醉人。

我生活在城市中。环境的污染造就了一个只有在大风大雨天后才会出现蓝天的环境。平日里暗无蓝日，相比之在乡下那些虽条件落后，却每天都能享受得到蓝天白云，时间仿佛凝固了一样的生活，我便不禁扪心自问：人活着，究竟是为了什么？

如文中所讲，动物不想这问题。人也不会想彻底这个问题。其实，答案就在那片似穹庐的天底下。假如我们能抛开一切，惬意地躺在一望无际的大草原中，静静地望着头上的天，感受着，享受着，体会着，那么活着的意义仿佛也就那一刻被得到了充分的证明，神秘而自然。

放下压力，去自然寻找那份精神上的洗礼吧。那片天，会似穹庐。

鲍吉尔《屋顶的夜》读后感

褚湘淇

读鲍吉尔的文章总能找到一种熟悉亲切的感觉，有对生活的向往，对善良的憧憬，当然也有那种对纯粹、不矫揉造作的赞美。他本就是一个拥有纯净、不掺杂其他杂质的心的人，所以，他也将这种思想附在了他的作品中。

《屋顶的夜》是我很喜欢的一篇文章。夜，素来是恐怖，压抑的象征，人们唯一能和夜联系起来的便是黑暗，黑暗又总是和光明对立，而人们又偏偏是比较喜欢光明的，就比如说人们总是会赞美说"那就像黑暗中的一抹亮光"，在人们的潜意识中，黑暗是阻挡光明的罪魁祸首，所以从没有任何一个人对它有过丝毫好感，从没有任何一个诗人赞美过它的色调，也从没有任何一位作家喜爱它的漆黑。而我，在看鲍吉尔的文章前，也同世人一样，认为夜除了漆黑之外一无所有，就算没有厌恶它，却也不曾丁点喜爱过它。而鲍吉尔却赞美她，喜爱她。在他眼里，夜像漆黑的金丝绒，像山峦，像典雅的雾。因为他认为夜像金绒丝一样美丽，甚至像金绒丝一样耀眼，它也像山峦一样博大，人类在它的对比之下是多么的渺小，同时它也像雾一样典雅，神秘。他喜爱夜的纯粹，他对人们以为能够赶走夜，以为那些刻意创造的灯红酒绿能够驱散夜而感到可笑。是啊，人们讨厌夜，所以创造了灯，但，灯无法带走夜，夜还在那里，灯会灭，但夜每晚都会如期而至。

夜的持久，是人们无法领略的，其实，当我们摒弃一切华丽的，想掩饰夜的存在的东西时，站在土地上，亲身感受夜的存在，用眼睛，用心去感受它的美丽，不也是一件很激动人心的事吗？感受它的神秘，感受它的静谧，接受它黑的纯粹、自然，对它无所抗拒，说不定，我们也会爱上夜，爱上这驱散不去的黑暗。爱上这纯粹美丽的颜色。

教学反思

李娟，一位出生于20世纪70年代末的新生代作家，阅读她的文字，最主要的原因是想感受一下那个与自己的生活截然不同的另一番模样。年龄相仿，经历相异，往往是阅读的原初动力。在灵动的文字中，我徜徉于专属于李娟的世界，感受着她别样的生活与情感，带给我的更多的是新奇与思考。那个遥远陌生的地方，那些不曾感受过的风沙、牛羊，组成了一个极富吸引力的磁场。

经过一段时间的品读与交流，孩子们在语言建构、思维提升、审美发展等方面有不同程度的提高，选择两篇文章分享孩子们的成果。

玉兰·春花
尚逸文

四月如一位小巧的少女，身着绿色纱衣，踮着脚尖，踏着舞步，轻盈而来。风没有严冬的寒冷，仲夏的灼热，而是夹杂草木的清香缕缕拂来；空气没有冬日的干燥，夏夜的沉闷，而是浸润雨水的泥土芬芳升腾而来，一切都刚刚好，韶华的美好不忍辜负，享受这无尽春意。

"难道咱们学校操场旁边的是玉兰？那么高！"

那当然，除了玉兰，还有哪位敢拖着宽松华丽的裙摆攀上高枝的！都说寒梅傲雪，它枝干蜿蜒，寒风中将冻成一小球的花瓣舒展，绽放，可惜也就几个指肚大小，不够大气。都说迎春喜人，小巧金黄的花朵一丛接一丛，满眼都是炫目的黄色，告诉人们春的消息，可惜枝条肆意杂乱，不够雅致。都说丁香醉人，硕大艳丽的花布满全株，芳香四溢，引人驻足欣赏，可惜香味过于馥郁，不够淡雅。

当梅花凋落枝干上冒出点点绿色时，当迎春正争相怒放耀眼的金黄夺目时，玉兰正悄悄迎风而立，新蕊初成，花瓣之间紧紧缱绻，或是青白，或是淡粉，轻轻晕染而上，远观如玉釉，如凝脂，花蕊高耸立于枝头，又弯出一个俏皮的弧度，玲珑可人。待春风吹开花苞，花瓣外旋伸展，娇媚姿态初现，或是青白片片，白光耀眼，或是艳粉朵朵，粉彩四溢。每一朵都似精品，旖旎婀娜，亭亭玉立，仿佛蕴含了某种不可言说的自然的力量，美得触目惊心……

春来无声息，春去亦不闻，愈是美好就愈会改变，只待香残缱绻嫁春风，花锁人衰春色莫。玉兰花瓣悠悠坠地，纯白未被泥土玷污，娇颜犹在，令人不忍足踏落花。一场春雨袭来，雨水污淖花姿褪，葬花之处再难寻。

自古以来，从来不少葬花之人，他们怀着那丝丝忧愁，葬了落花，实则在心中葬了自己的韶华。难道我们也要做这般葬花之人？校园那丛花影后是艰苦的高三学子在奋战，一模刚过，课桌上那将头掩住的撂撂课本却未减少，每双眼眸都无比坚毅却又有些许迷惘，撑着将要被压力与疲劳击垮的身躯……十七八的花季，谁人不叹这春花怎被锁入木匣之中！

但你可曾听说过"腐草为萤"？季夏三月，野草在溽暑中死去，萤火自朽叶里腾飞。也许我们也是如此吧！虽为春花，却不能肆意张扬自己的美丽，只得默默无闻地努力着，努力着。我们是葬花之人，用自己的双手，亲自葬了这份轻狂，这份浮躁。待到夏日，葬花之处重生出夏蝉，也许我们不再美丽，也许我们不再鲜艳，但是却可以尽情展现自己，在这炎炎烈日下，在万物萎靡中，放声歌唱，唱出自己的声音，是我们真正应该拥有的姿态。

春花凋零只为圆夏蝉一个梦，我们是否也可以耐得住寂寞，圆以后的自己一个梦呢？

教师简评：每个孩子都有一双发现美的眼睛，抬起头来，看看外面的世界，这个孩子做了很好的示范。校园中的玉兰，是花季少年心中的花神。正是读了李娟的文字，才唤醒了孩子心底的美好。这样的审美鉴赏与创造能力是一种本能，关键是自我突破、自我发掘，这个孩子做到了。

红

程航远

小时候，我喜欢眺望落日，因为它的火红。

渐渐地，我的书包一点点地沉了起来，课业也逐渐繁重，每天奔波在家与学校的路上，我甚至无暇顾及每天都目送我回家的它——落日，直到那一天。

天边的湛蓝被夕阳刺成了鲜红，暗淡却又刺眼的目光与地面的光影交织变幻，在空中化成美丽的虹。我无精打采地走着，试卷上的红圈一次又一次在脑中浮现，马上就要到家门口了，我该怎么办呢？听着深巷中的犬吠声，我停下了脚步，踌躇不前。

夏风吹过脸颊，温暖却又肃杀，我的目光被天边烧的如火一般的云所吸引，是啊，夕阳，即使是余晖也可以化成一把火红，如烧的滚烫滚烫的剑，撕开苍穹，劈开天空，斩断光影的重重阻碍，以一日之垂暮之时，用本身的火红，点燃大地。

面对夕阳，我不再沉沦。因为它用它的红在诠释坚毅，即使余晖散尽又有何妨，明天依旧是同样的红……

燕山的钟声，深刻而悠长。天还没有亮，赶来白水寺祈福的人却排成了长龙，香火从佛堂里缓缓飘出，化成青烟消失在朦胧的天际。

我打了一个哈欠，睡意侵占了我的身体，不知何时，一缕光线从叶隙中射出，把我从困倦中叫醒，我的目光不觉地伸向天边，太阳正从群山之间露出光芒。枝叶繁茂，挡不住几缕微光；雾气缭绕，遮不住一束朝晖，它渐渐地伸出头，像一个出生的婴儿，又像一个藏在面纱下的美人，在或明或虚的空气中诞生。

一时间，红光四射，射穿了薄暮和树枝，照亮了幽兰的天际。是的，再多的朦胧都挡不住这一缕阳光，一缕最微弱却不失力道的红色。

有时，回忆几次望日，无论是初生还是垂暮，它的光芒令我震撼，如同一团跳跃的火焰要把自己的活力展现给大地。小小的阳光斩断天空，消融迷雾，将一切虚无化作尘埃。

我知道，红色也是坚毅不屈的图腾。

教师简评：高中的孩子，已经不是人云亦云的年龄，需要建立自己评判问题的角度。小作者没有局限于"夕阳"的固有意蕴，在心灵的召唤下，他发现了我心中的"红"，这抹红色将带领他走向远方。

我的孩子们，"90后"的他们，能够和我一样，愿意品读李娟的文字，我们能否有相似的情感体验，能够实现师生与文本多重对话，我在实施之初满是问号，但是过程是享受的，结果是"惊艳"的，从孩子们笔尖中流淌的文字，我可以感受到他们脉动的生命，一切因为阅读而精彩。

策略二　古代和外国作品的拓展阅读

古代文学作品和外国文学作品的拓展阅读不构成拓展阅读的主要内容，但是不能被完全忽略，这方面要求教师在阅读计划和书目选择上给学生提供足够的帮助。当然这方面的拓展阅读仍然是课堂所学的有机延伸，只是因为古代文学和外国文学本身的繁多和复杂，我们必须有理性地甄选。

外国文学的选取以现实主义和浪漫主义作品为主，可以有少量的现代主义作品。前两方面的优秀作品经过时间的汰选，是几代人的精神人文养料，可以引导学生阅读、思考和评析。外国现代主义作品也有大量优秀之作，极具个性，创新性强，但多数在语言上具有一定的实验性，内容上也有很多不适合学生阅读的东西，再有东西文化的差异，学生不大容易接受和消化，故而现代主义作品的拓展阅读只能谨慎展开。进行外国文学作品的拓展阅读时，我们教师一定要将最好的译本推荐给学生。

我们的教师曾经有过外国诗歌拓展阅读的尝试，取得较好的效果。诗歌相对来说篇幅较小，不论学生的阅读，还是彼此之间的交流，倒还容易进行。确实，如果学生在高中阶段没有稍细地阅读里尔克、惠特曼、聂鲁达等诗人的作品，没有读莎士比亚的四大悲剧，没有多读两本巴尔扎克的现实主义和雨果的浪漫主义，没有阅读海明威的一系列中短篇小说，究竟是有几分遗憾。

古代文学作品和外国文学作品的拓展阅读是对文学险峰的攀登，扎实有序落实，才会取得喜人的效果。

案例

李白诗歌拓展阅读

陈　耀

拓展目标

拓展阅读不同于一般的课外阅读，一般的课外阅读根据个人的兴趣爱好等选择，阅读的内容、时间、程度都没有限定。拓展阅读是依据教学内容的需要而设定，是课堂教学的有效和必要的延伸拓展，是整个课程的有机部分。拓展阅读有特定的教学目标，有具体的教学实施策略，也有对阅读效果的考查和呈现。

李白和杜甫是中国古典诗歌的两座高峰，因为教材容量和课时的限制，选篇内容非常有限，京版教材必修二诗歌单元只选入李白一首作品《梦游天姥吟留别》，这也是整个京版高中教材选入的唯一一首李白的诗歌作品。仅仅一首诗歌，对于学习中国文学史上最重要的诗人远远不够，就必须更广泛地阅读李白的诗歌，这样的学习在有限的课堂很难实现，只能作为拓展阅读放在课下实施。

李白诗歌清新飘逸，情感张扬热烈，非常具有感染力，同时李白诗歌不似杜甫厚重深沉，理解起来难度更小。如果在课堂上对李白的诗歌有了一定学习理解，在拓展阅读上加以必要指导，那么学生就可以在课下自主拓展阅读，所以拓展阅读是课堂学习效果有效的检测、应用和发展。

拓展阅读实施的难点在于如何在课下指导学生阅读，如何跟踪学生的阅读进度，如何检查学生的阅读效果。网络的普及、社交媒体等技术的成熟发展，使课下线上学习成为可能。所以拓展阅读采用线上学习的方式，教师的指导，学生学习的反馈，包括学习方式都可以根据网上学习的特点进行设置。

"李白诗歌拓展阅读"是以《梦游天姥吟留别》为出发点，在欣赏一首诗歌的基础上拓展阅读欣赏李白的其他诗歌，提升学生对古典诗歌阅读欣赏的能力。学生阅读能力究竟有多大提升，还有必要回到课堂上进行直接的检测。所以拓展阅读的收束要回归课堂，由此设定了结课"诗仙研究"论文答辩交流和课堂诗歌的小检测，呈现学生阅读后诗歌鉴赏能力的提升。

拓展内容

李白是因诗而成仙的，一个"仙"字就是李白鲜明的诗歌风格，作品形式上自由变换，诗人是一切诗歌形式的主宰。他的大量诗歌多写仙境，他爱写天上，对仙境、仙人、天上的描写细腻逼真，体现着诗人追求超凡脱俗的境界。他的想象奇特，想人之不能想不会想不敢想，不受限制，自由驰骋。他的诗歌的情感豪迈洒脱，并不遮遮掩掩，天然率真。李白的诗歌天真、清丽、自由、真挚，所以读李白的诗总能让人超脱尘俗，充满着对自由、超然、自然的向往。

李白又被称为"谪仙人"，他的诗歌在"仙"的风格特征之中，又包含着"谪仙"的复杂矛盾。他本是自由、脱俗、率真的，但是他流落人间，必然遭遇尘世的痛苦，眼见尘世的丑恶、虚伪，又不能与世俗同流合污，所以他必然痛苦，忧闷。而如何纾解这种痛苦和苦闷，就是求仙，蔑视尘俗，超越尘世，来战胜尘世之苦。我们应该从李白的《梦游天姥吟留别》和他的大量诗歌中读出"谪"的境遇和情感，又读出"谪"的出路和超越，理解"仙"与"谪"的关系。

以《梦游天姥吟留别》为基础，所选编的拓展阅读都是能够充分体现李白"仙"的风格，"谪"与"仙"辩证关系的作品。这些作品涵盖古体诗、律诗、绝句等各种诗歌体裁，诗歌内容有游仙诗、送别诗、山水诗、绝笔诗等各种题材，有写给友人、写给家人、写给自己、写给自然等各种对象。有大家比较熟悉的著名作品，如《蜀道难》，更多的是流传知名度不太高的作品，也值得认真阅读欣赏。整个拓展诗歌选篇涵盖内容广泛，情感色彩丰富，形式多样，又个性鲜明，趣味十足，容量适中，能够激发学生的阅读兴趣，有利于他们深入解读，又不增加学生的负担。

"李白诗歌拓展阅读"篇目：

第一部分：

《旧唐书·李白传》

《唐才子传·李白传》

第二部分：

《蜀道难》

《寄韦南陵冰，余江上乘兴访之，遇寻颜尚书，笑有此赠》

《古风》（其十七）

《宣州谢朓楼饯别校书叔云》

《寄东鲁二稚子》

《元丹丘歌》

《答湖州迦叶司马问白是何人》

《夏日山中》

《送杨山人归嵩山》

《对酒忆贺监其一（并序）》

《秋浦歌》（其二）

《独坐敬亭山》

《山中与幽人对酌》

拓展阅读

（一）拓展阅读《旧唐书·李白传》《唐才子传·李白传》，了解李白其人。

拓展阅读指导：

两篇都记载了李白的生平，有详有略，侧重点各有不同，需要同学细细体会。结合注释自学两篇，梳理出李白的生平，划分出大致的人生阶段。

（二）拓展阅读李白诗选，赏读李白诗歌节奏变化。

课堂学习《梦游天姥吟留别》，探讨整个诗歌节奏变化，感受其自由洒脱率真的"诗仙"风格。

以课堂为起点，让学生拓展阅读李白诗选中的诗歌，以一两首诗为对象，鉴赏李白诗歌节奏变化的特点，以赏析随笔的形式上交，优秀作品在微信学习群中进行交流。

（三）拓展阅读李白诗选，广泛深入体会"诗仙"风格。

课堂学习《梦游天姥吟留别》，探讨李白"仙"的风格，"仙"与"谪"的辩证关系，使学生对李白"诗仙"风格有比较透彻的理解。在此基础上，让学生在课外自学李白诗选中的15首诗歌，完成以下学习任务：

1. 必读5首诗，其余10首至少选读5首。

2. 疏通诗意，理解诗情。

3. 每首旁批点评，侧重点评如何体现李白"诗仙"的特点。

4. 选读一首诗歌，录制朗读录音，发至微信学习群。

（四）拓展阅读的再创作——接续成文。

从李白诗选的15首诗歌中选出一首篇幅短小，有意境，便于改写的诗歌，教师改写出开头，发布至学习群中，每个同学在群中完成接龙，最后同学投票选出1-3位同学收官，完成整篇创作。

（五）深入研读李白诗选，完成个人的"诗仙研究"。

这个过程分为确定研究选题，个人研究，撰写研究小论文，提交审批几个阶段。每个阶段教师都在学习群中发布学习指导，并进行相关辅导。

研究指导：

1. 阅读一定数量的李白诗歌，寻找能够作为自己研究对象的李白的诗歌。如果选题还涉及他人写李白的诗歌，那还需要收集适合选题的他人作品。

2. 对这些诗歌进行解读，从自己研究角度对诗歌进行分析，有所发现，做好批注和记录，一定要把自己的想法记下来，这些都可能成为你论文框架的一部分，甚至成为你论文最有独创性的内容。

3. 查找相关资料，阅读他人这个角度或相关角度的研究文章，吸收有见地的观点，提高自己的认识，在此基础上逐渐形成自己的观点。

4. 再研究所选诗歌，印证自己观点的正确性，补充新的诗歌，丰富自己的论证角度。

5. 构思论文写作框架，即准备从几个角度来分析论证自己的观点，自己论证框架是否成立，补充资料。

6. 着手论文写作。

（六）拓展阅读的交流——"诗仙研究"论文阅读评审。

学生上传的论文老师评审合格以后，打包发至微信学习群，供学生阅读交流。为了促进学生认真深入阅读学习，专门设计了专家评审表，让学生进入评审情境中。又设计了网络问卷调查，跟踪学生阅读情况，又通过同学之间的推送选出最受关注的论文，为后面的结课交流做准备。

论文评审指导：

可评价论文整体结构、论证的逻辑性、可信性；

可以就研究深度、广度、创新情况进行评价；

可就某一个或几个部分特别评价；

可就研究的学术价值、学术前景进行评价；

可就研究态度、研究方法进行评价；

其他自选评价角度皆可。

评价主要是肯定意见，也可提出改进建议。

论文评审表示例：

论文评审表（一）　　　　　　　　　　专家签字：

论文名称：	论文作者：
专家评价：	
专家建议：	

学生投票截图：

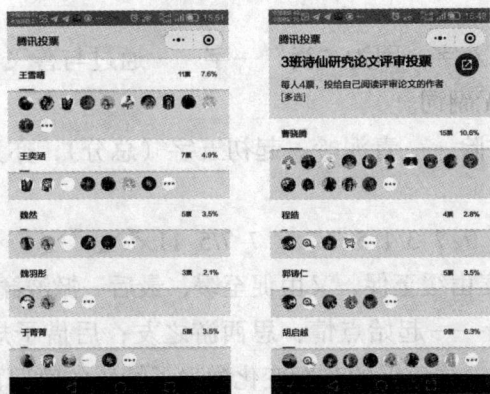

（七）"李白诗歌拓展阅读"结课。

结课的第一种形式是"诗仙研究"结题答辩。同学投票选出的三位同学在课堂上介绍自己的研究，接受同学专家的提问和答辩。

结课的第二种形式是课堂小检测，从几首形式和内容相似的诗歌中让学生选出李白的诗歌，从而检测学生对李白诗歌的掌握情况。

结题答辩邀请函：

同学：

在此非常荣幸地通知您，您所撰写的论文_____成为全班最受关注的论文之一。诚挚邀请您在×月×日"诗仙研究"结题会上做特别交流。请您准备一个五分钟的发言，阐述自己在选题方面的相关研究，现场将有专家和您进行交流。期待您卓越的研究，敏锐的思想，深刻的领悟，在古典诗歌鉴赏领域给我们带来启迪和帮助。感谢您的付出！

高一×班语文学习群

2019年×月×日

师生作品呈现

1."李白诗歌节奏赏析"学生作品

《蜀道难》节奏分析

张天骏

第一段中，3 4 4 5/5 5 5 7 7 7 7 7 9/9 9 8 7/5 7 7 ↘

从总体上看，节奏越来越缓，原因如下：

1）作者在抒情，感叹蜀地之险峻，情感强烈，唯有如此短小精悍才可配之。

2）作者在叙事——蜀地历史传说，故节奏降下来，让读者理解，明白。

3）整体上描写蜀地之险——节奏更慢了（字数加），使内容更为丰满，读者有时间把玩，琢磨。

注："黄鹤"一句八字，因为"尚"一字——通过与善飞大鸟相比，更显蜀地险峻，故后面七字，无副词。

4）具体写蜀地之险——青泥岭。起初五字（总分），亦为作者之叹——太曲折了！

第二段中，7 7 7 7 7 3/4 5 7/7 7 7 7/5 11 ↗↘↗↘↘

从整体上看，节奏由缓至促，又由促至缓，最后一掀波澜。原因如下：

1）作者借景抒情——起始点情：思西游之友；后借子规等物抒情，末一句"愁空山"戛然而止。这样急促的节奏变化激发了情感的喷薄而出——朋友啊，想死你了。

2）又在感叹蜀道险峻，理由同第一段，但末了的七字放慢了节奏，过渡了上下文，推动了诗的进展。

3）又在描写蜀地之险——放慢节奏，使读者得以想象那险峻的蜀地山水。

4）节奏大起大落——又在抒情。五字在前总结前诗，十一言在后，强烈抒发了作者对友人挂念，无奈"抱怨"，眼前不禁浮现一位满脸愁色的李白。

第三段中，7 4 4 5 5/4 4 4 4/5 5/4 5 7 ↘↗

从整体上看，这段节奏最快，起伏最小。原因如下：

1）作者写"险极"剑阁，升节奏，以示蜀地之乱象（割据意图）。

2）作者写蜀地之猛物，四字节奏，急促紧凑，营造紧张氛围——蜀地险象环生，十分危险。

3）总结——短小精悍，故五言——蜀地非久恋之地，友，早归！

4）一咏三叹蜀道难——与前面两段形成了"一咏三叹"，情已至深。而最后的七言抒情也是饱含作者对友人之叹息、牵挂。

2. 接续成文作品（片段）

李白对话敬亭山

高一3班

离开长安已整整十年，李白又来到宣州，独坐敬亭山。他凝望着山，山注视着他，"相看两不厌"。你可听见秋风中山与人的对话？

山："谪仙，众鸟高飞，孤云已去，为什么你不去？"（教师）

李："这世间已无容我之地，只有仙界与这自然中容我。那你孤独屹立于世不孤独吗？"（胡启越）

山："我本是大山，大山定不能动，我注定孤独，你能动，你怎么不去呢？"（贾子怡）

李："因为我并不孤独，每日看云霞明灭，看时代消亡，狼烟四起，我有我的追求（霍依晗），我有我的快乐，我游历千山万水，寻求升仙道路。而你就在俯视着世间，洞察着时代的兴衰而无动于衷吗？"（黄睿）

山："我不关心那种无聊的事情，我在意的是如何才能修成山神，就跟你这家伙想成仙一样，不管什么咱俩都一样。人类，你自己说，你能够逆转这世代兴衰吗？"（郭铸仁）

李："当生命走到某一个节点，你会发现，它依旧悄然无息地，以不同的形式，延续到你的生命里，来不及欣喜，也无力抗拒。我只愿自己能不畏世间的污

浊，孤魂穿越那不朽的岁月。你这样没有温度的生活有意思吗？"（王雨石）

山："谪仙，我坐拥天地之灵气，上与天神对话，下与地府相连，自然给予我坚硬的身体，而你整天只会饮酒作诗，嘴上说着热爱自然，不也是为了你所渴望的自由所找的借口吗？（刘子毅）其实我们在本质上，是一样的。何为温度？难道你追求的，是世间有温度的生活嘛……不，我们生性爱自由，你寻仙求道寻飞升寻自然，我本就是自然。我们均不愿沾染世间浮尘，只求过闲云野鹤一般的生活。你爱酒爱歌爱剑，不爱权财，我爱飞鸟苍穹、山川海洋，不爱市井。你在你所追求的旅途上仗剑至此，你看到了我，与我对坐生出'相看两不厌'之感，就已经说明我们拥有相同的心境。高山流水难遇知音，经此一别，你……何去何从？"（王怡晓）

李："饮酒作诗又怎么了？论才华，我可是天下第一人！我即诗仙！什么叫找的借口？你与我不同，我是在寻求自然，可你即自然，你与天地同寿，而我呢？一介谪仙罢了。终究是凡夫俗子，终究会化为一捧黄土，可我所作的诗，却会流传千代、万代，我就是诗仙！至于以后的路嘛，我还是会踏上寻仙的路途，此为我所好之事，人生在世就是要痛快才好！我会去访遍名山，这就是我李白的自由。你是山，说白了，就是一堆大石头，你能理解人的情感吗？说什么没有温度的生活，你体验过有温度的生活吗？"（滕宇翔）

山："我深爱人间，故人间有情我亦有情，也有温度。而你呢，那些爱你的人你都弃之如履，你是谪仙不定仙，是否还爱着人间？"（霍依晗）

李："吾既为谪仙，身已在人间。虽说心之所向至味是仙境清欢，不愿被尘世打扰是吾本性，然若人间有难之时平定个人间再归隐求仙也无妨。我自然是爱人间的。（郭雅文）正因为我是谪仙，我才能下凡感受人间的种种：人间虽然有污秽和泥泞，但也有诗歌与美酒。颂一首诗词，与友人吟诗作画，饮一壶美酒，与尔同销万古哀愁。这样的人间，怎能不让人喜爱呢？反倒是你，你说你深爱这人间，可你屹立在这荒林之中，怎么会感受到人间的温度，从而深爱人间呢？（程皓）是仙又怎样，不是仙又怎样，人生在世需称意，不过为了自己高兴罢了。我活着是为自己，爱又怎样，不爱又怎样。我尽兴，彩霞也为我舞动；不尽兴，天空都是灰白的。我有我的乐趣，而你呢？在人世间，你有何可作乐，有何可依恋的？"（向俊丞）

山："我亦无眼，亦无耳，唯有悠久的生命。我静静地在这里，多少朝代冲淡了我的轮廓，多少诗人为我作诗！流动的河流赐予了船夫以生活，但船夫不会问河为何而流动。他知道，河流终将流入大海。我也终将逝去，化为灰土，随风散

去。因此，我要与你诉说。真正的，意愿成仙之人。"（李芫峰）

3. "诗仙研究"论文及评审

李白诗中的"真真假假"

贺旭雯

分析诗歌：《梦游天姥吟留别》《元丹丘歌》《临路歌》《寄东鲁二稚子》《山中问答》《蜀道难》《将进酒》

李白的诗歌风格飘逸随性，一字一句都可看出他的放荡不羁与洒脱。李白身在尘世，诗中却有着一个奇幻的世界，准确来说是一个美好的仙境。一人一诗一仙境，李白在这个想象的世界中，自在遨游。诗中的景是假的，是李白幻想出来的，但他的情是真切的。借假景，抒真情，字里行间都毫无保留地诉出心中所想。

李白诗中场景是想象的，情却是真切的。他诗中的景物大多都离不开"仙"字，而这种"仙"也恰恰真实地写出了他的心之所向。"霓为衣兮风为马，云之君兮纷纷而来下。"这句话出自李白的一首游仙诗《梦游天姥吟留别》。"长周旋，蹑星虹，身骑飞龙耳生风。"（《元丹丘歌》）他心目中有一个属于自己的仙境，他向往着神仙般的生活，他渴望远离世俗，忘却尘世的喧嚣与不易，把一切坏心情抛之脑后，看尘世如过眼云烟。他向往着像仙人一样洒脱自在地活着。他的诗中也体现着血浓于水的亲情，李白被朝廷排挤，气愤之下离开长安，在金陵写下一首亲切感人的诗篇。在《寄东鲁二稚子》中"双行桃树下，抚背复谁怜"，他想象着他的一双儿女并排站在树下，思念着父亲，事实上是体现着他对妻儿的思念。"人生得意须尽欢，莫使金樽空对月。"这句话出自李白的《将进酒》，借酒兴诗情，直抒胸臆，将自己心中的激愤之情，豪迈之情，体现得淋漓尽致，展现出了他的桀骜不驯，孤高自傲，同时也不难看出他饮酒的开怀，自在。

李白对于诗中景物的描写十分真实。"云青青兮欲雨，水澹澹兮生烟"，《梦游天姥吟留别》整首诗的场景都是李白幻想出来的，可从文字看来又显得那样的真实。烟云聚拢，颜色渐深，仿佛马上要下雨，水雾蒙蒙升起白烟。《蜀道难》中"连峰去天不盈尺，枯松倒挂倚绝壁"，作者并未到达蜀道，诗中描写的场景都是李白所想。着力描绘了奇秀壮丽的山川。高峻险恶的山峰，气吞山河，将蜀道的艰险、险要与山河的气势磅礴，用他那纵横的笔触表现得淋漓尽致。李白生动细腻的描写让这样的场景浮现于我们眼前，既准确地描绘出了场景，又恰到好处地留给了读者想象的空间。

李白诗中的自己是假的，却有着最为真实的自我。"我欲因之梦吴越，一夜飞度镜湖月。"他想象着自己如仙人一样能在空中自由翱翔，不受到任何约束。"大鹏飞兮振八裔，终天摧兮力不济。"李白是一个十分自信狂傲的人。在《临路歌》中他用大鹏自拟，想象自己一生所为可以影响千秋万代。他想要流芳千古，为后人所传诵。几百年后的今天，事实证明他做到了这一点。

虚景现真情，假我显真意。李白是无可替代的，他所写下的诗也和他一样是独一无二的。李白在他幻想的仙境中过着最真实的生活，有着最真实的自我。他懂得如何做一个"真人"，如何随心而生。

学生专家评审意见示例：

题目即设悬念，使人对内容感到好奇。通过分析李白的景是假的，情是真的，写出了他浪漫主义诗人的特点，以虚景抒真情，反倒更显情真意切。引用诗歌不多，但分析细致。（霍依晗）

论李白诗歌中的自我形象

王雪晴

分析诗歌：《蜀道难》《古风》《宣州谢朓楼饯别校书叔云》《对酒忆贺监其一》《临路歌》

世人皆言：李白乃太白金星下凡，为谪仙在世，狂放不羁，自由潇洒。然而，生于人间，活于人间的李白是否真的是个完完全全的天上仙人，而丝毫不带人间气息呢？

首先，李白的才华横溢是不争的事实，而且文人总会以诗寄情，所以诗作往往能够通过文辞与情感反映作者的个人形象。接着来看几首诗，由情见形象。

《蜀道难》最后写到蜀中要塞剑阁，因其地势险要，易守难攻，历史上在此割据称王者不乏其人。诗人从剑阁的险要引出对政治形势的描写。他化用西晋张载《剑阁铭》中"形胜之地，匪亲勿居"的语句，劝人引为鉴戒，警惕战乱的发生，并联系当时的社会背景，揭露了蜀中豺狼的"磨牙吮血，杀人如麻"，从而表达了对国事的忧虑与关切。天仙无忧，天仙活在自己的世界里，不问外事，可李白不仅忧，还寄忧社会，可谓与天仙不同。

《古风》中，美丽的玉女邀请李白来到华山云台峰，与仙人卫叔卿长揖见礼。这里用卫叔卿的故事暗暗关合着李白自己的遭遇。天宝初年，诗人也曾怀着匡世济民的宏图进入帝阙，而终未为玄宗所重用，三年后遭谗离京，所以没奈何，只好把卫叔卿引为同调，而与之驾鸿雁游紫冥了。《宣州谢朓楼饯别校书叔云》中，诗人的精神尽管可以在幻想中遨游驰骋，诗人的身体却始终被羁束在污浊的现实之中。现实中并不存在"长风万里送秋雁"这种可以自由飞翔的天地。因此，当他从幻想中回到现实里，就更强烈地感到了理想与现实的矛盾不可调和，更加重了内心的烦忧苦闷，只得"抽刀断水水更流，举杯消愁愁更愁"。心怀大志，而不满于怀才不遇，比起天仙，更像一位凡世人才的不屈。

《对酒忆贺监其一》全诗忆及李白与贺知章吃酒作诗，贺知章"解金龟换酒为乐"的往事，作者睹物思人，表达对物是人非的感叹以及对友人的深切怀念。今昔对比，随着镜头的一再转换，展现出作者抚今追昔、感慨万千的心绪。可见，作者还是颇有人情，面对好友故去，也很难如天仙一般将生死看淡。

《临路歌》是李白的绝笔。李白以大鹏自比，塑造大鹏展翅奋飞而半空摧折，徐风激荡而扶桑挂袂。流露的是对人生无比眷念和未能才尽其用的深沉惋惜。"后人得之传此，仲尼亡兮谁为出涕?"前一句说后人得到大鹏半空夭折的消息，以此相传。后一句用孔子泣麟的典故，但如今孔子已经死了，谁也不会像他当年痛哭麒麟那样为大鹏的夭折而流泪。这两句一方面深信后人对此将无限惋惜，另一方面慨叹当今之世没有知音，兼寓自悼、自伤、自信之情，含不尽之意于言外。

由上可见，李白外在是一位"天仙"，但实际上却是"地仙"，生长在人间，身上有人间的渴望，只是带上了几番天上的气度，便已然可在俗世之才中鹤立鸡群，叫人觉得他清高傲岸罢了。

学生专家评审意见示例：

首先对李白的形象提出疑问，点名研究中心是李白"接地气"的一面，接着通过不同的诗中词句表现出的情感，分析出李白的形象，这种不一样的切入点使人看到了不一样的李白。全篇将李白的"仙""凡"对比，更突出了李白真实的思想情感，真正的形象。文中对于思想情感的描写多于形象，有些偏题。（刘双儿）

教学反思

古典诗歌的教学一直是高中语文教学的重点和难点，仅仅学习教材内的篇目远远达不到高中语文古典文化的教学要求，而学生在课外接触阅读古典诗歌的机会比较少，阅读量也不大，所以对课文所选作家作品进行拓展阅读就非常有必要了。在高一上进行了对李白和《梦游天姥吟留别》的拓展阅读尝试，学生阅读效果很不错，在这次的经验基础上可以在每学期展开古典诗歌的拓展阅读教学，成为古典文化课程群的一部分内容。

这是一次大部分内容在网上完成的教学尝试。拓展阅读不可能占用大量课堂时间，更多需要学生在课下完成。这次教学所尝试的接续成文、网上投票等方式都是网络学习才能实现的学习方式，而每一个阶段的阅读指导和写作指导，教师都是在网上发布，论文的评价也都是在学习群中完成，这些网络教学的尝试都为今后网络学习积累了很多的经验。网上的即时与时间流的特点在学习的过程中逐渐凸显出来，这些特点一方面促进阅读学习不断持续，师生、生生交流快捷及时，另一方面也暴露出网络学习单向推进的问题，如果不有针对性地设置学习任务，让学生回顾总结前面的学习内容，那么就很容易造成学生只对最后的学习印象深刻。

拓展阅读如何做到课上与课下的有机结合，这次教学也进行了有益的尝试。如在课堂精讲一篇，然后在课外拓展阅读其他相似或不同的作品，这样的教学是有效的。拓展阅读的形式应该是多样的，前一阶段主要从阅读、研究的角度探索拓展阅读的形式和方法，以后可以尝试更灵活更多样的方法。

板块四
名著阅读

名著阅读课程是近几年语文教学中的热点。凡经典都可称为名著，名著阅读大致相当于2017年版的《普通高中语文课程标准》中第一个学习任务群——整本书阅读与研讨。这一任务群贯穿必修、选择性必修和选修三个阶段，也就是贯穿整个高中的各个阶段，分量很重，地位很重要。

名著阅读，在以单篇和单元为主的传统教学中也常有所涉及，但都是以节选的方式出现在教材中，定位也是单元中的单篇课文，选编的目的在于精读或自学节选，达到单篇和单元的教学目的，同时使学生接触作品，形成初步的理解，激发学生的兴趣，在课外阅读整部作品。而作为整本书阅读的名著阅读与以往的节选式阅读完全不同，课程定位于整本书，引导学生在课程内完成整部作品的阅读，通过多角度多层次梳理整合，使学生对整部作品的内容既有整体把握，又有细节的个体感受；借助多种思维对整个作品的内涵持续地探讨，既形成深刻辩证的理解，又有敏锐鲜活的个人创见；在对整部作品的语言、艺术架构、艺术特点的整体与局部的鉴赏中，既全面提升审美情趣和欣赏品位，又形成个性鲜明的审美态度；在阅读过程中既开启对民族文化的传承，又批判性吸收文化的精华。可以说作为整本书阅读的名著阅读教学，是全新的"大阅读"教学模式。

名著阅读的"大阅读"特征同样体现在整本书的容量上。

整本书，短小的如《老人与海》，有2万多字；作品集《呐喊》超过20万字；篇幅长的如《红楼梦》超过70万字；《四世同堂》超过90万字。作品的大容量更体现于架构的独特、内容的广博、思想的精深、主题的多元、语言的丰富等方面。大容量一方面给教师提供了教学的大舞台，给学生开拓了学习和发展的领域，另一方面也给教师的教学和学生的阅读提出了严峻的考验，教师站位高，方法实，学生真阅读，花工夫，名著阅读才会结出累累的硕果，否则不过一派繁荣幻象。

名著阅读的"大阅读"特征还体现在与其他阅读板块的关系上。

在阅读实践中我们发现，名著阅读的基础是单篇阅读，整本书的教学是局部精读与整本书略读的辩证结合。重要章节的精读是梳理整本书结构、理解主旨、品味语言和艺术鉴赏的基础环节和衔接环节，而节选精读必须指向整本书，为略读、自读做好准备，并起推动作用。

名著阅读要提升和发展学生的思维，就离不开专题阅读。在教学过程中教师对情节、人物、主题、语言等有针对性地设计阅读专题，让学生综合运用精读、泛读、略读等方法反复阅读作品，形成对一部作品不同角度的不同解读和认识，从而形成相比于初读更加深刻全面的批判性理解，在进一步深入的阅读体验中形成创新性的观点。

真实有效的名著阅读必然推动和引发拓展阅读。一本名著不是孤立的存在，它一定在一个作家的创作体系中，在一个民族文学的历史中，在一种文化的演变中具有重要的意义，所以教师的教学不能仅仅定位于这部作品，要视野开阔，目光长远，把这部作品放到一个体系中设计教学，由此及彼，相互打通。真正感受到这部作品的魅力以后，学生一定会带着热情去阅读其他的相关作品，从而将语文素养的提升变成自觉的长期的行为。

名著阅读的"大阅读"特征还体现在与多媒介、多学科等的关系上。

名著的大容量、过程的连续性、课上和课下的融合等特点都表明仅仅依靠三尺讲台，在课堂有限时间内很难全面开展整本书的阅读教学，网络课程、社交媒体学习、视频音频等多媒体学习方式，实现了名著阅读方式多方面的创新发展。今天这些现代技术手段普遍运用在整本书的阅读教学中，名著阅读如何与现代信息技术深度融合也是教学中需要进一步探索的内容。

名著的丰富内涵，还指向了社会学、历史学、哲学、艺术、自然科学等多个学科领域，所以名著阅读不单单是语言文字、文学艺术的学习，也包含有其他学科的学习内容，一本名著就是一本百科全书，阅读名著也应该成为各学科素养综合提升的路径。怎样实现跨学科的混合学习，在跨学科的学习中又保持语文的核心和特征，这同样值得进行积极的探索研究。

策略一　多种阅读方法的综合运用

名著阅读课程是综合性的"大阅读"，阅读过程当中，可根据不同的阅读目的，综合采用多种阅读方法。

一、精读、略读、浏览的综合运用

名著阅读是精读、略读、浏览这几种阅读方式不断交替运用的过程。作为精读的部分应该是作品的关键或难点，精读的内容最能代表情节的发展变化，最能体现人物形象的动人魅力，最能表现作者的创作意图和鲜明风格。通过局部的精读教师指导学生掌握阅读方法，通过仔细、认真、反复地阅读，帮助学生抓住内容的核心，区分主次、详略，教会学生概括观点，提炼主旨，理解、品味语言，从而带动整本书的阅读。略读不是粗略浅显地读，而是精读成果的巩固和运用。在掌握了阅读理解的方法以后，学生自己阅读作品，仍然需要老师提纲挈领地指导，仍需在略读中找到自己精读的内容。浏览则是快速提取信息的阅读方式，在初读中通过浏览了解作品的大概内容，在复读中通过浏览梳理主要内容，搜索略读和精读的信息。

二、自读与共读的综合运用

阅读首先是个人行为，只有真正进入阅读中，踏实读书，才能有实际的阅读素养的积累，阅读理解能力的提升。共读同本名著，那么阅读也就成了社会群体的行为，名著就成为了群体交流的媒介。从读者心理学来看，名著博大精深，读者的素养和经历各不相同，阅读的体验必然有差别，差别带来交流的可能。同本名著，每个人在阅读的过程中各有所得，有所感，通过交流互通所得，互解所感，在共读中相互启发，相互丰富，促进彼此的阅读。作为课程的名著阅读，应当在课堂内外积极创设学生共读的情境，利用课堂、线上、媒体等多种方式，将课内外的阅读打通，使学生的自读过程不断得到共读的给养激励，保持阅读的热情，推动阅读顺畅展开。

三、阅读与实践的综合运用

古人云："读万卷书，行万里路。"知行合一，读书与实践无法割裂。读书，不是一张书桌前就能完成的学习，阅读，是静态的，也是动态的。将阅读与实践相结合，不失为有效的阅读策略。生动的作品在课堂上有时显得枯燥，很大的原因就是课程方式单一，阅读任务单一，对学生个体的关注不够，对作品与现实的联系思考不够，导致作品远离现实，远离学生当下，激发不了学生兴趣，不能调动学生多方面的能力。灵活多样的实践活动，巧妙的活动设计能够贴合名著内容，又能紧密联系现实，让学生借助活动亲身体验名著的内容，又能发现名著并不遥远，与自己的生活，与现实不可分割。学生在活动中加深对作品理解，促进有效阅读，也在作品的实践活动中更加理解现实生活，理解自身。阅读与实践的结合可以实现阅读的多方面学习目标。

四、"多种阅读方法的综合运用"阅读案例

案例1

读《论语》观"礼"

刘雪梅

教学内容的选定

语文课程标准倡导：利用文本，通过"语文活动"将知识转化为能力，凝结为素养，达到立德树人的目的。教师可以针对文本特点，设计语文活动，使学生在活动体验中获得知识体系和学习方法，生成能力，凝结为素养。

语文核心素养包含"审美鉴赏""文化传承"等要素，这就要求学生在学习中能借助语言文字的理解，来认同中华文化，从而继承优秀文化，产生情感，增强文化自信。

我任教学校为北京市首批示范性高中，是朝阳区办学规模最大的市级示范校。学生整体素质高，学习能力强，求知欲旺盛。我所任教的班级虽然是平行班，但语文成绩一直名列前茅，在平时的教学中，学生参与学习的热情度很高，对老师抛出的问题都有自己的看法，而且能比较流畅地阐释个人的观点，有时，同学间还会形成小小的争锋，也能点燃教师的教学火花。

2017年9月始，针对新修订的《高中语文课程标准》及《北京高考考试说

明》有关内容和要求，学校制定了相关的阅读策略，不仅为每个班开辟了一间专用的阅读教室，而且在课表中固定安排了每周一节阅读课，保障了阅读课的顺利进行。高一阶段，根据区教研室的要求，我们先后开设了《平凡的世界》《红楼梦》及《论语》专题阅读，名著阅读已形成常态，阅读也由最初的浅阅读向纵深发展。

因为体例的不同，《论语》专题阅读我们进行了详细的规划，老师们根据《论语》的主题及学生的成长需求，将阅读专题切分为六大块，即"仁""礼""君子""孝""学""乐"。每个专题都配备了老师们精选的十五则语录及三道讨论题，用以支撑并夯实学习内容，学习的过程有读、写、译、评，测；授课模式有表演、讨论、辩论、画思维导图、演讲；学习内容有指定语录，也有拓展延伸阅读，当然也有对应的测评；学习过程中以学生为主，教师为辅，打造学生的良好阅读习惯，提升学生的综合素养。

《论语》是孔子及其弟子的语录结集，由孔子弟子及再传弟子编写而成，至战国前期成书。此书主要记录孔子及其弟子的言行，较为集中地反映了孔子的思想，是儒家学派的经典著作之一。全书共20章、492篇，以语录体为主，叙事体为辅，集中体现了孔子的政治主张、伦理思想、道德观念及教育原则等。与《大学》《中庸》《孟子》并称"四书"，再加上《诗经》等"五经"，总称"四书五经"。

《论语》是新修订的《高中语文课程标准》及《北京高考考试说明》中指定书目。对于学生传承与理解中国古代文化有着不可或缺的审美价值，也是训练学生语言建构与运用、思维发展与提升的良好素材。

在《论语》中，"礼"具有十分丰富的含义。它既是维系社会伦理秩序的制度规范，又是每个人必须遵守的道德行为准则，同时还是种种仪式的内在核心。据杨伯峻先生统计，《论语》中共出现"礼"75次之多。本节课之前学生们已系统地阅读了十五则有关《论语》"礼"的语录，并集体讨论过有关话题，对《论语》之"礼"有了比较系统的认识。（见下图）

本节课选定的教学篇目为《子路、曾皙、冉有、公西华侍坐》。这篇文章出自《论语·先进》篇，记录的是孔子和子路、曾皙、冉有、公西华这四个弟子"言志"的一段话。生动再现了孔子和学生一起畅谈理想的情形。之所以选定此篇文章为本节课的教学内容，基于三点考虑：一是它属于高中阶段北京版教材必修必背篇目；二是它内容生动，文字活泼，可读性很强，学生接受度比较高；三是它的很多细节恰恰都体现了孔子之"礼"。

　　高中新课标强调任务群学习，强调情境化教学，强调让学生做学习的主人，主动探知求索，本节课是一节《论语》之"礼"的阅读收束课。所以我选择了"以经解经"的方法，由《子路、曾皙、冉有、公西华侍坐》（下文简称《侍坐》）为纲，串起整部《论语》关于"礼"的理解巩固。让学生在语文活动情景中学以致用，让语文学习变得有趣、有用的同时让学生们的思维更加灵活深入。

教学目标的设定

1. 阅读、积累《论语》相关的语录；

2. 研读、体会《侍坐》中的"礼"，深入理解孔子"礼"的思想；

3. 独立思考，能够结合自身或现实，理解"礼"之于今日之价值，传承与理解其优秀文化。

教学过程的规划

（一）《论语》专题"礼"的过程规划

1. 自行串译、学习交流老师提供的十五则《论语》语录

（1）"礼之用，和为贵。先王之道，斯为美，小大由之。有所不行。知和而和，不以礼节之，亦不可行也。"

（2）子贡曰："贫而无谄，富而无骄，何如？"子曰："可也。未若贫而乐，富而好礼者也。"

（3）子曰："道之以政，齐之以刑，民免而无耻；道之以德，齐之以礼，有耻且格。"

（4）孟懿子问孝，子曰："无违。"樊迟御，子告之曰："孟孙问孝于我，我对曰：'无违'。"樊迟曰："何谓也？"子曰："生，事之以礼；死，葬之以礼、祭之以礼。"

（5）子曰："人而不仁，如礼何？人而不仁，如乐何？

（6）林放问礼之本。子曰："大哉问！礼，与其奢也，宁俭；丧，与其易也，宁戚。"

（7）子贡欲去告朔之饩羊。子曰："赐也，尔爱其羊，我爱其礼。"

（8）子曰："事君尽礼，人以为谄也。"

（9）子曰："管仲之器小哉！"或曰："管仲俭乎？"曰："管氏有三归，官事不摄，焉得俭？""然则管仲知礼乎？"曰："邦君树塞门，管氏亦树塞门；邦君为两君之好，有反坫，管氏亦有反坫。管氏而知礼，孰不知礼？"

（10）子曰："居上不宽，为礼不敬，临丧不哀，吾何以观之哉？"

（11）子曰："能以礼让为国乎，何有？不能以礼让为国，如礼何？"

（12）子曰："恭而无礼则劳，慎而无礼则葸，勇而无礼则乱，直而无礼则绞。君子笃于亲，则民兴于仁；故旧不遗，则民不偷。"

（13）子曰："兴于诗、立于礼、成于乐。"

（14）颜渊喟然叹曰："仰之弥高，钻之弥坚；瞻之在前，忽焉在后。夫子循循然善诱人，博我以文，约我以礼，欲罢不能。既竭吾才，如有所立卓尔。虽欲从之，末由也已。"

（15）颜渊问仁。子曰："克己复礼为仁。一日克己复礼，天下归仁焉。为仁由己，而由人乎哉？"颜渊曰："请问其目？"子曰："非礼勿视，非礼勿听，非礼勿言，非礼勿动。"颜渊曰："回虽不敏，请事斯语矣。"

2. 课上交流学习心得（交流成果见下）

（1）孔子所主张的"礼"，最主要的含义就是"行为规范"。这个"礼"的作用包括：

政治上的作用：建立各种典章制度，来规范人们的行为，以达到统治国家的作用。

社会上的作用：通过节日习俗、庆生、婚礼、丧礼、祭礼等各种社交礼节礼仪，来规范人们的行为，以达到移风易俗的作用。

人心自觉的作用：期望通过教育，让人们能够从外在的行为规范中对自己的生命进行观照，从而唤醒自己的心灵，做一个立志于修养品德的君子。

（2）礼之本质

礼具有鲜明的阶级性和差别性。儒家宣传的理想封建社会秩序是贵贱、尊卑、长幼、亲疏有别，要求人们的生活方式和行为符合他们在家族内的身份和社会、政治地位，不同的身份有不同的行为规范。

（3）礼之原则

尊重：要求在各种类型的人际交往活动中，以相互尊重为前提，要尊重对方，不损害对方利益，同时又要保持自尊。

遵守：遵守社会公德，遵时守信，真诚友善，谦虚随和。

适度：现代礼仪强调人之间的交流与沟通一定要把握适度性，不同场合、不同对象，应始终不卑不亢，落落大方，把握好一定的分寸。

自律：交流双方在要求对方尊重自己之前，首先应当检查自己的行为是否符合礼仪规范要求。

3. 分小组画思维导图并作全班分享

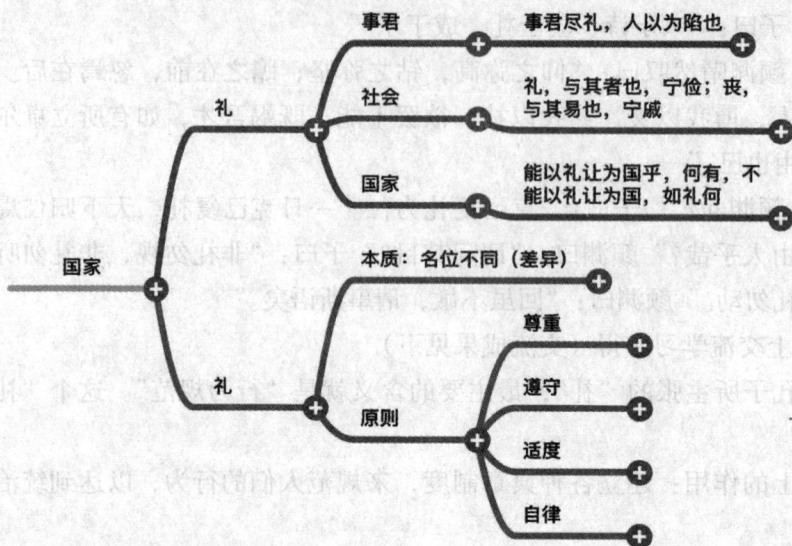

4. 完成有关专题练习

5. 课下自行学习、串译理解《子路、曾皙、冉有、公西华侍坐》

（二）本节课过程规划

1. 温故知新

（1）同桌互相背诵自己最熟悉的一则有关"礼"的《论语》语录；

（2）主动请缨，在班级中分享自己对这则语录的背诵、翻译、理解及感悟；

（3）教师小结。

2. 举一反三

（1）教师用习总在北大的发言导入，并布置讨论任务及要求；

（2）学生按以往的学习小组合作讨论；

（3）以小组为单位在班级分享成果，与其他同学、老师交流。

3. 教师总结

4. 布置作业

重点突破

《读〈论语〉观"礼"》课堂实录

因本教学设计是已实施完成的，故本教学过程采用写实（叙事）的方式，录入主要环节。

导入：

学生活动一：温故知新

师：《论语》是一部能够超越时空，具有永恒价值的原典著作。"仁"与"礼"是其两个主体思想，具不完全统计，109次说到仁，75次谈到礼。前一段，我们做了"仁"的专题研究，了解了"仁"的内涵和意义，今天我们再用一节课的时间，在前期学习的基础上，进一步深入理解孔子的"礼"的基本内涵、价值和意义。

师：子曰："温故知新可以为师矣。"请同学们向你的同桌大声地背诵一则或两则自己印象最深刻的《论语》中有关"礼"的语录。

（学生与同桌相互背诵）

（学生纷纷举手分享）

生：我要分享的是"不学礼无以立"，这句话出自《论语·季氏》，意思是不学习礼无法立足于社会。这句话是孔子用来教导他儿子孔鲤的。孔子认为礼教恭俭庄敬，乃立身之本。有礼则安，无礼则危。故不学礼，无以立身。孔子在《论语·泰伯》中也说道："兴于诗，立于礼，成于乐。"两句话都强调了"礼"的重要性，"礼"是一个人安身立命之本。

师：成语叨陪鲤对就是由此衍生出来的，孔子强调了"礼"的重要作用，教导儿子以"礼"来安身立命。

生：我分享的是《论语·颜渊》。子曰："克己复礼为仁。一日克己复礼，天下归仁焉！为仁由己，而由人乎哉？非礼勿视，非礼勿听，非礼勿言，非礼勿动。"意思是要约束自己，使行为合乎周礼，这样，就能达到理想的境界，这要依靠自己的努力，不能让别人来强迫。不符合"礼"的事情，不要去看，不要去听，不要去谈论，不要去做。我认为，人要懂得约束自己，战胜私欲，不被外物所诱。并且这种克制约束一定是自发的，不是被别人强迫的。

师：出于本心是重点。克己复礼是个人的一个主动行为，是自己由心而发出的一种追求。

生：我想分享的是：子曰："人而不仁如礼何，人而不仁如乐何？"这句话出自《论语·八佾》，意思是：作为一个人却没有仁心如何能对待礼乐制度，这句话强调的是"仁"与"礼乐"之间的关系，即"仁"是"礼乐"的一种基础和核心，"礼乐"是一种外在的表达形式，而这种形式只能基于"仁"之上才可以表现出来。

师："仁"和"礼"应该有一部分重合。"仁"的核心是哪两个字呢？

生：（异口同声）爱人。

师：什么叫"爱人"，对于为政者，"爱人"如何体现？

生：施行仁政，爱护百姓。

师：对于普通人来说，"爱人"如何体现？

生：（各抒己见）爱国，关爱别人。

师：除此之外，我们要和别人搞好关系；要和自然环境搞好关系，还要和个人的内心取得平衡。

生：我想分享的是："礼，与其奢也，宁俭；丧，与其易也，宁戚。"意思是：礼，与其隆重不如节俭，丧事，与其周备不如悲戚。鲁国人林放问孔子何为礼之本，孔子回答说："礼"是一种发自内心的情感，而不是做给别人看，所以与其在礼仪上铺张，做许多华而不实的事情，倒不如节俭，丧事不用多么完备，只要死者亲属发自内心地感到悲伤，这就是"礼"的本意。

师：当林放问老师"礼"的本质是什么时，孔子是怎么评价的？

生：（异口同声）大哉问。

师："大哉问"如何理解？

生：这个问题问得太好了，意义太重大了！

师：这是孔子对学生的肯定，之后他又深入浅出地告诉学生"礼之本"就是守简求真。

生：我特别喜欢"礼之用，和为贵"这句话，我认为"礼"的作用还是为了和谐。而且它还有个不能逾越的前提，即"礼"还是人们的行为准则。

师：按字面意思理解，"礼"的作用，"和"是最为可贵的。也就是说守礼、行礼、尊礼，最终是要达到一个"和"的目的。

师：那么，什么叫"和"，你能否用现代词语转换一下？

（生跃跃欲试，纷纷举手）

生：邻里之间和睦相处。

生：长辈对晚辈要和蔼可亲。

生：做买卖的要和气生财。

生：国家与国家之间要和谐共处。

生：生活和和美美。

师：我们对自然的追求是什么？

生：天人合一。

师：这是最高境界。还有《兰亭集序》中提到的惠风和畅，国家应该做到的民和年丰，这些都指向了"和"。通过"礼"达到全方位的和谐。

师："礼"的作用是巨大的！是我们作为人的一个终极的追求！

（学生点头，表示认同）

师：我们还应关注这句话的后半部分。"有所不行，知和而和，不以礼节之，亦不可行也。"我们不能为"和"而"和"，一切举动都应在"礼"的约束下进行，要循"礼"而"和"。

生：老师，我还想和大家分享一则语录。

师：好，你说说。

生：（语速很快，滔滔不绝）子曰："知及之，仁不能守之，虽得之，必失之。知及之，仁能守之，不庄以莅之，则民不敬。知及之，仁能守之，庄以莅之，动之不以礼，未善也。"这句话讲的是以"礼"规范自身，拥有渊博的学识，持守仁德，保持严肃的态度，这几点与人而言是缺一不可的，比如一个人知识储备不够，对事物虽有正确认知，但是不能守之，也一定会因对知识无法稳妥把握而一事无成；再如，一个人能守仁，但是态度不端正，只在口头上空谈，别人也一定不会服气。

师："庄以莅之"的"庄"是什么意思呢？

生：敬重。

师：这是我们对待"礼"的一种态度。

师：通过温故，我们发现，"礼"的核心是"仁"，根本指向是"和"，对于国家来说，它是典章制度，可以维持社会的稳定，能够安上治民，利于社会的和谐；对于个人而言，又是一种行为准则和规范。是基本人伦精神的外化，是外在形式和内里精神的统一。对个人而言，它又是能约束人的行为，是君子的人格追求。

学生活动二：举一反三

师：子曰：举一隅反三隅。我们学任何知识，都应该做到举一反三。

师：前两天，习近平总书记在北大的学生座谈会上做了个重要发言，其中有两句话说得特别棒，我来给大家展示一下。这两句话是习近平总书记说给北大的老师听的，出处是韩愈的《进学解》，是赞美孟子和荀子的，原话是："是二儒者，吐辞为经，举足为法，绝类离伦，优入圣域，其遇于世何如也？"

（学生默读PPT内容）

师：习总引用的是"吐辞为经，举足为法"这两句。"吐辞"和"举足"是指老师的一言一行，"经"和"法"是指准则、楷模、榜样。整体意思是：老师言行应是学生的榜样。孔子一生都在推行他的儒家学说，他的一生都是在求"仁"求"礼"的道路上前行，虽然累累若丧家之犬，历经了别人的嘲讽，遭遇别人的诋毁，甚至被围困于陈蔡之间，但他从没有放弃过理想。

师："礼"是孔子推行的一个理论。孔子和弟子在日常的生活当中，或者学习当中，是否做到了循"礼"而动，遵"礼"敬"礼"呢？

（师出示PPT，布置活动任务）

师：前两天我们刚刚学习了《侍坐》章，你能否结合《论语》中有关语录，解说一下孔子及其弟子在《侍坐》章中合乎"礼"的表现吗？

（学生看《侍坐》章及《论语·礼》学案，自行回顾比对思考，偶尔有小声讨论。）

（学生以学习小组的形式展开讨论）

（老师观察学生，发现学生活动有一定的困难，随即改变教学策略，提示给学生一些思考的角度。）

师：老师给大家提供几个角度，供同学们思考讨论，比如：师生言谈举止中的"礼"；师生之间、生生之间的称谓是否合"礼"；学生所言之志与"礼"有无关系……

（学生继续讨论，推举代表准备发言）

师：讨论时间到，咱们畅所欲言吧。

（学生纷纷举手，老师随机点名）

生：我们组认为孔子在言行举止中体现了"礼"。

生：颜渊曾经说过："仰之弥高，钻之弥坚。夫子循循然善诱人，博我以文，约我以礼，欲罢不能。"孔子在《侍坐》章中确实做到了循循善诱、温和有礼。

师：你能先给大家解释一下循循善诱吗？

生：循循善诱就是善于引导，让学生由不懂慢慢到懂。

师：老师引导学生有步骤，不急躁。

生：对。师生对坐，孔子先是以"以吾一日长乎尔，毋无以也"打消学生的顾虑，创设轻松的课堂氛围，以便弟子们能够畅所欲言，各显其能，孔子以自己的言行为学生树立了一个仁而有礼的榜样；子路率尔而对时，孔子没有指责、批评、只是轻轻一笑；对学生的态度温和有礼。

师："夫子哂之"，哂的是什么？

生：孔子哂的是子路的态度，不是他的理想抱负。《论语·泰伯》中有一句话说："恭而无礼则劳，慎而无礼则葸，勇而无礼则乱，直而无礼则绞。"这句话是孔子对他的弟子在"礼"上的要求。就是又要恭敬，又要循礼。

师：你能翻译一下这则语录吗？

生：孔子说："恭敬而不符合礼的规定，就会烦扰不安；谨慎而不符合礼的规定，就会畏缩拘谨；勇猛而不符合礼的规定，就会违法作乱；直率而不符合礼的规定，就会尖刻伤人。"《侍坐》章里，子路表现得太急躁了，不符合"礼"的要求，所以孔子微微一笑。

师：这个问题你理解得很透彻，孔子在侍坐时，曾晳在鼓瑟，是不是失礼的行为呢？

生：《论语·八佾》中孔子说："人而不仁，如礼何？人而不仁，如乐何？"音乐具有净化心灵、调和内心的作用，能让人自觉地践行"礼"的要求。曾子鼓瑟营造了一种良好的氛围，是符合"礼"的要求的。

（学生们频频点头，听课的老师也投来赞赏的目光。）

生：（举手发言）老师，我们组认为在《侍坐》章当中，孔子及其弟子在称名称字时也是符合"礼"的要求的。

师：（微笑），什么时候应该称名，什么时候应该呼字呢？

生：在长辈面前，弟子自称要称名，互称也要称名；长辈不在面前时，弟子相互之间要称字。

师：古代男子二十岁"冠而字"，你能不能结合《侍坐》章内容具体说一说？

生：《论语》讲求"君君臣臣父父子子"。男子二十冠而字，冠而字，敬其名也。《论语》是孔子的弟子及其再传弟子编撰的，为了表示对同门的尊重，在说到同门时，都是称呼他们的字。比如"子路、曾晳、冉有、公西华侍坐"称的就是四个人的字。

（同组同学举手要求补充）

生：弟子在回答老师问题时，要自称名。比如曾子在向老师请教时，称呼子路为由，虽然曾晳比子路年龄要小，但是在孔子面前还是要称他的名，这些都是古代称字称名的礼节要求。

（同组同学又举手要求补充）

生：学生称呼孔子时都叫"夫子"。

师：夫子是什么意思？

生：老人家、老师，是对年长而有学问的人的尊称。

（其他组同学举手发言）

生：孔子称呼弟子时，都是称其字，比如"求，尔何如？""赤，尔何如？"

"点，尔何如？"。

师：这是为什么呢？孔子不是尊者长者吗？

（学生都露出迟疑的表情，最后一个学生小声发言）

生：我认为尊敬应该是相互的。

师：看来大家还不太认可这种说法，我们把它作为课后作业，同学们可以到《礼记》当中去寻找答案。

师：我们还是回到主问题上，还有哪个组有不同的发现？

（有两个组代表举手，老师随机点名）

生：我们组发现，陈述人物时，也是按照年龄来介绍，体现长幼有别、尊卑有序的礼节。

师：曾皙为什么没有按顺序发言呢？

生：《论语·子罕》中孔子说："毋意，毋必，毋固，毋我"，孔子强调做事情不能太固执，太拘泥，所以曾皙鼓瑟时别人不能贸然打断，否则不符合"礼"的要求。

（另一学生举手发言）

生：学生在谈志时都用语委婉，态度谦逊，符合"礼"的要求。所谈内容也合乎"礼"。

师：所谈内容怎么合乎"礼"的呢，你能详细解说一下吗？

生：四人言志，子路说：比及三年，可使有勇，且知方也。方就是规矩，就是"礼"；冉有言志：如其礼乐，以俟君子。礼乐就是"礼"；公西华说：宗庙会同，端章甫，愿为小相焉。端章甫是穿着礼服，戴着礼帽，这也是一种"礼"。曾点向我们描绘了一个很和谐的画面，百姓安居乐业，生活和美，这也是"礼"。四个人的理想志向都扣和了"礼"的要求。

师："与"是什么意思？

生：（异口同声）赞同

师：为什么孔子只对曾点说的这番话有一个明确的表态？

生：仁者爱人，曾点的志向更贴近生活，更贴近百姓，体恤百姓，更能体现孔子所说的仁政。

师：我们一起来重温一下曾点的话。

生："莫春者，春服既成，冠者五六人，童子六七人，浴乎沂，风乎舞雩，咏而归。"

师："春服既成"是应季穿衣，应时而动；"冠者五六人，童子六七人"与初中所学《桃花源记》中"黄发垂髫并怡然自乐"意思一样，是老少俱安，和和美美；"浴乎沂，风乎舞雩，咏而归"是他们的活动，轻松、快乐。曾点向我们描绘的是作为一个个体的普通人美好的生活现状。这幅画面里，人与自然、人与人、人与自我都是和谐的，这正是孔子提倡的以礼治国后呈现的天下大同、太平盛世的图景，是人们自觉自愿遵循礼的教化的结果。

师：孔子最伟大之处就是悲天悯人的情怀。孔子的理想社会是"老者安之、朋友信之、少者怀之"。他的目光落在了常人生活的喜怒哀乐上，落在了普通人的幸福上。他一生不懈追求的伟大的目标就是想让每一个普通的个体都各得其所，过上幸福安宁的生活。这就是"夫子独与点"的原因。

（出示PPT：老者安之、朋友信之、少者怀之。）

师：孔子被后人尊为至圣先师，万世师表，他是中国古代社会核心价值体系的缔造者。他锤炼出的讲仁爱、重礼仪、求大同的特质奠定了中华文化最初的基因，引领了中华民族最早的梦想。一部《论语》是他思想的结晶，大道至简，要言不烦，是天下最好的教科书。中华民族一读两千年，百读不厌，百思不尽，百行不至。

师：今天我们再读《论语》，在《论语》语录的引导之下，在孔子的思想的教育之下，也应该做到循"礼"、尊"礼"而动。这就是《论语》的价值、意义之所在。

（PPT展示作业要求）

师：这二十四个字是社会主义核心价值观，是从不同层面提出来的。个人层面是爱国、敬业、诚信、友善；社会层面是自由、平等、公正、法治；国家层面是富强、民主、文明、和谐。请你结合自己感受最深的一条，并且结合今天我们谈到的《论语》中的有关"礼"的语录，写一个微写作。题目是：说说《论语》之"礼"的现实意义。要求：不少于200字。

教学反思

《读〈论语〉观"礼"》一课，以目标任务群为基本构架，每个任务单都指向不同的学习目标，任务单既是学习的基本路经，也是对学习成果检测的工具。

学生活动一中的两个环节，通过背诵、翻译、理解、感悟四个维度，在学生学过的十五则"礼"的语录中温故，不仅检测了学生过往学习的效果，而且对《论语》之"礼"的基本概念做了很详尽的理解。经过这个环节的分享与讨论，以往我们做过的《以思维导图的形式呈现孔子的"礼"》的活动成果被唤醒，"礼"由一个词变成了学生头脑中的一个关系网。

这个环节中，我选择分享的学生是有指向性的，在巡视的过程中，我特别仔细地观察同学，找到了六句代表性的语录，力争达到从不同角度、不同层面回顾"礼"这个核心思想。因为选择得用心，所以最后学生呈现的认识就比较全面。

学生活动二采用的是学习任务单的形式。让学生在勾连旧知的过程中，通过"以经解经"的方法，由《侍坐章》为纲，串起整部《论语》关于"礼"的理解。北京市教研员夏宇老师对此非常认可，他评价说："'以经解经'既是中国传统读书法，也是语文学科所独有的，体现了新课标学习任务群的新理念。这节课让学生在语文活动情景中学习知识，形成能力。学生能学以致用，使语文学习变得有趣、有用。这是基于学情、基于提高学生核心素养理念的一种很好的尝试。很值得在全市语文教师中推广！"

2017年版《普通高中语文课程标准》强调学习任务群的设定，情境教学是其特别提出的要求。这节课中采用的捕捉闪回式、抛锚式都隶属情境教学模式。教学环节一采用的是捕捉闪回教学模式，依据认知主义学习理论，在温故中将短时记忆变为长时记忆，构建和丰富学生的认知结构；教学环节二采用的是抛锚式教学模式，在复杂有趣的学习情境中，让学生基于理解和经验，面向问题并深度参与，并通过老师的镶嵌式教学以及学习共同体中成员间的互动、交流，形成高级思维，提升语文核心素养。

案例2

"行走中的阅读"：《四世同堂》的文学地图

陈 耀

教学内容的选定

指导思想与理论依据

实践活动是学习的重要方式之一，通过各种实践活动促成学生获得丰富学习体验，提升综合学力。名著阅读是语文学习的重要内容，而通过专题教学的方式来阅读经典能够在个性化阅读、多角度阅读、创新性理解等方面有更好的效果。

近几年，名著阅读逐渐在高中语文教学领域得到重视，特别是名著纳入高考考查范围以后，名著阅读成为教学的必修内容。许多学校都在高一、高二开设了阅读课，一时间名著阅读火了起来。

《四世同堂》全书90多万字，是老舍先生最长的也是非常重要的作品，开始创作于1945年抗战胜利的前夕，历时四年完成。这部作品不仅描写了抗战时期北平城的亡国奴生活，塑造了各阶层的众多人物，讲述了他们不同的人生轨迹，而且对中国的历史变迁、中国人的国民性、北京文化有深入的多角度的剖析，是一部多人物、多线索、多主题的鸿篇巨制。学生在小说内容的了解上没有太大的困难，但是学生在全面深入理解作品上是有一定困难的。特别是小说通过战争所要呈现出来的北京文化、北京人的人格心理甚至民族文化、民族性等方面的思考是学生阅读理解的难点，而这也恰恰是作者最关注的地方。

《四世同堂》是一部典型的京味小说，作品中写的地点都是真实存在的，所以可以充分利用身在北京的资源优势，让学生通过访问故地，经历一种新的阅读方式。

综上种种考虑，我把《四世同堂》设计为一个融合了阅读、写作、实践等多种方式的专题教学单元，学生阅读作品，从情节和家族研读两个角度写札记，在课堂上交流了阅读感受。又从众多的故事发生地选择一个或几个地点，在该地朗读相关作品片段，采访游客或住家，完成个人的手抄报制作。然后在个人阅读体验的基础上又分小组选定最终研究汇报的课题方向，撰写小组研究，制成小组汇报的手抄报。并且每个同学在地图上标记出自己的访问地点，制成一张独特的文学地图。

我上大学时曾经在辅仁大学住过一年，什刹海差不多每天都去，护国寺、北海还有周边的胡同很熟悉，所以这部作品把我当年生活的感受一下子带出来，那么亲切、熟悉，而这些在现代都市里长大的孩子，他们对故事里的北京太陌生了，这实在太可惜，我希望这次阅读活动唤醒他们对北京和北京文化的情怀。

教学目标的设定

教学的整体目标

通过不同阅读角度的指导，使学生获得多种研读方法，真实阅读，深入作品中；

通过探寻作品地点的活动，使作品走进生活，学生走进作品，获得个性化的阅读体悟；

通过阅读和实践活动，体会北京文化的特点，理解老舍先生对北京文化的情怀。

情节研读的目标

了解小说的情节，做好情节概括，锻炼概括能力；

了解主要人物的人生经历，对人物形象有初步印象和理解；

对小说的整体或细节内容有自己的一定感受和认识；

对小说的多主题有一定体会。

家族分析目标

能画出小羊圈胡同的平面图，为"行走中的阅读"做准备；

能梳理出每个院子的详细人物关系图，细致掌握小说人物设置；

能通过比较分析人物的异同之处，更深入理解人物形象；

能通过比较分析理解老舍塑造众多人物的目的和意义；

能开始思考人物不同命运深层次的原因。

"行走中的阅读"活动目标

确定小组的行走路线，感受现实中的《四世同堂》；

完成朗读和手抄报制作，亲身感受小说情节与人物；

完成小组的行走任务，感受今昔北京的变与不变；

通过亲历，体会老舍先生对北京及中华文化的思考与情怀。

教学过程的规划

第一阶段：确定行走路线

依据老师提供的"《四世同堂》中的北京城"和自己的阅读体会，确定本组同学的行走路线。

第二阶段：故地重游

按照确定的行走路线，前往小说中出现的地点，完成实践学习任务。

1. 用电子地图、手绘地图等方式记录行踪。

2. 拍照记录活动。

3. 录制《四世同堂》中与该路线地点相关内容的朗读。

4. 采访。

在行走过程中采访路人或游客或住户对老舍作品或《四世同堂》的阅读情况和阅读体会。

第三阶段：活动作品上交

1. 小组成员每人制作一张手抄报，包含本组行走路线图，行走照片，行走感受。也可制作成美篇，完成后上传到学习群。

2. 小组将朗读上传到班级学习群中供大家聆听欣赏交流。

3. 小组添加片头片尾的制作，完成采访视频，上传到学习群。

第四阶段：小组活动交流和深入研讨

1. 小组交流，形成本组汇报的选题。

2. 小组将成员的手抄报编排入小组汇报手抄报。

3. 小组完成本组汇报稿并上交。

4. 小组完成下面表格中的每项内容。

学习效果评价设计

《四世同堂》小组汇报自查表（注：注明未完成人员）						
小组序号	小组成员	成员是否完成个人手抄报	成员是否完成朗读	成员朗读是否上传	是否选定汇报朗读片段	是否完成地图标记
		汇报选择的地点	汇报选择的章节（按全本）	汇报方向和角度	手抄报标题	点评的小组序号

第五阶段：结题交流展示

课堂流程

（一）回顾《四世同堂》的不同阅读方式

1. 情节研读：《惶惑》——《偷生》——《饥荒》

2. 家族分析：祁家——钱家——冠家——2号院、4号院——6号院

请选择不同阅读方式的同学根据自己的研读经历总结以上两种阅读方式各自的优点。

3. "行走中的阅读"活动

展示同学游踪标记出的《四世同堂》地图。

（二）《四世同堂》的文学地图——地点、情节、家族、游历结合的汇报

1. 小组介绍本组的游踪。

2. 小组展示本组的现场朗读。

3. 小组汇报本组的文学解读。

4. 评委组评价与提问。

（三）《四世同堂》阅读现场采访及启示

1. 播放小组阅读采访视频、音频。

2. 课堂思考：读与不读，去与不去有什么区别？

（四）思考：我们为什么要阅读老舍？

读《四世同堂·序》了解老舍开始写作此书的状况和心境。

朗读学生游记和札记片段，交流同学在活动中的收获，提升学生对作品的理解。

"行走中的阅读"课程资源——《四世同堂》中的北京城（片段）

解说：

每个地点后面的数字都是《四世同堂》中出现了该地点的地方，第一个数字代表第几部，第二个数字代表这一部的第几章，如1-2：1指第一部《惶惑》，2指《惶惑》中的第2章。再如2-7：2指第二部《偷生》，7指《偷生》的第7章。

小羊圈1-2章、2-17章、2-26章、3-7章

护国寺1-2章、1-26章、2-1章、2-7章、2-13章、2-30章、2-31章

卢沟桥1-3章

中山公园（包括来今雨轩）1-5章、1-15章、1-26章、2-3章、2-16章、3-12章

北海（包括五龙亭）1-4章、1-6章、1-15章、2-3章、2-5章、2-7章、2-19章、2-20章

清华园　1-14章

德胜门　1-15章、2-1章、2-4章、2-27章

东直门外　1-19章

西直门　1-15章、2-1章、2-9章、2-27章

西四牌楼　1-15章、1-26章、2-1章、2-32章、3-13章

西单牌楼　1-15章、2-9章、2-29章

东单牌楼　2-25章

师生作品呈现

教师随笔

大隐于市：我读钱默吟

陈　耀

从钱默吟想起了隐士文化，无论中外，出世都算是很富有吸引力的事情，不过西方的隐士大都因为信仰而自觉流放，在沙漠或深山中苦修，中国也不乏这样苦修的和尚道士，深山闻钟磬，隔水有禅声。不过，中国人中还有很多非僧非道者，大隐于市小隐于野，比如钱默吟。西方隐者都在荒野，即或不是为了苦修，也要离群索居，比如梭罗等自然主义知识分子，隔离得非常彻底，而一旦回到人

群中，就融入社会，和邻居分享比萨，关注腐败与侵权。像中国的隐士那样，紧闭门扉，谁也不来往的，多半脾气古怪，或者遭受打击，活着如同提前进入了墓地，邻里都心怀恐惧和厌恶，散布着关于他们与魔鬼往来交易的各种可怕的传说，哪里像中国人，一扇紧闭的门为里面的人赢得了无数的敬意。

这扇胡同里紧闭的门怎么能把人世挡在外面呢？总要开门买个瓜果蔬菜吧，隐居的人毕竟不是神仙，怎么能不吃不喝呢，总要有邻居或者善意或者不怀好意地敲门闯入，譬如祁老人或者冠晓荷，那么这门不就得情愿不情愿间开了吗？再不济，总要缴个水电费，收个垃圾费，总不能因为你隐居了，就要占大家的便宜，这也断不合隐者清高的情怀。

所以，我看到这样的镜头：胡同深处传来吆喝声，卖菜的平板车哐啷哐啷骑过来，隐士的门循声漏出一点缝隙，然后从缝隙处闪出一个中年妇女，可能是个衣衫整洁寒碜的贤惠太太，也可能是蓝布灰布大衫的老妈子，轻轻朝平板车招招手，平板车嘎吱停下来，筐子里的菜被拣去几样，然后人又闪进了门缝，挡住了卖菜的好奇的目光。半天过去了，街门又无声地开关了一次或两次，收水费的街坊进去又出来，居委会大妈进去又出来，高大嗓门到门口自动消音，被街门吞没。傍晚街门又开了一次，这回是倒垃圾，太太或用人和街坊打个招呼，问声吃了吗，站定闲聊几句，一来一回，蝉鸣断续，蟋蟀轻织，然后院门再闭，夏色已晚。

在西方人眼中，这哪里是与世隔绝呢，烟火味道很浓啊，我们则不然，讲究心远地自偏，心门关了，身子在哪里好像并不要紧。

这还提供了另一个便利，出世入世随意转换，什么时候不想隐了，街门大开，出去就是人间，什么时候腻烦了，大门一闭，又得一个世外清净，所以文人、名流免不了一忽出世一忽入世。这种便宜又让多少人把隐居玩得无比娴熟，军阀下野，在报纸上宣布不问世事，修仙问道，忽又粉墨登场，声明前一段时间不过韬光养晦。隐如一门手艺或技巧，小则混饭吃，养活一家老小，大则青云直上，官至卿相。所谓"终南捷径"，不一定都跑到深山老林里。李白就是老实较真，安史之乱后，一定要跑到庐山，等着唐肃宗请他出山。而孟浩然，就比李白矛盾，厌恶人世嘈杂，不想出山，又心怀幽怨，"不才明主弃，多病故人疏"。或者他希望被太宗征召，又清高拒绝，这么一个来回，了却自己人世夙愿，也了结自己对功利的虚无幻想。这么一想，又觉滑稽，隐还是不隐，都斩断不了功利羁绊。

上次去崂山，花六十块钱坐索道上了山，又爬了半个小时的山路终于到了明霞洞，却被六块钱门票挡在了门外。站在青石台阶上，草木丛生，将青墙红瓦遮了个严严实实，山风习习，鸟鸣渐渐，确实是个避世的好去处。忽然想到隐者也要吃五谷杂粮，这些都需要挑夫和背夫一点点从人间肩挑背驮上来，盘山小径上现出他们汗流浃背的样子，隐者的超凡脱俗都需要靠着他们酸臭的味道才能延续，哪里是六块钱的事，想至此，忽然完全失去了进洞参观的兴致。下山，一点点走入凡尘，脚步格外轻快。一路碰见气喘吁吁的后来者，问我山上景色如何，明霞洞有什么值得看的，我微微一笑，洞里无云无仙，不过既然花了那么多钱，走到这里，还是上去吧。

真正的隐者，内心里无名缰利锁辖制，出世入世，皆自自然然。如钱默吟，关门养花养草，画画吟诗；开门接待祁老人瑞宣，听些说些没什么意义的闲话；走出去，抗战杀敌，舍得下自己和孩儿的性命，也敢把炸弹扔向混着自己战友的敌人；待到天地清廓，把门一闭，又莳弄闲花野草。老舍向往着这样的人生吧。

圣人无名，神人无功，至人无己。这样的人，一定有，隐没人间，不知何处。

学生札记

访北平图书馆

付 娆

热闹的地点，却是安静的地方。最热的那天，中山公园的来今雨轩旁，坐下回顾《四世同堂》。茶馆中不时传来悠扬的古琴声，偶尔微风吹过，侧眼转去，同伴在投入的阅读，闲适不过如此吧。可老舍笔下的那时代并非如此。想来想去，我觉得第五章的描写或许更适合一些。瑞宣的想象，想象着本应有的热闹，安静却不似如今，那是北平的悲泣。

记得路人还在议论着，这起的什么名字嘛。不过这也是中山公园的一个代表性的建筑吧。来往的人匆匆而过，这也是现在的悲哀吧，不知道这颇久的建筑。

其实我想去北平图书馆的。被图片吸引，可资料不多，顶着烈日沿着西什库街走过去的。没想到对面就是中南海，拐过旁边便是北海。我来过北海的那个门，可不曾注意过被栏杆圈住的那里。我透过已褪色的红色大门向里面望去，没了时代的颜色，但却异于北海人群的接踵而至，一个小女孩和她的父亲在里面玩耍。转身看过路人，驻足一望，这是什么地方啊，然后直接走过去了，没人看旁边的石碑，觉得门好看，门口的石狮可以倚靠着休息。没有了。北海的工作人员说图书馆只有工作日开放，但只剩下空荡的图书馆，还有古籍。

失望，同时绝望。独自一人，询问，连站在中南海前执勤的人都不清楚那里会不会开门，那里有没有人拜访。

　　还好下午同学赶来，有个悠闲的下午。这样一来回，我了解了老舍为什么说他担心以后再没他这样的作家了，消失的古迹就再没有了。更多的是看个名声吧，它们的外观还在，但是内容，没有老照片，没有老舍写下的故事，这也就是个中国建筑的特色吧。我询问书中提到的地点，真对不起您，我没听说过这个地方，您手机下个地图自己搜一下就好。我打电话，没有这个图书馆的记录啊，对不起没帮到您。

　　历史也在被人们忘记吧，也好，也不好。我们忘记过去，向前看，中国已崛起。我们记住历史，作为前路的经验，"文革"这类的伤痛不再发生。可现在的我们，哪个都不是。

　　来今雨轩旁闲适的安静也是一种悲泣吧，放假人好多，可是历史的痕迹寥寥无几，我们一无所知。"一个人的命运啊，当然要靠自我奋斗，但也要考虑到历史的行程。"我们能在历史的行程中吗？

与老舍书

张艾嘉

老舍先生：

　　您好。本想称您为舒庆春先生，但思来想去还是选择了"老舍先生"，因为这才是世人所熟悉的您。

　　《四世同堂》这部小说，我前段时间刚拜读过一遍，但这个故事我并不是第一次听说。

　　小的时候，我最喜欢缠在爷爷身边，听他老人家给我讲故事，于是他就给我讲了他还算年轻时看过的《四世同堂》。

　　"北京，那时还叫北平，有许多你现在已经见不到的好玩意儿，天桥那里也常是火热的景象，可当日本人来以后似乎一切都颠覆了……"爷爷深沉的声音在我脑中回响，先生您曾写下的一段段文字也构成了播放老电影、闪着雪花的银屏，在我眼前一幕幕地映现起来。

　　一个春暖花开的日子，您诞生于北平的一个普通家庭，因而被起名为"庆春"。您见证了北平的兴盛与衰败，《四世同堂》便是那最好的证明。您用双眼和双手记录下北平的点点滴滴。

　　读过那书后，我猛然觉得您和瑞宣是如此相像，在乱世之中最清醒也是最纠结的那类人——一颗爱国之心在胸膛中激烈跳动着，却也因为家人的缘故无法像瑞全一样做一个激愤的革命青年，而在"忠"和"义"两字之间徘徊。

　　带着种种感情您写下这本书，文字不再只是文字，我听到了您强烈的呐喊。

您看见了祁老人院子里的石榴花未来得及开出就已经枯萎，更看见了无数像小妞子一样的可爱孩子，也正如那石榴花一样，落得个同样的下场！

是的，您厌恶战争，我也一样。战争，让好人做了坏人，让空气中的花香变成血腥，让正确的扭曲成错误的。书中的小崔、招弟、小文夫妇都是战争与暴力的牺牲品——对不起，请容我说一句，您也是——"文革"的牺牲品。

这世上的纷争与暴力是少不了的。我看见了叙利亚的儿童亲眼目击自己的父亲为保护自己而被子弹击中，看见他抱着父亲的身体躲在残壁之后，感受温热从他的指尖一点点流走。他脸上溅上了父亲的血迹。他没有哭，只是呆呆地跪坐在那里，而双眼空洞，似乎是再也聚不上焦一样。而那血迹凝在他稚嫩的脸颊之上，宛如一颗血红的泪珠。

我看见了战争和暴力在吞噬着一个个孩子单纯的心灵，撕扯着一切美好的事物……我想像您一样呐喊："救救他们！不要战争！"

如果我能做到，我定会倾尽全力去阻止战争，去救赎罪恶，去洗涤血污，相信您一定也是这样，因为我从您的文字里读得到。抚着书脊，愿您所在的世界安宁无纷争，一切安好，逝者安息。

"行走中的阅读"小组汇报示例
古时人未归　今昔情何在
李思逍　刘晔恺　刘宇昊　季佳逸

从书中我们可以读出，北海公园里打响了北平被占领的"第一炮"，北海公园里开始了瑞全与招弟纯洁美好却短暂的爱情，北海公园里召开了令人不齿的溜冰大会……同时同地，每个人的心情却是复杂而不同的，那么又是怎样的推力造就了相同情景下的不同情感呢？

在北平沦陷之初，瑞丰和胖菊子日日长在北海公园、东安市场和各种电影院，他们的生活极其悠游快活，在他们的心中或许只有享乐。瑞全和招弟的第一次约会，地址便在北海公园，不得不说，那时的瑞全和招弟心无杂念，幻想着拥有一份纯洁美好的爱情，却不料被关在了北海公园里，也禁锢了那份还未发芽的爱情。

随着战争的发展，大赤包当上了所长，她日日穿戴着自己所谓的"时装"和新颖的发型，幻想着人们会模仿她的头发与衣服的样式。每逢公园中的画展，她必定进去看一眼，目的并不是山水花卉，而是观察古代美人的服饰，以改变自己的衣服和妆容。在她的眼中只有自己，只有自己的"美貌"和"地位"，只知道出风头与活得舒服。

正月初五北海公园里举行的化装滑冰比赛，书中有这样一句话："过度爱和平的人没有多少脸皮，而薄薄的脸皮一旦被剥了去，他们便把屈服叫作享受，忍辱苟安叫作明哲保身。"习惯了日本人、日本语的青年人们同往日一样在大会上嬉笑打闹，他们和瑞全一样，享乐必定是第一位的。而日本人正借机向北平的百姓们宣传"亲善"的思想，但他们"善良"的皮囊之下是确实令人无法想象的野心。大赤包、冠晓荷等人则使尽浑身解数地讨好日本人，为的就是那一官半职与那诱惑力极强的权利。瑞宣呢，他并不是不敢去，而是怕看到那些内心已沦陷的人们，那些失去了自我的走肉和披着羊皮的日本人，瑞宣不想看到国家的消亡与人性的泯灭。但他没有勇气，没有勇气离开家，离开家人，又没有勇气像屈原那样死去。书中这样说道："公园是给享受太平的人们预备的。"对于瑞宣，他想自己是没有资格去的。

《四世同堂》的第二部写到了招弟的死，招弟做了特务，以爱情相诱惑，引了瑞全到北海去。但令她没想到的是，瑞全已不再是曾经的那个少年，瑞全经历了战争的洗礼，就如同涅槃后的凤凰，脱胎换骨，不再为美色为记忆中的美好而诱惑。我想瑞全必定是洗净了身上的劣根，才能以看待特务的眼光看待曾经的初恋，才能毫不动摇地杀了招弟。

这些不同的情被同一处景所记忆，多少年过去了，北海的一切还是曾经的样子。感谢北海多年完好的维护与修缮，这才让我们的情有处所归，但如若这些景都消失不见了，我们便只能在书中，在布满尘土的古籍中寻求一点点过去的样子。

不论是自然风光还是各式建筑，现如今的很多地方总透着一股商业化的气息。随着世界的发展，尤其是中国国内，商品流通极快，在大西北看到的纪念物或许也会出现在南方的小镇中。这让我们的游玩变得无趣且毫无意义，很多地方也打着其他地方的名号，如小张家界、各地的凤凰岭，这样的景色赝品数不胜数。那么那些地方在历史上又是什么样子的呢？或许同《小石潭记》《岳阳楼记》《赤壁赋》中那些景色一样，山清水秀，风景如画。

景色是不变的，而时代和人们的思想在不断改变，我迫切地想要记录下这个世界过去的样子。大唐的长安城、宋朝的景德镇、元代的大草原、明朝张岱笔下的香炉峰……不知我到底该怀着什么样的心情幻想古时的美景与古人无限的情感。各地景点商业化的发展是可悲的，修缮与维护的意图是好的，但绝不能在山水之间榨取利益，我想要的是纯真的，原原本本的景色，我想要保留的是真挚的曾经的情与景。莫要让千百年后的人们见到的只是断壁残垣与如出一辙的现代建筑，莫要让千百年后的人们读不懂我们的文字，看不见我们眼中的景，悟不到我们心中的情。

学生手抄报

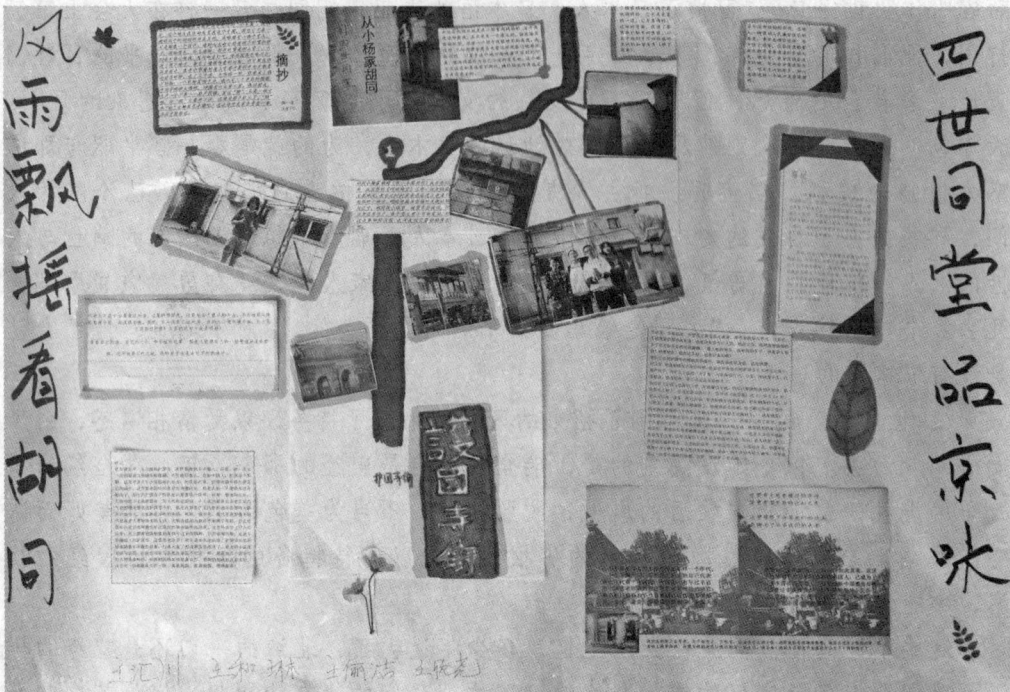

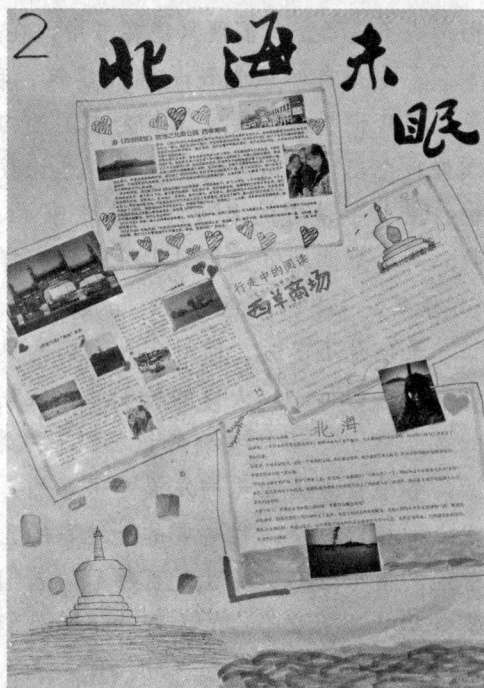

教学反思

最后这节课是《四世同堂》整本阅读的总结交流，整本书阅读总结课的难点是千头万绪，在一节课呈现整个过程比较困难，也容易变成一个形式简单的汇报课。我希望这节课是又一个阅读的起点，有助于学生获得更多的启发，更深的理解，所以我将前期的所有阅读活动作为这一节课的阅读交流素材，包括老舍的《四世同堂》、同学的札记、游记、小组的汇报、小组的手抄报、阅读采访、朗读等，形成学生与作品、作者、阅读者思想和心灵的碰撞，让同学对老舍及其作品有了再解读再感悟再体验。

这个课堂学生和老师都是全情投入，从整个课堂当堂和课后反馈来看，这节课的设计目的达到了，甚至超过了我的预设。下面两张是当天晚上群里的聊天截图。

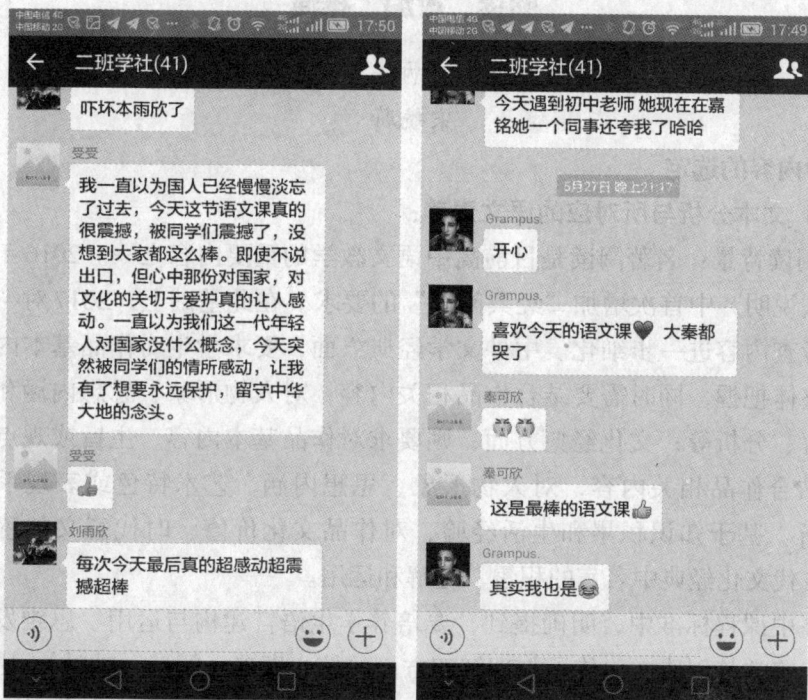

他们在课后的反馈令我惊讶，我没有想到这节课给他们带来这么大的震撼，我不过把他们做过的整理出来，呈现出来罢了。后来再想，他们之所以能有这么深的感触，是因为整个名著阅读过程中他们没有置身事外，不是被动的接受者和被迫的参与者，他们不仅作为一个阅读者在读《四世同堂》，他们也作为情节的参

与者，走主人公走过的路——什刹海，感受到小杨家胡同（原著中是小羊圈胡同）的寂静，北海的四季，他们通过采访从另一角度看到了经典作品的阅读现状，他们带着之前丰富的阅读实践体验来到课堂，他们本身的理解、体会那么丰富深刻，我只是给他们提供了一个交流的平台，选取了他们体验中特别珍贵的几个点展示出来，从而触发了他们的情感共鸣和思想升华。

如果学生读每一部作品都能够有这样丰富的阅读经历和阅读体验，那么他们就不会把名著阅读看成一个极其枯燥繁难的任务，而是让名著阅读成为精神享受而乐在其中。

案例3

阅读、改编、排演

——小说集《呐喊》阅读推进

宋航蔚

教学内容的选定

（一）文本分析与所对应的语文素养：

1. 阅读背景：名著阅读是目前高中语文教学的重要内容之一。2016年北京卷在《考试说明》中首次增加"经典阅读"的要求。在此基础上，2017对"经典阅读"的考查内容进一步细化。中外文学经典方面，要求学生对作品基本内容、主旨进行整体把握，同时需要结合作品相关内容，对人物形象、思想内涵和艺术特色的理解、分析等；文化经典方面，则要求对作品基本内容、主旨或观点的整体把握。结合作品相关内容，对人物形象、思想内涵、艺术特色或表现手法的理解、分析。基于知识积累和生活经验，对作品文化价值、时代意义的感悟和评价。对古代文化经典中名言的积累、理解和运用。

而高中课程标准中，明确提到，要培养学生语言建构与运用、思维发展与提升、审美鉴赏与创造文化传承与理解四方面的核心素养。阅读《呐喊》，则是对学生思维的发展与独立的探究意识很好的培养，更能通过阅读鲁迅的作品达到语言的深赏析，理解作品与时代的关联性，从而更好地理解作家，体会经典真正的力量与价值。

如何达到真阅读，让阅读走心而不是走量，这是我在教学设计上思考最多的问题。

2. 阅读设想：基于以上考虑，高二下学期，我带领学生开始阅读鲁迅的小说《呐喊》，说到鲁迅的作品，往往让人望而生畏。有一种说法叫作："语文有三怕，一怕文言文；二怕写作文；三怕周树人。"而我们却迎难而上，从开学到现在，利用两个月的时间，精读了鲁迅先生的第一部白话小说集《呐喊》。成功地直面了周树人先生。不仅如此，达到每个学生深读精读，个人撰写的有质量的读书笔记人均达到万字以上，完成最好的学生甚至在2万字左右。我们从对鲁迅先生开始固有的畏难情绪，到喜欢上了鲁迅，佩服鲁迅，最后还自发改编了《呐喊》，将一部多篇独立的小说集改编成了戏剧，打乱了篇章的独立结构，将书中的主要人物有机地串联，形成小说的主题与认识，成功地再创造使得学生的认知水平与阅读能力得到了进一步的发挥与升华。我相信，多年以后，他们对《呐喊》的人物与主题都会印象深刻，难以磨灭。这正是真阅读带给我们最大的收获。

（二）学情分析：

我们先来了解一下学生的心态与现状：在现行的中学语文教材中的重点课文，仅鲁迅一人的作品选用了18篇，占阅读课文总数的10%以上，文学体裁也比较丰富：小说、杂文、散文，可以说也代表了鲁迅各个时期的重要思想与生活。但是与这样的教材器重相对应的是阅读者的冷落与排斥。在这学期开始讲鲁迅专题之前，我在自己任教的两个班做了一个问卷调查，共收到问卷结果75份，现将结果列表如下：

你喜欢读鲁迅的作品吗？	你读过哪些鲁迅的作品？	你不喜欢的原因是：	面对鲁迅你通常会想到什么？	面对鲁迅作品的真实心情：	你支持鲁迅作品从教材中撤出吗？
1班明确表态"不"的有21人，占总人数的56.7% 2班明确说"不"的有14人，占总人数36.8%	《故乡》《孔乙己》《从百草园到三味书屋》《藤野先生》除教材外就没读过，占了全部。	太难懂67% 没意思56% 要分析的太多78% 和今天的生活没关系54%	考试需要100% 文、思、革封建社会愚昧麻木板寸、胡子批判、揭露	恐惧 紧张 厌学 烦恼 没兴趣	支持者少数，占2%，更多的学生认为可保留，但也有学生认为应有所删减。

从这个结果不难发现，学生对于鲁迅感到是"恐惧""紧张""厌学"，而老师备课也感到难以掌握，以致怕教鲁迅的作品。鲁迅越来越成为一个套路化的学习对象，学生们对于鲁迅，更多的是以背诵的方式，大声地告诉你："鲁迅，原名周树人，浙江绍兴人，中国现代著名的文、思、革家！"在这样整齐铿锵的声音中，有的只是被套住的记忆，没有的，是最重要的，也是最根本的学习本质：自己的认识与思考。不得不说，这样一个中国文学史里程碑式的人物成为人们戏称为"鸡肋"式的学习对象，是一个多么深刻的讽刺！

要不要学鲁迅？这个答案毋庸置疑，鲁迅作品本身的价值与生命力是不容怀疑的，随着时代的变化，世俗的变化，今天的人们在生活中越来越多地意识到一点：其实我们根本就没有走出过鲁迅的对于社会的认识，我们一直在他的思想的余荫下，不得不借着他的眼他的话来解读这个时代的一些问题，从他的文章中寻找一丝清醒与深刻。但没有真正学习与领悟鲁迅作品的人，是不可能发出"鲁迅活着"的叹惋的。因此，面对鲁迅，面对今天，面对求知欲还很强的学生，我们不能再以"统一见解"的方式来讲授鲁迅，将他模式化、程序化，这是不符合教学规律的，尤其是文本阅读教学。课文的教学旨在培养学生敏锐的感知力和独特的思考与见解，从而提高他们阅读水平与激发他们创造能力。要让他们真正地走近鲁迅，走进鲁迅眼中的世界与人生，走进他笔下每一个活灵活现的人物身边，甚至能走入这些人物背后隐藏的作家的深意，这才是我们应该去努力的目标。一句话，目标中应该有"我"，这个"我"，既是传教者，也是受教者。

教学目标的设定

引导学生通过阅读整本书，形成自己对鲁迅作品《呐喊》的独立且深入地理解与思考，并且在精细化阅读的基础上，进行合理化的想象及拓展。通过改编创作及表演的戏剧手段，培养对作家作品的理解鉴别分析的能力，且能更真切具体形象地从阅读及创编中理解作家对人生、生命及时代的情感与思考。达到热爱阅读、理解鲁迅作品价值与意义的目的。

教学能力：力求建构阅读整本书的初步经验，更好地培养学生自主阅读、深入阅读的能力。促进想象力、创造力及写作表达等综合素养的提升。

教学手段：以分组形式，挑战小说改编剧本的任务，发挥学生的主观能动性，在全面且深入的阅读理解基础下，创编《呐喊》，体现自己对作品的解读及分析。开展有趣有效的文本分析与交流。达到换位式且深入的阅读交流效果。

教学过程的规划

（一）开展一系列的《呐喊》阅读的指导活动

《呐喊》阅读的指导流程

第一阶段：自读，挑出五篇重点小说，培养学生的赏析与品鉴的能力

时间：2018年寒假

作业要求：《故乡》《药》《明天》《风波》《阿Q正传》研读，每篇重点摘抄五段文段，并进行赏评；

第二阶段：开展《呐喊》的专题阅读月（附要求）

参与对象：全班同学参与

活动计划：3月-4月

活动时间安排	活动具体内容	活动成果
3月5日-19日（除周末外）	开卷有益，完成阅读 1. 鲁迅《呐喊》除自序以外14篇文章+《彷徨》2篇文章（《孤独者》《伤逝》），共计16篇文章，逐篇阅读 2. 每日阅读鲁迅的一篇文章（除周六周日外） 3. 每日以日记形式提交阅读的心得体会	1. 读书心得体会报告 2. 字数不限 3. Word文档方式 4. 文档名称=学号+姓名+文章名称 5. 每日晚7点前提交
3月27日周二班会课	头脑风暴，交流心得 1. 小组方式交流读书心得 2. 选出最佳阅读者，参与班级阅读交流	小组最佳阅读者
4月2日阅读课	博采众家之长，读书交流 1. 5个小组最佳阅读者向全班交流读书心得 2. 老师选出班级最佳阅读者予以表扬	班级最佳阅读者

第三阶段：4月整合信息开展比较阅读及思维拓展训练

第一周阅读课：指导学生《在酒楼上》《孤独者》《忆韦素园君》比较阅读。

作业：《呐喊》中的人分为几类？你认为谁最悲惨，理由是什么？可用思维导图的方式呈现；

第二周，开展剧本创编工作，《呐喊》创编团队的成立与布置。

两个班共同布置任务：改编《呐喊》为剧本。

编导组	全剧十五分钟左右，必须有一个主要事件，至少两场冲突	必须有以下经典人物：阿Q、狂人、孔乙己、看客、单四、革命者（你可以增加其他角色，但不减少这里的人）	必须忠实《呐喊》风格，符合鲁迅特色，最终目的凸显《呐喊》的创作宗旨	周一交戏剧草案，要完整故事框架，不必非得是详案。（电子打印版）
表演组	针对自己想演的角色，重新研读小说，在书上找出最能体现角色特点的言行、细节及情节表现（必须在书上批注）	并加以练习	有理有据写一段人物分析	周一交，手写版，日记本
舞美组	重新研读书本，将书中所有的场景与环境描写的句段批注点评	设计一个富有鲁镇特点的舞台布景，你认为哪些元素不可或缺，为什么	为营造烘托舞台氛围，你会用到哪些色调（含灯光音乐使用）分别用在什么地方，说明理由	周一交设计图纸想法，手绘，电脑制作配合文字描述（PPT打印版）

第三周：4月邀请北京市特级教师毕老师到校和学生们进行"鲁迅小说"专题阅读指导交流；收集学生阅读问题进行互动与交流；根据学生阅读的实际情况，请专家和同学互动，帮助孩子们进一步了解作品的有关内容及思想、写法。

第四周：印发关于《呐喊》的相关题型，开展一次阅读印象测评反馈，做到保鲜。此外，在校方的支持下，联系戏剧的主要负责老师。进行了面对面的第一轮沟通，把自己的想法和专业戏剧老师进行了充分的交流，达成一些帮助与共识。准备在期中考试之后，组织相关老师对班级的主创人员进行有效的面授与指导。

第四阶段：组织相关同学展开四月的创编《呐喊》舞台剧的活动

从全班范围内进行剧本的编写与采集，以小说人物及故事为原型，忠实鲁迅创作的根本，进行改编，完成一部集合小说精华人物与思想内容的精编版《呐喊》。时长10-15分钟，主要场景为咸亨酒店。以一个线索人物为串引，将鲁迅笔下的主要人物带入其中，完成一个主题情境的表现。（阿Q、孔乙己、祥林嫂、

狂人）

第五阶段：5月执行及落实阶段

5月3日-5月20日，一个月时间进行排练阶段；

一、活动项目：戏剧社团派出"表导""舞美""化妆""灯光""写作"教师进行指导

利用自习课时间，主创熟悉剧本，布置发言任务细则；调研其他同学对于改编可能产生的看法及建议。进入正式排练及筹备阶段；所有文稿及素材上交到位；老师随时跟进指导；

全部完成"舞台调度""角色台词""场景切换""音乐音效配合""舞台背景"PPT设计

5月22日：戏剧节比赛，现场演绎

（二）上一节别开生面的解读《呐喊》的戏剧创编市级研究课

教学设计：

一、导语

有这样一种说法："语文有三怕，一怕文言文；二怕写作文；三怕周树人。"而我们却迎难而上，从开学到现在，利用两个月的时间，精读了鲁迅先生的第一部白话小说集《呐喊》。成功地直面了周树人先生。今天，我们就在这一节课上，把我们阅读后的理解与体会，演变成大胆的创作，挑战《呐喊》改编为戏剧的任务，接受大家的评价与质疑，看看同学们能不能在忠实于原著精神的要求下，精彩地完成改编工作。那么，下面就请主创人员依次上台陈述他们的创编理念，大家可以随时提问并进行质疑与补充。

二、主创团队展示并陈述创意设计

1. 编剧

形式：小组代表展示剧本的创意构思框架，并说明这样改编的缘由；

（这个环节就是看学生如何理解小说的内容与思想）

2. 导演

形式：演员或导演代表展示如何理解角色及自己的处理方式；

（这个环节是看学生对人物形象的把握与分析）

3. 舞美

形式：设计人员代表展示设计图，并陈述自己的设计理念；

（这个环节是看学生对环境与场景描写的理解与感受）

三个陈述之间：老师要组织同学进行随机地深入引导与思考；

三、结束

感谢所有主创的智慧与分享！这是一次艰苦的尝试，我们会遇到很多困难，会有许多的不足，但这段宝贵的创造经历，它会帮助我们更好地理解思考作家作品。今年，是"鲁迅"诞生一百年，一百年前，周树人先生第一次用"鲁迅"这个笔名写作，从此中国文坛多了一个振聋发聩的名字；今年，也是《呐喊》诞生的一百年，十四篇小说让中国文学多了一种犀利冷峻的风格，从救救孩子到希望有路，鲁迅留给我们的思考百年之后依然鲜活有力。当我们今天也成为一个小剧作家的时候，我们更加深刻地理解了鲁迅，走近了周树人先生。走近鲁迅，致敬经典。最后用这样一个对联收尾吧。一生情牵乡土，冷眼热肠领呐喊；百年重忆旧文，后辈晚生感彷徨。阅读，让我们看见，创作让我们理解。希望大家爱上阅读，爱上写作，爱上周树人。

学生作品呈现

我从《呐喊》里读出了社会

李梦玥

从3月5日开始写《呐喊》的日记，到现在有21天了。不管是"狂人"的"狂"，还是"一件小事"的"善"，或者是"风波"的"变"都是能够一讲就讲好多出来的。至于为什么我认为在《呐喊》中读出了社会，也依赖于鲁迅先生写人的文笔吧。

首先想说一下关于社会现实。《头发的故事》和《风波》都是关于辫子的，关于革命的。可是"革命"革的真的是命吗？革了心吗？"老兄，你可知道头发是我们中国人的宝贝和冤家，古今多少人在这上头吃些毫无意义的苦啊！"这句话给我留下了很深的印象。革命真正带给百姓的什么都没有，再说什么自由平等都是不存在的。单纯的背下来历史书上"辛亥革命使民主共和观念深入人心，推动民族资本主义发展"是不行的。没有社会现实影射，一切历史都只是一纸空谈，我们根本不能去评判或者是依照。柴静说，我们对于一件事情知道得越少，就越容易形成判断，而且越容易形成强烈的单纯判断。正是因为不了解，更没资格去评价革命成果或者是评价任意一个人。革命到底等不等于革心？在这个浮躁的，随波逐流的时代，仍然有真心付出有信仰的人存在，他们并不被人理解，却仍旧坚持着抗争。人们放弃同化他们，于是把他们丢弃。头发在这两篇里只是一个意象，仅仅是在说任何事情都没有变化。也许对于他们来说，把尚未完成的革命革到每个人心里才是最重要不过的事情了。

其次是影射出的现在的社会。我们说鲁迅笔下最鲜明的一类人物就是所谓的

"看客"。他们面对事件像看一场戏一般，只对事件的内容本身发生兴趣，而对事件的真实人物没有同情的心理，并且有回避、推卸并自我解脱责任的表现。这类人"凡事以己为先"的心态伴随着中国的古今直到现在。与看客心理一样存在于中国人内心的，还有奴隶性。阿Q就是一个典型的例子，他身上带有明显的安于做奴隶的心态。面对精神上和身体上的凌辱，他敢怒不敢言，只有用"精神胜利法"不断麻痹自己。这虽然是被迫无奈之举，但是这种逃避现实的想法我仍旧十分讨厌。他对那些没有辫子的人深恶痛绝，正好体现了他身上等级观念的严重和坐稳了奴隶地位不愿意翻身的劣根性。这种人的革命仅仅是被逼无奈下的"彼可取而代之"而已，与新思想"民主科学自由平等"根本没有一点关系。如果成功，对于广大的老百姓来说也只是换了一个奴隶主而已。

再说回学习，就不得不提到孔乙己和陈士成。这里就不得不讨论一下"万般皆下品，唯有读书高"和"百无一用是书生"这两种想法。其实我认为万法皆平等，不可直接下定论。不能单纯说没有读过很多书的人就不能成功，也不能说读过很多书的人必定会成功。在当时的年代，写得一手好文章也不一定会被提拔，更何况是一个多年科举都不中或者一个连去酒店吃几碟豆都要写欠条的书生呢？古代对于"书生"的定义相对狭隘，基本就是指学习儒家经典孔孟之道，参加科举考试的知识阶层，在宋朝以后，理学的教条对知识分子的桎梏越发严苛，当他人已经开始针对自然科学做进一步的研究了，我们却只抓着那些几千年之前的东西来回来去的磨就显得狭隘很多了。在思考"百无一用是书生"或者"空有力气是莽夫"这两种想法的时候，要想想这二者是否本就是同源，本就是失去平衡偏于一极。真正的有用之士是应该同时掌握技能又能有一定文化基础的人。

最后说一下关于弱者。社会中有强者自然就会有弱者。对于弱者，每个人都会有不同的看法。我想说的是对于弱者的想法。弱小的人真的能得到尊重吗？得到尊重真的能够对那些弱者起到什么真正的作用呢？众所周知，生物圈因为有食物链才能够得以稳定发展，有天敌的同时自然会有可以欺负的对象。站在弱者的角度看，他们自身获得更多资源或者福利来弥补自身的弱小是极为合理的。但平等对待是有前提的。弱者有着平等的权利，但是他们能否尽到相应的义务呢？如果我们一味给予弱者特权，那么对于那些真正需要这些资源的强者而言是否是不公平的呢？所以导致我们理性看待强者与弱者关系的时候会发现一个很严重的问题——真正的公平根本就不存在。社会中一样是如此。如果弱者真的那么好，那么也不会人人都喊着要成为强者了。对我们而言，弱小并不是一种罪过。只有不接受自己弱小又不能强大起来才会感到痛苦。想让别人尊重自己的时候要学会变强，去抗争，才能争取到自己应该有的那部分福利。史铁生在《我与地坛》中说："我常以为是丑女造就了美人，我常以为是愚氓举出了智者。我常以为是懦夫衬照了英雄。我常以为是众生度化了佛祖。"所以对于强弱之争也是时候换一种方式去看待。不能一味去偏心弱者，要学会鞭策他们成为强者。

这仅仅是我比较喜欢的几个部分。在知乎上看到，有人说社会的残酷就在于给了一些人与他们的能力不相匹配的欲望。这句话我现在还不能很清楚的理解，但是想想应该和我这篇文字没有太大的不同。所谓社会，就是一个鱼龙混杂的地方。不管你想不想看到，总会有一些残酷的地方展现在你的眼前。社会从来不管人能不能接受，他所要做的只是给予每个人等同的压力，考验着我们。我觉得对于现代社会而言，首先看清楚自身的渺小，然后学会保留对于生活的热爱，那么，不管社会如何残酷，对于我们，都是一沙一世界，一花一天堂。

永远的"民族魂"

才汇荃

虽然我不是余华先生那样著名的作家，甚至文学素养压根没有，但是当读到"最熟悉又最陌生的鲁迅"这句话时，确实深深地引起了我的共鸣。我也曾在课本中一次又一次的学习鲁迅先生的文章，却都没有这次的阅读体验带给我的收益丰富，同时我也相信：如果我还有机会再次拿起《呐喊》，我也一定会有不一样的感受。这一次读《呐喊》，如果让我用两个词来概括我对鲁迅先生这部作品的感受，那一定是：跨时代性和悲剧性。

跨时代性，从纵向来讲叫跨时代性，而从横向来讲则是一种民族性。我认为只有一个作家能写出跨越"百年"的作品，写出能反应一种国民性的作品时才能算得上是一个名家，鲁迅先生算是其中之一。《呐喊》中的许多作品，不仅仅对当年的那个在封建礼教下的社会有着很强的批判性，就算放到现在这个社会环境中，依然让人读起来"入木三分"，依然有不少人津津有味地吃着热腾腾的人血馒头；将本应理所应当的社会道德传颂为模范；多少"九斤老太"依然看不惯这看不惯那。如今的媒体，频频用别人的痛苦甚至死亡来博人眼球、增长阅览量：2015年的姚贝娜、2018年的汤兰兰风波；"扶不扶"问题再一次成为社会热点……鲁迅先生还曾写过这样一句话："中国历史上只有：一，想做奴隶而不得的时代；二，暂时做稳了奴隶的时代。"这句话是在课件上推送给我们的。现在想来，课上那一霎时背后的一身冷汗，记忆犹新啊……

不得不说，在灯光下的这个时代，一回头便也是《呐喊》之中那愚昧的影子。

鲁迅先生，这"盛世"，如您所愿。

我想说的第二个特点，便是悲剧性。鲁迅先生自己说过："悲剧就是把美好的东西毁灭给人看。"我认为能给悲剧下出如此定义的人定然是悲剧的大师，事实也正是如此。鲁迅擅长写悲剧，擅长用悲剧塑造人、衬托环境。但鲁迅的悲剧与莎翁的悲剧仍有不同：鲁迅的悲剧的最大特点是悲中带怒——"哀其不幸，怒其不争"的一种怒气。鲁迅先生在写悲剧的同时喜欢用带有"鬼气"的恐怖气氛进行渲染。而就起悲剧本身，其悲惨的结局从来都是作品的点睛之笔，《狂人日记》《白光》《药》都属于以悲为结尾的篇目，这些篇目的结局都让人有一种：想不出比这更"好"的结局的感受。有些看似不悲惨的结局也非常合适：《头发的故事》《风波》……

在《呐喊》之中，也有一些稍显"格格不入"的文章。《社戏》的温暖厚实、《故乡》颜色描摹之丰富都是鲁迅先生文笔多样化的一种体现；《一件小事》我不是很喜欢，因为强打精神的做作和鲁迅先生实在有些不搭；《兔和猫》这个问题我觉得还有待更深刻的讨论，就算以此为题专门设置一次辩论我甚至觉得也不为过。

写到这里，是时候为这一次的《呐喊》阅读画上一个句号了。对于鲁迅先生，从刚开始的厌恶，到逐渐读懂，有到最后对解密一般的阅读有些厌倦，不管怎样鲁迅先生都陪伴我度过了这一个月的精读。我同时也相信，有多少人喜欢鲁迅先生，就会有多少人不喜欢鲁迅先生。黑暗的不见一点光的文风会让人消沉与不适，无尽的批判也会带来厌恶，这都正常。甚至我有时庆幸鲁迅先生在建国前去世：他是一个战士，甚至是没有主人的战士，因为没有没有污点的社会和意识形态政治体制，新中国后的鲁迅，也许就不会有毛主席为他赐的"民族魂"的称号了吧。

感觉挺好的，在十年、二十年后拿出一篇篇读书笔记和这篇总结，又会是什么样的感受呢？又会结识怎样的鲁迅先生呢？

令人期待。

2018年3月26日22：00：05
17岁的才汇荟

教学反思

《呐喊》阅读作为一节市级研究课，上完后，得到了与会专家与名师的一致好评，区教研员甚至说，这是一节可以当阅读示范的课。"一件事如果能与灵魂相关，它就不再疲惫。"你的学生让我们看到这样的情况，相信这本书会成为他一生智慧之一。这也就是你当老师最大的欣慰与价值。自觉而深刻地阅读，往往是大胆而心细的。（北京名师，市教研中心连中国老师）"这节课感受到孩子们的审美鉴赏能力、写作表达能力、阅读探究能力。你的学生在享受课堂，享受书籍带来的乐趣。我对你们所付出的努力深表敬意！"（区教研员方雪葳老师）

多么铿锵有力的声音，多么让人欣慰的收获与得到。它完全淡化了两个月我艰辛付出的痛苦，绞尽脑汁的疲乏无助，所有流过的泪，熬过的夜，都被这种喜悦替代了。这就是经典作品的魅力，这就是真阅读带给我们最大的收获。当然，这也正是一个语文老师倾心设计的最好回报！

案例4

重构创新，改编剧本

—— 《雷雨》阅读

王 雪

教学内容的选定

《雷雨》是高中名著阅读当中唯一的一部戏剧名著。《雷雨》最大的特点就是具有文本的可读性，同时又具有文本的表演性。因此以何种方式来教授戏剧文学也是高中语文教学值得探讨的一个方面。

首先从文本内容上来分析《雷雨》。这部作品采用比较严谨的西方戏剧的创作方式三一律。时间、地点、人物一致。这种高度的一致性，使得这部作品的矛盾冲突也比较集中。各种矛盾冲突，最终都指向了整部作品的悲剧性。我们提到《雷雨》的时候，往往以悲剧作为它的代名词。个体悲剧也是家庭的悲剧、社会的悲剧。那么我们该如何来看待这种家庭的悲剧？如何理性分析悲剧以及理解作者创作背后的原因？我们又应该怎样培养学生的悲剧审美意识？

雷雨当中的悲剧太多了，女性在社会当中处于弱势地位，悲剧在他们身上体现的也会更加的剧烈。繁漪最后疯了。那么是谁造成了繁漪悲剧的一生呢？我想这里面大概有以下几个因素，第一是她的丈夫周朴园。这是造成他悲剧命运最重要的一个影响因素，第二个悲剧我觉得是由于繁漪自身的性格造成的。繁漪在知道周萍和四凤在一起之后，她的内心便燃起了复仇之心，作者曹禺曾评价繁漪是一个雷雨一样的人物，在她的眼中容不得半点沙子，她的性格当中没有缓冲的余地，是一个极易走向极端的人物。因此繁漪的悲剧既是家庭的悲剧，更是个人的悲剧。

曹禺在自序当中提到，他在雷雨当中所塑造的人物性格，一种是极易走上极端的，其代表如繁漪、鲁大海，另一类就是性格当中存在着缓和，比如说鲁侍萍、周萍。鲁侍萍是这部作品当中塑造的另一个悲剧人物，她的悲剧是从遇到周朴园的那一时刻开始的，出于家族的压力周朴园抛弃了刚生下二子的鲁侍萍，鲁侍萍也是个性格当中比较刚烈的人，她在被赶出周家之后选择了投河而死，但她并没有死成。对于这样的一名被抛弃甚至带着不贞洁的名声的妇女来说，在当时的社会是非常难以生存下去的。鲁侍萍后来嫁给了鲁贵，鲁贵也是一个天天喝酒，赌钱成性的小人物。可以说鲁侍萍的两段情感都非常的不幸，因此鲁侍萍在40多岁的时候还要外出做工养活自己，鲁侍萍不远万里到济南去打工，一方面是对现有家庭的逃离，另一方面也是维护自己的尊严。这是鲁侍萍前半生的经历，当她得知自己的女儿鲁四凤也有同样的经历时再次使她崩溃，因为命运是如此的戏弄人。在她身上发生的悲剧，竟然还要发生在她的女儿身上，而且她的女儿爱上的是他和周朴园的儿子，鲁四凤还怀了周萍的孩子。最后，周萍和四凤的死对于鲁侍萍来说，这种打击是难以想象的。因此对鲁侍萍来说，在她身上体现得更多的是命运的不公和残忍。

四凤重蹈她的母亲悲惨的命运，这不得不说命运太残忍了。我们常说悲剧就是把美好的东西撕碎给人看，这在鲁侍萍和四凤的身上不就是这样残忍吗？作者通过塑造这样的几位女性形象，到底在向读者传达什么？又在控诉什么？因此从女性悲剧的这个角度上作为一个切入口来理解《雷雨》整部作品的悲剧是具有十分重要的意义和价值的。

教学目标的设定

本设计将聚焦女性悲剧这一主题，用剧本创作的方式集中探讨女性的悲剧命运。教学目标设定为：

（一）通过创作剧本的方式创设情境感受、理解、探究《雷雨》中三位女性的悲剧命运，提高学生的审美与鉴赏能力

（二）品读戏剧语言、根据原著内容及主题讨论小剧本，学生尝试写剧本片段。培养学生读写结合的能力，提升学生的语言建构与应用能力。

教学过程的规划

教学设计

（一）导入

《雷雨》是一幕充满悲剧的戏剧，它向我们展示了20世纪二三十年代一幕幕的人生大悲剧，尤其是三位女性：侍萍、繁漪、四凤的悲剧人生。在那个时代的女性，她们到底经历了什么样的悲剧命运？今天我们一起感受、理解、探究《雷

雨》中三位女性的悲剧命运。

（二）剧本朗读及讨论

1. 小剧本表演（分角色朗读）

2. 学生讨论：

（1）结合曹禺原著，你认为第五幕小剧本展现了三位女性身上怎样的悲剧人生？为了讨论更集中深入，我们分成三位女性代表的小组。

（2）结合曹禺原著，你认为这个人物身上的哪些悲剧还没有表现出来？请在组内讨论组长做记录。

（三）剧本创作

假如你是编剧，为了更充分地呈现三位女性的悲剧，你会如何更好地呈现三位女性？小组同学合作，针对自己小组所选的人物选择一个点对剧本进行片段创作。

注意剧本创作元素：人物语言、舞台说明

补充：

1. 语言

结尾：四凤：妈，我得走，我在这一世是活不下去了，我已经不是一个好女人了，我没脸见人了，我得去赎罪，妈，您照顾好自己，还有……他还好吗？

侍萍：他走了，你也走了，都走了，我的孩子！我苦命的孩子们，都走了，走了。（声音减弱，眼神逐渐无光和呆滞）

2. 道具

繁漪：哈哈哈哈……（诡异，雷声响，窗外闪电）

（繁漪在笑声中离场）

（小结）

今天我们以编写剧本的方式重新品读了《雷雨》中女性人物之悲，用小剧本撬动大剧本，这也是我们打开名著阅读的另一种方式。

在今天的创作的剧本中，我们看到了繁漪在这样一个死气沉沉家庭中的她的恨和怨，她的生命就像将要即将喷发的岩浆，热烈中掺杂着毁灭的气息。正如作者在序中所说，她有火炽的热情，一颗强悍的心，她敢冲破一切的桎梏，做一次困兽的斗。她的悲剧是毁灭性的悲剧。

曹禺先生说：我赢一种悲悯的心情来写剧中人物的争执。我诚恳地祈望着看戏的人们也用一种悲悯的眼来俯视这群地上的人们。如果我们能在阅读中也能产生一种悲悯和同情去看待剧中的人物和我们面临的世界，这也是心灵的一种净化。如果还能引起大家的思考：我们能不能阻止这类悲剧的重演。这便是更好的了。如果能达到以上两点，这也是我们今天品读三位女性之悲的意义和价值了。

（四）板书设计

```
                    ↑
      自身 ──────────── 家庭
                  蘩漪
        │     侍萍   四凤    │
      环境 ──────────── 其他
```

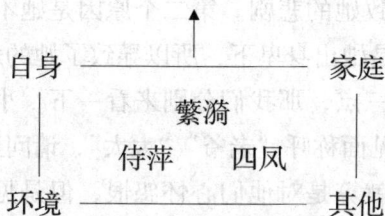

教学重难点突破

教学实录

师：下面我们分小组来讨论我们所创作的这个小剧本中三位女性的悲剧具体是如何体现的？给大家5分钟的时间。

师：我们先请蘩漪小组。

生1：我们在小剧本当中看到了四个悲剧的点。第一个点就是剧本中写到"萍走了"，联系曹禺剧本我们知道这写的是她的情人周萍自杀。这是蘩漪疯了的重要原因，小剧本还有一处写到她的儿子身亡，这是导致蘩漪疯了的直接原因。这一点在中间部分，"我的孩子，冲儿，他是个糊涂的孩子"。还有一个导致蘩漪悲剧的原因是她被困周公馆，在小剧本中"周朴园是个怎样的人，他逼我喝药"。这里所提到就是因为蘩漪在死气沉沉的周公馆里待了整整十八年，她像是被禁锢的金丝鸟，失去了自由。这对周蘩漪来说是一种长期的精神压抑。小剧本中也写到"还想拔掉我的刺，堵住我的嘴，他妄想！"

生2：我们小组想补充两点，一点是蘩漪的父母，蘩漪加入周家不是因为爱情，是属于父母之命，因此她在婚后也没有得到情感上的关爱。这也是造成蘩漪悲剧命运的一个重要原因。还有一句是"待在花瓶里"。所以可以看出蘩漪在周公馆里过的是非常压抑，她在周公馆里得不到自由，她想反抗，但是她又很害怕，没有办法反抗，她必须得待在这个花瓶里。

师：所以，在这里蘩漪所想要的正常的感情，来自婚姻、家庭的需求是得不到满足的，我们看到的是一个被束缚的女人和母亲。很好！蘩漪的悲剧是女性家庭的悲剧，那么同样作为母亲的侍萍呢？

生1：我们认为有几方面。首先，我认为侍萍是被封建礼教所束缚的，从剧本当中"花本应当在瓶子里"可以看出，因为这里面花就是代指女性，花瓶代表的就是封建大家庭。她认为女性就应该被待在瓶子里，就是因为她被束缚得太紧了。然后就是她刚进来时应该会很恨繁漪，也会很恨周朴园，但是她见面第一句话还是称呼"太太""老爷"，所以我们认为她被封建礼教束缚得很紧，所以导致她的思想被压抑，所以导致她的悲剧。第二个原因是她不懂得抗争，她认为这都是她的命。还有一个原因是她出身卑下，所以导致了她的悲剧。

师：小桐同学找到了三点，那我们分别来看一下，小桐说她被封建礼教束缚得太紧了，给出的理由是见面称呼"老爷""太太"，请问这一点合理吗？

生：我觉得不合理，就算是对他们心怀怨恨，但是见面的时候还是要有最基本的礼数，从这一点我们看到的是侍萍的知书达理。

生：可以这样理解吗？

生（齐）：可以。

师：那小桐提到的这一点和她的悲剧有关的是谁呢？

生：周朴园。

师：能详细说一说吗？

生：周朴园在多年前抛弃了她，这是她悲惨命运的开端。

师：不错！我们在解释人物命运的悲剧时切忌要给人物扣大帽子，要讲究有理有据。那请问所谓的"封建礼教"和侍萍的被抛弃有没有关系？

生：有关系吧，因为在当时也要讲究门当户对，对于像周公馆的公子这样的人是不能和周公馆的下人相恋的，更不能谈结婚。

师：对，这就抓住关键，理清思路了。顺着这个思路下去，侍萍被抛弃除了是因为她是个下人之外，还有一点是她在没有征得家人的许可之前就和周朴园有了孩子，这一点也是不和礼法的，对吗？当然，在这个时间中侍萍可能是被周朴园欺骗了感情。所以，我们在分析问题时要注意事件、原因、本质之间的逻辑关系。

师：小桐所说的第二条是她认命，第三条是地位卑下，这是不是也缺少点逻辑呢？大家可以补充一下吗？

生1：认命这一点实际上也是她作为传统女性认识的局限，因为她也没有接受过什么西方先进的教育，仅仅是传统的读书认字，所以当她遇到这些她不能解决或者抗争的问题时，她只能认为这是命。原剧本中"命"是轮回的，这点挺可怕的。

师：这位同学解释得还行吗？还可以是吧，所以其实"命"这一点和第一点提到的封建礼教有相似之处，都是人物所处的社会环境造就的。曹禺的这部作品不仅在创造方式上受到西方戏剧的影响，在创作理念上也有借鉴的地方。就拿这个"天命"来说，西方文学中也有对"命运"的解释，最著名的神话故事是俄狄浦斯杀父娶母的故事，在这个故事中的俄狄浦斯试图摆脱命运的设定，但最终还是中了命运的圈套。所以"命运"是残忍的、不可抗争的。有人说曹禺在创作这部作品时也正是借鉴了这样的故事原型。有关作者的创作意图同学们可以打开原著中的作者自序部分进行研读，里面有更为详细的记录。

师：如刚才同学们所说，鲁侍萍的悲剧是来自周朴园，这可以算是什么类型的悲剧呢？

生：婚姻的悲剧，嗯，爱情的悲剧。

师：那鲁侍萍的婚姻悲剧仅仅来自周朴园吗？

生：不是，还有鲁贵。

师：这又怎么说呢？

生：就是鲁侍萍在现在这个家庭也挺不幸的，因为鲁贵也不是个好人，她还在外面一人打工，不和家人一起。对于一个女人来说挺可悲的。

师：这位同学说得很有道理，一个女人带着孩子再嫁，在家里不受重视，外出打工养家糊口，这对于女性来说，在当今的社会就已经很艰难了，更何况那个时代呢？

师：请问鲁侍萍的悲剧在剧本中还有没有体现呢？

生：有！我认为还有她的孩子们身上的悲剧也是她的悲剧。

师：你能具体说一说吗？

生：因为她的儿子和女儿相恋了，而且他的女儿还怀了孩子，两个人最后都死了，一个触电身亡，一个自杀。他的另一个儿子鲁大海与周朴园势不两立。反正她的家庭里面有太多的冲突、矛盾、不幸，这对于一个女性来说可以说是很痛苦的了。

师：分析得很简练，不错！所以说我们在鲁侍萍身上看到的是更多的是来自家庭、来自社会、来自命运的悲剧。

师：那么四凤的命运又如何呢？

生：四凤并没有做错什么？而是爱错了人。四凤在最后都死得挺无辜的。就像这个小剧本中写的，她一直在向她的目前道歉。

师：的确，四凤多么善良、美丽的姑娘，谁也没想到命运是如此的残酷，她走上了她母亲的悲惨命运，就像我们提到的，悲剧是什么？就是把美好的东西撕碎给人看。

学生作品

【剧本】

第五幕

舞台说明：客厅里摆放一个深色沙发，侍萍躺在上面。前面是一个木质茶几，上面有一个精致的花瓶，其中是娇嫩的鲜花。再前面是一把椅子背对舞台，繁漪坐在上面，身穿深色旗袍背对观众。雨变小。

繁漪（直盯着眼前的花）：萍走了……萍一个人走了……他丢了我……（一直重复）

（侍萍悠悠转醒，看见繁漪的状态有些吓人。沉默，缓坐起身）

侍萍：太太……（忽然想起什么）萍，我的萍……他死了。凤……也死了。

繁漪：你看这花，开得多好啊，娇滴滴的，就像个小姑娘，但这小姑娘啊一辈子就待在这花瓶里，一辈子。

侍萍：花理应待在花瓶里，这样配，好看得很。

繁漪：呵。你刚刚叫我太太？

侍萍：太太，你该静一静。

繁漪：太太！我是谁的太太？

侍萍：自然是老爷的。

繁漪：（狂笑）如果不是因为老夫人，你！（突然转向侍萍）才应该是老爷的太太，你给他生了两个儿子。我最想做的是萍的太太。（语气转柔和，向往的心情）（拿起花）我是他的女人，可不是什么后母！他该告诉你们的，可他什么都不说。……现在萍……他……他！！……（松手，花落）

侍萍：他是我的孩子，我却一点不知道他。太太，你忘了你的孩子了。

繁漪：（猛地，干哭）我的孩子……！冲儿！他个糊涂孩子！我的孩子那样的好，却死的那样的惨！（干哭）

侍萍：这是命运啊，都是命。老天爷在人出生时就安排好的。

繁漪：冲儿有我这样的妈，他该死！

侍萍：三十年前是因为我出身低下，所以无得而终。于是我离开，但最后又回到了这里，都是命。

繁漪：谁来救救我！萍他已经丢了我……我恨！我怨！（转身将花瓶拿起）是谁将我放进这瓶中的，（低头思索，猛然抬头狂笑）是我那双父母。周朴园是个怎么样的人，他逼我喝药，扭曲你们对我的看法！好手段哪。他还想拔掉我的刺堵上我的嘴，多狠的心。他妄想！

（侍萍猛地坐进沙发，眼神空洞，重复着"是命"。）

繁漪：是萍重新给了我生命，他让我感受到了滋润，他与四凤在一起我不怕，四凤有了孩子我不怕，可现在……可现在萍死了。他和他的父亲一样狠心！（将花举起，但在空中停顿，又缓缓放下到桌子上，坐到椅子上，轻抚花，眼神诡异，全场静，雨变急）

繁漪：哈哈哈哈……（诡异，雷声响，窗外闪电）

（繁漪猛地把花瓶砸向地板，花瓶碎掉的声音，在笑声中离场）

侍萍：凤，我那可怜的孩子，凤啊，（声音略带抽泣，一直在重复凤的名字）

四凤：妈！（缥缈的声音）（又是一道闪电，照出了一个女孩的身影）

侍萍：凤儿！是你吗？你在哪儿？我可怜的孩子！（循着声音寻找）

四凤：妈，我对不起您，妈！我对不起您，对不起您！都是我的错，我不该……

侍萍：凤儿，你别说了，都是妈的错，妈这一辈子……（突然急寻四凤，在舞台上左右寻找）凤儿，凤儿，你在哪儿呢？你出来吧，咱们，咱们回家。

四凤：妈，我走了，我就是想最后再见您一面，我对不起您。

侍萍：凤儿！你不能走啊，凤儿！你快回来，我的凤儿！（侍萍如疯了一般）

四凤：妈，我得走，我在这一世是活不下去了，我没脸见人了，我得去赎罪，妈，您照顾好自己。（声音减弱，四凤下）

侍萍：都走了，走了，走了。（侍萍一个人呆立在舞台中央）

幕落

老师修改

四凤：妈，我得走，我在这一世是活不下去了，（我已经不是一个好女人了），我没脸见人了，我得去赎罪，妈，您照顾好自己，（还有……他还好吗？）

侍萍：（他走了，你也走了，都走了，我的孩子！我苦命的孩子们），都走了，走了。（侍萍慢慢跪下，声音渐弱，眼神逐渐无光和呆滞）

教学反思

新课程改革下整本书教学的实践反思
——以《雷雨》名著教学为例

摘　要：整本书阅读是新课改后的首个学习任务群，但整本书阅读该如何展开尚无定论。本论文以《雷雨》名著阅读的具体操作为例，试对整本书阅读的教学设计、教学活动做一个探索。

关键词：整本书阅读；《雷雨》；戏剧活动设计

整本书阅读是《普通高中语文课程标准》（2017）课程内容中的第一个学习任务群，如何准确地了解课标对于整本书教学将起到至关重要的作用。整本书教学应该区别单篇教学和整本书教学，注重激发学生热爱阅读的兴趣并培养学生独立阅读的能力，使学生能够自主建构阅读方法和阅读策略。学生在阅读中能够保持阅读兴趣，能够进行个性化阅读，使阅读能够实现从浅表层阅读到深层阅读再到自我阅读。目前高中的整本书教学中可操作性强的便是名著专题教学。

一、研究问题的确立

对于高中生来说，整本书阅读仅有这些感性认识是远远不够的，还需反复阅读和多角度思考才能更加深入地理解作品。因此，教师在阅读过程中的引导就显得至关重要。好的研究问题是深入解读作品的敲门砖。

研究问题不是凭空而来，学生在阅读过程中必然会产生各种各样的问题，并不是每一个问题都是具有研究价值的。因此如何在学生的阅读问题中筛选出有效问题便成为设计阅读课的关键。

在学生的阅读笔记中，学生总会发出"四凤好惨""繁漪好狠"等感性认识，比如说"四凤是鲁侍萍的翻版，但是似乎更惨，这是命运的轮回"。在学生的前期阅读中，学生已经积累了较为充分的阅读感情，但理性认识还有待提高。如何引导学生认识《雷雨》的悲剧性，选择一个小的切入点是很关键的。因此我选择以女性悲剧为切入点去了解当时的社会、家庭的万象。

二、如何设计阅读课活动

任务型教学是指教师在课堂中通过指导学生来完成任务的一种教学方式。这是20世纪80年代兴起的一种语言教学方式，它的核心在于"做中学"（learning by doing）。这种教学方式常常被应用于第二外语教学中，通过布置一些情景化的任务让学生在完成任务的过程中实现语言能力的自我建构。这种教学理念很符合我们现在所提倡的教学方式即通过设计一定的教学情境进行任务型教学。但是我们语文教学毕竟和第二语言的语言学习有很大区别，情景化的任务设计应该符合真实情境，同时又能够兼顾学生的语文核心素养，同时还要考虑如何在设计中渗透学生能力的培养。

在《雷雨》的教学设计中，我布置了创写剧本的学生任务，创写剧本并不是要求学生对原剧本进行改编，而是需要写一个命题剧本，题目是"《雷雨》中的悲剧女性"。本教学设计之所以采用剧本的方式作为主教学活动来源于《雷雨》这部名著本身就是一个剧本，它属于戏剧文学的教学范畴。我们以往对戏剧文学的教学仅仅局限在剧本本身的解读，比如人物形象、主题的分析等，和其他的名著阅读相对比，对戏剧文学本身的特点关注不够，剧本教学没有凸显剧本的特点。

戏剧本是指以语言、动作、舞蹈、音乐等形式达到叙事目的的舞台表演艺术的总称，它是一门综合性的艺术。语文教学中的戏剧文学既要体现其文学性又要结合戏剧舞台表演的特点，但语文课堂也不是表演课，还应以文学性为主。

本设计以小剧本撬动大剧本，从剧本的文学性出发，有针对性地指导学生创作剧本，既关注了主题，同时也关注了作品的表现形式。这种任务性作业人人都能成为"编剧"，激发学生的创作热情。

剧本创作是一个需要不断打磨的过程，在创作的过程中需要学生不断返回原著琢磨人物形象、人物语言等，也就是说即使是创作也要始终以原著为纲，以写促读，以读助写。

三、如何指导学生名著阅读

（一）学会利用他人的评价

文本的解读是多样的，有时为了更加深入地了解作品，我们得学会如何借鉴、参考他人的研究。因此，引导学生合理的利用作者以及他人的研究评价是阅读深入的重要抓手。

我们一直强调以写促读，要求人物要符合原著，因此准确理解作品是创作的前提。学生阅读作品需要养成自己的阅读习惯，要学会区分精读、略读、浏览的方法阅读整本书，同时也要学会利用书中的目录、序、注释等信息深入了解作家作品。

比如说《雷雨》自序就是一篇不得不读的文章，这篇自序反映了作者的创作理念以及对人物的理解等。学生在阅读完剧本后已经对剧中人物有了一定的理解，通过阅读自序可以更准确地把握人物的形象。比如说曹禺在自序中提到，他所创作的人物大体可以分为三类：极端、折中和中间色。繁漪是极端性格的代表，不是恨便是爱，不是爱便是恨，一切都在走向极端。折中性格的比如周朴园、周萍，遇事希望缓和和妥协，最后是中间色，比如鲁妈、四凤。这一段分析可以算是曹禺对剧中人物的定调，对人物有了这样的定调理解后学生在剧本创作的时候也就有了抓手。

（二）发挥教师的示范作用

剧本的创作需要反复钻研，人物的一言一行既要符合原著人物的特点又要符合新的情境要求，这对学生提出了较大的挑战。教师的参与与示范可以对学生起到很好的引导作用。

学生剧本最早的构思是在第四幕结束后以繁漪和侍萍两人的对话形式探究女

性的悲剧，但是仅仅这两位女性似乎不能完成女性悲剧这一命题，因此剧本需要加入四凤这一人物，但是此时四凤已经触电身亡，如何加入四凤的问题成为学生的一个难点，我和学生讨论了几种形式，最终借鉴莎士比亚戏剧《哈姆雷特》中国王的出场方式——魂灵。魂灵的出场方式和整个《雷雨》剧本中阴冷、沉郁的氛围是吻合的，同时这种魂灵的方式使舞台出现似真似假，似实似虚的舞台效果，增加了舞台戏剧的层次。另外，四凤的魂灵是在母亲侍萍的极度悲伤中出现的，这种方式也能反映出侍萍在痛失爱子之后精神上的恍惚，为尾声中鲁侍萍麻木的生命状态做了一种铺垫，因此四凤的出场最终以魂灵的形式被确定了下来。

剧本是一个不断完善和生成的过程，我们还发动学生对剧本进行再次修改，包括语言、舞台布景等，在不断地打磨语言的过程中学生对戏剧语言有了进一步的认识。

在文章的结尾部分，我和学生分别设计了两个不同的结尾。学生的结尾如下：

四凤：妈，我得走，我在这一世是活不下去了，我没脸见人了，我得去赎罪，妈，您照顾好自己。（声音减弱，四凤下）

侍萍：都走了，走了，走了。（侍萍一个人呆立在舞台中央）

老师修改的结尾如下：

四凤：妈，我得走，我在这一世是活不下去了，（我已经不是一个好女人了），我没脸见人了，我得去赎罪，妈，您照顾好自己，（还有……他还好吗？）

侍萍：（他走了，你也走了，都走了，我的孩子！我苦命的孩子们），都走了，走了。（侍萍慢慢跪下，声音渐弱，眼神逐渐无光和呆滞）

在两种不同的结尾中，矛盾的焦点在四凤的语言以及侍萍的反应上，老师的版本可能在人物的处理上更细腻写，关注人物的整体性命运以及人物个性化语言的表达。学生的版本更加简洁，人物动作、语言更加便于舞台行动。剧本的修改是没有对错之分的，学生通过讨论，能够形成对人物的有效、合理认知，这就已经实现了名著阅读的目的。

四、结语

名著阅读是一项复杂的工程。因此，名著阅读学生往哪走，关键看教师的引导。在整本书的推进过程中，教师和学生的第一手的阅读体验都是最宝贵的财富。因此，教师要学会在学生的阅读体验中抓好契机，教学需要在名著阅读中通过有效的研究问题设计符合真实情景的阅读活动来促进学生阅读，教师要充分发挥参与，既要作为一个参与者，又要作为一名引导者。

策略二 指向整本书的情节梳理分析

情节是阅读中最受关注的内容，但不代表最易把握。整本书的情节过程长，线索多，枝节杂，或交叉或平行，此起彼伏，梳理难度大，分析起来千头万绪，理解起来常常顾此失彼，流于表面。指向整本书的情节梳理分析要解决好以下问题。

一、把握整体与部分的辩证关系

整体与部分是一组辩证统一关系。就情节来说，各个章节、各个人物、各个主题都可以梳理出各自的情节脉络，构成整本书情节，但是各个情节的交织发展产生了新的情节内容，所以整本书的情节内容大于简单的局部叠加。阅读课程要关注局部的特别是关键的情节，但是不能局限于某些部分情节上，而是要有整体观，有联系的意识，落实联系的方法，不仅梳理某一部分的情节，某一线索，某一人物的情节，而且要引导学生用不同的方法从不同角度梳理情节，找到相互之间的关系，形成整体把握。

二、恰当运用概括与品味的方法

情理的梳理需要概括能力，而概括能力中又包含了提取信息、理解信息、整合信息的多种能力。在名著阅读课程中概括能力的训练重在运用，需要日积月累，慢慢沉淀。较强的概括能力是整本书阅读的必备能力。在概括把握作品内容的同时，还需要用品味语言、鉴赏分析等方法来纠正阅读过程的粗糙简单，避免理解不细致不深入的问题。所以阅读如同观风景，有走马观花，又有停步欣赏，走走停停间得风景之大观，又不失精微之妙。

三、打通由表及里的过渡环节

所谓"外行人看热闹，内行人看门道"，引领学生从看热闹的外行变为懂门道的内行，是阅读课程目标之一。在整体设计上，教师要认真考虑通过怎样的环节设计，使学生知其然也知其所以然，发现作家情节架构的深层内涵。梳理发现，横向比较，逐步追问，回顾倒推，等等，过渡的方法因作品而异，因课程目标的不同而异，因学生的认知状况而异，但是无论采取何种分析梳理方法，都是指向情节的内在，将学生思维引向对情节的深度思考。

四、处理好情节与其他要素的关系

情节的梳理分析具有多种功能，是人物分析、主旨理解、作品评价等的基础，所以课程设计中不能为梳理而梳理情节，要综合考虑情节梳理与其他教学目的和过程的关系，在整体布局中将情节的梳理分析放在恰当的时候，与其他环节配合展开。

五、"指向整本书的情节梳理分析"阅读案例

案例1

冠晓荷之谋官之路

——《四世同堂》阅读

王丽娟

教学内容的选定

冠晓荷是一个典型的反面形象，汉奸、小官僚、民族败类，其内心与外在形成了强烈的反差。外在的冠晓荷五十多岁，但是像三十多岁、漂亮、雅致、热

情、体面、讲究、有姨太太。冠晓荷的内心却无比的阴险、狡诈、无耻，为了给自己谋利益不惜出卖自己的女儿，骨子里渗透卖国欲望，至死都说日本人好，最后被日本人活埋。冠晓荷身上集中了中国封建传统文化遗留的国民的劣根性的诸多表现，所以对这个人物进行细致的剖析，对于让学生了解老舍先生的创作意图，反思国民劣根性具有积极的意义。

分析冠晓荷这个人物与钱默吟有所不同。冠晓荷这个人物似乎永远处在关系网中，冠晓荷的出现与钱默吟、蓝东阳、李空山和大赤包等人物纠葛在一起，密不可分。这与冠晓荷的人生目标有很大的关系。冠晓荷的人生只有一个目的，就是为自己获得利益，自己就是一切。而获得个人利益的主要方法就是拉关系，利用别人，不择手段。所以，冠晓荷这个人物的谋官之路上也离不开对这些人物的谄媚、巴结、讨好甚至利用与出卖。于是我们把对这个人物的解读定位在分析其"谋官之路"。

教学目标的设定

1. 填图表，梳理阅读冠晓荷的谋官之路，概括其人生经历。
2. 小组合作讨论，对冠晓荷每一次求官过程中的内心进行正确评价。
3. 画思维导图，呈现冠晓荷的内在与外在，体现其人物形象。
4. 微写作，反思批判冠晓荷类人物体现的中国文化的多方面特点。

教学过程的规划

前期准备：

每日读三章，阅读《四世同堂》，完成读书笔记概括。

第一部分：

课前预习作业：完成表格冠晓荷的谋官之路，概括其人生经历，准备课上讨论。

教学课时安排（2课时）：

采用小组合作，课上讨论的方式，对冠晓荷每一次求官的手段、目的、结果及每一次过程中的内心进行正确评价，教师点拨。

通过画思维导图的方式，呈现冠晓荷的内在与外在，体现其人物形象。

第二部分：

教学课时安排（1课时）：

课上讨论，小组展示，对冠晓荷的思维导图进行总结，并进行评选，展示最佳答案。

作业：完成冠晓荷名字解读。

第三部分：

课前预习作业：为什么有冠晓荷这样的人？作者的思考是（查原文，抄原文）

教学课时安排（1课时）：

小组合作，课上讨论，对抄写的文段进行反思，思考其体现出来的文化特点，教师点拨。

布置作业：老舍先生借冠晓荷这类人物对中国文化进行了多方面的反思，这在今天仍有现实意义，请选择一个方面，结合现实谈谈你的思考？

第四部分：（1课时）

教师就学生作业，分析冠晓荷类人物体现的中国文化的多方面特点。

教学重难点的突破

教学重点：梳理冠晓荷的谋官之路，思考冠晓荷的内在与外在特点

教学难点：反思批判冠晓荷这类人物体现的中国文化的特点

突破方法：小组合作讨论　教师点拨

师生作品呈现

（一）说说你对"冠晓荷"姓名的解读

晓：可以理解为小的谐音，冠晓荷小个子，小长脸，小手小脚，浑身无一处不小。

晓荷：荷有出淤泥不染的高洁品质，君子之品的象征。

晓荷，晓可以理解为早晨。清新，秀雅，美好。名字的寓意与冠晓荷俊雅君子的外表构成了某种表面的统一。

冠：冠，动词，冠之以之意，假的，于是一切美好的都成了假的。说明他徒有其表，内里丑陋不堪。

（二）复读下列篇章，回顾冠晓荷的谋官之路，概括其人生经历，完成表格。

	途径	章节	手段（具体方式）	目的（心理活动）	结果	你的评价
冠晓荷的谋官之路	钱默吟	第三章25页	去祁家会钱先生	需要这玩意儿装饰，摆阔，提高自己名士身份	碰个软钉子	附庸风雅
		第十一章91页	告发钱先生	不该拒人千里之外（怀恨在心）可以作为进身之阶，做官	钱先生入狱，他却没能因此得到官职	挟私报复无耻至极

续表

	途径	章节	手段（具体方式）	目的（心理活动）	结果	你的评价
冠晓荷的谋官之路	钱默吟	十九章 175-176页	让瑞丰帮忙问问钱先生家的字画愿意出售吗	首先把乘人之危说成帮忙解困，其实他自有妙用（送给日本人）P71页	字画被钱夫人放进了棺材里	虚伪、狡猾
	李空山	二十章 191页	和李空山打牌，有意输给他	结交拉拢李空山	成功	谄媚
		四十三章 486-488页	曾想让高第拴住李空山，但是高第不肯，如今招弟很晚没有回来，估计是被李空山占了便宜。P480	首先他不关心女儿现在与未来。接着认为即使招弟丢人，也是大赤包的过错。当然他愿意去找招弟，如果李空山得手了，他要马上让李空山拜见老泰山，并且提出条件：叫李空山给自己一个拿干薪不干活的官做。	没有得官职	没有亲情只有交易，计算方式就是自己是否划算，做戏极度自私
		五十三章 637-641页	李空山丢了官，立刻悔婚	不愿意把女儿嫁给无职无钱的穷光蛋	花费了三百块，同时搭上了女儿的清白，成功	势利
	蓝东阳	二十六章 264-270页	请瑞丰吃饭，借机敲定让蓝东阳来家吃饭的事	因为蓝东阳属于新民会，想拉拢蓝东阳	成功	喜欢通过一切手段拉关系套近乎，虚伪
		二十八章 286-290页	蓝东阳来冠家做客，冠晓荷殷勤招待	结交蓝东阳，或许能在新民会中为他谋得一官半职	蓝东阳没意思把冠晓荷拉进新民会，因为怕把自己压下去。P317	极尽讨好之能事，并引以为傲

续表

	途径	章节	手段 （具体方式）	目的（心理活动）	结果	你的评价
冠晓荷的谋官之路	蓝东阳	三十二章 349-351页	瑞丰做了科长，饭局上蓝东阳首先求"校长职位"冠晓荷吃了哑巴亏	他爱惜羽毛不肯轻易显出饥不择食的丑态，但当蓝东阳抢先后，又很不是滋味。并悟出道理：自己的方法太老套了，要学蓝东阳主动出击	随着瑞丰的免职，不了了之	仅存的一点做人的廉耻心，不要面子
	大赤包	七章 54页页	自从娶了尤桐芳以后，他总是和小太太串通一气，夹攻大赤包	不喜欢大赤包，嫌她老丑		狡猾
		三十章 317-320页	大赤包被委为妓女所所长后，首先写了两张喜报，更是在称呼上极尽讨好之态。	他为讨好太太，或许可以通过她谋得一官半职	没成功	谄媚
		六十七-七十章	大赤包被抓啦，冠家被抄了	托人运动，不相信是日本人干的；认为必须去营救大赤包，但是怕把自己绕进去；对日本人抱有幻想，极尽谄媚；高第是他的女儿，她应该为养活着他而出卖自己的肉体；给我官儿就是把大赤包的骨头挖出来再鞭打一顿，我也不心疼		自私胆小无情

	途径	章节	手段（具体方式）	目的（心理活动）	结果	你的评价
冠晓荷的谋官之路	大赤包	七十二章846页	向日本人自荐被抓	谁都靠不上，只能靠自己	活宝－摸不清头脑－惊异会有这样中日合璧的人物－活埋	丑陋至极

（三）用思维导图的形式，呈现冠晓荷的内在与外在，体现其人物形象。

思维导图之一（教师参考答案版）：

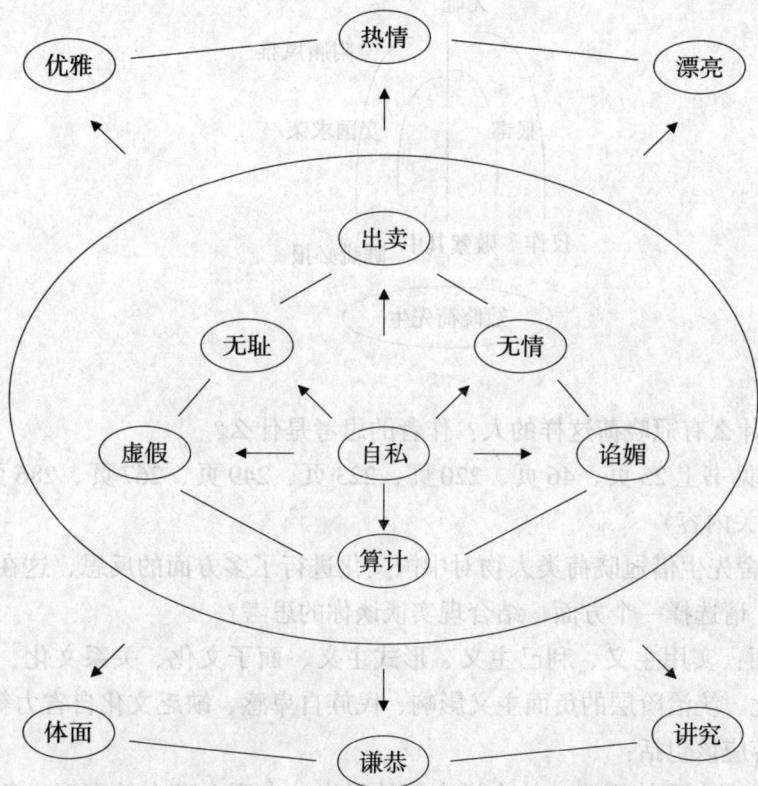

思维导图之二（学生张天骏）：

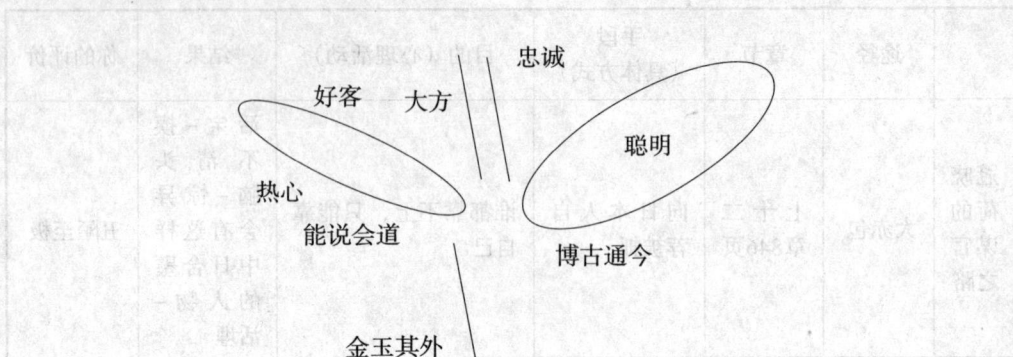

忠诚

好客　大方

聪明

热心

能说会道

博古通今

金玉其外

冠晓荷先生

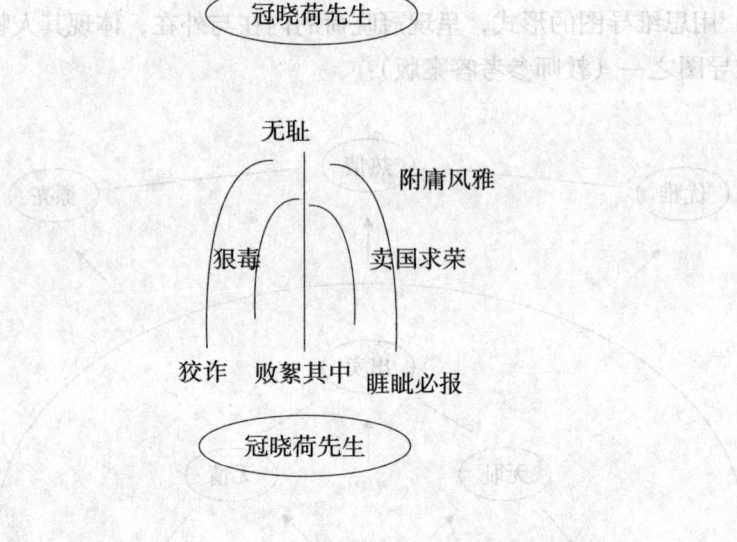

无耻

附庸风雅

狠毒　　卖国求荣

狡诈　败絮其中　睚眦必报

冠晓荷先生

（四）为什么有冠晓荷这样的人？作者的思考是什么？

（答案详见书上25页、46页、220页、223页、249页、267页、286页、323页、901页相关内容）

（五）老舍先生借冠晓荷类人物对中国文化进行了多方面的反思，这在今天仍有现实意义，请选择一个方面，结合现实谈谈你的思考？

可选方面：实用主义、利己主义、形式主义、面子文化、关系文化、无聊文化、闲人文化、统治阶层的负面主义影响、民族自卑感、缺乏文化自省力等。

文段内容应该包括：

对"这"一方面的解读，从小说中何处得出，在现今存在的表现，负面的影响、本质、原因、救治等方面进行思考。在现今生活的表现可以举两三个具体事例，一个事例写充分也可以，也可以举两三类现象。反思重在分析，不能以事例代替分析。

学生优秀示例

老舍在《四世同堂》中通过人物冠晓荷写出了当时中国文化的缺点，而其中有一些缺陷文化在今天仍然存在，通过反思这些可以使社会乃至国家有更快的发展。就比如关系文化，在如今的社会中，尤其是在就职办事方面非常普通，人们通过亲缘甚至用饭局的方式拉拢他人获得职位，且不说靠这种方式的人是否有能力就职，它本身就会让很多靠自己能力就能就职的人降格，更不用说前者的品德和能力是否够格了。除此之外，在学业上的危害更大，一些人靠家庭关系上了重点学校或重点班，对自身造成了巨大的压力，也让不少人丧失了机会。由此看来，单单是关系文化，就会在社会发展和人才培养上造成了一定的破坏，更不用提其他文化弊端了，所以反思和改变大多数人称习以为常的不良行为，是非常重要的。（李訾）

在《四世同堂》中瑞丰丢了真正内在的尊严，忍下蓝东阳不善的言语，坚持带学生庆祝日本成功攻破中国领土，老舍在此提出了中国文化中的面子文化。在今天这仍很普遍典型。人们生意做得惨淡，纵使负债累累，他人问起，也坚持说自己生意好，甚至能把如何赚钱讲得头头是道。这种内在伤痕累累，外表淡若无事，假装一切如常，甚至更好的伪装，正是老舍所指出的中国文化中存在的面子文化。这种文化只看重生活表面，外在虚假，展示他人，自己却死要面子活受罪，是应该被杜绝的。真实呈现，大家就不必猜疑对方所想而不知如何是好了。（郭雅文）

冠晓荷类人物的特点之一就是以"懒"为特征的"闲人文化"。"懒"其实是很多人都具有的一个特点，只不过有些人是"小懒"，而有些人是"大懒"。冠晓荷类人是"大懒"。这种人在生活中丝毫没有努力做事的心思，他们万事想的都是不劳而获。现实中，这种特点的做事风格也很普遍。我有一位朋友，她平时写作业能拖就拖，能不写就不写，一到考试哭天喊地地四处嚷嚷着自己要完了，考完试之后成绩不理想怪老师怪同学就是不怪自己。我认为，人皆有惰性，但是冠晓荷类"懒"是一件令人不齿的行为。一个人没有生活的动力和活力，生活空虚无聊，只等着天下掉馅饼，早晚都要饿死。反之，当你努力耕耘，为自己的小世界开垦出一片富庶之地，从自己的土地上收获粮食，才会获得真正的自我满足。（郭洋）

面子是中国人常常挂在嘴边的东西，也是中国人不能不要的东西，在冠晓荷身上体现出了他为了面子所做的种种。他总把自己打扮得那样精致，从丁约翰那里获得的酒要在来客人的时候摆出来；特别是招待瑞丰的时候，他甚至对瑞丰说，你批评批评，瑞丰那种敬佩的眼神让他很有面子；还有请瑞丰吃饭时，他虽不愿花钱，他要展现自己的大方和热情。老舍对此的评价是，虚伪极了，就有点像真诚了，现在人们一起吃饭的时候总要争着结账，甚至有大打一架的趋势，这也不是花钱买个面子吗？面子文化害人害己，俗话说，死要面子活受罪。（栾雨萌）

《四世同堂》中，冠晓荷还有一个特点就是闲人文化，这集中在他爱凑热闹上。他就用喝酒打牌的技巧凑热闹，老舍说"会用腿玩弄自己的翅膀，会用头轻轻的撞窗户纸玩"，现实中，这种人也是不少。整天无所事事，在网上看到新鲜事发发评论来凑热闹，这反映了这些人内心的空虚，无聊至极。每天无事可做，无业可做，只能靠上网打发打发时间，至于那些评论，多半是无稽之谈，关心某某明星，某某演员的私生活，甚至有些人无事生非，随意乱发，除了让人无端的浪费时间，而在外行眼中，不免认以为真，这样一传十十传百，迷惑众人眼球，不免扰乱视听，真正使谣言不实信息满天飞了。所以，充实自己的内心世界，做一个有追求有思想的人是非常必要的。（马景涵）

教学反思

《四世同堂》整本书教学是以三个人物的分析为框架构建起来的，那就是钱默吟、冠晓荷和祁瑞宣。由于全书容量大，内容多，结构宏大，塑造了众多的人物，表现了广阔的社会内容，掌握起来要前后勾连，既要有整体的宏观把握，又要有局部细化，微观处理，而学生在繁重的课业负担之中，能不能有效、高效地完成确实是教学者面对的难题。

解决的办法之一就是编写学案，学案要解决学生面对庞大芜杂的材料时不知如何入手的难题，也就是给出阅读的路径，搭建思维的桥梁。学生沿着教师的指导，在学案的引领之下，可以对一个人物或者几个人物进行情节发展脉络的梳理，把整本书的内容统摄在一个小小的学案之中。学案的内容除了梳理之外，还可以进行下一步的思维提升，如冠晓荷的学案就可以在其情节之外，做每一步的目的、结果和个人形象评价，为后面的阅读教学研究做好准备。这就使得学案具备了阅读梳理、资料储备、课前预习、课堂笔记、研读素材等多项作用，因而对学案的设计也提出了高要求。学案的内容细致丰富，又要提纲挈领，有的放矢。

解决的方法之二就是示范引领，教师的站位一定要在学生之上，"取法乎上，得乎其中；取法其中，得乎其下；取法其下，法不得也！"所以在学生不得法的情况下，教师一定要站出来，身先垂范。例如对《四世同堂》的概括内容，本是一个特别平常的作业，既完成了阅读，又训练了学生的概括能力。但是如果教师不加以要求规范，学生的概括就流于随意和内容的缺漏。再例如是对冠晓荷个人生活习惯、心理体现出来的文化反思，学生不能够上升到文化的高度来理解，这部分教师最好给予讲解，给出文化反思角度，包括实用主义、利己主义、形式主义、面子文化、关系文化、无聊文化、闲人文化、民族自卑感、缺乏文化自省力等，（陈耀老师），让学生能够有路径可循，让学生把对人物形象的理解提升一个高度，到文化反思的层次上来，这一步教师不做示范引领，恐怕很难做到。

解决方法之三就是学生小组合作讨论，共同完成，利用集体智慧。我经常跟学生说：独学而无友，则孤陋而寡闻。三个臭皮匠的智慧也是无穷的，所以要让学生动起来，交流起来。我建立了专门的语文学习群，学生把自己制作的思维导图发到群里交流可以互相启发，修改和完善。关于学案的完成，由于内容多，也可以小组讨论翻阅互相补充完成。并且今天的学生理解问题的角度和深度也随着时代在发展和变化，教师也要尊重他们的意见。

以上就是我对《四世同堂》整本书阅读的几个思考。另外：由于部分学生初中读过《四世同堂》，就没有要求已经有书的同学重新购买，学生使用版本不尽相同，所以在查抄原文等环节出现花费时间过多、页码不同等现象，影响进度。我选用的是人民文学出版社的《四世同堂》。学生生阅读《四世同堂》的难度不大，但是对其中的老舍的文化反思关注不够，经过这一次阅读，学生普遍感觉到对文本的理解要深入许多。高一学生，在概括能力和基本阅历上还不够充分，对冠晓荷内心的评价，学生的答案往往是大而不当，例如使用"不爱国"这样的词语，显然针对每一处的求官之路的表现就不够准确，需要引起注意。教学过程中得到陈耀老师和王灵联老师的帮助，深表感谢。

案例2

难忘的瞬间

——我读《平凡的世界》

王岩岩

教学内容的选定

2017年北京高考《考试说明》中明确指出，对中外文学经典的考查主要体现在：对作品基本内容、主旨的整体把握；结合作品相关内容，对人物形象、思想内涵和艺术特色的理解、分析；基于知识积累和生活经验，对作品价值、意义的感悟和评价。2017年《考试说明》中，将《红楼梦》《呐喊》《边城》《红岩》《平凡的世界》《老人与海》纳入考生必须作答的范围。

《平凡的世界》是用温暖的现实主义的方式来讴歌普通劳动者的文学作品。与《人生》相比，《平凡的世界》更具有人性的高度，作家把苦难转化为一种前行的精神动力。描写苦难的新时期作家不乏其人，但真正把苦难转化为一种精神动力的作家却并不多，路遥当属其中之一。这部小说在展示普通小人物艰难生存境遇的同时，极力书写了他们克服重重困难的美好心灵与坚韧不拔的奋斗精神。作品中的主人公孙少安、孙少平是挣扎在贫困线上的青年人，但他们自强不息，依靠自己的顽强毅力与命运抗争，追求自我的道德完善。其中，孙少安是立足于乡土矢志改变命运的奋斗者；而孙少平是拥有现代文明知识、渴望融入城市的"出走者"。他们的故事构成了中国社会普通人人生奋斗的两极经验。

《平凡的世界》还传达出一种温暖的情怀。一是作者对作品中的人物寄予了同情心，对普通百姓的生活方式做到了极大的尊重和认同。不要说作品的主人公，就是作品中的一些消极人物，如乡土哲学家田福堂，游手好闲的王满银，善于见风使舵的孙玉亭，甚至傻子田二的身上，都直接或间接地折射出人性的光彩。二是作品处处展现温暖的亲情与友情，是一部温暖人心的小说。小说中有大量关于人间亲情的描写，其中最典型的莫过于孙玉厚一家了——孙玉厚勤快朴素、忍辱负重；他的儿女孙少安、孙少平、孙兰香等自强自立、善解人意、善于帮助别人。小说还书写了美好的同学之情、朋友之情、同事之情、乡邻之情等人间美好的情感。三是作品中的爱情写得很美，被赋予无比美好的内涵和想象空间。

这部小说所传达出的精神内涵，正是对中华民族千百年来"自强不息、厚德载物"精神传统的自觉继承。这样，我们就不难理解路遥的《平凡的世界》能产生如此广泛而深刻的社会影响的原因，所以，《平凡的世界》不仅对于学生核心素养的培养有所助益，而且具有广泛的社会价值。

经典名著阅读的深入理解尤为重要。高考语文名著阅读实际上考的是"读懂了没有""读懂了多少"，其实考的是语文素养。"读懂"是指文本的读懂，"读懂多少"则是指读的深度。所以对主要情节、细节的关注，并以此来带动整个文本的深入阅读和再阅读，将会达到"窥一斑而见全豹"的效果。

教学目标的设定

在阅读过程中，配合着学生对文本的理解，我们分小组做了专题研究，课题自定，并配合有小组汇报，专题研究课题如下：《浅谈中国城乡社会的缩影——由"田家"谈起》《论孙少安思想之先进性》《〈平凡的世界〉中的感性与理性》《〈平凡的世界〉中的三种爱情》《田晓霞为什么一定会死》《平凡，但绝不平庸》《〈平凡的世界〉中的爱情观》等，专题性的研究让学生更系统地去关照文本。配合着文本阅读和专题性的研究，我还布置了札记《我看孙少平的"走出去"》和《难忘的瞬间》（每部选取记忆深刻或让自己感动的两个瞬间，三部书至少有六个瞬间），这样引导学生在完整地阅读完一遍的基础上进行更加深入的阅读和"回顾性"再阅读。

本次课是以学生写作"难忘的瞬间"文段为抓手，引导学生如何进行经典名著的阅读，是一节阅读指导课。"瞬间"学生都能很准确地找到，对文本内涵分析也较为到位，但为什么"难忘"，学生要么写不出来，要么缺少个性化的解读。所以本次课要解决的问题是：经典名著的阅读到底要怎么读？什么样的阅读才是有分量的阅读？

基于以上背景和问题，设定了以下教学目标：

①以学生作品为抓手，通过学生讨论，引导学生进行更深入的阅读。

②由一个难忘的瞬间，引导学生进行更广阔视野的再阅读。

教学重难点如何引导学生针对一个"瞬间"进行个性化体悟与解读。

教学过程的规划

课前准备

选取5个学生写作具有代表性的"难忘的瞬间"的文段，课下学生阅读，并提出问题组织学生讨论。

教学过程

（一）导入

《平凡的世界》带给了我们一次又一次的感动，这种感动又鼓舞着我们一次次地进行再阅读。一部经典之所以不朽不仅在于它所呈现的宏大的结构和动人的故事，还有那一个个让我们难忘的瞬间。虽然在写作"难忘的瞬间"时大家的情感共鸣点有很多是共通的，但阅读带给我们的感受和体验却是不同的。

（二）活动1

小组讨论

你认为他通过阅读都读出了什么？他的体验是什么？是不是只有这些文段具有这样的特点？

阅读不仅要读文字，更要透过文字，与文本交流对话。所以阅读首先是一个由表及里、由小到大、由浅入深的过程，是一个内化于心的过程，"入得其间，方得其味"。

每个人面对不同的瞬间，甚至相同的瞬间，所获得的阅读体验和阅读感受是不同的，但是有一点是共同的，他们的阅读都是一种纵深的、向内走的过程。

（三）活动2

教师配乐朗读田万江老汉对着即将被分走的牲口说话（第二部第十一章）。关注点由主要人物转向小人物、转向动物。

小组讨论

关于"双水村的牲畜（动物）"的瞬间描写？为什么人们对待这些牲畜会有如此深的情感？为什么第三部取而代之的会是"蜜蜂、鱼、奶牛"等动物？

总结

兰香喂猪、少安给生产队的牛灌药、少安拉砖时上坡推车以减轻骡子的负担、田海民养鱼、金光亮养"意大利蜂"、金俊山养奶牛奶羊等。

《平凡的世界》记录了中国1975年到1985年十年间重大的历史变迁。当中国大地还处于贫穷中时，牛、马、骡子对于农民来说，除了有陪伴、不舍、留恋，他们更大的存在价值是一个农村家庭最主要的劳动力，是农民用来养命的东西。农民多热爱自己的土地，就多热爱在土地上默默耕耘的这些牲畜们。但我们也应该看到，第三部中人们饲养的动物已然发生了变化，时代变了，农民的需求由吃饱穿暖变为了致富。时代变化了，时代中的人的生活也在悄然发生变化。

（四）教师总结：我应该怎样去阅读？真正有分量的阅读到底是怎样一种阅读呢？

阅读不仅仅是一次由表及里、由小到大、由浅入深的阅读体验，在此过程中我们去品读文字，品评人物，也不仅仅是再阅读时由点到面的一种阅读延展、视野拓展，我想更多的是在阅读过程中我们读出了……它是自我心灵与文本的一种内在交流，阅读从根本上来说是在读自己，读自己的生活，这是一种由人到我的精神畅游！

板书设计

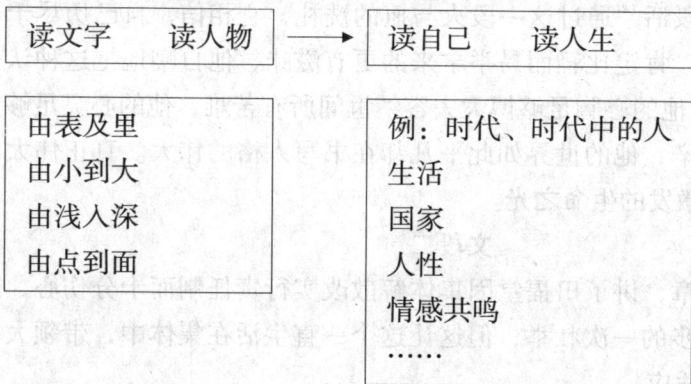

（五）作业布置

那个曾经被我遗忘的瞬间

重点突破

学生作品呈现

文段一

　　少平在黄原一直不断地在寻找工地揽工，在哪里他都选择最艰辛的背石头的工作去完成。少平本以为，他的脊背经过几个月的考验，不再怕重压；而没想到又一次溃烂了——旧伤虽然结痂，但不是痊愈，因此经不住重创，再一次被弄得皮破肉绽！尽管如此，每一回给箍窑的大工背石头，他狠心地比别的小工都背得重。

　　少平身上承担苦难，不仅仅是身体上的受难。每次生活遭遇到不幸和困难时，他都会将生活的希望寄予到劳动上，用身体上的苦痛来抵消内心的伤痛。在给妹妹兰香的信中，告诫她"不要怕苦难！如果能深刻理解苦难，苦难就会给人带来崇高感"。

　　少平的苦难更多的是精神世界的苦难，他的精神世界可谓是一个充满矛盾的世界，他明白自身窘迫的生活，但是不甘心生活在这样的环境之下。他意识到祖辈生存的可悲性，但又无法斩断同辈的纽带，在他的精神中，他既是一个清醒的实实在在的现实主义者，又是一个充满着理想的富于诗情的浪漫主义者，实质上他的精神就是一个追寻与受难的世界。

　　少平生活的年代已经离我们远去，但其苦难哲学却对我们仍然有很大意义，苦难的生活是磨砺坚强的利器，个人的成长需要经受苦难，才能坦然面对所有困难和艰苦，每个人的生活都不可能一帆风顺，当我们面对苦难时，要有一种不抛弃不放弃的精神，一个通过承受苦难所获得的精神财富无可代替。

书中曾有这样一段话"通过这一段火与血的洗礼，它相信，自己历尽千辛万苦而酿造的生活之蜜，肯定比轻而易举拿来的更有滋味，他自嘲地把这种认识叫作'苦难的学说'"。他的心胸足够博大去容纳世间所有苦难，他的心灵足够坚强去应付生活所有的艰辛，他的世界如此平凡却在书写人格的伟大。真正伟大的幸福来自苦难与勇敢所激发的生命之光。

文段二

在第二部的第六章，讲了田福堂因集体解散改实行责任制而十分伤心，这本来对双水村来说是进步的一次壮举，但这让这个一直生活在集体中，带领大家集体劳动的老人十分不适应。

看到这个瞬间，是让人开心的，同时又是让人忧心的。随着经济、思想的飞速发展，社会和国家无时无刻不在进步的进程中，而在这巨大的变革发生之前落后的生产方式，让那个时代的人们的思维渐渐失去了向外向远拓宽的能力和动力，当责任制提出以后，伴随着改革浪潮席卷而来的是很多人的不解和惊慌。像少安这样的年轻人轻松接受了这种改变，而对已经在不变的生活中生活了几十年的玉亭和田福堂来说，却是困难的。

令人开心的是这个庞大的国家正迈着缓慢而厚实的步子向前走着，而同时令人痛心的是在这个时代变化中洗刷掉的那些人和事。生活了几十年的人往往不会很快接受改变，然后必然被远远抛在后面，被历史的巨轮碾过。这个瞬间是令人痛心的。我心疼那些在社会变革中固守不变的"老顽固们"，如果他们仍旧故步自封，那么只能在不断更换新鲜血液的过程中逐渐被遗忘掉，变成历史中描述那个时代的鲜活标本！

文段三

少平决定出走双水村，到黄原城闯荡。临走一晚，父亲孙玉厚轻轻地摩挲着他的头发。那一瞬让我熟悉又有些泪崩，多少夜晚母亲也曾经这样抚摸着我，哄我睡觉。多少次生病，迷迷糊糊中看到的总是父亲的背影，曾经我从未珍惜与动容，认为一切理所当然，可现在回想却发现天下父母的爱都一样，都那么伟大，深刻而隐忍。孙玉厚含辛茹苦将少平养大，少平刚刚长大却想出去闯荡一番，我想孙玉厚一定是不舍的，但他却没有阻止少平，而是亲自将少平送上远去的车，去实现他的抱负。包括少安的被迫分家，我相信孙玉厚也是不舍的，这么多年一起共患难走过来的一家人，现在却要各奔东西。但他却仍坚持分家，只为了儿子与儿媳能够和谐相处。前几天，看龙应台的《目送》，她说："所谓父女母子一场，只不过意味着你和他的缘分就是今生今世不断地目送他的背影渐行渐远。你站在小路的这一端，看着他逐渐消失在小路转弯的地方，而且，他用背影告诉你，不必追！"

教学反思

上课的时候提到过学生在写作"难忘的瞬间"时，主要集中于主要人物和经典瞬间上，有很多瞬间不被学生重视，甚至会忽视。但我课上找了一个他们在写作过程中没关注到的瞬间来做赏析，通过小组讨论和教师引导，学生还是很受启发，能够发掘出很多不一样的东西。所以针对这种情况，我布置了片段写作"那个曾被我遗忘的瞬间"，既能填补学生阅读的空白，同时希望学生通过这节课的学习，能够贯通三部书来进行更高站位的阅读。

之所以将教学目标定位在"指导阅读"，其实也是受当前热门的一档节目——《朗读者》的启发。对于经典名著最好的体验莫过于一次有分量的阅读。《朗读者》中，每位嘉宾所选取的阅读篇目，无不和自身的经历和体验有关，动情处让人潸然泪下，一定是融入了自己情感的阅读才能达到这样的效果。那我们的阅读为什么不能这样呢？阅读，从根本上说就是在读自己，读生活！

案例3

从翠翠与二老的隔阂看翠翠的自然人性

吕培培

教学内容的选定

高中阶段，作为硬性指标，学生必须阅读完的几本书，包括《红楼梦》《四世同堂》《呐喊》《边城》《论语》《雷雨》《巴黎圣母院》《三国演义》《欧也妮·葛朗台》等，首先，横向对比，《红楼梦》《三国演义》，是毋庸置疑的名著经典，篇幅长、人物多、主题深刻难懂、内容纷繁复杂，这是令师生"望而生畏"的"大部头"；《四世同堂》《巴黎圣母院》篇幅虽长，但主题鲜明，故事易懂；《呐喊》，学生已有较为充分的心理准备来面对鲁迅晦涩深奥的小说；《论语》，语录体，师生做好了"长期抗战"的准备；《雷雨》《欧也妮·葛朗台》《边城》三部作品，虽篇幅相当，但《雷雨》戏剧冲突激烈，人物形象突出，主题鲜明；《欧也妮·葛朗台》，师生较易达成"金钱与异化"的共识，唯有《边城》，即便读完了整本书，师生依然处于"雾里看花、水中望月"的"朦胧美"中，既不懂故事如何走到最后这"无言"的结局，也不理解爷爷和翠翠在书中的行为，也或许，这恰恰是《边城》的魅力所在。

纵向来看，《边城》这本小说，人物少、关系简单，故事主要发生在爷爷、翠翠、大老、二老、顺顺之间；情节也并不十分复杂，翠翠与撑渡船的爷爷相依为命长大，二老、大老先后喜欢上了翠翠，爷爷尊重翠翠的意愿迟迟未决定婚事，翠翠在懵懂中回避，大老意外身故，顺顺心理产生芥蒂，二老矛盾外出，爷爷在雷雨夜去世，只留下翠翠无尽地等待，单从情节来看，远不如其他几本书复杂。因此，对于情节的简单把握，并非这本书的重点。

在具体的阅读过程中，老师们各有各的操作方法，我有如下做法仅供参考：

一是师生需踏踏实实地读书；二是每日所读章节，学生任选段落，配乐朗读，需明确为什么选此段落，想读出什么。这么要求旨在引导学生感受沈从文语言之美，感受语言所呈现的环境、人情之美。三是搜集学生阅读过程中的疑问，师生一起结合文本解决疑问。在这个过程中，随着对简单问题的解答，师生对文本的理解会进一步深入，而那些难以一时言明的问题，即是我这两节课所选的主要教学内容。

学生的问题汇总在一起，覆盖了整个小说的三要素：人物、情节、环境。其中，突出的共性问题集中于结局，并且集中于读来如此唯美的小说为何结局是悲凉、遗憾或无奈的，学生的阅读体验中有一明显的情感反差，并对此疑惑。我想能否以此为突破口，来探究《边城》中的"美"与"悲"，并从中获得自身的阅读意义，然而，此设计在实施过程中暴露出空泛的缺点。

之后，结合我自己对文本的理解，筛选出以下三个问题：①"为什么二老和翠翠仿佛有一种阻隔？"如果认同，"阻隔"是什么？为什么？如果不认同，请陈述理由。②爷爷知道翠翠喜欢二老吗？为何在大老、二老之间犹豫不决？③大老的死和爷爷有关吗？为什么二老会这么认为？

聚焦第一个问题，课上交流为后两个问题提供解决思路。

教学目标的设定

1. 提取、概括二老与翠翠相处情节

2. 理解二人之间的一种"阻隔"

3. 理解翠翠的"自然人性"

4. 从人物对话中品味沈从文的语言之美

教学过程的规划

1. 教学准备

问题1	与"二老、翠翠两人同时相关的情节概括"(加页码)	"阻隔"是什么?为何你认为没有"阻隔"?	为什么有?(阻隔来源)
有同学提问"为什么二老和翠翠仿佛有一种阻隔",你同意他们二人存在"阻隔"吗?如果同意,"阻隔"是什么?为什么?如果不同意,为什么?			
问题2	爷爷与大老、二老相处,谈论到翠翠婚事的情节概括(加页码)	爷爷对此事态度	为何犹豫不决?
爷爷知不知道翠翠喜欢二老?为何在大老、二老之间犹豫不决			
问题3	大老离开、死亡相关情节概括(加页码)	二老对"大老之死"的态度,相关情节概括(加页码)	你认为与爷爷有关吗?为何二老认为有?
大老的死和爷爷有关吗?为什么二老会认为是爷爷"弄死了大老"			

2. 教学过程

(1)学生问题回顾

(2)作业要求回顾

呈现表格1。

本节课,我们聚焦于第一个问题,希望这个问题的思考、交流过程可以对我们解答其他阅读疑惑有所启发。

（3）小组分享讨论

问题1

有同学提问"为什么二老和翠翠仿佛有一种阻隔？"你同意他们二人存在"阻隔"吗？如果同意，"阻隔"是什么？为什么？如果不同意，为什么？

教师预设：

问题1	与"二老、翠翠两人同时相关的情节概括"（加页码）	"阻隔"是什么？/为何你认为没有"阻隔"？	为什么有？（阻隔来源）
有同学提问"为什么二老和翠翠仿佛有一种阻隔"，你同意他们二人存在"阻隔"吗？如果同意，"阻隔"是什么？为什么？如果不同意，为什么？	P16初遇	相互的误会	一种阴差阳错、凑巧
	P20见而不得	为了二老进城却见了大老	阴差阳错
	P34再遇	见面时未认出；交流时"不明白、不懂得"	对于人情世故、男子好感的懵懂
	P44鸡同鸭讲的一段	听妇人谈话后，内心迷乱；与二老完全无沟通	少女的娇羞
	P58、63听到歌声摘虎耳草	无阻隔，在睡梦中，接收到了歌声传递的情谊	
	P70看似错过但刚听到二人谈话	故意不见；但摘了虎耳草	逃避。为什么？可是又摘了虎耳草？懵懂？
	P73看到二老就跑了	逃避；二老认为"前途显然有点不利"	逃避。为什么？
	P86二老未曾回来，翠翠在溪中过渡。等待	一人不回，而一人就等着	翠翠过于"顺其自然"？

总结明确：存在"阻隔"的，概括而言具体表现为什么？客观上是阴差阳错、不凑巧；主观上，翠翠不明白、懵懂和逃避。

问题2

为什么在后期见到二老要逃避？你从中看出她是一个什么样的女孩子？

总结明确：翠翠的"自然人性"为什么逃避？对于"爱情"这件事情，少女的不知所措和娇羞，她朦胧中意识到了这份情，但还不懂得如何面对，也根本没有像旁观者（包括我们这些读者）会去想，要有一个好结果，要抓住这个好男人，她非常天然地顺从了自己的本心、本能，跑了。情窦初开的一个女孩子，非常自然，未受到任何一点人事的沾染，而这"自然"使她和二老之间存在着难以名状的"阻隔"。这份"自然"贯穿了她爱情的始终，她不刻意改变什么，也不刻意争取什么，她只是顺应着自然生活的规律。

（4）作业，用今天课堂上的方法，回答另外两个问题。

教学重难点的突破

课堂实录

师：你同意翠翠和二老之间存在阻隔吗？如果同意的话，是什么？为什么？如果不同意，为什么？

（学生小组内交流讨论）

生1：我觉得有三点，第一点是祖父，因为祖父造就了翠翠的回避，翠翠回避导致二人会有一些阻隔。

师：好，这是结论，那你结合细节，解说你这个结论是如何得出的？

生1：我认为祖父的态度造成翠翠习惯了回避。回避二老，回避整件事情。两个地方，一个是48页第二段，祖父说完大老来走车路的时候，他说愿意就成了，那也好了，然后翠翠就没表态，她没有任何想法，接着就哭了，而祖父也就没有再说下去。56页，祖父说"我来慢了你就哭，这还成吗，我死了呢"，祖父对待翠翠，会教导她在生活上要坚强，但是他没有在爱情这方面的教导，他几乎是说我尊重你的意思，但是我也并没有给你指导，你回避了我就照你的意思回避，这是一种迁就，导致翠翠一直回避，进而导致二老和翠翠之间的阻隔越来越大。

师：好，请坐。说得有道理，其他同学？

生3：我找的是67页的这段，当得知大老死了以后，爷爷说天保死了，二老生了我们的气，以为他家里出现这件事情是我们造成的，觉得这可能就是阻隔来源之一，而且是非常重要的一件。因为从前文可看出兄弟两人的关系是非常好的，直到他们要争翠翠的时候，大老的死亡在二老心里留下了阴影。

师：好，请坐，有道理。但还是从其他人来说的，我们回到当事人本身，好吗？

生4：我从整个背景和整个人物的人设上来看，他们两个人其实有很大的差别。无论是身份地位还是财富。二老和翠翠之间，第17页第一次相遇互不相识。第二次正式介绍在38页，他说让家里的水手来替爷爷摆渡。这里特别明显，二老家派一个属下来给你干活，你就跟我出去玩儿，两个人的差距表现得挺明显。还有财富差距，第44页提到团总家女儿想用碾坊做陪嫁给二老，多次提到二老到底是想要碾坊还是要渡船，财富差距非常大。

师：嘉萱提到的这一点，我转的时候看到不止一个同学提到，我要纠正一下，我们很同意两个人之间客观上确实存在着差距，身份、地位、财富不可同日而语，但是想问大家，差距确实存在，可成为两个人之间的阻隔了吗？

生5：不是，二老和翠翠并未在意过这些差别。大老也不在乎，他们在乎的只是翠翠罢了。

师：刚才同学是从男方的角度来分析，那我们换个思路，对于翠翠而言她如何与二老相处，有隔阂吗？

生6：在第十节。第39页，翠翠听到别人谈论有女孩想要嫁给二老，所以她有点生气。

师：崔颖找到了二人直接相处的情节，有直接对话。我们请同学给我们读一下45页这段，体会二人面对面的沟通，是否有阻隔。

生：翠翠这里没说话啊。

师：对，没说话，但是有心理想法。

（读二人交流段落）

师：听完对话有什么感受？

生：尴尬。

师：为什么？

生7：我觉得二老是想要和翠翠对话的，但是翠翠，可能是知道碾坊陪嫁的事情，她有点不高兴，所以二老跟她说话，她想的是黄狗的事儿。

师：对，正常对于"翠翠，你来了，爷爷也来了吗"的回答应该是"来了，或没来"，为什么她会想到黄狗的事情？

生8：她心里有点乱了，因为"碾坊"。

师：哦，心乱来自碾坊，不来自对面的人？

生9：也来自二老，"脸还发着烧呢"。

师：对，她的心思太难猜了，请读翠翠的同学给我们解读一下。

生10：我觉得她可能是有点生气。二老问她为什么不到楼上去看呢，她却想着陪嫁碾坊的事情。

师：翠翠在这里想着什么，确实有点扑朔迷离，我们可以确定的是，她因二老"脸发着烧，心乱了"，并且，两人面对面的相处，对话似乎完全不在一个频道上，这说明隔阂是存在的，原因是什么呢？

生：害羞，羞涩。

师：对，这是非常重要的一点。还有别的吗？请还未发言过的，王惠新小组。

生11：我们组觉得一方面还是由于二老比较主动。因为翠翠一开始的人设，就是一个特别淳朴的小姑娘，她第一次对于这种情感，非常不知所措，所以他俩会有那种隔阂和尴尬。

师：能否找一个细节来说明一下？

生11：第19页。最后一段说，"但另一件事儿，属于自己无关祖父的，却让翠翠沉默了一个夜晚"，就是说翠翠很留意这件事情，而且不知所措。

师：很有道理。翠翠的不知所措还体现在哪里？

生12：后面二老两次邀请翠翠去看划船，翠翠都拒绝了。翠翠可能是没有察觉到这种喜欢二老的心思，就一直后退。

生13：我觉得是70页的那一段，当时大老已经死了，二老和随从要渡河，祖父叫翠翠下来，但是翠翠一直没有回应，回去和翠翠谈起，翠翠脸红了。从脸红可以看出来，她知道那个人应该就是二老，而翠翠原本是要摘笋的，可是一害羞结果都摘成了虎耳草，而虎耳草在二老的歌声里经常出现，从这里可以看出她的害羞和逃避。

师：很好，我补充一点"翠翠想起适间从竹林里听来的话，脸红了"，往前翻，竹林里是谁，二老，可翠翠在爷爷说起的时候，却假装不知道，所以，害羞和逃避这个词，非常准确，那我想问大家，为什么她要逃避？

（学生交流）

师：我们发现翠翠本身的逃避好像是导致二人无法沟通的最重要的原因。而为什么逃避？因为这只是一个女孩子，情窦初开的女生，非常的单纯和羞涩，像只未开化的小兽。她就是依着自己的本能做出了这样的反应。如果让我用个词来形容翠翠，就是自然。事情本来是什么样，我就是什么样。爱情来了，翠翠是有反应的，她会做梦想与二老有关的事情。在"边城"这个世界里，翠翠就是如此自然的一种人性，毫无人情世故的影响，这也是沈从文所赞美的人性。

教学反思

作为一名工作未满三年的教师，无论是带学生读书还是课堂交流分享，我都尚处在学习、摸索阶段，时有力不从心之感。自高一以来，在推进整本书阅读方面，我都坚持以下几点：第一，和学生共同读书；第二，读写结合，每天需写点滴感悟或疑惑；第三，务必追求真情实感，联系现实，解答读书中自己的真困惑，抒发自己的真感受。这样磕磕绊绊，倒也完成了《红楼梦》《四世同堂》《平凡的世界》《巴黎圣母院》《边城》等书籍的阅读。

日常阅读、交流是一回事，将整本书拿到课堂上讲又是另外一回事，在课上讲什么、怎么讲，这都是问题，我开始就想着为学生提供一个畅所欲言的平台，他们能够真诚表达自己的阅读感受，解答自己的阅读困惑，这一方面是因为尊重学生的主体性，另一方面也是我个人能力的有限性，所以最初，针对《边城》，我绞尽脑汁想了一个支架，即沈从文在《边城·题记》中所述："我的读者应是有理性，而这点理性便基于对中国现社会变动有所关心，认识这个民族的过去伟大处与目前堕落处，各在那里很寂寞的从事于民族复兴大业的人。这作品或者只能给他们一点怀古的幽情，或者只能给他们一次苦笑，或者又将给他们一个噩梦，但同时说不定，也许尚能给他们一种勇气同信心！"这其中的"一点怀古的幽情、一次苦笑、一个噩梦、一种勇气同信心"是否可以作为平台，让学生针对这几个关键词自由表达呢？

很可惜"专题阅读"的要求使我放弃了这种尝试，我坚持从学生的阅读疑惑中来，再回到学生的阅读体验中去，由上课的实际情况，能够感受到学生确实真的在思考，但两节课，第一节未免问题稍稍大而空，第二节师生又陷在细节中，教研员老师说得很对，在带领学生读书、设计课堂教学方面，我的方向、原则都是对的，但在课堂的把握中，我过于迁就学生，导致我想讲的内容无法实现，自己反思，根本原因还在于第一，我对书籍的理解、把握并未达到深刻、全面的程度；第二，确定了"讲什么"之后，在如何讲环节，我还不能游刃有余地把握课堂的节奏、恰当地引导学生，导致课堂偶尔分散。如何解决上述问题，第一，作为一名教师，自身也需永久坚持学习，"问渠那得清如许，为有源头活水来"；第二，在课堂实践中逐步积累经验。

案例4

谁夺走了翠翠的爱情?

——《边城》阅读交流

熊 妍

教学内容选定

《边城》人物较少，呈现平面化特点，故事主体突出。小说的故事发生在民国初年湘西山区一个偏远的小镇——茶峒城。离城两里有一个渡口，摆渡的是70岁的老船夫和他的外孙女翠翠。当翠翠长到17岁时，她的婚事成了老船夫的一块心病。他在心里打算，一定要把翠翠交给一个可靠的人。茶峒城里有一位船总叫顺顺，他家拥有四条船的产业，在方圆几十里内颇有名望。顺顺有两个相貌人品都很好的儿子——天保和傩送。兄弟俩从小一起长大，感情至深。可是他俩都爱上了翠翠，这让他俩都很为难。翠翠年方十五，情窦初开，但不谙世事。当天保派人来提亲时，老船夫因不明翠翠心思，说话吞吞吐吐，引起了天保的不满。兄弟俩商定，同时到翠翠家对岸小溪的高崖上唱情歌，由苍天选择。老船夫听到傩送唱的情歌，误以为是天保所唱，迫不及待地往城里向天保报信，说事情有望。就在这时，噩耗传来，天保不慎落水淹死了。顺顺一家便将天保的死怪罪于老船夫。老船夫因此精神上受到沉重打击。老船夫一日遇见了傩送，但傩送因为不能忘记哥哥的死，便对老人报以冷眼。老船夫又硬着头皮到顺顺家去提亲，又被顺顺拒绝。这时，傩送因在婚姻问题上与顺顺有分歧，他跟货船远走逃避。老船夫见翠翠婚事无望，在一个雷雨交加的夜晚，含恨而终。翠翠接替了老船夫的工作，终日为来往人摆渡，同时，她守候在渡船上，等待着傩送的归来。

小说语言风格上，作者沈从文采用了兼具抒情诗和小品文的优美笔触描绘了湘西特有风土民情，使整部小说在中国现代文学史上闪耀着独特的光芒。但恰是因其诗化的语言和散文式的松散的结构，人物对话少，语言含蓄，对风俗人情的描绘占据了小说大量的篇幅，场景转换没有明确的标志语，偶有补叙的情节，给人造成阅读接受上的混乱体验……这诸多特点，给读者的阅读带来了一定的难度，特别是对于尚没有丰富小说阅读经验的高中生来说，要把握小说的整体情节，实非易事。所以师生在推进《边城》整本书的阅读过程中，有必要对于小说完整情节的梳理与把握进行专题交流。

教学目标的设定

《边城》小说人物形象较为单一，学生能把握人物形象，但是其情节结构曲折，其散文诗一般的结构让学生在阅读时，时常有"山重水复疑无路"的困惑，直到小说结尾，翠翠失去了她的爱情，依然有很多学生在心里打出了大大的问号。整部小说是围绕"翠翠"的爱情展开叙述的，在《边城》阅读的尾声，安排"谁夺走了翠翠的爱情？——《边城》阅读交流"，布置学生根据自己的想象，为小说写一个结局，然后反向梳理情节，辨析因果逻辑。

教学目标

1. 分析两位同学的续写，树立依据原著、合理想象的意识。
2. 明确影响二人爱情命运的因素，培养学生细读原著、分析归纳的能力。
3. 因素分类归纳，把握分析人物的一般方法。

教学过程的规划

要实现整本书课堂交流，教师必须引导学生阅读完整部小说，将阅读与片段的摘抄写作、分享交流同步推进。在这个过程中，我制订了如下的教学规划：

（一）制订阅读计划，保证阅读进度

阅读名著是一个长期的过程，没有制订阅读计划表，三天打鱼两天晒网，很可能阅读就半途而废了。笔者于2016年11月8日让学生正式开始阅读《边城》，阅读为期20天，计划表如下：

11月8日—11月28日	指导学生分章节阅读	全书21章，鉴于学生平时作业任务重，阅读能力不高的实际，建议学生本书分10天读完，每天读2-3章。
11月30日前	分小组布置研究阅读任务；布置每位学生完成"续写《边城》的随笔"	上交时间12月1日

（二）采取多种交流方式，将阅读进行到底

在以往的名著阅读教学中，笔者的教学方式单一，讲授和讨论之外，再无他法。但这些已经远远不能满足学生期望交流，实现思想碰撞的需求，因为他们的见识广、思想新，单纯的口头交流会让他们感到乏味。所以在《边城》阅读推进过程中，笔者和学生们一起举行了多次交流活动。见下表：

时间	活动	设计目的
11月20日	阅读摘抄展示	分享阅读收获，借鉴阅读方法
11月29日	"翠翠和傩送"多幕剧表演	把握人物和情节
12月2日	完成《边城》续写	梳理情节，对小说质疑
12月10日	辩论会：爷爷是翠翠与傩送爱情的促成者还是阻碍者	把握细节，深入人物内心世界，全面立体的认识人物
12月19日	专题式研究展示交流课	互相借鉴研究成果
12月28日	阅读交流汇报公开课	解答疑问，把握小说主题

这些活动不仅让学生相互学习借鉴了好的阅读方法，也通过思想的碰撞，让学生产生新的疑问，激发他们继续行走在阅读路上。

（三）调查学生阅读问题，诊断学生兴趣点

从上一轮课改开始，就倡导让学生成为学习的主体，这在阅读教学中，有突出体现——让学生自己读，产生个性化的疑问，是学习有收获的关键。笔者在指导学生读《边城》时，每三天会集中收集学生的问题，单个指导或全班交流。

（四）分组进行专题探究，由文本扩展开去

《边城》虽然篇幅不长，但其诗化的情节描写，含蓄的人物语言，丰富而独特的风俗环境描写，对高中生来说，很难面面俱到。所以，笔者让学生自由组合成几组，选择小说中的一个点梳理探究，得出结论。这些探究点有：《边城》小说语言的方言化特点，婚丧嫁娶及端午节民俗，翠翠的人物形象，环境描写……选择了民俗专题的小组，搜集阅读了很多相关资料，从苗家风俗，到中国自古而今端午节文化的演变。他们已经开始走出文本，走向更广阔的世界了。在专题研究中，每个小组都贡献了自己的研究成果，全班同学都高效地取得了自己的收获。

教学重难点突破

课堂实录节选

师：同学们都根据自己的阅读，对小说结局进行了续写，和刚才分享的两位同学一样，大家的续写不外乎两种：要么在一起了，要么彻底地分开，不可能在一起了。无论你是否让傩送和翠翠终成眷属，只要你的联想和想象符合原著的社会环境和人物的基本特点，你的续写都是合理的。翠翠和傩送的爱情如果最终能够圆满，一定是他们排除了影响爱情结果的因素。让我们回到原著中，来看看小说里面有哪些因素影响了他俩的爱情发展。咱们先在小组内讨论讨论。讨论结束后，请几位同学上前面来说说你们组的讨论结果。（出示PPT，明确讨论任务）

师：下面我想请两位同学上黑板来板演你们组的讨论结果。

井嘉怡：第一个是翠翠自身的原因。翠翠自身比较腼腆，比较内向，她对于二老的感情从来不敢直接表达出来，因为在那个偏僻的村庄里，养成了她内向的性格。祖父多次询问过她，知道大老对翠翠有感情，祖父询问过翠翠，翠翠每次都犹豫不定地回答，每次都回避。第二个是傩送的父亲想要碾坊，但傩送心里喜欢的还是翠翠，在中间人来询问也是再三地推脱。第三个大老的死。是大老和二老同时喜欢翠翠，是他俩约定都在山头唱歌，大老自知不如二老，所以就直接放弃了，是二老唱完的。然后大老自知自己没有机会了，他于是就下游了，不幸死了。翠翠的爷爷对于这件事情就再三地追问二老和顺顺，引起了他们对老船夫的怀疑和误解，觉得是他害死了大老，这就阻碍了二老和翠翠的感情。

师：好，刚才井嘉怡说，第一个因素是翠翠自身的因素。翠翠自身对爱情是很腼腆很羞涩的，她的腼腆和羞涩在原文中有哪些体现？如果你不能精准的定位，你就着自己阅读的印象，用自己的话说一下就可以。

井嘉怡：原文中，爷爷问翠翠，翠翠，假如大老要你做媳妇，你答应不答应？翠翠说，爷爷，你再说我就生你的气了。可以看出翠翠想逃避这个话题。

师：翠翠对爱情的这种反应，和她的成长环境有没有关系呢？

曹思佳：我觉得有一点儿关系。翠翠和爷爷一起生活，做着渡船的工作，接触的人也不多，性格也比较内向。

师：接触的人应该还是很多的吧？她的性格，她见到熟人的时候还是很活泼的，但是第一章里面，她看到生人的时候，随时做出要逃入深山的状态。我们说她的生长环境，除了你刚才说的，她做的相对单调的工作之外，还与她的成长环境中，哪些因素有关？她的父亲母亲呢？

曹思佳：在她刚出生的时候，她的父母就殉情死亡了，对她的影响相对来说是缺位的，她与爷爷孤独的相伴为生，所以她在感情方面，是没有人对她进行过多的引导的。虽然爷爷很关心她，很爱她，可是她和爷爷毕竟有年龄上的代沟，她不好意思跟爷爷说，她的羞涩和腼腆肯定影响到了她和傩送的爱情发展。

师：第三点，大老的死。他的死对谁产生的影响最大？

生：傩送。

师：傩送作为这段爱情最关键的人物，他如果心里有了阴影，肯定会影响他的爱情发展。大老的死对傩送的影响在原文中是如何体现的？你可以不用找到原文，说一说你的印象就行。

孙志奇：天保死了之后，爷爷找到傩送，想问问他，对于翠翠是不是还能坚持？然后爷爷开始说，提到天保时傩送的反应，反映了二老惆怅的心理状态。

师：他惆怅什么呢？

生：他惆怅他唱山歌。

师：对。他如果不去唱山歌的话，大老就不会死。他把大老的死归结到了自己身上，还有没有归结到别人身上？

生：爷爷身上。

师：好，这是第一组同学的讨论成果。

师：第二组同学。第二组同学说的时候，如果第一组同学说到了相关的情节，你就不用再重复了。

梁波：前面两个跟前一组的一样，第三条就是在八十三页，两个兄弟想到碧溪岨去唱歌，两人全都一直到最后，还有前一页，大老唱歌没有二老唱得好，但是二老要帮他哥哥把歌唱好，二老想帮大老婆到翠翠，所以他不希望因为翠翠而影响兄弟二人的感情。

师：他说顺顺希望翠翠嫁给大老天保对吧。顺顺开始的时候不希望翠翠嫁给二老，那天保死了之后，他是否乐意接纳翠翠做他的二儿媳妇儿呢？

生：在第十九章，第96页。船总性情虽异常豪爽，可不愿意间接把第一个儿子弄死的女孩子，又来做第二个儿子的媳妇。

师：你找的这个地方，老师也找到了。所以在天保去世之后，顺顺也是不大愿意让翠翠当他的二儿媳妇儿的，顺顺也间接地影响到了他俩的爱情，虽然傩送没有听他的，但是呢，他对傩送施加了压力，也间接地影响到了这个爱情。

师：两组同学列出了这些因素，大家想想，在边城里面，还有没有别的因素也影响到了他俩爱情的发展？还有别人曾经议论过傩送和翠翠，傩送和天保的事情吗？大家还忽略了一个很重要的人——爷爷。那有同学说，爷爷不是想促成翠翠和二老吗？他又怎么影响到了他俩的爱情呢？

吕沅澎：爷爷过于关心翠翠的婚事了。他希望翠翠早点嫁出去。

师：希望早点嫁出去。这里有一个情节，请大家看一下。里面说，当老船夫体会到翠翠喜欢二老的时候，他是担忧的。大家看到这个情节。"爷爷隐隐约约体会到一件事情——翠翠爱二老不爱大老"，想到了这里时，他笑了，为了害怕而勉强笑了。其实他有点忧愁，他忧愁什么？

生：怕翠翠和她母亲一样，走她母亲的路。

师：什么路？

韩笑：因为爱情而死。

师：而且是非正常死亡。为了殉情而死。老船夫自己体会到翠翠有可能喜欢的是二老，如果说其他的因素还在一味地促成她和大老的话，有可能翠翠为了想要和二老在一起，干出什么傻事儿，走到母亲的老路上。所以爷爷有没有非常明确的答应大老来提亲的事情？他不敢答应，他一再地试探翠翠的心愿，可是翠翠一直都没有给他明确的答复。

师：当天保去世了之后，爷爷又是如何为他们的爱情奔走的呢？

郭晨曦：爷爷去找顺顺，顺顺就误解了爷爷的意思。也是以为他害死了自己的大儿子，所以顺顺不太希望翠翠嫁给他的二儿子。

师：这算是一个间接的影响。小说里面还有什么人也影响到了他俩的爱情？

生：周围的人多在讨论碾坊和他们的爱情的关系，他们认为傩送应该选择有碾坊陪嫁的姑娘，而不应该选择只有渡船的翠翠。

师：在边城中，碾坊为何显得如此重要？

生：碾坊是财富的象征。在如此淳朴的边城中，他们也不能免俗。像翠翠的父母唱着歌就能结合的时代一去不复返了。现代的人们或多或少的把对物质的考量和人情相联系在一起，这实际上体现了作者沈从文的一些隐忧，他对他那个时代的一些隐忧。大家看到这样一段话。沈从文曾经说，"从北平回湘西，去乡已经十八年，一入辰河流域，什么都不同了。农村社会所保有那点正直素朴人情美，几乎快要消失无余，代替而来的却是近二十年实际社会培养成功的一种唯实唯利庸俗人生观。"当然他不是说边城里的人就很庸俗，边城就是一个充满了唯实唯利庸俗人生观的地方，但是在边城那样一个很淳朴很美好的地方，那里的人或多或少地考量了物质。

师：这节课我们讨论了影响翠翠和傩送爱情的这样五个因素。在这个小说中，这些人因为他俩的爱情牵扯到一起，体现了爱。他们并不是一定要拆散翠翠和傩送，这是一个间接的结果。祖父为了爱翠翠，替翠翠选择，顺顺也是为了儿子好，想要傩送娶碾坊姑娘。我们看看这些因素，我们把这些因素分为两类，如果说第一个因素叫"个人自身因素"，其他的因素，我们可以叫它什么？

生：他人因素，即"外在环境因素"。今天我们在这节课里面，分析了影响翠翠爱情的因素，有两大类，"个人自身因素"和"外在环境因素"。其实这个方法可以适用于所有的小说阅读，在小说里面，人物命运的走向，都是受这两类因素的影响。

师：学了这节课之后，从"读名著，思考人生"的角度来看，你有哪些启示呢？

生：学会换位思考。

师：还有呢？从个人自身的因素来说，要不断努力，强大自己。从外在环境呢？要充分利用有利的因素，减少不利因素的影响。

教学反思

这节课学生的表现让我很欣喜，一是他们展现的对小说结局的续写很打动我，二是对于本节课的中心问题的研讨很深入。学生在分析影响翠翠和傩送姻缘的人和事时，说得有理有据，这与之前的整本书的阅读推进和阅读活动的展开有很大关系，在此过程中，如果教师的引导再少一些，给学生更多的思考和表达的空间就更好了。学生在热烈的讨论这个问题时，将整部小说的整体情节进行了有逻辑的梳理，看似结构松散的小说，经过学生的阅读加工后，在他们脑海中呈现出清晰的结构链条。

我想，在今后的名著阅读中，我还会多关注一些既有探究价值，又符合学生的讨论兴趣的话题，用一个问题，带动整本书的阅读，让学生有收获的阅读。

策略三 指向整本书的人物形象把握

名著阅读中大部分作品都是文学作品，文学作品就必有人物形象，而一部大作品的人物形象众多，如《红楼梦》出现的人物将近千人，主要人物也有几十上百人，《呐喊》小说集中的主要人物也有几十人。对学生而言，整本书的人物形象把握难度很大，我们可以采用以下方法来引导学生把握人物形象。

一、梳理整合，整体把握人物

整部作品情节多，内容丰富，时间跨度比较大，能够全面地塑造人物，采用梳理整合的方法可以比较准确全面地把握立体的人物形象。名著阅读教学应当帮助学生掌握人物梳理的方法，在阅读过程中根据情节，前后联系，借助表格、思维导图等方式整理人物的人生经历，把握其人生脉络。梳理人物之后要整合人物的经历，深入理解人物的内在精神世界，发现人物形象的多面性，发现人物形象的变与不变，追寻其形象特点形成的内在、外在原因，体会作者塑造这一人物的意图。

二、一点突破，深入理解人物

文学作品所塑造的人物形象往往复杂多面，不易理解，再加上时代变化、语言风格等原因，更增加学生理解的难度。面对复杂或难以理解的人物形象，与其面面俱到，蜻蜓点水，生硬灌输，不如抓住一点，如学生感兴趣的一点、人物形象的核心一点、能由浅入深的一点等，从一点入手，将一点突破，理解透彻，走进人物的内在世界，由点带出面带出形象整体，如庖丁解牛，切中肯綮，全身可解。

三、对比分析，发现人物异同

作家在构思文学作品的人物形象的时候，有其内在逻辑，人物之间存在对比、照应等多重关系，构成了完整的人物系列。作品塑造的典型人物代表着一类或多类人物，也有其自身的个性，不失独特之处。在引导学生把握整本书的人物形象时，可以通过梳理人物关系图、比较作品内的人物，或者进行跨作品的人物比较，厘清众多人物之间的关系，展开联系对比，把人物既放到整个人物群体中分析理解，又能发现其个体的意义价值，从而把握人物典型形象。

四、个性表达，突破固化结论

阅读一方面在理解作者和作品，另一方面也是通过作品理解社会和人生，在更新重塑阅读者自身的精神世界。阅读个体的差异必然催生出个性化体验，只有个性化体验才能带来丰富多彩的解读，才能产生思维的创新和审美的创造。立体复杂的整本书人物形象，为学生提供了展示自己的认识能力和审美能力的大天地，所以不应拘泥于前人固有结论，要创设多种情境，以口头和书面等多种方式让学生自由大胆地评价人物，表达观点，才能形成思想和感受的碰撞交锋，使经典常读常新。

五、"指向整本书的人物形象把握"阅读案例

案例1

《红楼梦》香菱篇

张 岚

教学内容的选定

之所以选择香菱这个人物，是因为香菱既是《红楼梦》中结构型人物，又是集女儿美为一体的女孩。《红楼梦》女儿的命运故事恰是从香菱起至香菱终，她的悲剧命运象征着全书中薄命女儿们的群体悲剧命运。她是金陵十二钗副钗之首，和宝钗黛玉比，她虽是一位微不足道的小人物，但同时也是作者精心刻画的一个较为重要的人物。作品中既有"香菱学诗""情解石榴裙"为香菱独立作传的章回，又有散落在其他回中对香菱的赞美和其悲剧命运的书写，可以说在香菱身上曹公寄予了极大的同情和怜爱。以英莲为代表，曹雪芹用这些薄命女儿的泪水酿成了芳醇甘洌的艺术之酒就叫作"千红一窟（哭）万艳同杯（悲）"，昭显"为闺阁昭传"的作品主题。

教学目标的设定

1. 引导学生结合小说中表现香菱的相关情节、细节自主探究整合人物形象，把握形象特点、思考作品主题。

2. 引导学生在阅读中发现因事识人、谐音寓意、以花喻人、判词定人等相关阅读策略。

3. 鼓励学生在自主、合作、探究人物形象、人物悲剧原因的过程中，积极发现问题，培养学生全面的联系的思维能力，对小说人物进行鉴赏。

4. 感受作者情感，触摸作者心灵，发现香菱这一人物的人性美好，感受其命运的悲剧性，体会《红楼梦》主题思想。

教学过程的规划

研究课前期活动

（一）集中阅读《红楼梦》第四回、七回、四十八回、六十二回、七十九回、八十回和香菱有关的内容，点评批注，整理阅读中的问题。

（二）个人填表，小组合作补充完善，完成一份表格式香菱人物研究报告。

观察角度	内容	性情、命运	观察角度	内容	性情、命运
出场形象			待人处事		
出身地位			他人评价		
绰号别号			代表诗歌		
教育环境			太虚判词		
日常所好			太虚曲词		
住所环境			太虚画册		
居室布置			占卜花花签		
典型情节			名家评价		
【具体要求】根据书中所叙尽量写全					

（三）写作

1. 请给"香菱"写一个小传，可用文言、可用白话，200字左右。

2. "名字与人"：曹雪芹对于人物姓名的处理颇具匠心，有的名字谐音寓意，有的名字有象征意味，名字和人物形象、人物命运息息相关。请从香菱的三个名字入手，梳理出人物命运轨迹，写出名字与人物形象、人物命运的关系，以小组为单位完成香菱"名字与人"的微型研究报告（个人探究、小组交流）。

3. "诗与人"：《红楼梦》中的诗词曲赋是小说故事情节和人物描写的有机组成部分，它们或者塑造形象特点，或者隐喻人物命运，或者深化主题思想。

解密①："薄命司"的画和判词是《红楼梦》部分人物命运结局的隐语，是人物形象的隐喻，请为香菱的画和判词解密。

画：一株桂花，下面一池沼，其中水涸泥干、莲枯藕败。后面书云：

根并荷花一茎香，平生遭际实堪伤。

自从两地生孤木，致使香魂返故乡。

解密②：香菱代表诗作：

香菱咏月·其三

精华①欲掩料应难，影②自娟娟③魄④自寒。

一片砧敲千里白，半轮鸡唱五更残。

绿蓑江上秋闻笛，红袖楼头夜倚栏。

博得嫦娥应借问，缘何不使永团圆。

注释：①精华：月亮的光华。这据说云雾遮不住月亮。②影：指月的形。③娟娟：美好。④魄：指月的质，月称桂魄。

这首诗中有香菱自己的影子吗？请结合具体诗句谈谈你的感受和理解。

4. 以"赞香菱"或"叹香菱"为题，写一首诗或一段抒情散文，150字以内。（提示：注意结合香菱的人生命运、主要情节、细节）

（四）一节课时间小组交流香菱小传、名字与人微型报告、诗与人探究结果、小组推荐"叹香菱""赞香菱"写得好的。

（五）小组合作：研读文本，从"香菱之美""香菱之悲"中选择一个角度，用思维导图展现你对"香菱之美""香菱之悲"的理解。小组合作，组长负责整合做成汇报课件。注意结合小说中描写香菱的情节、细节。挑选做得好的组进行整合。

研究课课堂流程

（一）导入新课

（二）体会作者笔下的香菱之美

1. 小组派代表展示对香菱之美的整合内容。

2. 其他同学补充对香菱之美的认识。

（三）体会作者笔下的香菱之悲

1. 派小组代表展示香菱之悲悲在哪里。

2. 其他同学补充香菱之悲悲在哪儿。

3. 派小组代表展示对香菱悲剧命运原因的理解。

4. 其他同学补充对香菱悲剧命运原因的理解。

（四）拓展联想：《红楼梦》中悲剧命运的女性人物

香菱是《红楼梦》中美之代表、悲之代表，《红楼梦》是女性的颂歌，也是女性的悲歌，曹雪芹向我们展示出一幕幕女性悲剧，以香菱为代表大家能想起多少《红楼梦》中有悲惨遭遇的女性人物？请大家以小组合作的方式，小组完成一个思维导图，把你们能联想到的《红楼梦》中的悲剧女性以及她们的结局展现出来。

（五）小结

（六）作业

依据香菱人物专题学到的阅读方法，选择一位自己感兴趣的《红楼梦》女性，完成一份表格式人物研究报告、完成一篇人物评析文章。

课堂实录片段

环节三：悲剧原因

师：香菱是《红楼梦》中美之代表，也是《红楼梦》中悲之代表。悲剧是将人生有价值的东西毁灭给人看，香菱的一生始终笼罩着"有命无运"的阴影，难道香菱的命运真的是癞头和尚说的"有命无运"，是上天造成的吗？造成香菱悲剧的原因有什么？给大家2分钟，小组同学讨论一下，提示大家可以在纸上列出造成香菱悲剧的事、人。

生：她的人生悲剧可能有她自己的原因，通过她和夏金桂的对话我们能看出她是一个没有心机的人，是个非常天真的人，缺乏自我保护。她和夏金桂关于"花香"的对话也看出她没有心机，不知道夏金桂要迫害他。

生：生活的环境恶劣，造成她悲剧的原因有个人原因，更由她的身份决定。作为妾的身份她只能被夏金桂压制被迫害。在那个时代妾被迫害是很正常的。

师：在《红楼梦》中有没有类似因为身份低微无法反抗的人？

生：尤二姐被王熙凤迫害。晴雯被逐出大观园，病死在表哥家。

生：香菱的悲剧是因为她身处的时代，贾雨村乱判了葫芦案，当时的四大家族势力太大。

生：也就是除了上天命运不济，还有时代的、社会的、人为的因素。比如"霍启"，比如拐卖她的人。但是归根结底我觉得是女性的地位太低，无法主宰自己的命运。

师：时代的原因：这个社会对女性没有保护，女性无法独立生活，身份地位低的女性更是无法把握自己的命运。初读时有好几位同学提了这样的问题：夏金桂设计毒害香菱，香菱受尽侮辱，她为什么不反抗？为什么不逃走？夏金桂借侮辱香菱闹事时薛姨妈说的一番话："赶紧叫了人牙子把她卖了，多少卖几两银子，拔去肉中刺、眼中钉，大家过太平日子。"香菱和许多丫鬟侍妾一样，没有一丝人格尊严可言，像个物品一样是可以被随意交换和买卖的。也就是香菱无处可逃，无力反抗。香菱被拐、被卖、被侮辱都说明什么？香菱的悲剧既是命运的悲剧还是社会的悲剧、时代的悲剧。

师："平生遭际实堪伤"，在一个不能主宰自己命运的时代只能"水涸泥干、莲枯藕败"。可以说香菱是《红楼梦》女性中悲之代表。

环节四：拓展联想：《红楼梦》中有悲剧命运的女性人物：

师：香菱是《红楼梦》中美之代表、悲之代表，《红楼梦》是女性的颂歌，也是女性的悲歌，曹雪芹向我们展示出一幕幕女性悲剧，以香菱为代表大家能想起多少《红楼梦》中有悲惨遭遇的女性人物？请大家以小组合作的方式，小组完成一个思维导图，把你们能联想到的悲剧女性以及她们的结局展现出来。2分钟写一下，可以写人名、人物命运结局。

师：《红楼梦》里写了很多悲情女子，比如——

生：林黛玉泪尽而亡；薛宝钗独守空房。

生：晴雯被赶出大观园病死。

生：金钏被王夫人要求赶出大观园，她不堪其辱投井而死。

生：司棋为情而死，撞墙而死。

生：尤二姐吞金而死。

生：元春暴病而死。

生：惜春出家，迎春被丈夫虐待而死，妙玉被强盗掠走。

师：不论地位高的主子，还是地位低的丫鬟，不论是性格刚烈的，还是逆来顺受的，大都逃脱不了悲剧命运，正是那句"花谢花飞飞满天，红消香断有谁怜"。香菱的美好，承载了红楼梦中众多女子的美好。香菱的悲剧，集合了众多薄命女子的悲剧。作者塑造香菱这一形象的用意不仅表现她的美和悲，也表现红楼群芳的美和悲。在第一回曹雪芹就说我这部书是"为闺阁昭撰"，可谓"千红一哭（窟），万艳同悲（杯）"。回到清代张新之的点评："直指应怜，为全书大哭，包一切，归一切。"真应怜，雪芹对香菱和红楼群芳是什么情感？香菱的一生，真应怜；《红楼梦》中美好的女子，真应怜；身处那个时代的无数悲情女子，真应怜。可以说，我们阅读《红楼梦》这部伟大的作品，总能感受到雪芹先生一颗伟大的悲悯之心，伟大的作品来自伟大的悲悯。在那样的时代，雪芹先生能够尊重女性、怜惜女性，非常了不起。《红楼梦》这部书让所有美好的人生、美好的人性、诗意的生活，都在文学里得到了永生。

学生作品呈现

1. 人物卡

例 杜婧涵

观察角度	内容	性情或命运	观察角度	内容	性情或命运
出场形象	士隐见女儿越发生得粉妆玉琢，乖觉可喜 倒好个模样儿！竟有些像咱们东府里蓉大奶奶的品格 越发出挑的标致了 这正是地灵人杰	把这有命无运、累及爹娘之物，抱在怀内作甚？ 惯养娇生笑你痴，菱花空对雪澌澌。 好防佳节元宵后，便是烟消火灭时	待人处事	待人十分友善，弄脏了珍贵的裙子也没有生气，被夏金桂欺负时也只是觉得很委屈，没有发脾气反抗或者去告状	性情温和，很可爱。有出淤泥而不染的气质，无论外界如何，她都能保有本心，单纯地活着
出身地位	甄士隐膝下无儿，只有一女，乳名英莲 临上京时买的、为她打人命官司的那个小丫头子薛蟠之妾，后被扶正，生下一女后因难产去世	出身是好的，无奈命运悲惨 性子软弱，被夏金桂欺负也不吭声	他人评价	长得好看，聪敏伶俐，有点呆，小心谨慎，天真，没有心机，命苦	香菱虽然聪敏伶俐却没有心机，所以显得有点呆，其实那是她的真性情
绰号别号	香菱 秋菱	甄英莲是她的本名，谐音真应怜，表其命运悲惨 香菱是被薛蟠买回家做妾后薛宝钗给起的名 秋菱是在薛蟠的老婆夏金桂的逼迫下改的	代表诗歌	月挂中天夜色寒，清光皎皎影团团。诗人助兴常思玩，野客添愁不忍观。翡翠楼边悬玉镜，珍珠帘外挂冰盘。良宵何用烧银烛，晴彩辉煌映画栏 非银非水映窗寒，拭看晴空护玉盘。淡淡梅花	三首诗中都写出了香菱生活的不是那么开心，薛蟠对她也不好，所以她是有愁的

观察角度	内容	性情或命运	观察角度	内容	性情或命运
				香欲染，<u>丝丝柳</u>带露初干。只疑残粉涂金砌，恍若轻霜抹玉栏。梦醒西楼人迹绝，余容犹可隔帘看。精华欲掩料应难，影自娟娟魄自寒。一片砧敲千里白，半轮鸡唱五更残。绿蓑江上秋闻笛，红袖楼头夜倚栏。博得嫦娥应借问，缘何不使永团圆	
教育环境	自学　向宝钗黛玉他们求教	被买来后没有受过教育，只是跟着宝钗念念书，以至于写诗都不会	太虚判词	根并荷花一茎香，平生遭际实堪伤　自从两地生孤木，致使香魂返故乡	根并荷花一茎香，表明了她的身份；平生遭际实堪伤点明了她的命运；自从两地生孤木是她人生最大的变数；最后一句，致使香魂返故乡，甄士隐亲自把女儿接入太虚幻境
日常所好	读诗，与众人玩闹	天真性憨可爱	太虚曲词	无	
住所环境	梨香院（和薛姨妈、薛蟠）蘅芜苑	香菱是和薛宝钗住在一起的，她是薛蟠的妾，根本不算是贾家的女孩子，她的一切都是和薛家联系在一起的，自然要和薛宝钗住在一起	太虚画册	画着一枝桂花，下面有一池沼，其中水涸泥干，莲枯藕败	暗示香菱被夏金桂虐待致死。血干之症而死，人生凄惨

续表

观察角度	内容	性情或命运	观察角度	内容	性情或命运
居室布置	很简约	香菱是一个妾，居室本就不应太过华丽	占卜花名或者花签	并蒂花（香菱便掣了一根并蒂花，题着"联春绕瑞"，那面写着一句旧诗，道是：连理枝头花正开。）	选自南宋女诗人朱淑贞的《落花》，原诗为：连理枝头花正开，妒花风雨便相摧。愿教青帝常为主，莫遣纷纷点翠苔（连理枝头花正开——妒花风雨更相残，意指香菱之后被夏金桂折磨致死。）
典型情节	看灯会被拐子拐走香菱学诗入诗社被夏金桂虐待差点被卖夏金桂死后被扶为正房	香菱的命是很苦的，每当她的生命有一个好的转折时，就会有更多的不幸	名家评价	很漂亮，很薄命。香菱苦读书苦学诗的精神使她在短短的时间内，生命境界得到了很大提升。香菱的生命虽然卑微，但也有自己的追求。香菱这样一个不幸的女孩子，在她最孤苦无依的时候，偶然接触到了大自然的一个状态，于是她的生命有了寄托	香菱的命运虽然不好，但是她很真，也有自己的追求，并不是说就认命了的。香菱是很干净的，虽然是受过委屈但却一直没有心机
【具体要求】根据书中所叙尽量写全						

2. "香菱"小传

例1：原系乡宦家独女，生来眉心一点胭脂记。儿时家人宠溺，不料元宵节之时不幸被拐。后被薛霸王买去做妾，改名香菱。随着薛家进京，后入住大观园，她生得袅娜纤巧，为人温柔安静，她求知若渴，在大观园中向黛玉学诗，本以为今生便如此了结，谁知薛蟠又娶夏金桂，夏金桂对其百般折辱，将其名字改为秋菱。秋菱备受金桂和宝蟾迫害，终得干血症病入膏肓。一生波折，应怜应叹。

高一3班　赵涟漪

例2：香菱者，甄费之女也。原名甄英莲，三岁时于元宵之夜被拐。被拐子养大后卖与对她钟情的冯渊，又同时卖与呆霸王薛家薛蟠，薛蟠打死冯渊，抢去做妾。香菱侍夫数年，尽心尽力，关心备至。其间移居大观园蘅芜苑，师黛玉以学诗。此女聪明灵秀又格外痴迷于诗，曾夜读至五更天晓，终得以学成。其夫薛文龙娶门当户对的夏家小姐夏金桂，金桂生性狡诈残忍，设计使其厌于薛郎，金桂丫鬟宝蟾也联合迫害香菱，致其得干血之症病入膏肓。

高一1班　范卓珺

3. 名字与人

甄英莲（真应怜）

甄英莲一名首先是暗示了这个可悲的女子的悲剧人生，她的一生注定是让人怜惜感叹的。

《辞源》载"瑛，古籍多作英，指①玉的光；②似玉的美石。"《玉篇》"瑛，於京切。美石似玉。……水精谓之玉瑛也。"

也就是说，"瑛"就是"英"，宝玉是"神瑛侍者"，而"英莲"也就是"英联"或"英连"，隐喻与神瑛侍者有关联、有关系。那么，英莲与神瑛侍者有什么关联呢？作品本身有内证可以证明英莲的情爱对象应该是贾宝玉。第六十二回"憨湘云醉眠芍药裀　呆香菱情解石榴裙"中香菱的夫妻蕙和贾宝玉的并蒂菱就是他们存在爱情关系的隐喻。

香菱

菱和菱花具有如下特性和文化意象：

菱花随月，在古代诗文中多作"镜"的代称，而"镜者，月之类也，月为金之水所生，镜，金也。其光如水，菱花依之，如在池塘之中也"。所以菱花有"镜花水月"之隐喻；菱花是"背日寒"，终日得不到阳光的照射，有"有命无运"之隐喻；相对于莲来说，菱是一年生草本植物，生命周期较短，生在池沼中，根生在泥中，叶子浮在水面，有"陷入泥沼、不能自拔"之隐喻。

而香菱的坎坷经历和不幸命运与菱花的"背日寒"何其相似，其从小被拐卖，嫁与呆霸王薛蟠后又得不到怜惜的遭遇与"陷入泥沼、不能自拔"的菱花又恰好有同病相怜之感，更重要的是香菱所渴望的爱情终究像镜花水月一般属于幻缘，有着"镜"之代称的菱花正好可以隐喻。同时，就香菱的性格来说，其被拐卖而受欺，受欺而不自知，陷入泥沼而不自拔，人称"呆香菱"，并不具有"在世不为世污"的刚烈和"自性开悟"的悟性，所以，菱花也更适合隐喻香菱的性格。

秋菱

秋菱是夏金桂强迫香菱所改的名字，暗指香菱从此以后随了金桂，包括其生命，金桂取得了对香菱命运的支配权，除此之外，还应该暗指中秋以后不久，金桂首先死去，月去水干，香菱也随之不久逝去。因此，第五回中香菱判词画中的"一株桂花"和下面的"水涸泥干，莲枯藕败"意象就不但是指香菱之死与金桂有很大关系，还隐喻了中秋节后金桂、香菱的先后逝去，判词中的"自从两地生孤木，致使香魂返故乡"中"两地生孤木"属于字谜，是"桂"字，指"金桂"，暗指"中秋"。

"英莲"之名隐喻了香菱命运的应怜，"香菱"之名隐喻其"有命无运""陷入泥沼，不能自拔"的悲哀和"实堪伤"的平生遭际，"秋菱"之名隐喻其在中秋之后金桂死去不久即将逝去的悲剧结局，而且隐喻香菱的死与金桂有很大关系。

高一3班　赵涟漪

4. 诗与人

解密①

根并荷花一茎香，暗喻香菱出身不凡，但是遭遇却让人怜惜，谐名"真应怜"两地生孤木，用拆字法地是土地，两个土垒起来，再加一个孤木，不是林，不是双木，是孤木。一个孤木，加上两个土是桂。自从夏金桂进了门，香菱的悲惨结局马上就来临了，就"香魂返故乡"了。她曾经有一个温馨的家庭，一对慈爱的父母，但是她被拐走以后，就永远不能再回到父母家跟父母团聚了，只有死了以后，她的魂魄，才得以返回故乡。

高一1班　李心杨

解密②

这首诗里有香菱的影子，是香菱自身心境的投射。首联中"掩""难""寒"等字体现了香菱心中对黑暗逆境的不屈精神。月亮的光明是黑暗遮掩不住的吧！它要发光，我们凡人也要发光。颔联似乎在诉说自己凄凉的处境。颈联则表现香菱内心的孤独；尾联诘问那悬在天上的嫦娥：你知道人间多么渴望光明、需要光明，为什么不能让人们永远团圆！香菱对家乡的渴望、对团圆的期盼，展现在这善良的呼吁中。

高一1班　屈承轩

5.“赞香菱”或“叹香菱”

例1：赞香菱

那一年，你携着莲花的清香落入凡世，许是上天妒你粉妆玉琢，你的一生注定遍布荆棘。元宵节后，你便体会到了人生的起落，不幸被拐，你选择忘记一切，如此也就感觉不到痛苦了。你是小姐的身子丫鬟的命，被薛霸王强买做妾，你彻底从一朵高贵的莲变成了一株菱角。庭院愁深，也许唯有那深夜的一盏烛台，一本书籍，能让你的生活有一抹亮色。夏金桂的到来，让你又一次深陷泥淖。终于，不堪重负的你，在深渊之中，悄然离去。世人不忍，不忍看你遇人不淑，天使，终归是应该在天堂的。

高一3班 赵涟漪

例2：叹香菱

叹香菱。碧水清漪毓倩影，雪簇为瓣金缀心。俄顷一夜劲风折，浮流随波天涯客。

叹香菱。石榴裙解空情真，镜花水月终幻缘。昨日青梅，难眠清夜回味。

叹香菱。春光虽好弹指过，觉时素风已入窗。怎堪重露繁霜，纤纤枯菱沉泥沼。

悼红颜。万般娇媚引祸水，一片冰心几人怜？

高一3班 林思雨

教学反思

所选教学内容能够达成学科立德树人这一重要目标。阅读名著对人最大的提升是品德、人格、思想境界。尤其是名著中的名著《红楼梦》，“千红一窟（哭）、万艳同杯（悲）”“怀金悼玉”是《红楼梦》一大主题，香菱既是《红楼梦》中结构型人物，又是集女儿美为一体的女孩。这个人物身上有着很多生命美好的品质，通过阅读交流让学生充分感受人物的美好，并深入理解人物的命运，思考作品所表现的社会环境，进而理解小说主题。

引导方向和策略具有普适性、典型性。以阅读策略作为整体教学设计的基础。《红楼梦》中几乎所有的女性都是美的，有不同层面的美，《红楼梦》中的女性命运大都是悲惨的，抓住了香菱的美、香菱的悲，当作麻雀分析，就抓住了钥匙，从香菱一个人拓展到其他人，大观园里无论是尊贵的薛宝钗、王熙凤还是夏金桂、鸳鸯，都可以用美和悲来分析。对于人物悲剧原因的思考比如社会地位、社会原因、个人性格原因等可以成为思考《红楼梦》中其他女性人物悲剧原因的基本方法。通过对香菱这一人物形象的分析能够带动对整部《红楼梦》女性人物形象的理解。从而引导学生深入理解《红楼梦》的主题。帮助学生建构独立分析《红楼梦》人物的方法。有效处理了名著阅读的"深"和"广"的问题。注重学生的自主建构，不是老师讲解香菱，而是通过设计阅读任务让学生活动，学生自行归纳、梳理。学生小组汇报，表格的引领抓住了《红楼梦》的特点。课的最后对阅读《红楼梦》所独有的阅读方法进行了总结梳理，比如象征意味、以诗解人、谐音寓意等，具有典型性、普适性，能够对学生的独立阅读起到引领作用。

可提升之处："香菱"课的设计虽然获得了成功，但是如何引起更多学生对《红楼梦》产生更大阅读兴趣，如何激发学生呈现更多个性化解读是下一步可以深入思考的。在任务驱动的课堂上，在小组合作的方式里，如何让每一个学生都能跃跃欲试，有发言的冲动、讨论的热情，如何促进学生对阅读产生疑问，如何引导学生自行解决阅读中的困惑也是我下一步需要深入思考的。

案例2

《四世同堂》之钱默吟

王灵联

教学内容的选定

《四世同堂》是一部中国现代长篇小说，是老舍先生正面描写抗日战争，揭露、控诉日本军国主义的残暴罪行，讴歌、弘扬中国人民伟大爱国精神的不朽之作。作品以祁家四世同堂的生活为主线，辅以北平城中小羊圈胡同各色人等的荣辱浮沉、生死存亡，真实地记述了北平沦陷后的畸形世态，形象地描摹了日寇铁蹄下广大平民的悲惨遭遇、心灵震撼和反抗斗争，刻画出一系列栩栩如生的艺术形象，史诗般地展现了第二次世界大战期间，中国人民与世界人民一道反法西斯的伟大历程及生活画卷，可歌可泣，气度恢宏，读来令人荡气回肠，是一部感人的现实主义杰作。

这是一本以北平为背景、对北平文化乃至中国文化进行深刻反思的小说。它以抗战时期北平一个普通的小羊圈胡同作为故事展开的具体环境，以几个家庭众多小人物屈辱、悲惨的经历来反映北平市民在八年抗战中惶惑、偷生、苟安的社会心态，再现他们在国破家亡之际缓慢、痛苦而又艰难的觉醒历程。这部作品中集中地审视了中国的家族文化，对其消极性因素进行了理性的审视与批判。四世同堂是传统中国人的家族理想，是历来为人们所崇尚的家庭模式，也是祁老人唯一可以向他人夸耀的资本。他尽一切可能去保持这个家庭的圆满，享受别人所没有的天伦之乐，因此，他对祁瑞宣未经他的允许而放走老三感到不满，对瑞宣在中秋节日驱逐瑞丰不以为然，对儿子因受日本人的侮辱而含恨自杀深表愤怒，对孙女被饥饿夺去幼小的生命义愤填膺，他在忍无可忍之际终于站起来向日本人发出愤怒的呐喊，然而一旦抗战结束，他又很快忘掉了自己所遭遇过的苦难，对他的重孙小顺子说，"只要咱俩能活下去，打仗不打仗的，有什么要紧！即使我死了，你也得活到我这把年纪，当你那个四世同堂的老宗。"家族文化的精神重负，就是这样一代一代沿袭下来的。

这部作品深刻的思想意蕴表明，一个民族的兴衰存亡，不仅在于其经济的发达、武器的先进，而且还取决于该民族普遍的社会心态。拥有几千年灿烂文明的大国为什么却遭受日本人的侵略，这不能不引起包括作者在内的知识分子的深刻反省。作品告诉我们，如果不改变中国人这种多子多福的文化心态，打破四世同堂式的家庭理想，中国人不论怎样人口众多，也不管体格如何健壮，最终也只能做毫无意义的示众的材料与看客。

作为北京的中学生，青年的一代人，应该随着作者笔下的人物走近这段历史，汲取传统文化中的精粹，并去其糟粕。所以我们在高一年级选定《四世同堂》作为整本书阅读的首开之作。

教学目标的设定

1. 通读全书，了解故事情节，概括每一章节的大意内容。

2. 精读钱默吟相关情节，理清他的人生经历，心路历程，分析人物形象。

3. 了解钱默吟透射的文化反思，汲取精粹。

教学过程的规划

1. 前期准备：

在初中阅读的基础上每日读三章，再次阅读《四世同堂》，概括章节大意。

2. 深入理解：

与其他的抗日作品不同，在《四世同堂》的创作中，老舍先生更多的关注的是市民的生活习惯和市民的思想性格，可以说老舍先生在创作中努力把文化意识融入人物形象之中。他更注重剖析人物的地位、心理，从他们的生活状态和社会地位提出一个个引人深思、发人深省的问题，借助人物对中国文化进行多方面的反思，希望从中可以找出一条改变国家命运，走向光明未来的道路。钱默吟，冠晓荷、祁瑞宣正是三种不同人物类型的代表。

这一部分我们选择的教学方法是精读部分篇章，填写人生经历或心路历程的学案，课堂讨论，分析其身上透射的文化思想。每个人物需用3课时。

钱默吟形象：

钱默吟，58岁，爱喝酒作画种花，没有做事，很少出门。屋里除了鲜花便是旧书和破字画。每天就是浇花、画画、吟诗。不会记账、算账，有钱就花，没钱就愣着写诗。永远不白受人家的东西。非常清高，可并没有看不起人的恶习气。语声永远很低，语气老是那么谦恭和气，让人舒服。七七事变前，他是一位诗人、隐士、儒家士大夫形象，不求闻达，独善其身。在因日本人的侵略而家破人亡之后转变性格开始努力抗争侵略者；由诗人演变成战士，无疑是一个巨大的痛苦。虽已年逾花甲，却仍奔忙于抗日的活动之中，其坚定的信仰、顽强的毅力，让人自惭形秽。他代表着中华文化中的精粹，看似发生了巨大的变化，其实精神主旨——士大夫的忠勇思想没有变化，于是我们把对这个人物的解读定位在分析其的"变与不变"。

教学目标

梳理钱默吟主要人生经历

理解钱默吟人物形象的变与不变（形象特征）

解读钱默吟所代表的中国文化特征及其来源

能够分析小说中的钱默吟的相关内容，建立自己的认识评价

教学过程

第一部分

课前预习作业，完成学案"钱默吟的变与不变"，概括其人生经历，准备课上讨论。

采用学生逐条分析，大家课上讨论的方式，对钱默吟经历每一个重要事件时的心理进行正确评价，教师点拨。

布置作业：

结合学案分条概括出钱默吟的变与不变，体现其人物的精神形象。

第二部分

采用小组内讨论，提供本组优秀答案，当堂展示的方式，对钱默吟的精神形象进行总结，并进行评选，展示最佳答案。

教师点拨的关键点：钱默吟的身份变了：从隐士到斗士再到卫士；生活方式变了：从安贫乐道的闲散士大夫生活变为完全摒弃士大夫习气的艰苦而又充满危险的战斗生活；不变的是始终如一的儒家思想：无论安贫乐道还是忠勇爱国都是儒家思想的精粹。

布置作业：

精读三十三、三十四章，完成表格

第三部分

采用小组内讨论，体会钱默吟变化的思想基础。

教师点拨的关键点：落在报家仇国恨，他的命不是自己的，保持自己的清白和节气不重要（小我），所以不能死。生命托付给国家，对国家极度忠诚。小我走向大我。超越了儒家"穷则独善其身，达则兼济天下"的要求，达到了"先天下之忧而忧，后天下之乐而乐"的境界。并用从二十七章、三十二章中找到相关情节来印证结论。

结论：钱默吟体现了儒家文化的精粹，小我的要求是独善其身，大丈夫。大我的要求我的境遇不重要，天下苍生更重要。尤其是自身在困厄之中，还想到国家，兼济天下苍生。

作业：微写作练习

1. 钱默吟在困厄中想到的都是国家，这是一种大我的境界。这种人在中国历史上并不少见，请你选取一个人物，结合其具体经历，谈谈你对这种境界的认识。不少于200字。

2. 结合《四世同堂》中钱默吟的生平事例，用《论语》中的一则解读其人物形象。要求：明确《论语》具体内容，但不得全文摘抄。不少于200字。

第四部分

采用ppt展示学生优秀微写作实例，进行点评分析，拓展学生实例储备，思考其体现出来的文化精粹。

【附录一】复读下列篇章，回顾钱默吟的相关事件，概括其人生经历，完成表格。

章数	重要事件	人生经历	你的评价
第二章	七七事变前	没有做事，很少出门。屋里除了鲜花便是旧书和破字画。每天就是浇花、画画、吟诗。不会记账、算账，有钱就花，没钱就愣着写诗。永远不白受人家的东西 非常清高，可并没有看不起人的恶习气。语声永远很低，语气老是那么谦恭和气，让人舒服	诗人 隐士 不求闻达 独善其身 儒家士大夫

续表

章数	重要事件	人生经历	你的评价
第三章	七七事变后	破例主动到祁家来拜访。请教瑞宣时局会演变到什么样子。并且表达了自己对家国与个人关系的认知	关心时局 家国与个人唇亡齿寒 依旧是儒家
十三章	被冠晓荷出卖	钱先生开门一看，猜测这些人的目的，然后很高傲自然地问他们来意，并挡在门口不让进，还和日本人动起了手，死命抓住不松开。看到大儿子昏过去后，难过但很痛快。太太提醒他日本人在抢家里的东西，他哈哈大笑起来，低声告诉太太：二儿子已然去世，自己也要被抓走，叫她不要伤心	大义凛然 慷慨赴死
三十三、三十四章	下入狱中	课上精读，此处可不填写	思想的变化：不再求死而是求活
二十章	出狱	钱先生满身是伤被折磨得不成样，躺在家门口，被瑞宣认出来，邻居们把他抬进屋里。请来大夫为他治伤。他刚一醒转过来就自己起身，跌跌撞撞地去找冠晓荷。见到冠晓荷他说：我来是为了看看你，也就你看看我！我还没死！金三爷把冠晓荷痛打一顿，背起钱先生回钱家了	向敌人证明自己还活着，为国家，为复仇而活
五十章	见瑞宣	瑞宣出狱的第四天，钱先生主动来见他，并说你有资格和我谈一谈了，瑞宣。此时的钱先生在瑞宣眼中有好几重身份：邻居、诗人、朋友、囚犯、敢反抗敌人的英雄。钱先生不再喝茶，他已把士大夫习气都改掉。并向瑞宣说了自己离家后的经历。他还说如果看到和平，他会忏悔，去争取更大的人道主义	放下士大夫习气，以战士的姿态生存，为抗日奔走，同时依旧爱好和平
六十三章	赈灾义艺会上	当剧场乱作一团时，只有他坐定不动，他向日本人扔出了手榴弹，第二天从报纸上得知当场也炸死了尤桐芳和小文的消息时，他觉得他们死得可爱，这才是战争，只有死，才能产生仇恨，知道恨才能报仇	为国家而牺牲是值得

章数	重要事件	人生经历	你的评价
八十四章	和瑞全见面	钱先生十分谨慎地在一座破庙里和瑞全见面了，在瑞全眼中他的样貌已完全改变，瑞全让老人说说自己的事，钱先生告诉他：他经历了要为妻儿报仇的个人英雄主义和加入抗日工作为国杀敌的合作爱国主义，到如今杀戮是为了更好建设和平的人道主义	变化=成长对杀戮战争的认识在提高
一百章	再次被捕	这次过堂时他没有受刑。他看懂了敌人的伎俩：日本人要他投降，要用他的小孙子的命来威胁他，但他不怕，他决不投降，即使搭上小孙子的命。他在狱中把小孙子的名字从钱仇改成了钱善。小羊圈的邻里们都在等钱先生的归来，钱先生和祁佬人激动地握手，说不出话来，大家欢聚一堂，庆祝抗战胜利	对和平、真善美的追求，对儒家思想的坚守和践行

【附录二】精读33、34章，完成下面的表格，理解钱默吟狱中的经历和内心变化

时间	经历	内心变化
第一天	他受到审讯，遭到敌人的毒打。被送进牢房	至多不过是一死须把血肉掷给敌人，用勇敢和正义结束这个身躯
第二天	整天没事，除了屋里添了两个人	等死只求快快地死
第三天	还没事他开始观察屋里的两个年轻人并和他们说话当天晚上，女子被拖走了	明白：一个亡了国的人连求死都不可得明白：不能死，要为仇杀而活着
第四天	快天亮时，那姑娘被扔了进来，她已经死了劝男青年活下去男青年被放出去了	假若还能活着出去，他要像仲石那样和敌人死在一起
过了五六天	都没有受到审判玩稻草，看虫子	要保护自己，要活下去
第十天	被传去受审，遭到毒打	不断提醒自己：活下去
又一天黄昏	被放了出来拼命回到了小羊圈。	他要冠晓荷知道他没死，还活着

学生作品呈现

钱默吟在困厄中想到的都是国家，这是一种大我的境界。这种人在中国历史上并不少见，请你选取一个人物，结合其具体经历，谈谈你对这种境界的认识。不少于200字。

例一

在浩瀚的历史长河中，拥有这种大我境界的人不在少数。在我看来，大我境界是一种高尚的爱国情操；是一种可以舍己为国的奉献精神；是一种以民为大的爱民信念。杜甫就是这样的人。首先他在流亡中自己尚过的穷困偷生，可他仍不忘写下《三吏》《三别》来哀叹人间的疾苦；其次他在被抓回旧都时，明明自身难保，却依旧写下"国破山河在，城春草木深"的诗句来表达自己对于国家灭亡的惋惜；最后他在《茅屋为秋风所破歌》中将大我境界表现得淋漓尽致："安得广厦千万间，大庇天下寒士俱欢颜。"此时的他已是一个垂垂老矣的老人，他的屋子也被大风刮跑，可是他的心中仍是考虑着百姓是否穿暖吃饱。我觉得这就是大我境界。

例二

在唐朝由盛转衰时期的杜甫就是这样一个人物。杜甫一生都仕途不顺，但他还是忧国忧民，写下了许多名作。其中《茅屋为秋风所破歌》就是一个代表。在茅屋顶被秋风卷走，夜晚十分寒冷。他还想着"安得广厦千万间，大庇天下寒士俱欢颜"还想着"何时眼前突兀见此屋，吾庐独破受冻死亦足"。从这些诗句中我们可以看出杜甫的大我境界。这种境界我认为是伟大的，是一种对国家人民的热爱之情，是个人修养的高境界，我们应该追求这种境界。

例三

我所想到拥有大我境界的人是杜甫。犹记得他在自家草屋被狂风掀去了，一层茅草都不剩之际，还心心念念地想着天下寒士无处可居。不考虑自己正被风吹雨浇，只愿有一间屋厦，大庇天下寒士俱欢颜。他已完全超脱了小我的境界，在困厄中全然不考虑自己，甚至看不到自己、忘记了自己，忘记了自己的安全利益。在无比艰困的环境中，满心想的是他人，这是常人所不能及的事。要对自己有着极高极正确的认知，有着高度责任心。爱国的人才拥有这样的境界。这种境界是全然不计小我，心中充斥着他人、国家的境界。

结合《四世同堂》中钱默吟的生平事例，用《论语》中的一则解读其人物形象。要求：明确《论语》具体内容，但不得全文摘抄。不少于200字。

例一

钱先生的手头永远没有宽裕过，因为他不算账也不记账。但是他依旧按自己的理想安排生活，不管行得通与否，每天的工作就是浇花、看书、画画和吟诗，宁可没钱愣着想诗，也不会出仕于当时的政府。七七事变前的钱先生是一个安贫乐道的隐士。正如《论语》中所说的"不仁者不能久处约"，没有仁德的人不能久处于贫穷。而一个有仁德的人是可以安贫乐道的。钱默吟便是一个很好的例子，不因贫穷而谄媚，坚持着自己的人生志趣与原则。

例二

对于论语中的"君子务本，本立而道生。"一句，应用于钱默吟身上确是当之无愧。道的基础便是仁，作为一名爱国的君子，战争前夕，他不肯与敌人同流合污，坚持自己的"本"；战争时，他懂得从最根本的思想出发，不顾敌人的抓捕，冒着生命危险张贴海报，唤醒众人的爱国之心，这都是他重"本"的结果。其次，他专心致力于发展爱国志士，让瑞全、瑞宣等人都成为共同抗日的一员，这也是他注重"本"的结果。所以我认为此句是想说君子要致力于最根本的工作，这样道——仁的基础才会产生。

例三

《四世同堂》中的钱默吟先生是一名知识渊博的诗人，更是一名革命"战士"，一名仁者。在日本侵华期间，钱先生为抗日默默努力着：他为自己的儿子与一车日本兵同归于尽而自豪，他劝老三去抗日，他批评过画家们还在画破碎的山河，也鼓励过狱中青年出狱后要去抗战，他发传单宣传抗日。这使我想到了孔子所说的"仁者先难而后获，可谓仁矣"。他所做的事情艰难而又危险，但他将生死置之度外，筚路蓝缕，为之奋斗。

例四

平日里的钱先生非常清高，但没有看不起人的恶习；永远语声很低，语气谦恭和气，叫人舒服。但他对冠晓荷这样的人却十分厌恶，爱搭不理。战争打响后，钱先生饱受战乱的痛苦，妻离子散，家破人亡。自己的儿子也与日本人同归于尽了。但他绝不当亡国奴，即使敌人用他的孙子威逼他，他也不投降。这像极了论语中的"唯仁者能好人，能恶人"。只有仁者能公正无私地去喜爱人、憎恶人，钱先生就是这样的人。

教学反思

传统的语文教学为单篇教学，一篇课文长则不过千百字，学生完全可以用课上时间来完成阅读，从而实现与文本的对话和与作者的对话，然后再进行师生间的讨论，此时的讨论是有对话基础的，容易发生思想的碰撞，形成火花。《大纲》中规定了整本书任务群的课时为18节，并建议安排在两个学期使用，同时建议集中使用，便于学生静下心来集中时间和精力，认真阅读一本书。

整本书阅读往往是大部头作品，如《四世同堂》共88万字，分为100章。这样的阅读量如果用课上时间来完成阅读是绝不可能的，如果用课下时间来阅读，又会担心学生的阅读质量难以保证。于是我想过给每一章出一道或两道思考题以检测学生的阅读效果。可静心一想，这不是又把整本书阅读分解成了单篇阅读吗？认真研读《大纲》后，我从"探索阅读整本书的门径，形成和积累自己阅读整本书的经验。重视学习前人的阅读经验，根据不同的阅读目的，综合运用精读、略读与浏览的方法阅读整本书，读懂文本，把握丰富的内涵和精髓"一段文字受到启发，结合自己的阅读经验，确立利用课余时间，每天一章的速度先通过略读了解小说，概括每章或三章整合概括情节；再通过精读完成把握人物形象的学案，最后利用9课时，通过课上交流完成对小说人物形象的把握及体悟其身上透射出的文化内涵。

说到整本书的教学目标，我们不能追求让学生像读单篇课文一样，一定要理解通透。名著阅读往往选择的是那些语言典范、内涵丰富、具有较高的思想水平和文化价值的作品。而阅读者是一群十六七岁的孩子，他们远离书中人物所处的时代背景和文化背景，同时教学任务的压力和课时的安排，学生学习精力的分配也不足以支撑"读透"这个教学目标。如果把"读透"作为阅读的目标，估计最终难免成为老师自说自话，学生沦为听众，而非阅读的参与者。所以我把整本书的阅读目标定位为"读懂"。其实即使是"读懂"也要因文而异，面对鸿篇巨制《红楼梦》，我们提"读懂"都显得不合适了，充其量只能做到"局部读懂"。

对于《四世同堂》而言，读懂故事情节，读懂以小羊圈胡同为代表的北平人在日寇侵略时期的生活状态，读懂以钱默吟、冠晓荷、祁瑞宣为代表的北平人身上的文化特点，应该是适合学生学情的。

所以正如李煜辉提出的"读懂"内隐为缜密的思维，外显为畅达的言语，以"读懂"为目标的整本书教学，有利于借重经典名著这块厚实的土壤培养思维品质，也有利于同步训练语言表达能力，使学生底蕴丰厚，见识过人，言语可采。

我认为整本书阅读的设计必须关注到"整"字，因此教学设计不能过于微观，过于追求细节，不能面面俱到。整本书的阅读设计需要教师"走进去，站出来"，通过教师的引领，使得学生把书读薄，但要抓住书筋，拎得起整本书来。

在《四世同堂》的教学设计时，我本着"抓大放小"的原则，抓住三个主要人物，他们代表着不同的北平人，代表着不同的文化符号。在梳理这三个人物时我抓住他们的人生中的几个重要节点，让学生能够通过他们了解和反思文化现象。

在设计整本书教学活动时，我们往往希望它能突破课堂教学的基本模式，可以生动活泼起来。并希望通过多样的教学活动提升学生的阅读兴趣，取得更好的阅读效果。这个出发点是好的，但切不可冲淡了教学目的，弱化了学生思维。

立足作品，文本分析、问题探究的教学活动还应该是主体活动。通过表格、思维导图、文段写作等活动，让学生完成自己对文本的探究。在讨论环节时，教师不要急于给出标准答案，要从讲自己对书本的理解变为评价学生发言的信息点，点拨启发学生进一步思考，鼓励学生畅所欲言，让学生的观点在讨论中碰撞，完善。比如对钱默吟这一人物，有的学生觉得他是先知者，但也有学生觉得他的身上老北平人的文化元素很少，更像是一个中国人。有人觉得钱默吟这个人物，老舍先生塑造得出色，也有人认为这个人物脸谱化，没有白巡长、四爷显得真实。在这一环节中，教师的作用是"串场"，即总结上一个学生的发言要点，提出思考方向，引导学生畅所欲言。

语文课程是一门学习祖国语言文字运用的综合性、实践性课程。工具性与人文性的统一，是语文课程的基本特点。但在落实教学中，我们常常把工具性或是应试竞争放在首位，以此衡量教学内容的选择，影响教学活动的持续性。作为整本书阅读，无论是从应试目的还是从工具性的显性意义看，它都不是很明显。因而一些行之有效，赋予激励意义的活动形式往往不能坚持长久，甚至因为教学进度的需要，到了学期末，整本书阅读草草收场，不了了之。

我觉得整本书阅读意义，在于学生能在其中享受读书的乐趣，从作品中汲取营养，丰富自己的精神世界，逐步形成正确的人生观、世界观、价值观；能形成适合自己的读书方法，养成良好的阅读习惯；促进学生对中华传统文化的深入学习和思考。

《四世同堂》的人物分析课上，我们讨论钱默吟时，学生联系《论语》中关于"仁"来对他进行解读；在剖析冠晓荷身上投射出的文化糟粕时，学生能联想到自己身边的示例进行分析；在感受祁瑞宣的忠孝难两全的苦痛时，学生感到一个生命个体裹挟在时代洪流中的无奈和艰辛。在介绍老舍先生的生平及作品后，班上有同学开始写起自己的小说，也运用《猫城记》的写法，曲笔写当下年轻人中的一些现象。

对整本书阅读我还有些困惑，例如《四世同堂》这本书从文化特征来讲，它具有鲜明的北京特色，适合学生阅读，但从人物塑造来讲，它的人物有平面化、脸谱化的特点，又是初中阅读篇目中的重点书目，是否还需要放在高中再读一遍呢？又如《红楼梦》这样的鸿篇巨制，它人物众多，包罗万象，我们在落实阅读指导时应该把重点放在哪一方面呢？我想在今后的教学中，还需要进一步实践、总结、再实践。

案例3

《欧也妮·葛朗台》整本书阅读

崔伟平

教学内容的选定

巴尔扎克的《欧也妮·葛朗台》是一面折射19世纪法国社会的镜子。老箍桶匠葛朗台有胆识，有魄力，也有着敏锐的商业眼光。从40岁时的区区2000法郎发展到82岁时拥有1700万法郎的财产，这样一个箍桶匠，在短短四十年间，创造了如此巨大的财富，让我们惊叹，甚至让我们羡慕。他抓住大革命的时机，用"一块面包"的价格，成功地挖到自己人生的第一桶金。他善于审时度势，让权力为自己服务，又不恋栈权力。他有着敏感的商业嗅觉和果断的行动力，在码头人们的闲聊中，获悉南特有大宗船舶生意，金价上涨了两倍，便能够连夜带着自己的金子赶去抛售，从而获利匪浅。他的投机事业从未失败；他精力充沛，勤劳能干，几乎整夜地在自己的密室中盘算着；他善于反思，工于心计，能从唯一的一次失败中汲取教训，并运用到自己的商业当中。他的商业王国是庞大的，葡萄园、草场、修道院、期货、公债、国库券，无论是传统的农业，还是新兴的金融，他都玩得风生水起。

从这些方面来看，葛朗台无疑是一个商业奇才，是很值得我们推崇和艳羡的。

然而，他所有的才华能力，全都为金钱而绽放，却没有为家人带来幸福，为他人带来福祉；他的喜怒哀乐忧憎惧，全都被金钱所牵系着，却吝啬于给自己的至亲骨肉、手足兄弟。

当他得知自己的亲兄弟纪尧姆·葛朗台去世时，他没有悲伤，只感到麻烦，为弟弟破产带来的影响而烦恼；对于失去父亲的侄子，他没有同情，只觉得累赘，想尽快将他给弄到印度去。更令人惊骇的是，当他要跟夏尔宣布他父亲的死讯时，他并没有觉得心存不忍，反而是因为要宣布他父亲的破产而难以启齿。

当夏尔失声痛哭时，他的一句"这个年轻人，真没出息，把死人看得比钱还重",更让我们冷战连连,这是怎样的一种冷酷呀!对金钱的过度渴望和执着,让他丧失了人之为人的恻隐之心。

他能够在克罗旭告知自己兄弟的死讯时,波澜不惊,毫无哀戚,甚至连伪装的悲伤都没有,因为他认为这是理所当然的,善恶之心在他的身上丝毫不见。更令人惊骇的是,他能够在登载着弟弟死讯的报纸上计算公债的收益,关心钱财甚于关心手足。他甚至因为能够在兄弟破产事件中,施展手段,将巴黎人耍弄的团团转而兴奋不已。

读至此处,我们不禁深深地感叹,他已经彻彻底底地变成了金钱的奴隶,毫无人性可言,如锋利的机器,收割着钱财,冷血而无情。算计别人,施展手段将别人的钱弄到手,已成了他的本能,驱使着葛朗台在任何能够施展自己"才华"的地方跃跃欲试,他跟《摩登时代》里那个见了螺丝便要拧的人又有何区别呢?

对待别人,他是冷酷无情的。对待自己的女儿——独生女儿,又是怎样的呢?老来得子应是十分疼爱的,这是人之常情。然而,葛朗台又一次打破了我们的认知。他对女儿的爱是有条件的,当女儿将自己的私蓄——六千法郎送给夏尔后,他恶毒地咒骂女儿为"该死的毒蛇",甚至诅咒女儿及夏尔,诅咒她的孩子,身为父亲的慈悲荡然无存。

他冷血地惩罚自己的女儿。重病妻子的苦苦哀求、流淌的眼泪、每况愈下的病情都不能打动他半分,冷硬得如石头一般,因为金钱是他"最心疼的东西"。

甚至在弥留之际,他考虑的也不是失去双亲、无依无靠的女儿的命运和前途,他给予女儿的不是祝福,而是"将一切保管得好好的,到那边去跟我交账"的冷血叮嘱。

至此,我们可以看到,葛朗台的人生格言:"要幸福就得有钱,没有钱,就什么都完了""生活就是一种买卖",被他践行得极为彻底。这是怎样一个可怜又可恨的人哪!这样的人又如何可以称之为人呢?

可以说,巴尔扎克是怀着复杂的情感来刻画这个人物的,不能简简单单地用吝啬鬼来定性这一人物。至于文中的其他人物,巴尔扎克又是怎样刻画与定性的呢?

夏尔可以说是变化着的葛朗台,甚至是比葛朗台更葛朗台的一个人物。他没有恻隐之心、善恶之心、恭敬之心和是非之心,他变成了一个没有是非曲直,为了牟利不择手段,甚至心狠手辣的人物。他贩卖人口,他放高利贷,他走私漏税,他肆意鬼混,他六亲不认,完完全全地抛弃了做人的底线。

曾经的善良、天真完全远离了他,巴黎社会那一套"生存法则"在他的身上贯彻执行得十分彻底。为了虚假繁荣的风光,为了巴黎上流社会的地位,为了冷冰冰的黄金，他彻底地泯灭了人性，泯灭了情感，被欲望所支配。

在他的眼中，爱情不过是婚姻中的幻影，婚姻也不过是利益的交换，他背弃爱情，违背了誓言，却宣称自己愿意将幸福交给欧也妮，再一次利用了欧也妮的宽容和纯善。

他将金钱看作一切，却又以己度人，觉得可以用金钱来了结爱情，"天杀的，非得用点手段不可"，并附上了八千法郎的支票。

他不再将原来看重的欧也妮的纯真和质朴、欧也妮的温情和善良、欧也妮的爱和暖放在心上。原来的他只是一个浪荡公子，现在却变成了彻头彻尾的浑蛋，为了地位和金钱奉上自己的幸福，泯灭了自己的人性。

德蓬风庭长呢？作为欧也妮家中的常客，他能够更多地接触到欧也妮，便也能够更多地体认到欧也妮的纯真和善良、圣洁和美好。可是吸引他追求欧也妮的却并不是这些，而是欧也妮背后巨大的财富。当欧也妮因为失恋而选择嫁给他，并让他承诺一生都不会向自己提出婚姻给予的权利时，他跪在了欧也妮的身前，激动得浑身颤抖，并声称愿意永远做她的奴仆。这一刻，他完全抛弃了做人的尊严，匍匐在了金钱脚下。

然而，更为可怕的是索漠地区的人对葛朗台、德蓬风这些人物的崇敬，他们崇敬葛朗台的精明能干，更崇敬葛朗台的巨额财富。财富为葛朗台镀上了一层金，让他的一言一行成了金科玉律般，尽管几乎每一个人都在葛朗台的钢铁利爪下受过伤害，但是人们依然崇敬他。而这憧憬背后，指向的正是金钱。

偏远的索漠如此，而贵族云集的巴黎社会又是怎样的呢？善良与愚蠢是挂钩的，权势、财富与人品是等价的，所谓的朋友是要衡量一下他是否还有权有钱有势，才能决定是要"捧他"，还是要把他"扔进垃圾堆里"。

由此，我们可以看到，整个法国社会无论是偏远的外省，还是政治中心的巴黎，无论是普通民众还是上流贵族，从上至下，人们奉行的价值尺度都是一致的，那就是金钱才是衡量一个人是否有价值的唯一标准，金钱便是一切，金钱是信仰、是美德、是幸福。人是社会性的产物，在这样一个社会中，人不可避免地、或多或少地受到浸染，变得世俗，甚至失去自我。这不是一个人呈现着非人的状态，而是整个社会都呈现着非人的状态，他们舍弃道德、舍弃信仰、舍弃情感，只为追逐地位、名利，他们利欲熏心、是非不分，只为在金钱至上的社会里获得现世的快乐和满足。这不是一个人的悲哀，而是整个社会的悲哀。

在这样的社会中，谁能成为幸免者呢？谁能脱离非人的状态而存在呢？欧也妮吗？

要知道，人之为人，除了美好的情感之外，更重要的是独立的意识和思考。

帕斯卡尔说，人是一根会思考的芦苇。人全部的尊严就是思考。而在葛朗台太太身上，我们却完全看不到这一点，她没有追求、没有自我，更谈不上反抗和斗争，只是浑浑噩噩地生活，将全部的希望寄托于宗教、寄托于来世，不仅自己毫无尊严地活着，也给女儿带来了痛苦和不幸，因为女儿从她身上获取不到任何勇气和力量，获取不到对自我尊严的认知。

欧也妮呢？爱情让她觉醒，甚至让她产生了反抗，让她对父亲有了另外的认识，觉察到父亲的冷酷和无情。但是她并没有意识到自己作为女性，甚至作为人的独立，并没有思考父亲和家庭带给她的桎梏，而是继续着父亲从前的生活方式。特别是在夏尔背叛了他们的爱情之后，她完全皈依了宗教，善良而又孤独地走过了一生。这样一个"天生是一个贤妻良母，却没有丈夫，没有子女，没有家庭"，这样的一生又怎能成为完整的人的一生呢？

而更令人悲痛的是，她身上最美好的东西，便是她作为一个人的纯真、质朴、善良和圣洁，但是却没有人因为这些爱她。她的至亲之人，无论是父亲、丈夫还是爱人，都没有将她作为一个人来看待，而是把她作为工具、作为符号，因为他们自己本身便失去了人的正常情感、人性中的美好，他们只会将自己黄金般冷冰冰的眼光投注到她的身上。

她的父亲没有纯粹地将她作为女儿来看待，而是将她作为唯一的继承人来培养，将她作为自己在尘世的财产保管者，将她作为自己笼络克罗旭及德格拉桑一家的诱饵；德蓬风庭长将其作为联姻以猎取财富的符号；甚至夏尔也只把他作为借给自己六千法郎的债权人，是自己重返巴黎社会的跳板。

在这些人的眼中，欧也妮是被物化、符号化的。在这个非人的世界中，在这个异化的世界中，为数不多的人没有获得为人的快乐与幸福，却被当成非人来看待，这是多么讽刺和可悲的一件事。

所以巴尔扎克在小说中这样说道"这是一场没有毒药、没有尖刀、没有流血的平凡的悲剧"。因为平凡，就不为人所察觉；因为平凡，就会被视作理所当然。这样的平凡是值得我们警惕和反思，是值得我们重新审视和打量的，它为我们提供一面映照自身、映照现实的世界，让我们去思考人之为人的原因和价值所在，引导我们去评判和解读对自身和对他人的认识。

教学过程的规划

第一阶段：感悟式阅读

1. 通读整本书，精读和略读相结合，形成读书札记。精读《资产者的面貌》《外省的爱情》《吝啬鬼的许愿和情人的起誓》《家庭的苦难》，要求学生梳理章节内容，做情节概括，赏析章节中精彩之处并做点评，然后在课堂上相互交流，来加深和补充对文本细节的关注，形成对本书的初步认识。同时，不定期展示优秀点评范例以及札记，以此来激励学生投入阅读中。

2. 阅读每个章节时，以问题来引领学生细读文本，关注巴尔扎克对人物的刻画，对社会现实的反映，并在课堂上进行讨论交流。问题出自学生的疑惑，也出自老师在阅读学生读书札记时所发现的闪光点。

3. 选取小说中自己认为精彩的片段进行朗读，并做小组分享。每一小组推举1人，代表小组参赛，最终确定出最佳朗诵者。在朗读的过程中，需要揣度人物的语气、情感，有利于学生进一步认识人物。同时，形式多样的阅读方式，也会让学生更有兴趣参与其中。

第二阶段：专题式阅读

整本书阅读完成之后，在感悟式阅读的基础上，要进行整合和梳理，要求学生撰写作品评介，立足全局、从不同角度、不同层面鉴赏作品，形成自己的认识，形成专题式阅读。

这些作品评介可以是对文中人物的分析，可以是对作者写作手法的探讨，可以是对作品主题的发问，可以是对现实生活的反思，可以是对价值观念的认知。

在这一过程，引导学生从自己感兴趣、能驾驭的层面和角度来撰写作品评介，教师针对学生作品中的问题，提出进一步研究的建议，让学生在修改中继续深化自己的认识和理解。选取其中优秀的作品，进行全班的分享、点评、交流。

例如：

专题一：什么是成功

专题二：我眼中的法国社会

专题三：细节大师——巴尔扎克

专题四：葛朗台其人、欧也妮的幸与不幸

第三阶段：深度化阅读　课堂研讨——那一个非人的世界

针对专题阅读中，学生们在撰写作品评介时所出现的普遍性的认知难点进行梳理，形成课堂教学的内容，设定教学目标，利用师生的共同探讨交流，来彼此启发，形成对小说的更深刻的认识和感悟，读出深意和内涵，读出个性和智慧。

那一个非人的世界

——《欧也妮·葛朗台》整本书阅读

教学目标：

1. 能够理解并分析巴尔扎克对小说中人的非人化的深刻揭示。

2. 能够理解我们今天探讨人的非人化这一主题的价值和意义。

教学重难点：能够理解并分析巴尔扎克对小说中人的非人化的深刻揭示。

教学时数：1课时

教学过程：

导入

环节一：回顾作业，评价适当与否

作业呈现：请你为葛朗台写一则碑文，可以是一句话，一副对联或者一首小诗。

一生追求金钱，却忘记了本该爱的人和事。

沉睡在这里的，是一位生与死都没有什么区别的贪婪无情之人。

爱情、亲情、友情，情为何物？埃居、法郎、金币，钱乃一切。

心灵被金子吞噬的人

一个一生为钱所奴役的人。

穷尽一生攒万贯家财，断绝亲情留无边苦难。

请同学们思考：这样评价葛朗台，合适吗？请结合文本说说你的理由。

环节二：在《欧也妮葛朗台》这本小说中，是不是只有葛朗台一个人呈现着非人的状态？

环节三：巴尔扎克所描绘的这个世界，没有给人希望，反而给人一种窒息的感觉，那么，今天我们阅读《欧也妮·葛朗台》的价值和意义又何在呢？

教学重难点的突破

课堂实录片段

师：在《欧也妮葛朗台》这本小说中，是不是只有葛朗台一个人呈现着非人的状态？

生：巴尔扎克是一位批判现实主义作家，它所描写的每个人物的性格都为了反映当时社会状态的。在文中第9页，葛朗台作为索漠标志性的人物，是索漠城人的骄傲。一个社会崇拜什么样的人，这个社会就是一个什么样的社会。比如说，明代崇拜朱熹，斯巴达的尚武，都是如此。所以，既然他们喜欢葛朗台这种被利益驱使成非人状态的人，整个社会大多数人也是非人的。像科罗旭神父、德·格拉桑太太这些人，表面高尚，实际上自私自利，他们都是整个社会典型代表。实际上整个索漠城包括整个巴黎，大多数人都处于一种非人的状态。

师：虽身份不同，但同为典型人物。你强调整个社会都这样，那整个社会的价值评判标准是什么？

生：金钱至上。

师：对，以金钱来衡量一个人的一切，而罔顾了人的价值，人的品行、良善都是不值一提的，这是怎样可悲的一个世界呀！其他同学还有补充吗？

生：文中第174页有对德蓬风庭长的一个细节描写——庭长跪在葛朗台小姐脚下悲喜交集，浑身抖得不行，我永远是您的奴仆。德蓬风表面上是跪在了葛朗台小姐的脚下，其实是跪在了小姐背后的金钱脚下。为了这笔财富，他的表现极其滑稽可笑，愿意成为金钱的奴仆，甚至不惜丢失尊严，所以他也呈现着非人状态。

师：为了财富，可以丧失人的尊严，又怎可称之为人呢？还有不同见解吗？

生：欧也妮其实呈现非人状态，并非她没情感，而是太善良，少独立，一生被父亲的思想禁锢。如果说我是欧也妮，父亲死后，我可能就会按照自己的方式去生活，而不会按照以前父亲给我指定的那种生活状态。但文中第179页说道，"尽管有80万法郎的年收入，欧也妮的生活和过去没什么两样，她的卧室一定要到从前她父亲允许生火的日子才生火，灭火也按照青年时代的规矩，她衣着也总和过去的她母亲一样"，所以我认为欧也妮已经被她父亲的思想给禁锢住了，她完全没有感觉到自己想要去干什么。

师：这一观点非常有价值。起初，我们认为一个人呈现出一种非人的状态，是因为他被金钱所奴役，失去了情感。但是这位同学认为欧也妮也呈现非人状态，因为一个人之所以称为人，不仅仅在于情感，更在于思想，在于独立的意志。因为人是会思考的芦苇，思想是一个人全部的尊严。而欧也妮却在她父亲的培养之下，继承了父亲吝啬的作风，一板一眼的呈现，而不去思考改变，也呈现着一种无意识的非人状态。

生：我对非人的定义是一个人做的事情已经超出了做人的底线。比如夏尔，书中161页，说夏尔在西印度群岛发了财，他快速致富的捷径是贩卖人口，无论是黑奴还是儿童、妇女，他都贩卖，为了攫取金钱无所不用其极，已经变成了贪得无厌、道德沦丧的人，越过了做人的底线，也呈现非人状态。

师：我们进一步丰富了对于非人的定义，当一个人失去了做人底线而肆意妄为，怎能称得上人呢？还有补充？

生：首先我觉得所谓非人，其实在小说里，对内体现的是自己内心精神世界的匮乏，对外体现出缺乏对其他周围人的真实感知。德蓬风庭长完全明白欧也妮是由于失恋才嫁给他，但是却毫不在意，而是连忙按欧也妮的吩咐去办事。这难道是一个正常人的思维吗？正常的人，当自己心爱的人是因为失恋才嫁给你，内心应该是凄凉的。可见，德蓬风庭长对于欧也妮和自己的感知都是缺乏，只在乎身外之物。

师：很好，当一个人失去了对自己内心情感、思想精神关照的能力时，也可以说就失去了成为一个人的资格。

师：同学们各抒己见，相互补充，非常精彩。从索漠小城到巴黎社会，所有人都以金钱为标准衡量人的价值。金钱就是一切，金钱成了美德，金钱把控着他们的命运，控制了他们的喜怒哀乐，让人匍匐在它的脚下失去尊严，甚至无知无觉，失去了对自我的认知，对他人的认知。而欧也妮最有价值的是她的善良，是她的美好，是她的情感，而这些在夏尔、德蓬风甚至葛朗台眼里，通通没有价值，她只是德蓬风庭长联姻以猎取财富的工具，是夏尔重返巴黎社会的跳板，是葛朗台唯一的继承人以及在尘世的财产保管者。他们是非人的，欧也妮也是被物化、被符号化、被工具化的，这是多么令人悲伤的现实。

课堂反思

《欧也妮·葛朗台》的文本较短、故事的可读性较强，人物刻画鲜明，使得学生与文本的接触变得容易。但是这种容易，也会使得学生在阅读过程中，忽视作品的深刻性，更多是读故事，而不读语言、读思想、读主题、读内涵。

这就需要教师在阅读推进的过程中，采取多种策略，来养成学生良好的阅读，引导他们形成适合自己的阅读方法，也引导他们能深入文本，在独立的思考、彼此的交流中去发现和探索，去进行心灵的沟通和思想的碰撞，丰富他们的人生体验，建立正确的价值观。

为此，我做了以下一些尝试：

倡导概括式、点评式阅读。撰写读书札记，让学生梳理故事梗概，可以有效地促进他们语言的建构。因为如何把别人讲述的故事以自己的语言简洁而条理地呈现，需要学生学会整合、梳理文本，有效运用文字。同时，点评式阅读，让学生能够随时抓取自己思维的闪光点，记录与文本的对话，提升学生品位、鉴赏能力，养成不动笔墨不读书的习惯，也养成抓取文章细节，仔细推敲、研读语言的思维习惯，不仅仅停留在对故事的关注，停留在浅表性的阅读中，而是能欣赏语言表达的精彩之处、人物刻画的独到之处，关注作者对当时社会风俗的深刻评价。

倡导问题导向阅读，鼓励批判性思维。问题是学生思维的引擎。阅读过程中，让学生对于小说的每一章节都提出问题，就是想通过问题来激发和培养学生的批判性思维，从而引导学生将阅读走向深度化。因为阅读问题的提出，必须建立在真读，真思考的层面上，必须与文本、与作者展开深入的对话。而问题的解决，也需要经由自己的独立思考、理性判断，去接受和辨别别人观点的可行性和合理性，从而进一步培养批判思维，促进学生审美鉴赏能力的提升和发展。例如，读完了《如此人生》这一章节之后，有的学生就提出了，如果夏尔知道欧也妮如此富有，二者的结局是否会不同？欧也妮是否会获得幸福呢？这一问题激起了学生极大的兴趣，课堂上他们慷慨陈词、各抒己见。他们在彼此的交流中丰富着自己的阅读体验，深化着自己的思考。这个过程中，我窥见了基于问题而引发的学生的阅读热情，窥见了学生的阅读效果，从而能够及时地调整阅读教学的实施，适时地引导学生阅读的深入。

倡导活动式阅读。阅读的形式是多样的，读写不是唯一的方式，让学生能更多的体验和感悟，必须在阅读中设计更多的活动。在《欧也妮·葛朗台》的阅读中，我设计了这样一个活动：让学生选取自己感兴趣的片段，朗读并录音，进行小组分享，选出优胜者，并进行小组间竞赛，最终确定最佳朗读者。同学们选取的各不相同，有欧也妮许婚时与德蓬风庭长对话的场景，有葛朗台抢夺梳妆匣的情景。朗读中，他们很好地拿捏人物的语气和情感，对人物形象的理解进一步加深。而且这种同学间的"竞技"，也大大提升了他们的阅读乐趣。选择什么样的片段会有感染力，如何表现才能更恰当体现人物内心，他们都在用心地揣摩着。

倡导自主性阅读，让学生在充分阅读文本的基础上，选择自己感兴趣，有能力深入的思考点，撰写专题式阅读评介。在这个过程中，对于语文素养较好的同学，可以完全放手，让他们自己去选题，对于语文素养较弱的同学，可以提供一些角度来引导他们。但无论采取哪种策略，都是要建立在学生自主阅读的基础上，引导他们立足全局，上下勾连，在充分占有细节的前提下，做出自己的独立判断，并形成有理有据的分析。在这一过程中，教师并不是完全放手不管，而是既促进学生的多元解读，也能引导、拓宽学生的思路。比如有的同学撰写《我眼中的拿侬》时，我建议他再去读一读鲁迅先生的《聪明人和傻子和奴才》一文，来理解葛朗台"可怜的拿侬"这句叹息的残酷以及拿侬的善良，来理解表面上的同情与精神上的麻醉给拿侬带上的情感枷锁和链条。在这种以学生自主、教师引导的阅读中，学生从多个角度、多个层面对文本进行了赏析，涉及作品主题、思想内涵、语言技巧、表现手法、人物形象等，可谓是精彩纷呈。

倡导意义式阅读。教学的最高目的在于培养人，人的生成、成长和发展是教学的真正落脚点。语文教学特别是名著阅读教学更是如此，更强调学生在精神上的成长，在品格上的提升。而《欧也妮·葛朗台》这本小说，巴尔扎克对于现实世界的深刻揭露，对于人性的深刻探讨，为学生的成长提供了可供探讨的素材，有利于引导学生借此审视现实和自身，形成正确的价值观。为此，我确定了一个主题——那个非人的世界，来探讨人之所以为人，在于他性格的健全，在于他思想的独立，在于他能物物而不物于物，在于他能欣赏人本身的真善美，而不是看中附着在他人身上的利与益。唯有如此，人才能成为人，人才能被看成人，才不会成为葛朗台那样的只追逐利益不顾及亲情的非人，才不会出现欧也妮那样被人当作非人来追求的悲剧命运。课堂上，师生之间、生生之间展开了有效的互动和对话，在问题的引导下，学生的思考渐渐深入，灵魂被唤醒，他们带着反思去审视现实和自身，对于司空见惯的现象进行质疑和思考，名著阅读的意义和价值得以体现。

当然，在实施的过程中，还是有些遗憾和不足的，囿于时间限制和教师自身能力，在一些方面并没有充分地展开，比如活动式阅读中，本来让学生排演的8-10分钟的话剧没有完成；在问题式引导中，没有让学生就"成功"这一话题展开辩论，失去了引发学生对人生意义的深入的探讨一个良机；而预设的用思维导图来梳理人物形象的方式，也没有展开。这些遗憾和不足，希望在以后的名著阅读教学中，不断地加以改进，探讨更多更有效的阅读方式和活动，让阅读成为一种习惯，让阅读成为滋养学生生命的源泉。

案例4

诗歌里的宝玉

张宏平

教学内容的选定

《红楼梦》里有一个诗歌的世界，小说中的诗词曲赋200多首，暗含隐喻和象征。书里与贾宝玉有关的诗歌三十多首，或者是写他的性格或命运，或者是借他的口吻写他的生活和精神世界。借助这些诗歌来看宝玉，是解读宝玉前世今生的一把把钥匙，也是读懂宝玉的一扇扇窗口。正如脂砚斋评："通部情案，皆必从石兄挂号。"鲁迅认为："悲哀之雾，遍被华林，然呼吸而领会之者，独宝玉而已。"

学生在阅读这些诗歌内容时，或者不细读，或者选择直接跳过，需要教师引导学生做这方面的集中学习。

红学学者蔡义江认为，《红楼梦》里的诗词曲赋的意义在于：使得《红楼梦》"文备众体"；借题发挥，伤时骂世，像《姽婳词》；小说的有机组成部分，十二钗曲子和判词，第二十二回的灯谜词，更是如此；时代文化精神生活的反映，写出当时流行的社会生活；谶语式的表现方式，对后半部佚稿的情节发展非常重要；按头制帽，诗即其人，根据人物的思想性格文化素养摹拟得逼真成功，续写部分难以鱼目混珠。从书里一首首或评宝玉或宝玉写的诗歌里，我们能够看到传统文化无处不在的身影，它的价值尺度的规范作用，同时我们看到神话传说的想象之美。它们或调侃，或端正，或理性，或感性，对小说人物塑造和情节发展有很大的推动作用。

教学目标的设定

通过选择性再读、玩味、探讨书里与贾宝玉有关的诗歌等活动，增进对贾宝玉的精神和人格的了解和认识。贾宝玉是曹雪芹着力塑造的艺术形象，其貌、才、情都与众不同。其貌"神采飘逸"；其才"聪明乖觉，百个不及他一个"，题咏大观园，几步成诵；其情执着专一，对姐妹丫鬟也满怀怜惜尊重，见月叹息，对鸟伤情，对青春的飞逝极度敏感。他是众女子命运的预知者和见证人，面对千红一哭、万艳同悲的局面，他无奈而迷惘痛苦。通过探讨书里与贾宝玉有关的诗歌的课堂活动，强化对贾宝玉悲剧性命运的理解和把握。

教学过程的规划

《红楼梦》的阅读节奏，依着一天读两回的速度进行，全书一百二十回，用六十天时间读完。每天给每回写一百字内容概括，一天两回，二百字左右；第二天做十分钟课堂交流。每个周末写五百字左右的心得感悟，下周一做二十分钟的课堂集中交流。学生的课堂交流，主要集中于宝玉、黛玉、宝钗、王熙凤、史湘云等主要人物。宝黛的爱情悲剧，宝玉与大观园里众女子的悲欢离合，是作品的主线和主要内容，也是学生阅读的关注核心，小说情节交流集中于此。

读《红楼梦》期间，进行一次公开课教学，从诗歌的角度理解宝玉。公开课教学时间，课上两课时，课下一课时。学生第一课时借助《红楼梦诗词曲赋鉴赏》（蔡义江，中华书局）、《红楼梦诗词鉴赏》（王士超，北京出版社出版集团）、《红楼梦大辞典》（冯其庸等，文化艺术出版社）、《红楼梦诗词鉴赏辞典》（何士明，上海辞书出版社）等资料和网上资源，分组探究诗歌里的宝玉形象，明白宝玉的性格和人格构成，清楚他与周围各种人物的关系，进而感悟宝玉悲剧性命运的必然。教师给学生提供相关章回目录。第二课时进行班级内交流，各个学习小组学生分别上讲台，借助PPT展示组内交流成果。课下一课时是用自习时间或家庭作业时间完成，话题是"写一首诗给宝玉"。

教学重难点的突破

课堂实录

师：脂砚斋在评《红楼梦》时候说"通部情案，皆从石兄挂号"，鲁迅也说"悲凉之雾，遍被华林，然呼吸而领会之者，独宝玉而已"。所以我们今天就聚焦宝玉和与宝玉有关的诗歌，通过这些诗歌我们再深深品味《红楼梦》这部巨作，它巨大的悲剧力量。

生1：我来讲讲《西江月·嘲贾宝玉二首》，其一是"无故寻愁觅恨，有时似傻如狂；纵然生得好皮囊，腹内原来草莽。潦倒不通世务，愚顽怕读文章；行为偏僻性乖张，那管世人诽谤！"其二是"富贵不知乐业，贫穷难耐凄凉；可怜辜负好时光，于国于家无望。天下无能第一，古今不肖无双；寄言纨绔与膏粱，莫效此儿形状！"这两首诗从封建传统思想的角度来看待贾宝玉，将他的性格爱好品德，批判得一无是处。这正好说明了宝玉的人生是逆封建思想而进的，诗里的具体写照，正是他深情而多智的外在体现。宝玉为女儿命运而悲叹，为花柳凋残而落泪，在外人看来似傻如狂，却体现出他饱满的诗情和对人间事物的悲悯与热爱。

生2：《飞鸟各投林》："为官的家业凋零，富贵的金银散尽。有恩的死里逃生，无情的分明报应。欠命的命已还，欠泪的泪已尽；冤冤相报自非轻，分离聚合皆前定。欲知命短问前生，佬来富贵也真侥幸。看破的遁入空门，痴迷的枉送了性命。好一似食尽鸟投林，落了片白茫茫大地真干净！"宝玉是贾府兴衰的经历者，亦是树倒猢狲散的见证者，也是人情冷暖的参与者。这首词不仅概括了红楼梦中各人的结局，也照应了宝玉曾偶然间参悟的一句戏文："没缘法，转眼分离乍。赤条条，来去无牵挂。"宝玉游太虚幻境，来到人间，本一块无瑕宝玉，历经人间愁苦悲凉，最终看破红尘超然忘我遁入空门，回归本我，令人唏嘘。

生3：《嘲顽石诗》："女娲炼石已荒唐，又向荒唐演大荒。失去幽灵真境界，幻来亲就臭皮囊。好知运败金无彩，堪叹时乖玉不光。白骨如山忘姓氏，无非公子与红妆。"本是女娲补天丢弃不用的一块石头，被茫茫大士渺渺真人携入人世变成通灵宝玉，这是作者凭空虚拟的带有神秘色彩的故事，所以说它荒唐而又荒唐。石头它由自由自在的神物变成了一个被人百口诽谤的臭皮囊，表面上是对贾宝玉的思想性格的否定，实际上是对他的叛逆性格的褒扬。"好知运败金无彩，堪叹时乖玉不光"是暗示宝钗、宝玉夫妇命运，由生活的顶峰，跌入贫困凄凉的底层。最后的"白骨如山忘姓氏，无非公子与红妆"，那些享尽荣华富贵的公子小姐，最终也会变成不知姓名的一堆白骨，一切荣华富贵，都如过眼云烟，转瞬即逝，最终全告毁灭。

生3：再一首《叹通灵玉》："天不拘兮地不羁，心头无喜亦无悲。只因锻炼通灵后，便向人间惹是非。粉渍脂痕污宝光，房栊日夜困鸳鸯。沉酣一梦终须醒，冤债偿清好散场。"此二首为癞头和尚所吟，前一首说宝玉通灵人间的经历，后一首叹他今日的遭遇。作者借癞和尚之口说宝玉为声色所迷，表达对宝玉生活中"房栊日夜困鸳鸯"一面的否定。但这并非让宝玉泯灭自己的真情。宝玉确实在体验现实生活的过程中逐渐地醒来，冲破了所谓沉酣一梦，但值得注意的是，他的醒悟并非最后成了一个所谓改逆从善的正人君子。恰恰相反，他与劝说他成为正人君子的薛宝钗之辈分手，去走自己的路。

师：这几首诗，应该可以说是一组诗，它都是写宝玉的，和后面那些组选的宝玉"写"的诗不一样。这一类又分为两小类，一类是那一僧一道，借他们的口吻写的。这些诗依照贾宝玉在这部小说当中的角色发展吟出，使整部小说有了一种魔幻色彩。小说里面有这么两句话："假作真时真亦假，无为有处有还无。"这两句是整部小说的一个总目，应该是小说思想的、灵魂的总目。一僧一道这两个人，关键时候就出来了，他们是暗在的一个特别深的关键性人物，他们出来以后就是疯疯癫癫地唱着歌。他们对这个世界，对人生的有无、真假，他们有个表述。还有主要是对宝玉他的前生今世，来龙去脉，借他们的口吻也有一个交代。所以一僧一道在小说当中的这个作用，我觉得刚才这组同学没讲出来。

师：我们再说这个诗，诗是一个载体。《西江月》两首，是林黛玉进贾府的时候对宝玉的一个品评，外人的一个品评。我们读那两首诗的时候，同学们感觉到好像是贬低他，其实是似贬实褒。这个怎么理解呢？这首诗里面，所谓的贬是当时的一个世俗的标准，功名、利禄……从这个角度来看，宝玉他不是这样一类人，不是没有追求，而是当时从作家或者从宝玉他的人格角度来说，他是超脱世俗的。他内心是一种对自由的、任性的追求，而这个是当时的世俗不容的。作家内心对这种性情是赞许的，所以这里就有一个世俗的标准，和作家赋予宝玉的标准的冲突和矛盾，而作家是赞许后者的，所以我们读出了一种似贬实褒的体味。大致从这种诗歌的本质来说，它对书的作用是这样的。

生4：我们组是二十三回的《四时即事诗》和二十八回的《女儿酒令》。我来讲《女儿酒令》。《女儿酒令》是在冯紫英家，酒席上行的令。宝玉所想的行酒令比较文雅一点，借酒令写对女儿眼前生活景象的反映，而悲和愁是与后来的情节发展有关，是含有深意的。如首句"青春已大守空闺"，是对后来宝玉出家、宝钗守寡的预言。这句"悔教夫婿，觅封侯"看似随便借用了大家熟悉的唐诗，其实是非常确切地暗示宝玉、薛宝钗人生的困苦。以仕途经济那一套来讽刺宝玉的人，终致宝玉与之决裂。这首诗从女儿悲愁写起，以暗示将来结局。

生5：我给大家讲一下《四时即事诗》。贾宝玉和姐妹们生活在大观园，当时他的生活还是比较平静的，展现在他面前，其实更多的是女孩子们的美好。他每日只和姊妹在后面读书写诗。这四首诗每一首都对应了他的一个丫鬟，《春夜即事》对应的是袭人，"枕上轻寒窗外雨，眼前春色梦中人"突出了乍暖还寒的春季。宝玉用陆游的诗句"花气袭人知骤暖，鹊声穿树喜新情"稍作改动，就给珍珠改名叫袭人，暗含了"嫩寒锁梦因春冷，放气袭人使留香"的意思，袭人最后因此得名。这首诗本来应该写的是一种人生的清新，因为窗外雨给梦中人带来的含义，也增加了一份伤感。《夏夜即事》"倦绣佳人幽梦长，金笼鹦鹉唤茶汤。窗明麝月开宫镜，室霭檀云品御香。琥珀杯倾荷露滑，玻璃槛纳柳风凉。水亭处处齐纨动，帘卷朱楼罢晚妆"对应的是麝月、鹦鹉、琥珀、玻璃。酷夏的炎热令婢女们唤茶汤以消暑，就如宝玉所说，女儿是水做的骨肉，把她们合在一起，就会使人觉得清爽宜人。《冬夜即事》，我看网上说对应的是晴雯，但我觉得对应的是妙玉，因为"却喜侍儿知试茗，扫将新雪及时烹"与上文"翠袖诗怀冷衔"接成一道清雅风景线，这和后来海棠诗社琉璃世界白雪红梅的风景画相映衬，而构成这幅美丽风格的主色调，不是才子佳人，类于以水雪烹茶的妙玉。

师：有自己的思考。我们先回到他们这个酒令的诗，贾宝玉在小说中的形象，有时候是富贵闲人的形象。通过冯紫英家里的酒行，把贾宝玉和其他公子哥放在一块；而通过贾宝玉他唱的酒儿令我们可以看出他是非常有才情的，再一个他的内心世界相对其他公子哥来说还是很纯洁的。《红楼梦》这部小说很多地方用对比，这就是其中一个例子。所以这些诗对于塑造人物是有非常大的作用。前面一个是酒令，后面一个是歌。小说当中很多诗都带有谶语的性质，这两首其实就带着这样的意味。刚才这组同学借图片分析女儿令里的"守空闺"是对后来宝钗命运的谶语，像"悲"和"愁"其实也是在暗示宝钗后来的命运。

生6："展不开的眉头，捱不明的更漏呀，恰便似遮不住的青山隐隐，流不断的绿水悠悠"这些其实是写黛玉的结局，悲悯的结局。我看网上这样分析，我也很认同。我还看资料说，高鹗的续作和曹雪芹的伏笔不一样，应该是抄家之后，宝玉在一个寺院里面停了一年，黛玉在这中间去世了，那么在这里对宝玉的未来的生活情景是有一个暗示，就通过这个歌，对全书情节的发展对人物塑造的作用也是非常明显的。

师：你特别会读书，分析得有道理，不仅是在读，还有研究啊！还有，《四时即事诗》应该说是这部书里面宝玉创作的第一组诗，我们能看到他对几个丫鬟有怎样清丽的描摹和抒情。尽管同学们对第四首有争议，我觉得他还是写晴雯的，第一首写袭人最后一首写晴雯，这几首诗其实是为着身边和他朝夕相伴的这些丫鬟们写的。读这些诗，我们读到宝玉这种日常生活当中温润的性情，像玉一样的性情。这几首诗写了一个青春期的宝玉，他那个美好世界的一个角落，那一方天地。

生7：我讲第三十八回里的《访菊》："闲趁霜晴试一游，酒杯药盏莫淹留。霜前月下谁家种，栏外篱边何处秋。蜡屐远来情得得，冷吟不尽兴悠悠。黄花若解怜诗客，休负今朝拄杖头。"诗歌大意，趁着霜后晴天赶紧室外各处游览，目的是寻觅菊花。菊花你若是懂得我爱你的美意，应该早早出现，才不辜负今天我去寻找你一番。尾联与首联遥相呼应。全诗借主人公访菊时的盎然兴致，印证了宝玉此时悠然自得的心情。贾宝玉得以成日与众姐妹在大观园里嬉笑打闹，这是他生活中最惬意的时刻。因此这首诗也充满了宝玉富贵闲人情趣，蜡鞋远来，兴悠悠而去，更是显出他的轻松。

生8：付一笑写了一首诗，和《咏蟹》，可以读一读吗？

师：还写和诗了，一定要读一读。

生8：《咏蟹和》："不笑酒池落地忙，雨后三分竟执觞。满樽酒贫空相向，螯持对坐海棠芳。解缚高堂应不觉，对酌天宫不思量。金桂向望君心忆，便把旧熟作新黄。"

师：好一个"君心忆"，别有情味在里边。不同于宝黛钗的诗，是有自己的心情在里面……好，我们回到刚才的讨论。刚才一组同学就宝玉和黛玉的两首诗进行比较，互为表里，这个说得很好。小说里还有一些细节不知同学们注意没注意过，只要诗社有活动，宝玉往往是要么写的诗歌被评为最后一个，要么就写不出来交白卷，为什么会这样？诗社活动，诗作限制性很强，一限制宝玉反而就做不好了。我们刚看到不限制的时候，宝玉这时才情非凡，我们看到了才情非凡的宝玉的一面。所以说诗社的诗歌活动是要写宝玉的性格的：他内心是喜欢自由的，他不喜欢束缚。他喜欢自由自在的那种写作。这和他的性格大有关系。

师：因为时间关系，咱们先说到这里，后面再交流。刚才那首诗，开头"天上人间两渺茫，琅玕节过谨提防"，先是用李煜《浪淘沙令·帘外雨潺潺》里的"无限江山，别时容易见时难。流水落花春去也，天上人间"，还有白居易《长恨歌》里的"含情凝睇谢君王，一别音容两渺茫"两句，寓有宝玉与黛玉的生死相别的意思在里面。黛玉号"潇湘妃子"，"琅玕"是什么？竹子，这琅玕是竹子，借"琅玕"来点她。潇湘馆一开始"凤尾森森，龙吟细细"，到后来是"落叶萧萧，寒烟漠漠"，一派荒凉，这也许就是"琅玕节过"的含义。"鸾音信鹤"指黛玉的归宿，读过原稿的脂砚斋说《红楼梦》佚本中也有类似《芙蓉诔》那样的痛笔，"好把嘻嘘答上苍"应该指这个。它是曹雪芹借宝玉的手来写黛玉的。同时写出宝玉爱情专一的美好的人格，宝玉实在是一块瑕不掩瑜的美玉。

教学反思

从与贾宝玉有关的诗歌角度切入，来进行《红楼梦》专题教学，是一种较为大胆的尝试。

这些诗歌，一方面能够更好地塑造人物形象，对人物形象的性格有很好的补充作用，同时对后面小说情节的发展有很强的暗示作用。《诗歌里的宝玉》这节课抓住这一点，将前后的一些重要关节打通，对学生深入理解情节和人物，有很好的帮助。

通过这一节课的教学，也基本上让学生清楚了《红楼梦》里的诗词曲赋的意义，唤起学生对它们的关注。

这节公开课前，学生已将与宝玉有关的诗歌分为六组，学生以学习小组为学习单元，每组挑一组诗歌来做准备，在班级交流课时小组合作完成。但在实际教学中，后两个小组没来得及和班里同学交流。诗歌需要挖掘的空间很大，有的同学给予的发言时间也不充分，学生对《红楼梦》的兴趣很浓，这是出乎意料的。

这节课是以学生阅读《红楼梦》与贾宝玉有关的诗歌作为主要问题设计和推进的，分组讨论的成果的交流和分享，在很大程度上依赖前期的小组共同活动。小组活动的前期指导，自己在一定程度上也做了做，但指导得还不够细。再就是板书，自己为什么将一枚钻石变成了僧帽，也说得有些草率和简单。

自己今后要多读国学方面的书籍，尽力补上欠缺的知识，多和同事们沟通，从他们身上，从书里，汲取更多的教学的智慧。

案例5

《平凡的世界》中的人物群像

王 雪

教学内容的选定

2017年版《普通高中语文课程标准》对于"整本书阅读与研讨"的课程结构和课程内容有了新的要求。课程内容要求"学生通过阅读整本书，拓展阅读视野，建构阅读整本书的经验，形成适合自己的读书方法，提升阅读鉴赏能力，养成良好的阅读习惯，促进学生对中华优秀传统文化、革命文化、社会主义先进文化的深入学习和思考，形成正确的世界观、人生观和价值观"。

整本书阅读目前比较具有操作性的是专题阅读。专题阅读即在某一选定专题下，从一个角度对文本进行深入的挖掘，专题阅读强调纵深性、比较性，所以和以往的名著教学内容相比，专题性的研究角度更加深入。

阅读方法的指导，也是名著阅读的一项重要内容。阅读方法也可以形成专题。设计本教学活动时，阅读已经进展到第三部，学生对书中的主要人物以及人物的主要情节都有了相对比较完整的了解，对人物也有了整体的认识。但现在存在一个问题即学生对于人物的理解还比较单一，缺乏对人物系统的认识，或者缺乏对某一类人的认识。我们在阅读路遥的作品时，我们实际上看到的不仅是一个人的生存命运，而是一个人与时代的关系，甚至是一代人与时代的关系。所以说，在小说中我们似乎看到的并不仅仅是某一个单个的人，而是某一类人，正是单个人构成了当时整个社会巨变当中的群体。

教学目标的确定

人物群像不等同于个人画像，但人物群像离不开人物个像。人物群像必定要有一个主题，《平凡的世界》中人物并不是单一的个体，他们之间的关系就像是数学中的集合一样，人物与人物之间存在不同的交集，因此对人物认识的认识角度不同，就可能有不同的人物群像，群体特征也是不同的。因此，本次教学设计的目的就是希望从学生的视角，以他们现在对人物的理解，对书中的人物进行群像的划分。

教学过程的规划

专题教学要有系统性，在设计《平凡的世界》整本书阅读时我们设计了不同的阅读模块，分别是导读、人物专题、情节专题。在人物专题下，我设计了两个课程，一个《平凡的世界》人物群像，一是为你所喜爱的人物写诗。人物群像教学设计指向提高学生综合分析问题的能力，并在过程中培养学生初步文本研究的能力。"为你写诗"阅读课侧重培养学生的审美能力和创造能力。

教学过程

（一）导入

（二）任务介绍

设计一个你们自己的人物思维导图，可以分小组讨论自定主题和分类标准。要求：主题自定、分类明确、用关键词概括人物群像特征，并且能够选出最具有代表性的人物进行分析。时间15分钟，画在A4纸上，小组上台展示。

（三）小组展示

在小组展示过程中可以有提问。未展示的小组做评委打分。每个小组最后上交一张A4的人物群像思维导图。

（四）教师总结

（五）布置作业

研究性论文：选择某一主题，完成《平凡的世界》人物分析论文，字数要求2000字，可小组结合（至多2人），word版本（作业要求：标题、题目4号宋体加黑，小标题小四号宋体加黑，正文五号，参考文献小五号字体；文件名，姓名学号+论文题目，如"刘嘉玮0201+论《平凡的世界》润叶的悲剧性"）

教学重难点的突破

（一）课堂实录片段

生1：我们小组的分类是时代的变革对人的影响，因为这部书映射出当这个时代变革后，通过人物，有的人被时代影响了，还有的人没有被影响，还有的人被时代淘汰了，落后了时代。你先讲一下紧跟时代的潮流。

生2：这个紧跟时代潮流，我们分了4个人物，像孙少安和田福军本来就是，他们比较认清实事，眼界也比较宽，因为"文革"时期受时代限制没有发展起来，时代变革之后他们很快就改变了。然后讲冯世宽，他是这样的，"文革"时期思想就比较局限，也比较狭隘，后来田福军上台之后，他自己也学习很多，做出了改变，这种改变是很可喜的，后来也是很好的一个官。最后是王满银，我们写他是因为他本来是个逛鬼，后来改革复兴了，经济起来之后，商业很发达，他去下海经商，这个也算是能够抓住商机。这就是我们说的四个人。最具代表性的人物还是孙少安，他就是有想法，有眼界，然后也是有知识，或者有一点文化的人，时代改变之后也是胆大、勤劳，最后使得家境变得好了起来，这是我们学习的楷模。

师：我们说孙少安仅仅抓住了时代的潮流，有经济头脑，而且还吃苦耐劳。不错，另一个同学呢？

生1：我来讲一下被时代淘汰的人，田福堂和孙玉亭，在改革之前这两个人都是村里的村官，当村里人都觉得制度不太好的时候，只有他们在"维护"，而且当变革以后，他们对责任制也是有抵触的，尤其是田福堂。刚开始我记得很清楚，当责任制在村里广泛推广的时候，只有他在家里无所事事的，天天躺在他们家的石磨上，愁眉苦脸。孙玉亭也是，他们两个是思想比较保守的两个典型的代表人物，那么，在时代的潮流中他们就是被淘汰的两个人。我们的另一个同学讲一下没有被影响的。

生3：没有被影响的这部分人呢，主要是指在变革前后都坚持了自己的本心，努力做好自己的人，像孙少平，虽然最开始在"文革"期间没有办法很好的学习，但是在"文革"之后，他去当工人的时候，他仍然坚持学习，包括后面在矿场，自学高中的数理化知识的时候，也就体现了他并没有被时代所改变，依然坚持自己的本心，而像之后的兰花、兰香、润叶、润生，他们在"文革"前后都坚持自己的本心，没有追随"文革"期间不好的风气，所以这就是我们分类的一个标准。

师：好，同学们有问题吗？对于他们小组的分类有疑问吗？觉得有的分得不合适的，有没有，或者说，为什么你觉得他要放在这一类，我觉得完全可以放在别的地方。

生4（提问）：我觉得孙少平应该是紧跟时代潮流的，引申为孙少平曾经比较中国的其他先进国家如德国之间的矿业，他是很关注国家大事，也是很关注自己的行业的，通过这样的比较，他也想为国家的前进付出努力，而且他还考煤矿学校，所以我觉得他是紧跟时代潮流想为祖国做出贡献的。

师：大家觉得他说得有道理吗？

生2：我回答一下，我们这里分类的关键不是时代，而是时代的变革，就是孙少平的话，无论变不变革，他都会关心国家大事，也会尽自己的一份力，他对他的本心是没有变的。所以，我们认为孙少平是没有随着改革变化的。

师：其实这是阐释问题不同的两个角度，那么说。时代变革了到底对每个人有没有影响？其实对每个人都有影响，被时代淘汰是不是也是对他的一种影响，这组同学不错，我们掌声鼓励一下。

（二）学生作品呈现

四个女子和孙少平的命运轨迹

陈佳易

摘　要：读《平凡的世界》，我们读到孙少安，读到孙少平，我们看到他们的励志、努力与成功并为之所感染。同时，我们读到的还有润叶、向前等人轰轰烈烈的爱情，也会为之落泪。我们被故事情节本身所吸引，在情感的大染缸里翻滚着，于是忽略了人物之间潜在的相互影响对故事结果的影响。就拿孙少平来说，在他的生命里，他曾遇到了四位女子，这四位女子在他的生命里扮演了四个完全不同的角色，分别造就了孙少平的过去、当下和未来。

关键词：孙少平；女性；角色

在《平凡的世界》一书中，作者以孙少安、孙少平兄弟二人的经历与成长为主线展开故事，为我们讲述了"文革"末期黄土高原上一个小村庄里的人的爱恨苦痛、奋斗拼搏。虽然故事的真实性难以考证，但是我所喜欢的是在这部书中，作者路遥的笔下，所有的人物都是实实在在的人，他们和我们中的大多数一样，是有血有肉的活生生的人，也是平凡而又普通的人。

而在书中，孙少平的生命中，无数与他擦肩而过的人中，曾经有四个女子。她们在少平的生命中扮演着五个不同的角色。也正是她们的存在，少平才会是我们如今看到的少平，坚强、勇敢、聪慧、独立，这四个女子的存在教会了少平成长。

一、兰香——亲人

除去在文章中鲜少提及的孙少平的母亲和少平的姐姐兰花外，兰香是在少平生命中出现的第一个女性。兰香以妹妹的角色来到少平身边，对于少平来说兰香是妹妹，是亲人，是他要用生命去关爱，去疼爱的人。是兰香的存在让我们的少平明白了守护的含义。而除此之外，兰香作为妹妹，她对于兄长的关心、感激甚至有的一点点崇拜之情也是别的任何感情无法取代的。兰香是家里最小的女孩儿，她所受到的影响与启示也大多来自少平。还记得少平写给兰香的那封信吗？在信中，少平记叙了自己对于妹妹的自豪之情，他想在思想层面对兰香的教导以及他对于妹妹的期待。看，他是站在一个长者的角度在和妹妹交流。在兰香面前，他大抵就是一个长辈吧！

二、郝红梅——初恋

高中时期几乎相同的处境使孙少安对这个"成分不好"的女孩儿逐渐产生了好感，从最开始的相互发现对方都只吃黑面馍，到了后来的发展所谓的"地下恋情"，相互借书，再到最后郝红梅的"移情别恋"与顾养民交往，使得孙少平受伤颇深。在少平的青春里，郝红梅扮演了一个"初恋"的角色，她给了少平懵懵懂懂的美好，给少平最初灰色的世界里添上了一抹淡淡的散发着桃花香气的粉红。少平和郝红梅之间的感情是微妙的，像是一条细细的丝线，似乎风一吹就会断掉。两个人都是初尝爱情的微甜，彼此被动，小心翼翼。虽然这段感情最终以失败而告终，但是，我仍然为她们感到庆幸，至少，他们在最好的年纪遇到彼此，也大概感知了爱情的滋味。而对于少平来说，与郝红梅的邂逅也影响了他的爱情观念与哥哥孙少安的不同。少平，他爱得更自如、更随性、更自由。

三、田晓霞——知己

提到田晓霞，比起说她是少平的恋人，我更喜欢将她定义为少平的知己，因为他们的爱情是基于思想上的相互认同而发展起来的。若不是因此，他们至今都只会是仅有点头之交的陌生人。是对阅读的热爱、对事实的关注以及相同的只属于年轻人悲天悯人和忧国忧民的情怀让他们相互了解，最终走到一起。从《参考消息》到《白帆船》，少平与晓霞的关系已经超越了朋友，甚至凌驾于爱情之上，我称他们为"知己"。在我的认知中，"知己"是对两个人的关系至高无上的评价：你就站在那里，什么也不说，我就能够读懂你的一切。这是两个人精神上的贴近，是任何也不能与之相比的。

晓霞和少平是文章中作者花最大手笔刻画的人物，其中可圈可点之处自然要比其他人物更多一些。晓霞大概是所有人物中对孙少平影响最大的人，如果没有晓霞借书给少平，如果没有她的劝说与坚持，少平大概最终也会成为一个庄稼人。一个心怀着对外面社会好奇的普普通通庄稼人。少平能够"走出来"也多半是晓霞的努力成果。所以，当晓霞意外去世，少平才会那般心碎。晓霞去世，不论是从她个人的结果还是从她与少平的爱情来看都是一个悲剧，但是，从另一个角度看，如果少平和晓霞真的走到一起了，他们就真的能够像童话故事中的王子和公主一样幸福地生活在一起吗？真的，不好说。截然不同的家庭背景、社会地位，有着天壤之别的未来，即便有相同的理想，相同的情怀，但一起生活，那又是又区别于热恋的另一种生活状态了。倘若他们未来的生活能如最初时一般美好，那么我为他们当下的结局感到遗憾，但是，如果他们的未来注定是一条崎岖之路，两个人彼此折磨，在爱情中摸爬滚打，那么当下的结局——停留在这段感情最美好的时刻并且止步于此，则会是晓霞和少平最好的结局。

四、惠英——长辈

《平凡的世界》中并没有交代孙少平和惠英姐的结局，很多人说他们最终生活在了一起，但对于这个观点，我一直都是不认同的。不是出于两个人的年龄差距，而是两个人的身份之差和感情发展路线就注定了他们不可能发生男女关系。惠英是孙少平师父的妻子，也算是师娘，少平对于惠英姐更多的是怀有一种敬意，对明明更多的是怀有一种爱护。少平和师父因为"醋"而结缘，师父帮他很多，让他对师父心怀一种亏欠。在师父的有生之年，他没能回报，于是就将这种亏欠回报给了师父的家庭上，于是，在做这件事情的同时，他也能够释怀，他的心也可以得到救赎。感情，不过是在这个"还债"的过程中产生的。对少平而言，惠英姐一直都扮演着一个长辈的角色，他可以从她那里得到慰藉，可以得到人生的指引。对于独自在外拼搏的少平，惠英姐不是亲人胜似亲人，是一个他可以倾吐心事，可以信赖并且依靠的人。尤其是晓霞刚刚去世的那些日子，惠英姐给了他安慰与鼓励，照顾他，教会他淡然地面对当下的不幸，给了他充满希望的未来。她是一个大姐，更是看似坚不可摧的他的避风港。

对于孙少平而言，兰香是小妹妹，需要他的疼爱；郝红梅是初恋，给了他青春的浪漫，让他在情感中变得成熟；晓霞是知己，也是另一个自己，她造就了当下的少平，也影响到了少平一直在走向的未来；而最后，惠英姐是他的长辈，给他肩膀以倚靠，让他能够迈着稳健的脚步，可以放心地勇敢前行。在少平的生命中，四位女性分别扮演了亲人、初恋、知己、长辈的角色，她们教会了少平守护、成长、思考和爱。她们是少平生命中的贵人，是值得他用一生去爱，去怀念的人。

《平凡的世界》中信天游的运用与人物心理的塑造

李沛松

摘　要： 在小说《平凡的世界》中，路遥多次引用民间传说、信天游、"链子嘴"酒曲等民间艺术，以及将故事情节与节气，民俗相联系。在叙述故事的同时，为读者呈现了一幅描绘陕北人民生活的精美画卷。小说中扑面而来的乡土气息，也使读者（尤其是来自黄土高原的读者）更加难以忘怀。不仅如此，小说中多次出现的信天游也对人物心理的塑造起了很大作用。

关键词：《平凡的世界》；信天游；人物心理

《平凡的世界》是中国作家路遥创作的一部百万字的小说。这是一部全景式地表现中国当代城乡社会生活的长篇小说，全书共三部。

该书以中国70年代中期到80年代中期十年间为背景，通过复杂的矛盾纠葛，以孙少安和孙少平两兄弟为中心，刻画了当时社会各阶层众多普通人的形象；劳动与爱情、挫折与追求、痛苦与欢乐、日常生活与巨大社会冲突纷繁地交织在一起，深刻地展示了普通人在大时代历史进程中所走过的艰难曲折的道路。

其中，书中多次引用民间传说、信天游、"链子嘴"酒曲等民间艺术，以及将故事情节与节气，民俗相联系。在叙述故事的同时，为读者呈现了一幅描绘陕北人民生活的精美画卷。小说中扑面而来的乡土气息，也使读者（尤其是来自黄土高原的读者）更加难以忘怀。不仅如此，小说中多次出现的信天游也对人物心理的塑造起了很大作用。

《平凡的世界》中信天游的出现多与女性以及爱情有关。其中，田润叶是信天游的"主要生产者",基本上每当田润叶的感情生活发生了问题(不管是和谁),必会有一曲信天游在她情感最强烈的时候出现。例如这一段:"正月冻冰呀立春消,二月里鱼儿水上漂,水上漂来呀想起我的哥!想起我的哥哥,想起我的哥哥,想起我的哥哥呀你等一等我……"这首歌是在润叶被李向前纠缠后找少安,两人相跟在原西河边漫步时出现的。那时正好是初春时节,河面解冻、杨柳抽芽,山野里传来阵阵歌声,散发着一种自然的情愫。

此首信天游写的是破冰时节捉鱼的回忆。歌词"想起我的哥哥呀你等一等我……"正与润叶对少安说:"你走慢一点嘛,我都撵不上你了"的话相对应,具有暗示性。一个"等"字,把田润叶的执念和苦恋刻画得栩栩如生,伸手可触。这首歌不但渲染了气氛,而且还把润叶心中见到自己心上人的高兴、欣喜,以及对少安暗恋已久却迟迟不能在一起的苦涩和向往委婉地表示了出来。

然后我们来看看孙家的大女儿,孙兰花:

"人家都是一对对,孤零零落下你干妹子。亲亲!……干石板上的苦菜盼雨淋,你给哥哥半夜里留下个门。亲亲!"

这一段是在丈夫王满银跑到外面瞎逛,兰花一个人跑到田地里劳作时,听到的具有挑逗意味的信天游。根据文章我们知道,与孙家小女儿兰香不同的是,兰花是一个几乎一生都命苦的人(直至最后王满银浪子回头)。对于一个女人,幸福是最最重要的东西。而对于兰花,很难把这种感情当成所谓的幸福,因为太没有光泽太没有激情了。而在王满银出走之际传来的信天游歌声,更体现出兰花痛苦、孤独、空虚、寂寞的内心。

还有与孙兰花同样苦命的郝红梅。

郝红梅是以小说主人公孙少平"初恋情人"的身份出场的。她与孙少平一样,出生于一个"光景烂包"的家庭。但与孙少平不同的是,红梅的思想在苦难的催化下过早的成熟了。现在普遍的说法是:"学生时代的爱情是最纯真的。"但红梅不同,对于红梅来说,爱情是拯救她们家庭的一种"最为有效的,最为便捷的"工具。不能说红梅对顾养民只有利益而完全没有感情吧,但少平"烂包"的家庭背景终究使他无法排入红梅的"男朋友候选人名单"。就在郝红梅牺牲了"真爱"(或者说在感情和地位上最最适合他的人)而为了家庭而与顾养民交往(而且就要成功时),"偷手帕事件"却将她的计划和对未来的希望打入了冷宫。而在顾养民与郝红梅分手(或者说决裂)后"只有一只深情而忧伤的信天游在高原上飘荡""三十里明沙呀四十里水,五十里路上看妹妹……一只孤雁当天叫,我心里的苦情谁知道……"

可见，信天游将红梅内心的痛苦与绝望表现得淋漓尽致。

此外，说到苦情，有一个人与前面三位一样具有发言权。——他就是润叶的丈夫李向前。

在我看来，李向前想要在小说中稳居"好丈夫排行榜"前三的地位应该是件易事。根据小说内容，从润叶的角度来看她与向前的结合本质上是一场"政治婚姻"（其中涉及了很多利益的权衡）。没有与真爱在一起的润叶一点也不待见向前。而向前为了感化润叶，做了很多让现在所谓的"好男人"也自叹不如的事，但这些努力却终究也没有使润叶回心转意。

可以说，向前有一种"润叶虐我千百遍，我待润叶如初恋"的情感。

"……我爱我的干妹妹，狼吃了我也不后悔……"

信天游将向前内心对润叶的喜爱，向往，执着完完全全地展示在了读者面前。

综上所述，《平凡的世界》里信天游的运用对人物心理的塑造确实起到了重要的作用。

教学反思

《平凡的世界》人物群像设计意在为学生分析人物时构建一个新思路，使学生不仅能够对个体人物有所关注，而且能够对人物进行类型化的认识。

为小说人物描摹人物群像能够促进学生自觉的运用对比、前后勾连等阅读方法研读文本。

在教学活动的设计中，学生活动主要以学生探讨发言为主。为了完成人物群像的小组设计，教师需要先将学生分为不同的小组，学生需要在前期对所感兴趣的人物进行单一人物梳理。在本次教学活动的设计中，我们在课上借用了思维导图这一工具。思维导图是将思维展示出来的外在逻辑图表，学生通过思维导图的呈现能够比较清晰地看出学生对某一问题的理解层次、理解深度。除此之外，思维导图也是学生发言很便捷的一个提纲。

策略四　指向整本书的环境描写探究

环境描写在整部作品中最容易被忽略，也最不易理解，学生在阅读时一般都会跳过。对环境描写解读往往僵化，按照固定的模式，从背景、情节、人物、主题等角度进行分析，结论放之四海皆准，学生完全失去了探究的兴趣。当然，环境描写作为小说三要素之一，与文学作品的其他要素之间有必然关系，但是应该看到，整本书阅读过程中跳读环境描写并不影响学生对整体情节的把握，也不影响学生对人物形象的初步印象，环境描写探究属于深度阅读理解的范畴。引导学生探究整本书的环境描写，可从以下方面考虑。

一、探究典型环境，点滴积累

引导学生分析典型环境，找到阅读理解的方法，能在自己的阅读过程中自然运用，并有所发现，从而别开生面，如此过程才能让学生享受探究之乐。不必为了突破难点而反复强调打磨，把生动的语言磨成了枯燥的套路。课堂典型引领，让学生点滴领悟，慢慢解决。如《边城》中教师带领学生探究前几章茶峒的边城风貌，重在有所发现有所感悟，点到即止，在《欧也妮·葛朗台》的阅读中教师可以只引导学生探究巴尔扎克笔下的索漠，阅读中发现，沉淀出自己的阅读方略。

二、探究过程，随文而动，自然展开

一部作品中环境描写是随着作品内容的需要而出现的，出现的位置体现着作者精心的构思，环境描写与作品其他内容浑然一体，所以对环境描写的探究不妨也遵循此原则，随文而动，遇到就探讨，在对其他内容的阅读理解中展开，形成自然积累，不必一上来就拿出来专题研究。如《红楼梦》中专门写大观园的章节是十七回和四十回，其他皆散落各章回中，作者本就设想由远及近，由写意到工笔的手法展现大观园，随着作者的思路，探究大观园的环境描写，不是更得其妙，更符合作者的构思？

三、探究方法，前后联系，不断梳理

正因为有作者的构思，所以环境描写和其他内容存在照应的关系，前后的环境描写也遥相呼应，所以在自然展开的过程中，需要前后联系，发现其照应关系，体会整部作品内在统一和谐。如《平凡的世界》中黄原城古塔山的那棵杜梨树，在孙少平和田晓霞互诉衷肠时出现，在晓霞牺牲后，孙少平故地重游时再一次出现，让学生前后对照，自然引发他们体会作者构思的深意。

四、多样活动式学习，打开探究路径

很多作品的环境描写都以现实为蓝本，也都带有作者的想象创作，所以不妨让学生实地走访，体验环境，或者让学生对比实地与作品，得出自己的认识评价。也可以设置阅读活动，让学生根据自己的理解把抽象的文字转化成图画、舞台剧布景、影视剧本等形式，将学生多样的理解直观展现，那么对环境描写的探究就成为再创造，学生必欣然走进环境描写的深处。

五、"指向整本书的环境描写探究"阅读案例

案例

《红楼梦》以物喻人的创作手法

王　雪

教学内容的选定

《红楼梦》人物众多，因此应该抓住主要人物或章回进行细致的研读。《红楼梦》中人物以女性居多，其中最为代表的便是林黛玉和薛宝钗，因此在研读人物形象时，也应该以这两位女性形象作为重点进行研读。

阅读名著作品，不仅要把握主要人物的主要形象，还要学会如何去分析人物的形象，以及作者是如何塑造人物形象的，即从阅读方法上对学生进行适当的指导。那么从这部小说当中曹雪芹是如何塑造林黛玉和薛宝钗这样两位女性形象的呢？品读人物形象，有非常多的方法，可以从人物的语言动作、神态、心理活动等多种角度来分析人物形象，在这部作品当中，曹雪芹还运用了以物喻人的创作手法，丰富了人物形象，加深了人物形象的意蕴。

　　什么叫作以物喻人？我们常用梅兰竹菊四君子来比喻人的高洁形象。这四种植物已经成了人的品格的象征，它们已经凝结成为一种文字符号。曹雪芹也善于以物喻人的这种方式，不仅在景物上来暗示人的性格，也喜欢在诗句当中暗示人物命运。实际上，通过描写景物来暗示人的人物性格，是自古以来是一种诗歌创作表达方式，曹雪芹把它运用到了小说人物的创作当中。

　　在《红楼梦》最出名的院落当属大观园，大观园的配置属于皇室配置，它是为了元妃省亲而修建的。大观园作为一个整体的园林，其中又有许多别致的屋舍和别致的景致。每一个大观园屋舍的主人都和里面的人物性格有着密不可分的关系。比如说林黛玉所居住的潇湘馆就非常的具有文人气息因为院子里栽满了竹子，我们知道文人常以"宁可食无肉，不可居无竹"来表明自己高洁的志向，林黛玉可以算得上大观园里面数一数二的才女，林黛玉博古通今，擅于写诗作赋，这充满竹林的环境与林黛玉也是十分吻合的。这院子里的竹子并不是普通的竹子，而是湘妃竹。湘妃竹也是后来林黛玉被取名称为潇湘妃子的原因。湘妃竹又称为斑竹，据说是舜帝的妻子因追随舜帝到湘江，发现舜帝已逝，哭泣哭成血泪，滴在竹子上形成了黑色的斑痕，因此称为湘妃竹。我们都知道林黛玉爱哭，因此取名为潇湘妃子。所以，曹雪芹在以物写人方面做到了极致。除此之外，竹子还有另一个典故，也是用来表达人的性格的高洁，不过这不是说竹子，而是说栖居在竹子上的一种动物叫作凤凰。凤凰"非醴泉不饮，非练实不食"。这里面所提到的练实就是竹子的果实。这里的凤凰也是来表现一种高洁的品质的。我们知道潇湘馆在元妃省亲之前，贾宝玉起了一个名字叫作"有凤来仪"，所以这里的这个"凤"第一是指贾元春，第二是指林黛玉。因此在竹子这一种植物上就能够看出来它包含着多重意思，都是指向这个馆舍主人的。因此我们在阅读《红楼梦》这部名著时里面的一花一草都意蕴无穷。

　　除了潇湘馆之外，其他的馆舍其实也是作者精心设计的，但是曹雪芹在这里并没有给我们一个非常明确的暗示，人物性格的解读，都是交给读者来完成的，作者通过馆舍的设置给人物性格解读提供了多种可能。因此不得不佩服曹雪芹在人物性格塑造方面可以说是到达了炉火纯青的地步。

　　通过馆舍的布置来把握人物性格也是一件非常有趣的事情。除了最有名的潇湘馆和蘅芜院之外，还有贾宝玉的怡红院、李纨的稻香村等很多院落，都有许多值得玩味和把玩的地方。通过描写院落来烘托人物形象，是曹雪芹在塑造人物时采用的一种创作方式，同学们通过学习这种创作方式，有利于更准确地把握人物形象。

教学目标的设定

一草一木总关情。除了房屋的花草布置之外，房屋的其他桌椅的布置，甚至位置的摆放等都是十分讲究的。这些物件的摆放及设置在显示人的身份尊卑方面起到了重要的作用，也正是因为有了这些精致的细节我们才看到了一个更加真实的《红楼梦》。

以物喻人中的"物"也不仅局限于屋舍、景物、环境。"物"的理解还可以更广泛，比如说用谐音、判词、红楼梦曲子、居处、花签、诗词、典型事件、他人评价等。

因此本设计意在从景致出发，通过分析景与人的关系来探讨人物性格，探讨作者在其中所隐藏的对人物的评价，并将教学目标设定如下：

1. 品读《红楼梦》中以物喻人的写作手法；

2. 理解古典文学中意象的文化内涵；

3. 体味古典文学中含蓄蕴藉的创作手法。

教学过程的规划

教学过程

（一）导入

以物喻人是文学创作中一种常用的手法。比如说梅、兰、竹、菊作为花中四君子已经成为中国人感物喻志的象征，它们是咏物诗和文人画中最常见的题材，它们作为根源于对这种审美人格境界的神往，已经成为一种特定的文化符号。

曹雪芹自觉地继承了中国古典文学中以物喻人的创作手法，并把它运用到了小说人物的创作当中。我们知道，大观园是整部《红楼梦》的最大的一个场景，这样一个仙世桃源中布满了各式各样的别致景象，那么大观园中这些独特的景致和我们的人物有着怎样千丝万缕的关系呢？今天我们就来走进向潇湘馆和蘅芜苑这两大馆舍，来探究其背后的奥秘。

（二）活动一　看景致，猜馆主。哪一个是潇湘馆、蘅芜苑？

《红楼梦》第十七回　大观园试才题对额　荣国府归省庆元宵

馆舍一：潇湘馆　馆舍二：稻香村　馆舍三：蘅芜苑　馆舍四：怡红院

我们寻找馆主的过程，是在环境和人物之间建立联系，那么物与人之间具体是怎么关联起来的呢？下面我们首先聚焦到潇湘馆，在潇湘馆中最能体现馆主也就是林黛玉性格其中之一便是竹。下面我们来探究一下竹和林黛玉的关系。

（三）活动二　物语与人——植物

竹的品质与林黛玉的性格

事物特征	人物性格	关联依据

竹（自然特征、人文、典故等）

关联依据：出场形象、出身地位、绰号别号、教育环境、典型情节、待人处事、他人评价、代表诗歌、太虚判词、太虚曲词、太虚画册、占卜花名、名家评价等。

材料补充

1. 自然竹

纤细——人物体型：纤细、仙气飘飘

闲静似娇花照水，行动如弱柳扶风（第三回　托内兄如海荐西宾　接外孙贾母惜孤女）

直，不弯曲——高洁的品行

2. 湘妃竹

"当日娥皇女英洒泪竹上成斑，故今斑竹又名湘妃竹。如今他住的是潇湘馆，他又爱哭，将来他那竹子想来也是要变成斑竹的，以后都叫他作'潇湘妃子'就完了。"（第三十七回　秋爽斋偶结海棠社　蘅芜院夜拟菊花题）

娥皇女英传说，舜帝的两个妃子娥皇女英千里寻追舜帝。到君山后，闻舜帝已崩，抱竹痛哭，流泪成血，落在竹子形成斑点，故又名"泪竹"，或称"湘妃竹"。哭泣、还泪、木石前盟、潇湘妃子（诗社、贾探春）

3. 竹与文人

"宁可食无肉，不可居无竹。"宋·苏轼《于潜僧绿筠轩》

文人高洁，对居住环境都有相当高雅的品位，超凡脱俗，清新高雅。

4. 竹与凤凰

《庄子·秋水》"夫鹓，发于南海而飞于北海；非梧桐不止，非练实不食，非醴泉不饮。于是鸱得腐鼠，鹓过之，仰而视之曰：'吓'！今子欲以子之梁国而吓我邪？"

5. 诗句：

《葬花魂》

未若锦囊收艳骨，一抔净土掩风流。

质本洁来还洁去，强于污淖陷渠沟。

尔今死去侬收葬，未卜侬身何日丧？

侬今葬花人笑痴，他年葬侬知是谁？

试看春残花渐落，便是红颜老死时；

一朝春尽红颜老，花落人亡两不知。

（四）活动三　小组合作设计薛宝钗的处所

如何布置薛宝钗的住所，包括色调、陈设、庭院环境、植物、山石等？

设计	理由
庭院环境：	
植物：	
山石：	
屋内陈设：	

材料补充

1. 《红楼梦》原文

忽见柳阴中又露出一个折带朱栏板桥来，度过桥去，诸路可通，便见一所清凉瓦舍，一色水磨砖墙，清瓦花堵……宝玉道："果然不是。这众草中也有藤萝薜荔。那香的是杜若蘅芜，那一种大约是兰，这一种大约是金葛，那一种是金草，这一种是玉蕗藤，红的自然是紫芸，绿的定是青芷。想来那《离骚》《文选》所有的那些异草。"（第十七回）

只觉异香扑鼻，那些奇草仙藤，愈冷愈苍翠，都结了实，似珊瑚豆子一般，累垂可爱。及进了房屋，雪洞一般，一色的玩器全无。案上止有一个土定瓶，瓶中供着数枝菊，并两部书，茶奁、茶杯而已。床上只吊着青纱帐幔，衾褥也十分朴素。贾母叹道："这孩子太老实了！你没有陈设，何妨和你姨娘要些？我也没理论，也没想到。你们的东西，自然在家里没带了来。"（第四十回）

宝玉掀帘一步进去，先就看见宝钗坐在炕上作针线，头上挽着黑漆油光的簪儿，蜜合色的棉袄，玫瑰紫二色金银线的坎肩儿，葱黄绫子棉裙：一色儿半新不旧的，看去不见奢华，唯觉雅淡。罕言寡语，人谓装愚；安分随时，自云守拙。

（第八回）

2. 他人评价

贾母：对薛姨妈姨说，从自家四个女孩儿算起，全不如宝丫头。

王熙凤：对平儿说，宝丫头虽好，却打定主意，"不干己事不开口，一问摇头三不知"。

林黛玉：对史湘云说，谁也挑不出来宝姐姐的短处。

黛玉叹道："你素日待人，固然是极好的，然我最是个多心的人，只当你有心藏奸。从前日你说看杂书不好，又劝我那些好话，竟大感激你。往日竟是我错了，实在误到如今。细细算来，我母亲去世的时候，又无姐妹兄弟，我长了今年十五岁，竟没一个人像你前日的话教导我。怪不得云丫头说你好。我往日见他赞你，我还不受用；昨儿我亲自经过，才知道了。"

史湘云：背地里和贾宝玉称赞宝姐姐宽宏大量有涵养。

（五）拓展总结

《论语》中夫子曰："君子食无求饱，居无求安，敏于事而慎于言。"

孔子一再强调："巧言令色，鲜矣仁。"甘美悦人之言，喜狎悦人之色，很少出于仁德之人。相反，"敏于事而慎于言"，才是接近德行的正道。中国传统文化是一种内敛式文化。

《道德经》老子：大智若愚、大巧若拙。所谓"知者不言，言者不知"。明智的人不随便说话，随便说话的人没有真知灼见，只有通过不言和愚钝才能免于流俗，才能坚守自己内在的智识，做到大智若愚。

异草、香草出自《离骚》，一生孤芳自赏与洁身自爱的屈原以香草自喻，表达对独立、高洁品德的追求。

《脂砚斋重评石头记》庚辰本第四十二回："钗、玉名虽二个，人却一身，此幻笔也。今书至三十八回时，已过三分之一有余，故写是回使二人合二为一。请看黛玉逝后宝钗之文字，便知余言不谬矣。"

两人的判词也写在一起，两人在太虚幻境的画也绘在一起，太虚幻境，红楼梦十二曲中的曲子也在一起。贾宝玉游太虚幻境，就遇到了一个人"其鲜艳妩媚，有似乎宝钗；风流袅娜，则又如黛玉""乳名兼美字可卿"。

曹雪芹笔下的黛玉和宝钗其实代表了曹雪芹心中两种不同的追求，两人相映成辉。曹雪芹在用居室塑造生物的妙处在于：绘景传神妙在塑魂。有句话叫作"一草一木总关情"，曹雪芹就是用这样一个个诗情画意的景塑造了我们文学史上一个个大放异彩的人物形象。

（六）作业

以物喻人只是曹雪芹写人的一种手法，书中还有很多，比如说用谐音、判词、红楼梦曲子、居处、花签、诗词、典型事件、他人评价等。选取从金陵十二钗中的某一个人物，可以从以物喻人的角度展开，结合以上多种角度对某一人物进行分析，填写学案表格。

要求：论证分析有理有据。

教学重难点突破

《红楼梦》"以物喻人"课堂实录

师：请同学们根据作业纸上的材料找出大观园中两处馆舍的主人，并说出你的理由。

生：第一处是潇湘馆，因为文中提到了"有凤来仪"，"有凤来仪"就是潇湘馆之前匾额的名称。

师：还有其他依据吗？可以结合林黛玉的爱好、身份、性格。

生：潇湘馆里摆满了书，这与林黛玉爱读书有关。

师：不错！林黛玉的确是饱读诗书。那哪一处是蘅芜苑呢？

生：第三段，"杜若蘅芜"可以看出来，因为薛宝钗的别号叫作"蘅芜君"。

师：大家找得很不错！下面我们来看一下两处馆舍的照片，同样的大家闺秀的馆舍，在馆舍的景观布置上，两处景致怎么样呢？直观地看！

生：不太一样，潇湘馆竹子多，蘅芜苑草多。

师：那为什么潇湘馆偏偏是竹子多？为什么曹雪芹要给潇湘馆布置成布满竹林的样子呢？竹子和林黛玉又有什么样的渊源关系呢？下面我们就聚焦到曹雪芹笔下的潇湘馆，我们开看这一段文字描写中有几处是写竹子的，又是怎么写的？

师：我们下面分小组讨论，请同学们小组讨论找出竹子和林黛玉之间的关系，可以从竹子本身的特点、竹子的文化意涵等方面展开合理的联想，完成表格。5分钟时间，大家开始讨论。

师；我们请小组同学发言。

生1："湘妃竹"传说是娥皇和女英在舜帝死后眼泪洒在竹子上，这就是"湘妃竹"。黛玉的前身是绛珠仙草，宝玉是神瑛侍者。黛玉今生是要把泪还给宝玉的，她是一个很爱流泪的人。

师："还泪"之说相吻合，非常好！不仅找出来林黛玉爱哭的性格，而且还能够联系小说中的典故和传说。这个"湘妃竹"就是斑竹，大家知道为什么它有斑吗？

师：这也和刚才马瑀遥提到的古代传说有关系，斑一般是黑色的，据传说它是由血变黑之后形成的，因此哭的泪是"血泪"。其他小组呢？

生2：我们先是考略了整个竹子的形态，我们用了"中空外直"，林黛玉虽然外表上看上去虽然孤傲甚至有些刻薄，主要是源于她内心没有安全感，她没有什么好友，她信任的人只有紫鹃和宝玉。在一个是因为她6岁寄居到姥姥家，她的身份相当于一个客，因此这也造成了她内心没有安全感。"有气有节"更像于她性格中的孤高自诩、目下无尘。因为有一回给林黛玉送花样，黛玉听说是最后剩的给她，可以体现她的"孤高"。

师：很不错，小桐组能够联系人物的身世背景、人物性格和竹子之间建立关联，这一点很不错。那"郁郁寡欢"这是哪个小组写的呢？

生3：我写的这个角度是因为我们最近的《小石潭记》有一句"坐潭上，四面竹树环合，寂寥无人，凄神寒骨，悄怆幽邃"。这种场景让人联想到了林黛玉的孤独以及多愁善感的性格。

师：非常好！如果说我们前面探讨的是某一株竹子的话，这里提到的可以说是千竹，或者叫作竹林。潇湘馆在竹林的包围下是很幽静的，那么这种幽静的确会让人有一种"凄神寒骨"的感觉。这位同学的这个想法很好，能够把两者与环境所形成的意境或者说氛围进行勾连。

师：我们再来看一下林黛玉的出场，作者说道"娴静似娇花照水，行动如弱柳扶风"。我们可以看出林黛玉身量很苗条，和竹子的外在形态是很接近的。

师：刚才同学们发挥联想，说得都很不错，那么如果有竹子的文化意涵角度来说，我们还可以怎样来解读竹子和林黛玉的关系呢？大家有没有注意到，我们的学校有有一篇竹林，也有很多文人喜欢在自己家中种一些竹子，这是为什么呢？

生："宁可食无肉，不可居无竹！"

师：很好！文人与竹密不可分，文人爱竹，种竹实际上也是自身通过对居住环境的设计来表明自己的心志。林黛玉在大观园中也可以算得上是文人，因此，竹子与文人的文化气节密不可分。与竹子一起来表示与气节有关的还有就是凤凰。我们来看，庄子《秋水》中写道："夫鹓雏发于南海，而飞于北海；非梧桐不止，非练实不食，非醴泉不饮。于是鸱得腐鼠，鹓雏过之，仰而视之曰：'吓！'今子欲以子之梁国相而吓我邪？"这里面的"练实"就是指竹子的果实。凤凰是一种高洁的象征，因此"凤""竹"与黛玉的孤高自诩、目下无尘的性格也是有这一定的关系的。与之相类似的，苏轼也曾作词来写道："拣尽寒枝不肯栖，寂寞沙洲冷。"（《卜算子》）这种孤傲、高洁的形象虽然不是凤凰，但是孤鸿的这种"不肯栖""不肯食"的这种的姿态和林黛玉性格中的骄傲、孤高自许、蔑视流俗、清高或者说不食人间烟火也是很接近的。

师：所以，大家来看，我们通过分析竹子的这种外在形态以及从古至今所形成的文化内涵，将二者建立起联系，我们会发现我们似乎更加了解林黛玉，她的性格也因此更加饱满起来。所以说，曹雪芹通过以物喻人的这种手法塑造人物还是很高超的。

师：我们说以物喻人也不仅局限于环境，人的诗词也是表达人物性格的一种流露。林黛玉在《红楼梦》中最有名的来表达自己的心志的一首诗便是《葬花魂》。"质本洁来还洁去，强于污淖陷渠沟"，这句话看似在写"花"，但实际上写的是什么？

生：林黛玉的自白。

师：很好！这位同学理解得很到位，这首诗实际上就是林黛玉的自白！林黛玉看似写花，实际上是在写自己！写自己不愿被世俗所沾染，要保持高洁的心性。

教学反思

曹雪芹塑造人物的重要手法就是侧面描写。这种侧面描写的范围比较广，可以运用外在的景物、诗中的诗句等来烘托人物性格，暗示人物命运。人物分析除了常规的故事情节、人物动作语言等来分析人物形象之外，侧面描写也是一种关键方法。学生通过了解曹雪芹的这种创作方式从而能够打开解读人物分析的路径。

曹雪芹善于暗示、谶语的方式来表达他对人物的理解和看法，因此了解曹雪芹的这种创作方式也有利于了解曹雪芹本人对人物的态度，从而对人物分析起到关键性的作用。因此本教学设计就是从这个角度出发来分析人物形象的。

2017年版《普通高中语文课程标准》提出要采用创设情境的方式来组织教学活动，在教学活动中设置相对应的教学任务，从而完成教学目标。在本设计当中，总共设计了三个教学活动。整个教学活动的设计思路是学生通过分析院落和人的关系来找出曹雪芹在塑造人物形象时所运用的方法。第一个活动是属于前期铺垫，学生基本上能够找出馆舍的主人，第二个活动发散性比较高，要求学生要有一定的文化积累在这个方面学生还是能够比较发散思维的趋向问题，比如说关于竹子同学们联想到了《小石潭记》当中的竹子即"愀怆幽邃"，这一点事先我在备课的时候没有预想到的。学生在解释这个词语时说道，小石潭记当中的竹林就是一种比较萧瑟的，这与林黛玉所处的环境相似度比较高，因为林黛玉居住的环境便是这样幽静静谧，甚至有一丝凄凉萧瑟意味。虽然这种萧瑟的意象并不是竹子所固定下来的一种特征，但是学生能够由此联想到所学，也算是一种新的收获。因此在第二个活动当中还是比较充分地调动了学生的知识库，学生也能够利用所学来解决问题。第三个活动的设计是让学生为薛宝钗设计馆舍，虽然小说当中已经出现过薛宝钗所居住的环境，但是同学们往往对这部分是忽略掉的，因此通过同学们对薛宝钗馆舍的设计和小说当中原文的馆舍设计的对比，从而发现薛宝钗馆舍设计的特点，从而找出馆舍布置与人的关系。学生在这一活动当中充分发挥自己的想象力，从房屋的色调到房屋物件的摆设以及馆舍植被的选择等都发挥了自己非常多的创意，而且学生能够对自己所设计的馆舍进行有理有据的解说，锻炼了学生的发散思维、创造思维和想象思维。

阅读方法的引导，实际上只是为学生提供一种新的思路，在这次的课堂教学当中，通过了解曹雪芹以物喻人的创作方式实际上打开了学生了解人物塑造的一种新的方式。学生在接下来的阅读活动当中，能够有意识地去运用这种阅读方法进行深度阅读是这一节课所起到的一个最重要的作用。以物喻人的手法在曹雪芹的创作当中是大量出现的，只不过这个"物"在理解起来更加广泛，比如说《红楼梦》当中出现的许多诗词语句、俗语、酒令等都是具有谶语性质的。

后　记

　　从决定将语文组阅读课程建设成果结集出版到交稿，仅用了短短一个半月，况且正好赶在期末复习的紧张时段撰写案例，组里老师们的辛苦付出，令我感动。

　　早在2015年12部名著纳入北京高考，甚至更早，组内就有老师自觉进行课程改革，不断探索，在传统的单元单篇阅读教学的基础上，尝试专题阅读教学，引导学生就某一作家或某一主题做更深入探究，进行研究性阅读；也有老师更大胆地在课堂中引入名著阅读，指导学生阅读名著。北京高考对12部名著考查，一石激起千层浪，极大震荡了中学语文阅读教学，组内老师也积极研究，不断探索，自己重新阅读，认真思考名著的教学价值，选择教学内容，确定教学目标，设计教学方案，一时名著阅读教学蔚然成风。

　　2017年10月，学校提出建设具有陈经纶中学特色的阅读课程群及其他五大课程群，以特色校本课程助力学校名校建设，助推学生成才。这让语文组全体老师重新思考语文阅读教学，思考怎样的阅读课程能满足各个层次学生的个性化需求，经过近两年的研讨摸索，逐渐清晰明确，梳理总结出"二维四类阅读课程"，即课内阅读课外阅读相结合；单篇阅读、专题阅读、拓展阅读、名著（整本书）阅读四类课程相结合。在两年的探索实践中，组内各类阅读研究案例众多，收获丰硕，在国家、市、区各级教研活动中频频登台展示，产生了一定影响。

　　如何让老师的研究成果物化，一直是语文组着力想解决的一件事。此次，校区和集团大力支持，将老师们的阅读案例结集出版，让语文组老师们的愿望成真。虽然在期末复习期间布置梳理撰写案例任务，对大家压力很大，但老师们积极踊跃申领，全组17位老师共上报案例42个（最终交稿31个）。虽然大家三易其稿，有时也不堪其烦，但大家终于完成稿件时的轻松感和成就感，依然历历在目。这其中，陈耀老师有五个案例，四类阅读均有案例；王雪老师有四个案例，还有很多老师有两到三个案例。能在这么短时间里完成案例撰写，阅读策略颇有创新，案例文字翔实完整，既说明大家有积累、有准备，显平时之功，更可见大家有追求、爱语文，来日必有成。

　　本书汇总编辑工作由李良益、陈耀、张宏平三人完成。其中李良益撰写导言和板块一单篇阅读策略；张宏平撰写板块二专题阅读、板块三拓展阅读两个板块阅读策略；陈耀撰写板块四名著阅读策略。刘雪梅、宋航蔚、张岚、张丽、崔伟平、赵晶、王丽娟、王岩岩、王灵联、吕培培、熊妍、王雪12位老师参与案例撰写。本书策划编写过程中，得到牟成梅校长、王苹老师、杨红老师帮助，在此一并感谢。

2019.1.29